U0812451

中学生物校本课程开发的理论与实践

陈　斌　张基林　张　涛　编著

科学出版社
北　京

内容简介

“中学生物校本课程开发的理论与实践”是生物科学专业师范生培养的核心课程之一，旨在提升师范生中学生物教学的理论水平和实践能力。本书是作者在重庆师范大学该门课程的长期教学实践基础上编著的。全书共十章，第一章主要介绍校本课程开发历程与经验；第二章主要介绍校本课程开发的实质、价值与取径；第三章主要介绍校本课程目标设计；第四章主要介绍校本课程内容选择；第五章主要介绍校本课程组织；第六章主要介绍校本课程评价；第七章主要介绍校本课程领导；第八章主要介绍校本课程实施的知识管理；第九章主要介绍校本课程实施的动力保障；第十章主要介绍高中生物校本课程开发实践。

本书可作为高等师范院校生物教育类专业研究生及本科生的教学用书，可作为中学生物教师的培训用书，也可作为中学教育工作者学习校本课程开发的参考读本。

图书在版编目(CIP)数据

中学生物校本课程开发的理论与实践 / 陈斌，张基林，张涛编著. —北京：科学出版社，2021.7

ISBN 978-7-03-066913-1

Ⅰ.①中… Ⅱ.①陈… ②张… ③张… Ⅲ.①生物课-教学研究-高等师范院校-教材②生物课-教学研究-中学 Ⅳ.①G633.912

中国版本图书馆 CIP 数据核字 (2020) 第 225435 号

责任编辑：武雯雯 / 责任校对：彭 映
责任印制：罗 科 / 封面设计：墨创文化

科学出版社出版
北京东黄城根北街16号
邮政编码：100717
http://www.sciencep.com

成都锦瑞印刷有限责任公司印刷
科学出版社发行 各地新华书店经销

*

2021年7月第 一 版 开本：787×1092 1/16
2021年7月第一次印刷 印张：21
字数：498 000

定价：69.00 元

（如有印装质量问题，我社负责调换）

编委会

主　编：陈　斌　张基林　张　涛

副主编：刘庆先　霍本斌　刘开福　李旭东

编　者：陈　斌　张基林　张　涛　刘庆先　霍本斌　刘开福　李旭东
艾道淳　范晓东　胡小强　李　林　樊光进　阙　怡　郭　霞
韦　伟　周智良　熊德宪　李发林　刘乾明　蒋　鹏　赵　红
李胜兵　明开春　梁新斌　冉红芳　何定军　消　英　莫永莲
余国平　游　舟　王　毅　邹景恒　周素英　吕　涛　刘玉才
唐光兵　陈厚今　余必先　梁秀丽　朱庭昭　何勇军　刘有国
陈　瑜　张彦妮　唐　燕　詹永胜　叶子均　王彦书　邓永宏
王雪梅　罗　燕　曾　静　杨　静　胡文刚　任秋露　罗　晴
孙　鸿　唐俐丽　杜婷婷　龚前渝　郭绍秀　樊云开　罗　琼
周　红　朱　宇　田正玲　李永宏　陈　然　陈后奎　晏顺才
薛　晓　鲁　更　王　露　潘　鑫　孙永保　张天鹏　欧阳林
卞白云　陈伦琼　谭　燕　张　瑜　曾芳琼　李欣竹　翁昌丽

教材主编陈斌简介

陈斌，博士，博士生导师，国家二级教授，重庆市“两江学者”和“巴渝学者”特聘教授，重庆师范大学生命科学学院院长，媒介昆虫重庆市重点实验室主任。国务院政府特殊津贴专家，重庆市生物学学科“一流学科”建设学术带头人，重庆市生物科学专业“一流专业”建设专业负责人，重庆市农业昆虫与害虫控制学术技术带头人，重庆市有突出贡献的中青年专家，重庆市优秀专业技术人才，重庆高校动物科学教学团队负责人、生物科学和生物技术市级特色专业负责人、生物科学市级实验教学示范中心负责人。中国昆虫学会常务理事，中国细胞生物学学会理事，中华预防医学会媒介生物学及控制分会常务理事，中国昆虫学会昆虫基因组学和医学昆虫学专业委员会委员，重庆市昆虫学会理事长，重庆市生物信息学会副理事长。

主要经历：1983 年、1986 年和 1995 年分别取得西南大学植物保护专业农学学士，昆虫学专业农学硕士和理学博士学位。1995～1998 年在西北农林科技大学做博士后。1996～2007 年先后在以色列农业研究组织和香港大学做博士后研究员，在英国利兹大学做 Wellcome Trust 国际研究员、在日本东京大学做客座教授，在美国纽约州立大学和耶鲁大学做研究科学家。

主讲课程和成果：主讲动物生物学、昆虫学、保护生物学、现代分子生物学等课程。“动物科学教学团队建设与动物学系列课程改革实践”获重庆师范大学校级教学成果奖一等奖，“昆虫学”被评为重庆市研究生教育优质课程。

主要贡献：长期从事生物学的教学和科研工作。在昆虫学、媒介蚊虫、杀虫剂抗性和昆虫滞育分子机理、生态环境保护等领域具有较大影响。先后主持国际原子能机构项目、美国 NIH 项目、英国 Wellcome Trust 基金、美国国家科学基金、日本文部科学省客座教授基金、欧盟生物多样性和保护项目、中国国家科技基础性工作专项重点项目、中国国家自然科学基金等科研项目 70 余项。其中，主持国际科研项目 8 项、科技部科技基础性工作专项重点项目 1 项、国家自然科学基金项目 6 项。已发表科学论文 230 余篇，出版专著 15 部，获准专利 9 项。其中，英文论文 130 多篇，在 *Molecular Ecology*、*Scientific Reports*、*Heredity*、*BMC Genomics*、*Pest Management Science* 等国际著名 SCI 杂志发表论文 90 余篇，单篇最高他引 700 余次。曾获农业部部级科技进步奖一等奖、重庆市自然科学奖二等奖等省部级科学技术奖 5 项。是 *Advances in Biology*，*Biotechnology and Genetics* 和 *Genes Review* 主编，*Insect Science* 专辑主编，《中国媒介生物学及控制杂志》副主编，*Annals of Proteomics and Bioinformatics*、*Insights in Genetics and Genomics*、*Annals of Infectious*

Disease and Epidemiology、*Jacobs Journal of Entomology and Zoological Studies*、*Gene & Translational Bioinformatics*、*Asian Pacific Journal of Tropical Biomedicine*、*International Research Journal of Publicand Environmental Health*、《昆虫学报》、《应用昆虫学报》和《昆虫分类学报》等期刊的编委。是国家自然科学基金委员会生命科学部专家评审组成员，国家自然科学基金杰青项目、重点项目、优秀青年项目、面上项目的函评和会评专家。

教材主编、授课教师张基林简介

张基林，中学高级教师，重庆师范大学硕士生导师，重庆市首届高中生物教学名师，重庆江津人，1967 年生，1995 年重庆师范学院生物教育本科毕业，2001 年重庆教育学院化学教育本科毕业，2013 年评为重庆市首届生物教学名师，2012 年被评为重庆市高中生物骨干教师，2011 年被评为綦江县名师，2018 年 3 月被聘为重庆师范大学生命科学学院外聘教师，讲授〈中学生物校本课程开发的理论与实践〉、〈中学生物命题与解题〉两门选修课程。2017 年 12 月被聘为重庆师范大学师范生教学实习指导教师，2018 年 5 月被聘为重庆师范大学生命科学学院硕士生(学科教学生物)教学实践指导教师，2018 年 7 月被聘为重庆师范大学教育科学学院在职教师岗前培训授课专家。2017 年 11 月聘为重庆市高校师范生技能竞赛生物组评委，2015～2018 年被聘为重庆市渝北区教师进修学校教师培训授课教师，2016～2019 年被聘为重庆市渝北区期末考试生物学科命题教师。

曾在重庆市江津四中、重庆开明实验学校、重庆市江津二中、重庆市一中、重庆市綦江中学、重庆市松树桥中学任教。在三十年的教育教学工作中，处处遵循“尊重人、理解人、关心人、启发人、激励人”展开教育教学，特别重视学生的别才别智别趣，尊重学生的特智特能特长，开发学生的潜智潜能潜质，教育教学成果显著，2007 年、2009 年被评为区高三生物单科优秀教师，2014 年指导青年教师梁秀丽参加重庆市生物教师优质课大赛获一等奖，2005 年辅导学生参加全国中学生生物奥林匹克竞赛，学生张科健获全国三等奖，学生税雁雨、吴谦、王一丹等获重庆市三等奖。三十年来所教学生近千人考入重点大学，其中钱云、穆太江、黄治江、舒美均等学生考入清华大学。

教育教学经验丰富，公开发表《创宽松教育环境，建新型师生关系》《尊重生命，尊重情感》《小议转基因食品》《高中生物选择题巧解》《收礼的故事》等十多篇教育教学论文，主编、参编《立体课堂·名校学案高二生物(上)》《立体课堂·名校学案高二生物(下)》《课堂新坐标·名校学案高二生物(上)》《课堂新坐标·名校学案高二生物(下)》《重庆市初中健康教育教学参考书》《创新课堂同步学案·遗传与进化》《趣味实验与生活化学》《基于高中化学学困点的教学策略研究》《高中生物校本教材》等十多本教辅著作，2017 年 9 月主编的《高效课堂·分子与细胞》《高效课堂·遗传与进化》《高效课堂·稳态与环境》《高效课堂·生物技术实践》《高效课堂·现代生物科技》等高中生物校本教材获重庆市渝北区精品校本课程一等奖，并在 2018 年 4 月被评为重庆市高中生物精品选修课程，校本教材《生物技术实践》于 2020 年 6 月出版发行。

2018 年 8 月主编重庆师范大学生命科学学院校本教材《中学生物校本课程开发的理论与实践》《中学生物命题与解题》，制作了一套完整的中学生物教学课件及实验微课视频。

张老师把自己学到的知识、理论与教学实践联系起来，设计出独树一帜的教学思路，塑造了特色鲜明的授课风格，得到了社会各界的肯定和认可，先后几十次赴市内外多所大学、中学、教育培训机构讲学交流。

教材主编张涛简介

张涛，理学博士，教授，硕士研究生导师，重庆师范大学生命科学学院副院长，重庆师范大学“油用牡丹种质资源创新与利用”重点实验室主任。主要从事植物遗传及细胞生物学研究与教学工作，讲授《细胞生物学》《细胞工程》等本科生课程。

主要研究领域为：①油用牡丹种质资源创新与利用。在对油用牡丹种质资源进行收集、整理和鉴定的基础上，利用常规技术、现代生物技术等手段，选育出适合于在湿热条件下推广种植的优质高产油用牡丹新品种和特异种质资源材料。②植物不饱和脂肪酸代谢合成相关基因的克隆与表达调控机制。研究光照、温度等非生物学压力及JA等胁迫信号分子对紫苏ω-3 FAD基因转录表达的调控作用。③植物细胞的分化与发育。以植物形态发生等为主要对象，多层次研究细胞增殖、分化与发育调控的机制。

近年来主持开展了国家自然科学基金项目“紫苏ALA代谢积累关键基因的克隆、表达分析及功能研究”，重庆市社会民生科技创新专项项目“特种油料资源植物-油用牡丹种苗繁殖与推广利用”，重庆市自然科学基金项目“基于RNA-Seq技术的油菜温敏雄性不育转录组学研究”，重庆师范大学成果转化项目“油用牡丹种质资源鉴定、创新与利用”，以及重庆市教委科技项目“紫苏α-亚麻酸积累模式及其代谢调控的分子机制”等科研项目十余项，参加育成油菜新品种四个，获得省部级科技成果奖励四项，分别在 *BMC Genomics*、*Euphytica*、《中国农业科学》、《作物学报》和《园艺学报》等刊物发表学术论文50余篇。

前　言

当我们感受着重庆师范大学美丽优雅的校园环境，回望着生命科学学院奋发图强的办学历史，品味着追求卓越的骄人成绩时，不禁会问，是怎样的力量在推动着重庆师范大学生命科学学院前行？

生命科学学院的成长，是生命科学学院师生秉持“探索生命奥秘，促进人类发展”的担当和勇气，不断地开放、创新和奋进的结果。生命科学学院凝聚了一支优秀的教师队伍，他们是一群循循善诱的灵魂工程师，是一群不愤不启、不悱不发的教育开拓者，是一群自强、民主、开放的生命科学创新者。

教育，是民族振兴的基石，教师，是教育发展的根基。推动教育事业又好又快发展，培养高素质人才，教师是关键。没有高水平的教师队伍，就没有高质量的教育。师范大学是培养高水平教师队伍的摇篮，要加强教师教育体系建设，找准师范生教育中存在的主要问题，寻求深化师范生教育改革的突破口和着力点，加大对在校师范生培训力度，不断提高在校师范生培养培训的质量。

在重庆师范大学生命科学学院课程改革不断深化的背景下，张基林老师作为重庆市高中生物首届教学名师、重庆市高中生物骨干教师、重庆师范大学生命科学学院外聘教师，带领生命科学学院 2015 级生物科学专业师范生探索中学校本课程开发理论与实践，把他们的学习心得体会编辑成册，现与同学和老师分享。这套高中生物校本教材贴近生命科学在生物遗传变异进化、生物与环境、生命活动调节等教学内容的需要，揭示生命真相，引领生命成长，探寻生命意义，成全生命价值，已被评为重庆市精品选修课程。这是一群优秀师生的切身体验和至深感悟，是他们殚精竭虑的思想火花和深思熟虑的真知灼见，是教育思想者、改革者、实践者智慧思考的结晶；这也是生命对生命的尊重，情感与情感的共鸣，此爱与彼爱的交融，文化对文化的润泽；这更是将教育科研转化为教育生产力的具体表现，值得肯定。

一项伟大的事业需要我们每一位师生的热忱参与，一群可爱的学子需要我们每一位教师的悉心栽培，一个和谐的团队需要我们每一位师生的活力助燃，一片神奇的土地需要我们每一位师生的潜心耕耘。希望生命科学学院生物科学专业的师生在教与学的实践中，实现传承与创新结合，教学与教研相长，把握课标，吃透教材，钻研大纲，跳出文本，使国家教材校本化、生本化，为高效课堂、有效教学提供智力支撑。

回顾历史，开放合作是增强教育活力的重要动力；立足当今，开放合作是推动教育稳定发展的现实要求；放眼未来，开放合作是促进人类教育不断进步的时代要求。

纵观世界教育发展史，深刻验证了“相通则共进，相闭则各退”的规律。大中小学应当削减壁垒、扩大开放，我国教育才能打通血脉；如果以邻为壑、孤立封闭，我国教育就会“气滞血瘀”，每个学校也难以健康发展。因此，重庆师范大学生命科学学院的教育教学要持续进步，就应坚持要“开放不要封闭，要合作不要对抗，要共赢不要独占”。在教育全球化深入发展的今天，弱肉强食、赢者通吃是一条越走越窄的死胡同，包容普惠、互利共赢才是越走越宽的教育正道。

重庆师范大学生命科学学院始终是重庆乃至全国生命科学教育共同开放的重要推动者，是重庆生命科学教育发展的稳定动力源，是重庆生命科学拓展教育商机的活力大市场，是重庆乃至全国生命科学教育改革的积极贡献者!

教育环境只有更好，没有最好。重庆师范大学生命科学学院应该努力改进自己的教育环境，解决自身存在的问题，不能总是粉饰自己、指责他人，不能像手电筒那样只照他人、不照自己。只要我们保持战略定力，全面深化教育改革开放，深化教育链与价值链的改革，下大气力解决存在的突出矛盾和问题，重庆师范大学生命科学学院的教育教学就一定能加快转入高质量发展轨道，重庆师范大学生命科学学院的每一位员工就一定能战胜前进道路上的一切困难挑战，重庆师范大学生命科学学院就一定能迎来更加光明的发展前景。

目　　录

绪论 《中学生物校本课程开发的理论与实践》课程的学习和研究方法

习近平总书记在视察北京师范大学时指出："一个人遇到好的老师是人生的幸运，一个学校拥有好老师是学校的光荣，一个民族源源不断涌现出一批又一批好老师则是民族的希望。国家繁荣、民族振兴、教育发展，需要我们大力培养造就一支师德高尚、业务精湛、结构合理、充满活力的高素质专业化教师队伍，需要涌现一大批好老师。百年大计，教育为本；教育大计，教师为本。努力培养造就一大批一流教师，不断提高教师队伍整体素质，是当前和今后一段时间我国教育事业发展的紧迫任务。要加强教师教育体系建设，首先找准师范生教育中存在的主要问题，寻求深化师范生教育改革的突破口和着力点，加大对在校师范生的培训力度，不断提高在校师范生培养培训的质量。"

近年来，为了全面提高教师队伍整体素质，国家加大了教师教育改革力度，陆续出台了《国务院关于加强教师队伍建设的意见》《教育部国家发展改革委、财政部关于深化教师教育改革的意见》等一系列文件，将完善教师教育体系和深化教师教育改革提到了空前高度。培养造就一支师德高尚、业务精湛、结构合理、充满活力的高素质专业化教师队伍，是当前我国教师教育改革创新的时代使命和战略目标。为了全面实现这一战略目标，需要在教师教育理念、制度、内容、方法和评价等各方面进行深入探索。其中，教师教育的教材体系建设，是教师教育改革创新的核心枢纽，是培养"四有"教师的主要抓手，需要优先关注和深入研讨。

师范教育阶段开设《中学生物校本课程开发的理论与实践》课程是师范教育领域的重要学科课程之一，其精要是展示生物学教育的基本内容，反映生物科学教育的本质。它既要让师范生获得基础的生物学知识，又要让师范生领悟生物学家在研究过程中所持有的观点以及解决问题的思路和方法。《中学生物校本课程开发的理论与实践》课程期待师范生主动地参与学习过程，在亲历提出问题、获取信息、寻找证据、检验假设和发现规律等过程中获得生物学知识，养成理性思维的习惯，形成积极的科学态度，发展终身学习的能力。学习本课程是每个师范生不可或缺的教育经历，其学习成果是师范生素养的基本组成。师范教育阶段《中学生物校本课程开发的理论与实践》课程是以提高师范生生物学核心素养（主要包括生命观念、理性思维、科学探究和社会责任）为宗旨的学科课程，是树立社会主义核心价值观、实现"立德树人"根本任务的重要载体。

《中学生物校本课程开发的理论与实践》属于课程论研究的重要专题之一。本课程的学习与研究既要注意掌握相关理论知识，又要积极关注和参与生物校本课程开发实践，坚持理论与实践相结合的原则，通过文献阅读、体验感悟、合作研究、调查研究、反思提升得以加深认识、深化理解。

一、文献阅读，拓宽视野

昨天的终点，今天的起点。教师这个职业是在高平台上求发展，需要更多的胆识与才气。教师的知识结构包括三个板块：精深的学科专业知识，开阔的人文视野，深厚的教育理论功底。随着信息时代的到来，教师原有的专业知识已远远跟不上时代发展的步伐，需要在实践中不断更新。这就要求教师必须针对自己的“教育问题”和“教学困惑”寻找自我超越的方法，需要一面镜子发现教育教学中的问题，这面“明镜”就是书籍。读书是一个知识人做学问的基本功，是一个文化人安身立命的根本。读哲学书可培养人的大气，读专业书可培养人的才气，读休闲书可培养人的灵气。读书能使人通晓古今，高瞻远瞩；读书能使人洞明世事，虚怀若谷；读书能使人穿越时空，聆听历史的回音，对话伟人的思想；读书能传承人类文明，唤醒人的心灵，提升人的精神、气质和品性，彰显人格魅力，从而开创新的世界。

所以，文献阅读是教师这一职业内在的要求，阅读的范围和程度直接决定着教育教学水平的高低、教育教学效果的优劣。校本课程开发文献阅读，是教师课程视野拓展和课程开发实践活动的原动力。校本课程开发文献阅读要“精”，也需要“杂”。在本课程的学习过程中，一方面需要阅读校本课程开发的论文和著作，深入理解本课程涉及校本课程开发的目标设计、内容选择、课程组织、评价与领导理论知识，把握校本课程开发的发展脉络、实质与价值。必要时，还可以对校本课程开发文献的具体内容进行整理，通过对某一研究专题的基本概念、理论基础、主要观点、存在问题以及发展策略等的归纳分析，整体把握该研究领域的全貌。另一方面需要跳出校本课程开发，广泛学习与校本课程开发相关的文献，尽可能拓展视野，如地方文化、校本管理、课程资源、教学叙事等文献的阅读，可以成为本课程学习的“源头活水”。

二、体验学习，积累感悟

在学习过程中需要积极地关注与参加校本课程开发实践活动。一方面，要善于运用所学的理论分析校本课程开发案例，解答校本课程开发实践中的问题；另一方面，要立足中小学实践现场，开展课堂观摩等活动，运用学到的理论知识，揭示校本课程开发中的问题，并为校本课程开发的有效推进提出建议。例如，以实践者的姿态进入校本课程开发现场，与相关师生互动发现学生成长的需求，参与教师群体审议，共同确定校本课程目标，选择校本课程内容，一起组织课程内容，真实地感受校本课程开发过程，丰富自己对校本课程开发过程的感悟。在体验过程中，也要学会“听”“评”。要善于倾听学生成长的声音，倾听校本课程开发者的声音，还要注意家长、社会人士、研究机构或高校专家的声音，善于从这些声音中发现有利于深化校本课程开发认识的养料。在参与校本课程开发研讨与交流活动时，也要学会发出自己的声音，学会“评”，把自己的看法融入评论的“大潮”中，让他评的声音来检测自己的理解和认识。

通过体验学习，积累感悟，把自己学到的知识、理论与教学实践联系起来，思考别出心裁的研究侧重点，挖掘新颖独特的切入角度，设计独树一帜的教学思路，塑造特色鲜明的授课风格，展现别具一格的学术品位，形成与众不同的教育艺术，从而教出了特色，教出了文化，教出了内涵。

三、调查研究，把握现况

教育是“与时消息，与时偕行，与时俱进”的工作，这就要求教育者重视调查研究、把握现状。中学生物校本课程开发中的调查研究法是指在校本课程开发理论指导下，通过运用观察、访谈、问卷等方式，搜集校本课程开发的资料，从而对校本课程开发现状做出客观描述和科学阐释，并提出具体建议的一套方法。在校本课程开发研究中采用以下几种方法：①观察法。是有目的、有计划地通过感官和辅助仪器，对处于自然状态下的日常校本课程开发现象进行系统考察，从而获取经验事实的一种科学研究方法。通过观察法，可以看到校本课程开发中直接而即时的事件，能查看事件发生时的情境，对人际行为与动机具有深刻的了解，有助于进一步认识校本课程开发现象的本质和规律。②访谈法。是以交谈的形式，根据被访问者的答复搜集客观的、不带偏见的事实材料的有目的的研究性活动。访谈法目的清楚，有针对性，能呼应研究主题，可以获得有深度的解释，对深度把握校本课程开发的目的、内容、方法、出现的问题及其原因等有重要作用，因而是校本课程开发研究的重要方法。③问卷调查法。因其快速、高效、客观、调查面广等独特优势，在国内外的科学研究中广被采用，是校本课程开发研究中资料收集的重要手段。通过问卷调查，可以针对校本课程开发较大范围的研究对象，得到有一定推广意义的普遍性结果，因而在校本课程开发现状及问题研究中占据独特的优势。在校本课程开发研究中同时使用观察法、访谈法和问卷调查法，可以相互验证，以准确把握现状及问题，为提出校本课程开发改进建议提供更为可靠的依据。

四、行动研究，改进实践

学生在课堂上是兴高采烈还是冷漠呆滞，是其乐融融还是愁眉苦脸？学生对学科知识的学习态度是越来越积极还是越来越消极？学生对学科学习的信心是否越来越足？这一切均被老师所关注。当学生的学习状态不佳时，老师应当好好反省：是自己的教学内容不够吸引人，教学技法不够启发人，教学态度不能感染人，还是人格魅力不够影响人？这就要求教育者对教育行动进行研究，改进教育实践。

中学生物校本课程开发本身就是课程行动研究。课程行动研究是课程与教学实践的研究者、一线教师与课程与教学论专家、学者密切合作，以课程与教学实践中存在的问题作为研究对象，通过合作研究或者独立研究的方式，将研究成果应用到自身从事的课程与教学实践中去的一种研究方法。校本课程开发也从课程问题(课程教学不适合学生学习)入手，通过合作寻找解决课程问题的方法，再经实践改进、解决问题，实现学生有意义的学习。不少国家的校本课程开发就是在行动研究浪潮中发展起来的。参与行动研究，解决课程问题是本课程学习比较理想的综合性学习方式，文献阅读、体验学习、反思学习往往伴随着行动研究的全过程。具体而言，学习者可以参与专家领衔的课程行动研究课题，由专家领衔，以课题为纽带，与教师合作开展研究；也可以参与以教师为研究主体、以学校为研究基地、由专家提供专业支持的课程行动研究；还可以由学习者主动发起，与教师合作展开课程行动研究。无论是何种形式的学习，学习者在行动研究合作群体中都要充分表达自己的看法，实现多向信息交流，在合作过程中充分体验学习和研究的快乐。

五、反思学习，提升认识

中学生物校本课程开发过程也是不断反思的过程。波斯纳提出了教师成长的公式：成长=经验+反思，说明教师的学习离不开反思。叶澜教授也说过，一个教师写一辈子教案不一定成为名师，如果一个教师写三年的反思，则有可能成为名师。本课程的学习与研究，尤其重视反思。反思可以分为回顾反思、观察反思和对话反思三种，从内容上讲反思又可以分为效果反思、改进反思和探究性反思。效果反思主要反思校本课程开发哪些方面达到预期效果，哪些方面没有达到预期效果；有没有引出新问题，如果有，是什么，为什么产生这些问题；反思行动对策有没有形成对这些问题的新看法；有没有其他方面的收获；校本课程开发的改进反思是在考察整个研究过程后对遗留问题进行深入思考并提出解决方案，在效果反思基础上下一步将采取什么行动，这些行动将在哪些方面改善现状。将研究反思得到的启示、体会、对策转化成为后续研究与实践的具体措施。在效果反思和改进反思的基础上，可以展开校本课程开发探究性反思，即系统回味校本课程开发与研究的全过程，探讨“所做的实践”对“问题的解决”有哪些作用和意义，体现了哪些“道理”及其“对课程研究的价值”等。坚持反思，可以提升体验学习、行动研究过程中获得的认识和理解，可以大大提高本课程的学习与研究效能。

总之，《中学生物校本课程开发的理论与实践》这门课程的学习和研究方法是在学习中积淀，在实践中沉淀，在带教中提升。

第一章　校本课程开发历程与经验

本章概述

从历史与逻辑角度看，有学校存在，就有校本课程开发活动的存在。本章追溯校本课程开发的历史发展过程，考察国外分权与集权制国家，主要涉及美国、英国、澳大利亚、法国、以色列等国家校本课程开发的兴起、繁荣与挑战，探究中国校本课程开发的历程，从而得出探索校本课程开发的基本经验：淡化两极，力求中道；解放学校，关注差异；优化制度，保障资源。

本章还介绍欧美校本课程开发的发展趋势，内容包括经济合作与发展组织(Organization for Economic Co-operation and Development，OECD)的教育主张、欧美校本课程开发的趋势、欧美校本课程开发译析等，主要包括美国、英国、法国、澳大利亚(本书将其视为传统欧美国家)、加拿大等国家的校本课程开发。考察欧美校本课程开发的发展趋势，可以为课程开发与实施者提供参考。

学习目标

1.了解校本课程开发产生的背景，集权制与分权制国家政治、经济、社会变革对校本课程开发产生的影响；
2.理解不同政治体制的国家校本课程开发在不同历史时期的特点与关键事件；
3.理解中国校本课程开发的兴起、发展过程，了解所遇到的困难与挑战；
4.掌握中央集权制国家、地方分权制国家校本课程发展历程反映出的基本经验。
5.掌握经济合作与发展组织（OECD）教育研究所包含的主要面向及其成果的内涵；
6.了解国外校本课程发展的内容及主要趋势；
7.能对国外校本课程开发的不同面向进行比较与评论。

读前反思

在阅读本章之前，请结合自己的学习经历思考：哪些因素会影响校本课程开发的产生与发展？这些因素是如何影响校本课程开发活动的？根据同事的校本课程开发实践或阅读到的相关文献，校本课程开发有哪些经验值得借鉴？

第一节　国外校本课程开发历程

校本课程开发可以追溯到中国先秦时期的私塾及古希腊的学园等。当时，还没有形成所谓国家统一的课程体系，课程均来自学校或者教师自身的开发。这说明校本课程开发有一个漫长的过去。但如果以学校教育制度的正式确立来分析校本课程开发的存在，制度化的校本课程开发只有相对短暂的历程。

一、分权制国家校本课程开发的兴起、繁荣与调整

任何事物的产生与发展都有一个过程，都会历经兴起、繁荣与调整阶段，制度化的校本课程开发概莫能外。不同政治体制下的教育发展呈现相对的差异。地方分权制指中央政府将一些行政权授予地方政府，地方政府有较大的自治权和自主权。地方分权制国家如美国、英国、澳大利亚等发达国家的校本课程开发，均经历了一个兴起、繁荣与调整的过程，这些国家校本课程开发的兴起均有着相似的背景。

学习目标

理解国外分权制国家校本课程开发兴起、繁荣与调整的多元背景，掌握各阶段相应的变化过程；了解国外集权制国家校本课程开发的产生、发展历程，以及遇到的挑战，知道各阶段发生的关键事件。

国家课程开发

主张课程开发的权力集中在中央课程开发中心，课程决策的主体主要是专家和权威代理机构，课程变革具有很高的能力和技术要求，因而必须通过国家课程开发中心自上而下地展开。

（一）分权制国家校本课程开发的兴起

1. 国际背景：“二战”结束，百废待兴

校本课程开发的兴起，与国家课程开发策略的高度重视及其遭受失败的现实密切相关。没有国家课程开发策略的惨痛失败，也就没有校本课程开发的兴起。

国家课程开发之所以受到重视，深受“二战”后的国际局势的影响。第一，“二战”创伤修复。“二战”导致世界各国人力、财力、物力的巨大消耗，教育规模削弱，教育质量降低。无论是国家发展还是社会发展，各方面都面临战后重建问题。发展教育是国家重建的根本之路，政府与民众尤其关注，优质教育、高效教育成为基础教育发展的重心，为“二战”后各国教育教学改革注入了强大的动力。第二，“冷战”政治对视。“二战”后世界上出现两种政治阵营——社会主义和资本主义。两种阵营的较量就是国家政治、经济、军事等实力的竞争，而这些竞争的实质则是人才的竞争，人才竞争最终依靠教育。因此，国家直接干预教育，快速振兴教育、强大民族，成为政府和民众的基本诉求。第三，新技术革命的冲击。新技术成果的涌现，新兴知识的急剧增加，对学校课程内容、手段及教育环境的变革提出了新的挑战与机会，基础教育课程与教学改革也需要与时俱进，把握时代脉搏，跟上时代步伐。第四，认知结构理论、学科结构理论、认知心理学理论等各种学科发展新理论的出现。如布鲁纳的《教学过程》一书被称为新课程改革的“课程宣言”“教

育现代化的圣经”等，为基础教育课程变革提供了理论依据。

2. 国家课程开发：蓬勃兴起，失败告终

“二战”后国际局势变化巨大，各国政治经济社会矛盾复杂，各种利益与关系需要协调，政府介入成为民众所愿。从20世纪50年代末起，世界上很多国家的政府或教育行政部门都推行了全国性大规模的课程改革，其中美国的课程改革影响最大。

“二战”结束后，美国整个社会发展的重点从战时状态转入建设时期，为了解决国内各种社会问题，美国中小学开始探讨如何调整课程内容。受《为美国所有青年的教育》报告和“生活适应教育”运动的影响，美国中小学课程以多样化、趣味性和实用性为主要特征。“生活适应教育”最显著的影响不是它本身的教育思想，而是由它产生的相应的强烈的批评。批评者往往是来自大学和学院的自然科学专家，他们批评美国教育过于追求实用性和极端功利主义，甚至反理智，是“软性教育”；他们还认为美国的科学课程也过于追求实用性，缺少学术性。这些自然科学专家断言，美国中小学科学课程不能为学生接受大学课程学习做好准备，并要求全面修改中小学科学和数学课程。

1957 年苏联成功发射了第一颗人造地球卫星，震惊美国朝野，美国突然意识到其科技领先地位的动摇，并把这归咎于教育的失败。1958 年美国国会迅速通过了《国防教育法》，强调改革学校课程。美国的学科专家指出，政府过多地把课程权力交给学校和教师是美国教育质量下降的原因，应由国家组织专家开发课程，这是提高教育质量并赶超苏联教育和科技的重要途径。这次课程革新计划反对传统的地方与学校课程开发模式，启动国家课程开发模式。国家科学基金会为此次课程革新提供了大量的财力支持。新的课程开发机构组织了一批在学科领域享有很高声誉的专家，集中开发了一批以学科知识为中心的新的课程。新课程强调学科知识的严密结构和学会探究新知识的方法，要素主义课程和结构主义课程理论为这次课程改革提供了重要的思想基础。这就是以美国为中心的、波及英国等一些地方分权制国家的全国性“激动人心”的新课程运动。新课程配备了设计优良的辅助材料，编制了高科技的补充读物，引进了先进的广告技术，呈现出一派“激动人心的新气象”。但是，如此优越的课程计划，由于师资等原因，落实很成问题。当时美国约有85%的学校未采用主要课程方案的教学材料。美国当时编写的高中教材，只有25%的高中生能够接受，75%的学生接受不了。当时极力倡导新课程运动的结构主义课程论的代表人物——美国著名教育家布鲁纳于 1971 年发表了《教育过程再探》，公开承认自己的课程改革失败，说在开始阶段过于理想主义，单纯考虑智育和培养科学家、工程师，“实在是天真无知”。

受美国大规模开发全国课程运动的影响，20世纪60年代起英国着手开发全国课程方案，借此提升学校教育质量，促进学校课程变革。在20世纪60年代和70年代，英国在校学生人数迅速增长，政府开设了许多综合学校，要求所有学生就近入学，小学毕业生无须参加考试就可升入中学，这样就有必要开发一套适合所有儿童的课程，并为全国性课程开发奠定了一定的基础。然而，由于这次改革活动采用简化的、线性的课程开发逻辑，没有充分考虑到学校教育和社会变迁的复杂性，再加上其与英国长久以来教师专业自主的传统不相契合，招致了不少批评，并逐渐步入困境。20世纪60年代末陆续发表的评价报告更直接宣布了全国课程开发方案的失败。

3. 校本课程开发在反思中兴起

一场耗资巨大的、由著名专家团队着力打造的、充分反映政府立场的课程运动，为何以失败告终？

应该说，新课程强调发挥学生的学习主动性，要求学生主动地发现知识而不是被动地接受知识，同时加强学科基本概念和基本理论的学习，这些初衷是正确的。任何教育改革的失败可能都会检讨教师素养、课程难度、推进机制、评价模式等。新课程改革过分强调理论知识，削弱了教材的实用知识和基本技能，使教学内容太抽象化和理论化，脱离知识的实际应用价值，过于强调特定学科的知识结构，造成了知识之间的分离和专业化，割裂了学科之间的综合性和关联性，过分注重专家的作用等，成为人们批评的对象。随着课程改革认识的逐步深化，人们发现大规模国家课程开发策略是导致课程运动失败的直接原因和关键原因，这种策略注重由中心向外围、自上而下的“研究—开发—推广”的开发逻辑，受到社会、技术和经济空前变革的巨大挑战，人们对此模式的效果感到失望，普遍认为这种课程开发模式有诸多难以克服的弊端，分析如下。

第一，课程开发权利过度集中，容易造成教育资源的巨大浪费和教育效益严重下降，进而导致教育变革能力严重萎缩。

第二，由于课程开发的绝对主体是国家课程管理者及课程、学科专家，这种行政型或专家型课程决策不可能从整体上把握课程开发系统，不可能使课程多层次、多途径、全方位地满足社会发展和学生发展需求。

第三，课程开发者与实际课程执行者之间缺少应有的紧密联系，形成课程开发与实施的“两张皮”，抑制了学校教师参与课程开发的积极性与创造性，降低了课程改革对于学校教育的实际效能。

第四，国家课程带有普遍适用性和较长的周期性，难以反映学校的特殊性，缺乏灵活性，也不足以在课程中及时吸纳新信息，反映社会生活的变化，课程文化严重滞后于社会变革，尤其是不能及时反映科技进步成果和当地社会生活与社会发展需求的实际变化。

第五，国家课程开发主要依靠课程和学科专家设计，课程计划、课程标准、各学科教学大纲、教科书主要由专家拟订和编撰，从而使课程设置难以摆脱“学科课程”的局限，各门学科之间缺乏联系，每门学科因从本学科知识逻辑出发，难以割舍，不可能从社会实践、学生情况及教育效果出发，致使课业负担居高不下。

正如课程批评家指出的，课程开发中心的专家脱离课程的使用者，不能将新课程细致的革新特性传达给教师，既不与教师发生关联，也不能激发教师将教学习惯改变到确保新课程计划成功所必须的程度。由从事理论研究的课程和学科专家学者来设计课程，将实施课程的中小学教师排斥在外，必然导致专家学者不了解学校和学生的需求，教材难度远远脱离教学实际，学生难以接受，学校教师不了解编写专家的意图，其结果必然是专家认为高质量的课程，广大师生却不乐意承认。

新课程运动暴露了国家课程开发模式的缺陷，自上而下的大规模课程改革的失败深深刺激了课程改革的发起者、研究者和参与者，人们认识到课程开发的权力集中在中央机构，而作为教育真实发生的学校以及广大课程实施者没有课程开发的权力，是国家课程开发策略最为致命的弊端，自下而上的草根式的课程改革模式才能够真正地改进学校及整个国家的教育。于是，一些课程专家不再单纯强调学科结构，而是更多地注意学生的个体需求和学校的实际情况。与布鲁纳一道推进新课程改革的旗手之一施瓦布也开始“大声疾呼”，提出实践的课程观，为学校课程开发权利的争取奠定理论基础。20 世纪 70 年代起，英国中央教育行政主管部门最终承认课程开发的重心在学校，政府只能扮演辅助而非主导的角色。不能把精力集中在国家课程计划上，“如果我们的目标是学校中的变革，那么就必须通过学校来发动变革”。一场校本课程开发运动开始兴起。

> 校本课程开发运动
>
> 主张课程开发领域实现从以国家课程开发中心为主到以学校为主、从以专家为主到以学校教师为主、从以自上而下为主到以自下而上为主的策略大转移，呼吁把课程与特定学习者的实际环境和个人经验联系起来。

校本课程开发运动这个术语所传达的主要信息是新课程运动的缺点要通过在学校一级进行有关的课程决策来弥补。同时全国课程开发方案也被取消了强制性，只是作为学校教师在课程开发时的选择和参考。1967 年《普劳顿报告》(*Plowden Report*)提出儿童中心的教育思想，掀起了开放教育的风潮，也促进了“混合能力分组”(mixed ability)、“不分流”(destreaming)、“统整日”(integrated days)、“协同教学”(team teaching)等各种多元教学形态的出现，这就要求学校改变长久以来形成的课程内容与课程实施形态，主动担当课程开发的责任。英国校本课程开发的兴起主要受两个方面的影响：一是英国历来就有尊重教师专业自主的传统，学校普遍享有较大的课程决策权，教师可主动参与课程开发，决定教学内容与教学方法；二是英国教育普遍受到精英主义教育思想及校外考试压力的影响，所谓专业自主在教师认识中仅仅是教导学术课程，传输社会文化精髓、追随传统、宣扬古典的自由，缺乏应有的解放思想的力度。因此，英国的学校与教师虽然拥有高度的专业自主性，但始终没能给英国课程带来重大的变革。此外，斯坦豪斯(Stenhouse)主张课程开发的过程模式，也为校本课程开发的兴起提供了重要的理论支撑。

4. 民主化运动助推校本课程开发

校本课程开发的兴起及课程开发权利的下放与学校课程实施者课程决策参与水平的提高密不可分。国家课程开发运动的失败，启发人们思考课程开发权利过分集中在中央层级，对课程决策权力下放，提高教师参与课程决策的水平起到了积极的促进作用。此外，“二战”后西方发达国家经历了一段时间的稳定发展，物质生活富裕起来，为人们追求自我价值提供了良好的环境，工业社会的文化价值和政治制度遭受人们的质疑。20 世纪 60 年代中后期，法国和美国发生了学潮风暴，席卷全球。20 世纪 70 年代又兴起了一股强大的女权运动，助推民主运动高涨。民主化运动增加了公众参与公共事务、分享决策的机会，“被决定者有权参与决定”。在主张权力下放、参与公共事务的呼声中，教育领域猛烈抨击课程集权控制，要求重新分配教育权力和责任，尤其要求下放课程权力。例如，澳大利亚倡导学校课程自主权运动，有力地促进了校本课程开发的兴起。1961 年澳大利亚各州全面废除小学校外考试制度，改为学校自主评价或由校外机构认可。1967 年澳大利亚的维多利亚州废除 10 岁校外考试，各州纷纷效仿。校外统一考试犹如一道权力枷锁，一经解除就会加速课程决策权力下放，拓展学校自主决定课程的空间。各州课程政策随之变革，积极倡导校本课程开发的理念。例如，1968 年塔斯马尼亚和新南威尔士发布文件，规定教师拥有相应的课程自主权，各州响应，积极发布相关文件和报告，倡导校本课程开发。20 世纪 70 年代中期，大多数 OECD 成员国教育决策都有明显的从中央到地方的权力下放(第十章会进一步谈到)，对于校本课程开发的定义也从权力下放角度理解，认为校本课程开发是指基于学校自发的行动，促使地方和中央教育当局之间的权力和责任重新分配，这说明民主化运动通过教育权责重构促进了校本课程由开发走向繁荣。

(二)分权制国家校本课程开发的繁荣

进入 20 世纪 70～80 年代，对国家课程开发的彻底反思催生了课程决策权力的下放。同时，各地方分权制国家教育政策有明显的调整，加之学术研究领域对校本课程开发研究的重视，校本课程开发开始走向繁荣。英国、澳大利亚、美国等成为校本课程开发繁荣时期的主要代表。

1. 英国校本课程开发的繁荣

英国教育区域分英格兰与威尔士、北爱尔兰、苏格兰，相对独立。英国(主要指英格兰和威尔士地区)教育由教育与就业部国务大臣掌管。皇家督学团负责监控教学质量，并向教育与就业部国务大臣提出有关建议。以英格兰和威尔士为例，教育行政采用地方分权，课程事务由“地方教育当局”管理，每个地方当局由于学校制度、课程政策不同，对学校课程的规定也不一致。

在 20 世纪 60 年代，受新课程改革的影响，英格兰和威尔士也采用国家课程开发模式，旨在回收课程决策权力，控制地方和学校过多的自主权。对于有着尊重教师专业发展传统的英格兰和威尔士而言，内部冲突在所难免，于是在 20 世纪 70 年代和 80 年代，英国政府内部形成了两股势力的对抗。部分机构如皇家督学团、教育和科学部(The Department of Education and Science)致力于国家课程开发，寻求对教育更多的控制，而地方教育协会、高等教育机构教师协会等则支持校本课程开发。如课程开发运动的首创者斯坦豪斯，积极倡导教师在课程开发方面发挥核心作用，认为“课程研究和课程开发应该属于教师的事务”，地方教育当局和皇家督学团那些人的乐观态度是荒唐的。

由于英国有着长期良好的校本课程开发传统与基础，两大势力对抗的结果是普遍支持校本课程开发。学校委员会走向解体，大量的资源投入到校本课程开发。政府也解散学校委员会，成立学校考试委员会和学校课程开发委员会，学校课程开发委员会大力支持校本课程开发。地方教育当局、高等院校和广大教师也通过课程研究协会、课堂行为研究网络等组织积极支持校本课程开发。有些地方教育当局还鼓励基层学校投标，争取校本课程开发的财政资助，或制订教师流动计划，委派资深教师到兄弟学校或其他地方教育当局管辖的学校，协助开展校本课程开发。1975 年《完整的课程》(The Whole Curriculum)报告书明确表态：“‘以学校为课程开发的中心’是本报告最基本的理念。由于教师最清楚学生的需求，所处的地位相当独特，……因此课程革新取决于教师的角色……”教育和科学部1978年通过中小学委员会推动“资源运动”(resources movement)，提倡“校本教师在职培训”(school-basedin-servicetraining)，认为学校是比高等教育机构、教师中心更适合进行教师培训的机构，希望学校能依照自己的需求以及教育现场的独特问题，设计学校以及教师的在职进修。在上述政策及环境的推进下，20世纪70年代和80年代英国的学校和教师开始展现新的专业自主意识，校本课程开发出现高潮。

2. 澳大利亚校本课程开发的繁荣

在澳大利亚，州教育局对教育负有主要责任。校本课程开发从一开始就得到了许多州教育局的大力支持。1967年维多利亚州成立了一个课程咨询委员会，建议并敦促各学校开发自己的地方性课程。为鼓励学校课程开发委员会，特许学校有专门的课程日，这一天教师不用上课，大家聚集在一起讨论和规划。1972年新南威尔士州教育部发布文件，对州内各级教育机构的责任进行明确划分：州政府负责制定考察目标和课程开发指南；各地教育局协助学校进行课程开发；学校评估学生需求，调整和开发适宜的课程。同时，教育部还宣布，在不违背教育原则的前提下，州内所有小学可以根据学校特点制定自己的教育目标，开发学校的课程方案。澳大利亚联邦政府也将教育权力下放作为教育改革的重要方向，1973年成立学校咨议会(School Council)，实施“学校创新计划”，1975年专门设立了一个重要机构——课程发展中心(Curriculum Development Centre)，研究国家重大课程议题，为地方和学校课程开发提供课程咨询和服务。该中心的第一任主任斯基尔贝克(Skilbeck)就是推动澳大利亚各项校本课程开发计划的中心人物，他也因此成为一名享有国际声誉的课程学者。国家课程开发中心还编制预算，开展各种研讨和培训活动，为教育行政人员和教师提供专业发展机会，整体提高课程决策参与水平。1973～1981年有几千个校本课程开发项目得到了联邦政府的资助。1977年在悉尼举行了一次校本课程开发全国研讨会。

3. 美国校本课程开发的繁荣

按美国宪法规定，教育事务的管理权在各州。除夏威夷州教育直接由州政府管理外，其余各州均将教育管理权进一步下放到各个学区，让学区在不违背州教育政策法规的前提下自行管理，实行不同的课程管理制度，学校、学区与各州之间的课程自主权存在着极大的差别。美国的课程文件中有83%是由学区颁订，学校、州及联邦政府所颁订的仅占17%。20世纪70年代中期以后，由于布鲁纳所领导的国家课程开发运动的失败，以及受当时学校效能运动的影响，校本课程开发的观念开始流行，州政府或学区开始鼓励学校自主决定课程，希望借此提高学校的教育成效，同时也顺应当时兴起的多元文化教育思潮。20世纪70年代中期以后，美国还兴起了一股强劲的学校改进运动，使得学校一级的教育团体纷纷卷入校本课程开发，但是这时的校本课程开发更多的是被纳入校本管理的范畴之内，许多教育文献中所报道的校本课程开发案例同时也被视为校本管理的案例。“特定现场课程开发”(site-specific curriculum development)、“现场本位课程开发”(site-based curriculum development)、“校本管理”(school-based management)以及“学校重建运动”（school restructure movement）都是校本课程开发的不同称谓。

20世纪80年代，美国出现两次教育改革，推动校本管理与校本课程开发。1983年，“美国优异教育委员会”经过18个月的调查研究后发表《国家处于危险之中：教育改革势在必行》的报告，严厉地指责美国学校教育中存在课程内容浮浅、教育质量日趋下降、校园暴力不断恶化、教育有走向平庸的趋势等问题。报告激起了美国国内的危机意识，促成了20世纪80年代第一轮教育改革。由于这次改革的重点是强调自上而下的、严密控制的行政管理，学校课程包括教科书选用和教学课时的安排都由州政府决定，并且通过严密的考试系统对教学质量进行监控，从而忽略了学校自我更新的能量，未能取得预期的改革成果。针对这一情况，1986～1989年又开展了第二轮教育改革。这次改革则采取自下而上的策略，强调课程开发权利的下放，赋予学校更大的办学自主权，因此“校本管理”在美国广为盛行，也相应地促进了校本课程开发的发展。

（三）分权制国家校本课程开发的回落与调整

20世纪80年代末期以后，地方分权制国家校本课程开发由盛而衰，国家课程开发重新受到重视。随后，随着公众对课程改革的高度关注，校本课程开发再次受到欢迎，国家课程开发与校本课程开发之间的关系得到重新认识，校本课程开发政策得到新的调整。

1. 校本课程开发的回落

校本课程开发的回落首先表现在盛极一时的澳大利亚。20世纪80年代初“国家教育品质审查委员会”（the Quality of Education Review Committee）发表报告《澳大利亚的教育品质》认为，课程权责下放学校，学校课程虽然出现多样化，但并非所有的教师都想要或有能力承担课程责任。许多州政府的调查报告也有相似的发现：学校教师与行政人员普遍认为校本课程开发费时费力。类似这些现象直接导致澳大利亚校本课程开发政策转向。归纳起来主要有四个方面的原因：第一，一些有影响的研究和调查报告认为，并非所有的学校教师都愿意或有能力承担课程开发的责任；第二，校本课程开发遇到不少实际困难，学校和老师希望州政府制定更明确的课程纲要；第三，社会舆论批评校本课程开发降低学校教育水平，教师参与的意愿和能力不足，要求联邦政府制定国家课程标准以提高教育质量；第四，政府财政困难，校本课程开发的经费补给和培训计划被迫取消。鉴于这些原因，州或联邦政府相继发表报告，规定课程权力范畴，校本课程开发重新回到政府确定的范围之内，校本课程开发热潮开始“降温”。

同样，美国联邦政府也在20世纪80年代末着手制定全国统一的教育政策和目标，以解决各州与学区自行摸索改革，缺乏改革的系统性与全面性等问题。继《国家处于危险之中：教育改革势在必行》发表后，学校课程改革强调自上而下的严密控制的管理模式。1991年，美国总统布什签署《美国2000年：教育战略》，1994年克林顿签署《2000年：美国教育法》，使教育目标从“战略”上升至“法律”，将建立全国范围内的课程标准推向法制高度。同时，通过各种联邦机构的设置及拨款辅助，积极介入学校教育与课程改革。州政府也在此时加强了教育控制，制定了更加严格的教科书选用标准和采用程序，从学校开设科目、课程范围到课程主题与顺序都有明确规定的课程纲要，同时建立标准化的成就测验方案，提升毕业水准，将课程控制权逐渐集中到州与联邦。

英国早于1976年11月到1977年3月在全国范围内展开一场由教师、地方当局官员、大学、工商界、教育和学术团体以及其他人士参加的教育大辩论，突出的中心议题是国家课程标准和教师问题。教育和科学部1977年7月1日发表绿皮书《学校中的教育：咨询文件》对大辩论做了总结，指出了学校教育改革的趋势，1980年1月又发表《学校课程结构》的咨询文件，并于1981年发表该文件的修改本《学校课程》，比较全面地阐述了政府有关课程改革的政策和决心。与此同时，皇家督学团也积极配合，发表了《11～16岁的课程》(1977)、《关于课程的看法》(1981)等一系列文件，对课程改革提出了具体的建议。因此，20世纪80年代的英国，开始注重国家课程开发。1987年出台了题为《4～16岁国家课程》的咨询报告，该报告的内容在《1988年教育改革法案》中得到充分的反映，为强化国家课程奠定了基础。《教育改革法案》确定了国家课程，其中包括英语、数学、科学三门核心科目和历史、地理、音乐、艺术、体育、现代外语、技术七门基础科目。《1988年教育改革法案》颁布之后，英格兰和威尔士实行国家课程，再一次改变了英国的课程权利分配结构。尽管各学校的课程设置仍然有所不同，在某些学校，课程内容往往受到党派、政治、地方经济等因素的影响，但总体上看，校本课程开发变化不很大。

2. 校本课程开发的调整

20世纪80年代末以后，社会发展步伐加快，对学校课程改革要求也相应增加，公众对课程的关注度日益提高。地方分权制发达国家一方面重视国家课程开发，另一方面也并非一味地否定校本课程开发的存在，而是在优化国家课程开发与校本课程开发之间的关系，期望二者之间能够形成一种比较理想的平衡，以解决社会发展、公众期望与课程发展之间的冲突与矛盾。

在美国，无论是优质教育委员发表的报告，还是国家总统签署的教育法案，都影响到国家对课程控制力的提升，因而对校本课程开发产生一定影响，但还是有许多教育过程的决定权仍然留给了学校与学区，学校本位管理仍是美国教育改革的重点与学校的主要特色。几次课程改革的结果，使得校本课程与国家课程之间保持着一定张力。1991年的调查显示，全美有44州允许或强制实施校本管理，有1/3的学区实施学校本位经营管理。各州课程授权大小各异，但都保持一定程度的课程授权。改革的初衷就是在兼顾地方和学校的自主性与创造性的同时，能够保证国家课程标准。

英国的校本课程开发为学校成员参与课程开发事务提供了很多机会，但教师的能力与教育资源不足也限制了学校课程的发展。《1988年教育改革法案》颁布后，学校课程开发委员会遭到解散，教育与科学大臣开始直接掌管课程编制工作。此后，虽然中央政府依旧鼓励学校自主开发课程并授予学校开发课程的权利，但前提是教师所从事的课程开发需要符合国家、地方政府或学校的需求。同时，中央政府将校本课程开发作为评价学校绩效的一部分，地方教育当局则有责任通过中央补助的经费，协助所属学校开发课程与自我评价，并将这些方面作为评价学校绩效的依据之一。这样，校本课程开发逐渐演变成政府主导的模式。

澳大利亚许多州和联邦政府颁发文件，将校本课程开发纳入自身的“势力范围”。南澳大利亚1981年发布《迈向80年代：我们的学校与他们的目标》一文，规定从1981年开始学校课程不能超越州教育部的规定范围。维多利亚州也发布《维多利亚的课程开发与课程计划》，对课程做出调整。1988年联邦政府教育部部长道金斯发表《加强澳大利亚的学校教育》一文，提出制定国家课程与基本学力标准的构想。1989年《全国学校教育目标》(The Common and Agreed National Goals for Schooling)颁布，确立三层级教育机构的权责范围，规定"联邦政府的职责在于确定教育的优先发展任务，提供高等教育与工作训练的经费；各州知府与领地要提供学校教育经费；至于学校，则要在全国教育目标之下，提供高品质的学校教育，同时反映地方的需要与特色"。标志着全国中小学教育目标正式发挥作用，1991年，澳大利亚规划八大学习领域，相应的国家课程标准陆续出台，成为校本课程开发兴盛20年后新的转折点。课程管理体制从中央集权转向国家、地方、学校三级管理，既保存照顾地方和学校差异的传统，又注重国家统一调控。中央拟定全国课程纲要和学校办学绩效指标，经费和人事等授权给学校。校本课程开发与国家课程开发步入一个平衡时期。

二、集权制国家校本课程开发的产生、发展与挑战

相对地方分权制发达国家的校本课程开发而言，中央集权制国家的校本课程开发并不是"轰轰烈烈"，但作为自身课程改革历史长河中的重要组成部分，其校本课程开发也正经历一个从兴起到发展的过程。中央集权制指行政组织的一种类型，行政组织的一切事务的决定权集中于中央，各级依据中央命令或指示办理(如法国、以色列等国家)，这些校本课程开发具有明显的代表性。

(一)集权制国家校本课程开发的产生

中央集权国家强调课程集中管理，学校甚至地方在课程开发上缺少民主与自由。20世纪60年代和70年代，世界范围内风起云涌的民族解放运动及民主化运动使不少国家和地区的民主气氛空前活跃，促使这些国家和地区不得不下放部分课程开发权。同时，国际校本课程开发的浪潮促进这些国家和地区反思自身课程开发的问题，催生着校本课程开发的产生。

1. 民主化运动对校本课程开发的影响

在以色列，20世纪70年代初，知识剧增和科技进步对教育改革产生深刻影响，开展了"教育权力下放"运动。到1984年，以色列"学校自主权"运动得以开展，其影响因素涉及三个方面：地方教育部门获得了更多的自主权；群体文化延续的愿望增强；社会越来越呈现两极分化。这两场运动提高了社会民主化程度，对于扩大学校办学自主权、突破整齐划一的管理体制、体现文化多元性、提高课程对学校的适应性有着重要意义。此外，地方也认识到教育的重要性，增加教育投入，教育地位提高。为应对这些变化，以色列教育部从改变政府制定的课程指导原则和实施途径入手，鼓励和推动校本课程开发，删除原先所强调的遵从和统一的课程指导原则，取而代之的是多元主义和多样性原则。1985年在以色列举行了一次为期4天的小型校本课程开发国际研讨会，来自加拿大、英国和以色

列的50位代表就校本课程开发的诸多理论和实践问题展开了讨论。

在法国，拿破仑一世对教育行政管理做了军营式组织，他设立帝国大学作为全国教育行政机构(帝国大学理事会拥有一定的决策和控制权)，在全国设“学区”，由教育部长挑选总督导，巡视学区，总督导上报大学理事会，做出决策。之后历届政府以拿破仑模式为原型进行调整。“二战”后，知识爆炸、经济需求、学制调整使学校课程受到冲击，义务教育法的落实、通货膨胀、失业、法国社会矛盾和冲突对教育变革提出了新的挑战。加之国际民主化运动的影响，法国继20世纪60年代学潮之后，1971年、1973年两度爆发学潮。1971年学潮中，学生不断抨击学校，认为学校课程内容禁锢学生心灵，希望学校课程能有效地反映实际生活。1973年学潮爆发则令学校陷入瘫痪。为应对局势变化，政府采用教育变革途径，如在课程决策与管理中采用多种措施突出“多样性”和“地方化”；成立国家教育资料研究中心，推进大学合作实验；精简国家课程，留给学校自主开发课程的空间。1973年决定实施“中学10%弹性课程实验方案”(The Ten Percent Experiment)，减少全国中学课程，留出10%的授课时间由学校自行设计，其主要目标如下：第一，减轻课程负担。即删除部分学科与内容，减轻学生负担。第二，走向校外世界。该方案鼓励学校利用弹性课程，引导学生走出学校这个封闭的象牙塔，或将校外世界的题材带入校园。第三，促进教师协同教学。即学校在规划此10%弹性课程方案时，可结合不同学科的教师进行合作，进行协同教学。第四，扩大课程自主权限。提供学校部门自主权限，学校不仅可以主动规划课程，并承担起部分课程开发责任。该课程方案的出台对法国校本课程开发的兴起具有里程碑的意义。

2. 国际课程改革浪潮和国家自身课程问题激发集权制国家寻求校本课程变革

以色列素有中央集权的课程开发传统。1966年以色列建立国家课程中心，此前以色列的教学大纲由督导人员、教师和其他教育工作者组成的特别委员会制定，教科书由私人作者提供。国家课程中心的创始人为9人小组，小组成员参加过布鲁姆领导的一年特别培训，接受泰勒课程编制模式，成立常设的专家小组系统开发新课程。但课程开发者很快意识到国家开发的课程难以满足学生的需要、兴趣和愿望，难以关注学习情境，也意识到只有教师才了解学生，熟悉自身的教学条件与环境，于是开始关注教师在课程开发中的作用。同时西方世界课程现代化改革浪潮也于70年代席卷以色列，20世纪70年代和80年代初，以色列开始探索专业引领下的教师小组课程开发模式。随着专业团体的纷纷建立，各开发机构、团体在课程观念上发生了很大变化。越来越多的课程研究和课程决策者开始聚焦学生、教师及环境因素，学科专家的力量逐渐减少。同时以色列民族文化异质性突出，社会文化出现多元化特点，人们普遍认同科学、技术和人文等课程，有必要让所有小学生接受在人类和犹太价值观方面的共同精神遗产，否则无法生存和拥有更加美好的生活。

(二)集权制国家校本课程开发的发展与挑战

1. 集权制国家校本课程开发的发展

20世纪末到21世纪初，以色列、法国等集权制国家校本课程开发得到进一步发展。20世纪80年代和90年代不论是集权制国家还是分权制国家都出现了一股强劲的去中心化(decentralization)思潮，以及反对权力集中、主张权力下放的民主思潮，民众希望能够参与公共生活，对公众事务发出自己的声音，这种强调个体价值的草根式的民主运动对教育产生了巨大的冲击，学校呼唤自主的管理权限，纳税人都希望参与教育的决策过程。课程开发决策和实践都受到影响。1993 年在俄罗斯制订的基础教育计划中，全国统一必修课占 73.68%，学校选修课、个人兴趣课占 26.32%，随后的中学课程只有俄语、文学、数学、科学和社会研究五门必修课，其余教学内容则由各共和国、地方政府和学校决定。20 世纪 80 年代以后，大多数欧洲经济合作与发展组织成员国都开始下放教育决策权，给予学校更大的自主性，相关时间规划在第十章会进一步谈到。

以色列运用中央集权推进校本课程开发的经验相对有限，但这一课程开发策略似乎是适合的，并且在课程规划的设计和推进策略方面证明是有效的。以小学为例，课程设置分必修课程、限选课程和自主课程。必修课程包括数学、语文、外语、圣经学习和自然科学等。这些课程配置由教育部主管的委员会编制的教学大纲，具有指令性。课程材料有专业人员设计，供选择使用。限选课程要求学校从一系列的建议课程中选择，一定程度上满足学生、教师及家长的需要和兴趣。自主课程没有现场的教学大纲，也没有现成的课程材料，需要教师小组根据当地实际，编制课程方案，开发课程材料，课程比例约占学校课程的 25%。在这个课程结构模式里，规定性和自主性结合得比较好，集中表现为：必修课程被视为以色列社会的共同的基本标准，必须落实，但是教师仍然有选择调整资源确定教学计划的自主权；限选课程为学校选择留出空间，但规定选择的课程大纲及课程材料由专家开发，在一定程度上又限制了学校的选择范围，反映了中央集权的一些共同规定性；自主课程尽管范围宽广，但比例受到限制(为 25%)。因此，以色列课程结构模式在本质上是一种“中央集权”与“校本开发”调和的产物。为维护国家统一，以色列中央集权与地方自主的两种矛盾力量一直交织在一起，决定着以色列校本课程开发的走向。

在法国实施“10%弹性课程实验”方案后，1974 年法国教育部先后公布两份官方评价报告。两份报告均指出这一方案的积极成效：使学校课程更能回应社区与社会生活；加强教师的团队意识；促进教学方法的革新，也解决一些悬缺课程，如计算机科学、太空科学等问题；加强了教师与行政人员的合作与意见交流；改变了教师的教育观，特别是学生观。同时，这一方案也获得了学生的大力支持，学生开始参与课程，成为课程改革的另一种动力。受“10%弹性课程实验”方案的影响，20 世纪 90 年代法国课程改革设置了特殊的课程如“模块”和“车间”，以保证学校和教师有充分发挥职业创造力的能力。法国教育部 1991 年发布《高中教学改革——建议与决策》，将高中课程划分为统治学科、主要学科、模块、选修学科和实践车间五大板块。“模块”的课程内容不受严格意义上大纲的控制，也不拘束于某种期终考试，由学校和老师自主决定。模块在高中三年中行使不同的职能：高一主要用于小组支援活动，即针对学生水平差异进行有的放矢的补差活动；高二、高三则提供帮助学生学习成功的各种手段，强化学科学习，如扩宽和加深知识、巩固基本概念、加强综合运用知识的能力等。“实践车间”以现行自由选修课程为基础，统合其他课程，以满足学生的意愿和专业定向，原则上对所有学生开放，每周课时不得少于 2 小时。20 世纪 80 年代末期法国教育部提倡“课程大纲框架化”政策，教学大纲只是一种框架，不是枷锁，大纲的制定和调整应求助于教师的合作和校外伙伴的合作。对学校和老师发挥课程开发的创造性提供政策支撑。此外，法国课程制度也较为开放，主要表现为：中央和地方教育咨询机构人员构成多元化；省和学区设置国民教育委员会(对地区高中、初中课程和教学计划等提出建议和期望)；学校理事会、学生委员会等可以在家长、校友和合作伙伴的参与下，对教科书、部分课程编制等提出建议；政府还赋予教师和学校自由选择教科书的权力、重视“学校计划”等。通过这些做法，法国课程改革具有更大的弹性。总体而论，法国课程领导以集权为基础，辅助中央、地方、学校、班级多层面合作与开放，配套教科书出版与选用等制度，既维护了中央集权的课程领导，又留给学校课程开发一定的空间，采用控制而开放、谨慎又活泼的方式推进学校层面课程开发。

2. 集权制国家校本课程开发的挑战

法国推行“弹性课程实验”方案后，尽管先后公布两份官方评价报告均指出这一方案的积极成效，但同样也显示了校本课程开发遇到相当大的困难，这些困难将会在第十章进一步谈到，例如经费支持与教材资源的限制，教育人员的质疑，教师专业能力，学校对于课程的自主性，专业团体对于课程实施成效与教育成效关联性方面的疑虑。这些困难在很大程度上制约着法国校本课程开发的进一步发展。

在以色列，一方面，有课程人士呼吁人们警惕地方中央集权课程开发的危险，号召关注学生的需要、兴趣和愿望，如作为以色列“整合和开放课堂运动”的倡导者科恩(Cohen)就认为，如果专业团体把一切准备好呈现给教师，那将是灾难性的；另一方面，许多人指出继承包括如犹太价值观方面的共同精神遗产是绝对必要的，同时也认为追求科学、技术和人文等方面的优异学业是一项国家任务，必须有中央机构来支持。显然，“在以色列的现实中，为了维护国家的统一，中央集权与地方自主的两种矛盾力量一直交织在一起，影响着以色列的课程政策走向。”

“中央集权”与“校本开发”本身就是一对矛盾，中央集权强调课程权力集中在中央，而校本开发呼唤学校课程领导权。矛盾的平衡点终将转向国家课程开发与校本课程开发之间的平衡。在追求平衡的过程中，中央课程政策倾斜赋予其一定机会和一定条件，校本课程开发能够得到一定程度的发展，但仍然会遭遇到课程权利控制下的若干挑战，当挑战带来的影响发展到一定程度后，旧的平衡被打破，新的平衡必须建立，校本课程开发又将获得新的发展空间和机会。

第二节　中国校本课程开发的兴起、发展与挑战

> 学习目标
>
> 了解中国校本课程开发兴起、发展的背景与过程，理解中国校本课程开发面临的挑战。

在我国课程发展史上，自科举考试起，逐渐形成由国家统一开发课程的传统，所有学校基本上采用统一课程计划、统一课程标准。20 世纪以后，中国的课程改革逐步开放，既保持历史发展过程中“集中”的传统，又逐步“放权”，吸收分权制国家课程改革的经验，走出一条有中国特色的校本课程开发道路。

一、中国校本课程开发的兴起

中国校本课程开发的兴起，与自身历史发展的阶段特征密切相关。

中华人民共和国成立之初，百废待兴，为了能保证义务教育的质量，课程决策权集中于教育部。1957年，毛泽东同志在与省、市教育厅局长谈话时指出："教材要有地方性，应当增加一些地方教材。"1958年"教育大革命"，急躁冒进，盲目缩短学制，提高难度，教材改为各地自编，导致了教材和教学质量严重下降。1963年对1958年以来所出现的教材编写混乱局面进行了调整，重新修订了中小学教学计划和教学大纲，其中提出了在高中设置选修课，但并未引起教育实践的重视，实施的学校极少。

1977～1985年，中华人民共和国成立初期形成的国家课程决策得以恢复。1978年相继颁布全国统一的《全日制十年制中小学教学计划(试行草案)》等一系列文件；1981年教育部颁布的《全日制六年制重点高中教学计划》被列入选修课，表明课程的统一性、多样性和灵活性问题开始引起注意。因为这只针对重点高中，也没有得到很好的执行，所以并未对教育实践产生很好的影响。

20世纪80年代初期，极少数地区(如上海市等地)的课程决策以地方为主，学校层次仍然没有多少决策权。除此之外，全国绝大部分省(区、市)课程决策仍然以国家层次为主。值得注意的是，地方层次的课程决策有了少许余地。20世纪80年代中期，随着改革的深入与社会政治的进一步发展，教育权力下放与多样化问题开始引起人们的注意。1985年《中共中央关于教育体制改革的决定》提出"简政放权""分级管理"，对中小学课程决策产生了重要影响，地方获得了部分的教育管理权限。1986年《中华人民共和国义务教育法》颁布，开始了有计划地进行教育权力下放和办学多样化改革进程，建立"全国中小学教材审定制度"，中小学的教材制度由"国定制"改为"审定制"，实行编、审分开，规定有条件的单位和个人都可以编写教材，经全国中小学教材审定委员会审查通过后可供全国选用，经地方审查通过后可供地方选用，均为课程决策权力的下放提供了契机。1986年全国中小学教材审定委员会成立，教材体制实施"一纲多本"，在统一要求、统一审定的基础上实行教材的多样化。此后，单一的中央集权课程开发开始向中央、地方课程开发相结合的方向发展。值得注意的是，20世纪80年代开始，我国教育理论工作者积极介绍国际课程开发的经验，结合我国实际提出相关课程开发决策调整的建议，倡导变革课程开发模式，注重学校课程的多样性和选择性。这些对我国的课程管理政策和实践变革起到了重要的理论支撑作用。

1988年，上海市、浙江省中小学课程教材全面改革，进行课程、教材多样化的试点工作，堪称"地方课程决策之典型"。全国不同地区实施三套不同的九年义务教育课程计划，上海、浙江及其他地区各一套。即使是全国多数地区统一实施的课程计划，也为地方课程决策提供了一定的余地，特别是上海市的课程教材改革取得了一定的成效，构建了必修课程、选修课程、活动课程三个板块的课程结构。但是这次改革也主要是地方性课程的构建，其精力主要集中在必修课程上，除了更多地考虑到上海作为发达地区的特点外，整个课程开发模式基本上还是国家主导。

1990 年，一些课程专家结合中国的实际情况，提出“三级课程、三级管理”的设想，积极倡导三级课程管理，国家、地方、学校各司其职。理论研究为课程实践变革提供一定的基础，相关教育政策也为课程变革提供一定的空间。

1992 年，我国颁布了《九年义务教育全日制小学初级中学课程计划》，第一次在课程表中规定了地方课程，但是课程决策权仍主要集中在中央一级，难以真正体现课程的地方性和适应性。1996 年 6 月颁布的《中共中央国务院关于深化教育改革全面推进素质教育的决定》提出“试行国家课程、地方课程和学校课程”，推行国家、地方、学校三级课程管理体制，试图改变课程管理过于集中的状况，从政策层面上给校本课程开发提供了保障。1996 年《全日制普通高级中学课程计划(试验)》规定，学校应该“合理设置本学校的任选课和活动课”，占周总课时的 20%～25%。第一次在全国范围内提出了学校可以自行设置课程，并给出一定的课时，保障了学校和教师的课程开发机会。1999 年《中共中央国务院关于深化教育改革全面推进素质教育的决定》出台，其中第二部分第 14 条规定指出，“调整和改革课程体系、结构、内容，建立新的基础教育课程体系，‘试行’国家课程、地方课程和学校课程”，由此拉开了“三级课程管理体系”的序幕，三者在国家课程计划中所占的比重分别是 80%、15%和 5%。1999 年召开全国教育工作会议提出：实施“三级(国家、地方、学校)课程管理”的决策。至此，我国地方课程开发和校本课程开发正式作为“政策”被提出来。

相比之下，香港地区与台湾地区校本课程开发的兴起更早一些。

香港地区在 20 世纪 40 年代以前沿用英国的社会制度，对学校课程内容甚少干预。20 世纪 40 年代末期中国内地开始影响香港地区学校课程，政府开始规范学校课程内容，研订教科书编写原则。1971 年港英政府教育署宣布实施六年义务教育，但师资培育无法跟上，只好大量起用不合格教师，同时把关学校课程内容，严订学校课程纲要，以掌控民众教育质量。此时期，香港地区的学校需依照规定课程大纲进行教学，最多只能确定运用何种教学方法，选择何种教学语言。1982 年发表的《国际教育顾问团报告书》指出，“毕竟学校才是真正实践工作的地方，因此必须尽一切努力，鼓励在学校这一个层次推行改革”。1988 年“课程发展委员会”(Curriculum Development Council，CDC)终于将校本课程开发的推动列为香港地区教改当务之急。提出“校本课程开发计划(school-based curriculum project scheme)”的构想，成立“执行委员会”和“咨询委员会”，前者由教育官员组成，负责方案评鉴，后者由执行委员会内成员、外界成员、教育行政人代表共同负责校本课程开发，由此香港地区校本课程开发开始兴起。

台湾地区在 20 世纪 80 年代之前对课程开发进行严格的统一规定和管理，基本上是沿着“制定课程标准→拟订教材大纲→编审教科用书→发行教科书”的程序来进行。到了 80 年代，民主参与课程开发的呼声高涨。1989 年，台湾教育部门开放了中学艺能类的教科书，规定这类非联考科目的教科书可以由民间编辑出版，首先打破了统一教材垄断教科书的局面。1995 年，进一步做出决策，小学的教科书可以由地方出版商编辑出版，地方政府、学校与教师可以自行选用教科书。随着课程权力的下放与重组，校本课程开发实验相继兴起。1991 年台北市推出小学阶段“田园教育实验”，1992 年酝酿中学学年学分制的课程实验，1994 年台北县进行“开放教育”实验，以学生为中心，强调学校空间、时间与课程的整体规划，因此它能够引导学校与教师进行课程统整化、教材生活化与教学活动化的课程教学变革。这些实验具有校本课程开发的精神。此后，综合高中和完全中学应运而兴，这类新兴中学的课程体系重视学生的个别需求和探究的学习原则，因此加大了校本课程的比重，显示出学校自主的精神。此后，校本课程开发逐步兴起。

二、中国校本课程开发的发展

20 世纪 90 年代以来，中国改革开放进一步深化，课程管理体制改革被提到议事日程。知识经济时代要求各国教育要同世界接轨，中国也需要借鉴世界校本课程开发的经验。

20 世纪 90 年代以来，不少学者对校本课程开发的理论进行了探讨。政府也颁布纲领性文件，加快课程改革的步伐。2000 年，教育部制定《全日制普通高级中学课程计划(试验修订稿)》，规定地方和学校安排的选修课占周课时累计数的 10.8%～18.6%，同时学校还要承担“综合实践活动”(占 8.8%)的课程。2001 年，国务院召开全国基础教育工作会议，随后发表了国务院关于基础教育改革与发展的决定，指出实行国家、地方、学校三级课程管理。国家制定课程发展总体规划，确定国家课程门类和课时，制定国家课程标准，宏观指导中小学课程实施。在保证实施国家课程的基础上，鼓励地方开发适应本地区的地方课程，学校可开发或选用适合本校特点的课程。在此基础上，教育部 2001 年 6 月制定的《国家基础教育课程改革指导纲要(试行)》更为明确地指出“为保障和促进课程对不同地区、学校、学生的要求，实行国家、地方和学校三级课程管理”，并对学校的课程权责做了详细的规定。在上述政策的引导下，教育部在全国部分地区建立了课程研究中心，主持校本课程的开发与实验。从此，我国校本课程的实施有了政策保障，这意味着校本课程开发开始进入国家课程政策的范畴。

2000 年以来先后召开数次国家基础教育课程改革研讨会及“两岸三地”有关校本课程开发主题会议，阐释校本课程开发的相关理论，探讨校本课程实施的条件、程序和保障，总结和分析校本课程开发的经验和出现的问题，有力地推进了校本课程开发的理论研究与实践转化。2003 年《普通高中课程方案(实验)》又提出，赋予学校合理而充分的课程自主权，为学校创造性地实施国家课程因地制宜地开发学校课程，为学生有效选择课程提供保障。为此，普通高中校本课程开发已成为一个十分重要的课题。这些都说明，我国的课程管理政策正逐渐从权力集中向权力分散的方向稳步发展。从校本课程开发实践来看，随着基础教育课程改革的推进，“十年来我国内地校本课程数量持续增长，而且增幅较大”。

不难看出，我国中小学课程政策变化轨迹同样也反映了国际课程开发政策的总体走向，同时也印证了一条规律，即教育与经济、政治密切相关，并随着经济和政治的变化而变化。20 世纪 80 年代以来，我国经济、政治体制的变化开始影响到学校课程开发政策。逐步形成的中央集权、地方分权和各企事业单位自主相结合的政治体制和经济体制，逐步催生学校教育政策的变化，推动国家、地方和学校三层次课程决策的有机结合。这种结合有三大特点：第一，校本课程开发课程政策始终是在国家课程框架范围内进行的，其课程开发样态始终是基于国家的课程开发或以国家课程开发为基础的国家、地方和学校三者之间的平衡；第二，国家赋予地方和学校课程决策权力始终十分“慎重”，在实践和实验的基础上，逐渐缓慢下放部分课程决策权力；第三，地方和学校课程开发有“逐渐受到重视”的趋势。可以说，这三大特点还将进一步体现在我国未来的课程开发政策之中。

在“课程发展委员会”“执行委员会”和“咨询委员会”的推动下，香港地区校本课程开发进入了发展期。1990 年，香港教育统筹委员会在第 4 号报告书中指出，校本课程开发计划“大部分倾向制作教材，而非发展课程以配合学生的需要。这毕竟是一个小规模的改善计划，所以对课程发展的影响不大。”1994 年成立“课程发展辅助小组”，成立初期，因应学生的实际需要，与学校共同调适政府课程，并探讨课程剪裁的理论和实践。随着社会的发展，校本课程的模式配合培育年轻一代迎接未来的理念。1988～1998 十年间已完成的校本课程设计达 514 项，参与的学校及老师数量分别为 428 所及 1233 人次。香港教育署每年安排一次展览，把当年教师们设计的课程计划介绍给全港的教师，展览结束后由教育资源中心统一保管以供查阅和参考。2001 年，课程发展议会发表《学会学习——课程发展路向》报告书，指出课程改革的动力源自学校本身的实践。“课程发展辅助小组”秉承课程发展精神，因应学校实况，全面与学校建立伙伴关系，推动以“学校为本位”的课程，促进学生学会学习。2005 年，随着教育改革的开展，教育统筹局整合校本支持服务并配合学校的需要，分别在“数学教育”“个人、社会及人文教育”“科学教育”和“科技教育”四个学习领域向学校及教师提供服务。通过“紧密协作”及“顾问咨询”等服务模式，配合教育改革及新学制的实施，提供校本支持服务，其项目包括：促进教学范式转变，提升教育专业；与学校协作规划校本课程，促进各学习阶段间的衔接及连贯性；协助学生建构基础知识、发展共通能力、培养正确态度，发挥学生潜能；发展多元化的评估方法，促进学生的学习。值得注意的是，香港地区以大学与学术机构和政府合作进行教育改革的模式，形成合作伙伴的方式，提出多项专业发展计划。例如，香港跃进学校计划、优质学校计划、优质学校改进计划等，对校本课程开发的发展起到了良好的促进作用。2011 年，在《学校整体课程规划——贯彻学习宗旨及学校课程发展短期目标》中提到，学校在课程发展经验、教学法、教师、领导和小区环境等方面，都有其独特性，有系统的学校整体课程规划非常重要。可以依据政府课程方案，在有需要时进行校本调适，以确保在各学习阶段学校都能做到：因应学生不同的需要，在各级课程设计和学习与教学方面的衔接都能顺畅渐进；运用适切的学习、教学与评估方式，务使各学习领域能协调一致，避免不必要的重复，做有效益的联系；拓宽学生学习时间。2013 年香港地区教育局鼓励学校在制定课程时以学生的兴趣、性向和能力为依归，尽可能给学生提供多元化的学习机会。在校长的领导下，学校订立整体照顾有特殊教育需要学生的政策推动教职员、家长及学生，协力帮助有特殊教育需要的同学。学校会按学生的需要，设计个别学习计划，因应能力差异调适课程，并采用多元化的教学方法等，让每一名学生都能通过参与多元化的学习活动展现潜能。总体来看，香港地区校本课程开发稳步推进，保持了良好势头。

台湾地区从 1993 年起，教育部门陆续公布的课程标准均体现了课程弹性化，给学校以课程自主的精神。1994 年公布中学课程标准，在总纲中明确提出本次课程修订以“增加学校排课弹性与自主”为特色，学校可自行决定部分教学科目的设置、教学内容的设计与教学时间的安排等。1994 年实施的高中课程标准也以“弹性化”为原则，由学校酌情开设选修课程。1998 年 9 月台湾地区公布的文件中指出：“促进中小学教育松绑、带好每位学生。”此项教育之改革最重要的是强调校本课程开发，学校、教师要自主地设计课程、自编教材，达成“学校本位”课程发展的理想，其目的就在于松绑教育限制，给予学校更多的自主性，依据学生与地域性发展的环境问题，重新检视与教育部门制定的教育结构的差距，以学校与教师为主的教育成员，设计出有助于学校学生的更为实用的教材与教育方法。以初中为例，其校本课程弹性课程的安排见表 1.1。

表 1.1 初中校本课程时间设计

年级	学习总节数	领域学习节数	弹性学习节数
七	32～34	28	4～6
八	32～34	28	4～6
九	33～35	30	3～5

台湾教育部门要求各校应成立“课程发展委员会”，下设“各学习领域课程小组”，在学期上课前完成学校课程计划的规划，决定各年级各学习领域学习节数，审查自编教科用书及设计教学主题与教学活动，并负责课程与教学评鉴。学校课程发展委员会应充分考虑学校条件、小区特性、家长期望、学生需要等相关因素，结合全体教师及小区资源，发展学校本位课程，并审慎规划全校课程计划。在学校课程计划应含各领域课程计划及弹性学习节数课程计划，内容包含学年/学期学习目标、能力指针、对应能力指针的单元名称、节数、评量方式、备注等相关项目。有关性别平等、环境、信息、家政、人权、生涯发展、海洋等七大议题如何融入各领域课程教学，应于课程计划中妥善规划。各校应于学年度开学前将学校课程计划送所属主管教育行政机关备查，若学校确有需要，应于第二学期开学前报请修正调整，并于开学两周内将班级教学活动的内容与规划告知家长。各中小学应针对学生个别差异设计选修课程，供不同情况学生学习不同课程。而学生选修各类课程，应考虑本身学力程度及领域间的均衡性。学校应弹性调整学习领域及教学节数，实施大单元或主题统整式教学。

台湾明定教育部门在校本课程方面的工作有：①定期了解学校推动与实施课程的问题，并提出改进对策；②规划及进行教学评鉴，以改进并确保教学成效与质量；③辅导学校举办学生各学习领域学习成效评量；④学校负责课程与教学评鉴，并进行学习评鉴；⑤评鉴方法应采多元化方式实施，兼重形成性和总结性评鉴；⑥评鉴结果应做有效利用，包括改进课程、编选教学计划、提升学习成效及进行评鉴后的检讨。学校校务会议决定课程发展委员会组成方式为其成员学校行政人员代表、年级及领域教师代表、家长及小区代表等，必要时聘请学者专家列席咨询。学校可自行考虑地区特性、学校规模及中小学的连贯性，联合成立校际课程发展委员会。小型学校(班级数在 6 班以下)也要配合实际需要，合并数个领域小组成为一个跨领域课程小组。总体上看，台湾地区校本课程开发由九年一贯课程纲要为指引，学校依据教育部门的课程政策、学校社区的特性、教师的需求等，配合弹性时间进行校本课程目标、课程内容、课程设计与实施等，进展较为顺利。

三、中国校本课程开发的挑战

中国校本课程开发发展迅速，却仍然面临来自认识、制度、实践等诸多方面的挑战。

徐玉珍指出，对中国而言，校本课程开发具有几项现实意义：可以弥补国家课程发展的不足；运用校本课程开发则能更加满足地方和学校及学生的需求；有助于促进教育民主化发展过程；有助于推动中国内地素质教育改革的深化，即全民教育及全方位的教育；有利于学校更好地适应市场需求；有利于教师的专业发展；有利于形成学校的特色；有利于促进教育的合作与交流。校本课程开发实践取得了一定的成绩，积累了一定的经验，个别学校形成了较为成熟的、完备的课程开发机制与模式，一些学校通过校本课程开发促进了学生和教师的发展，形成了学校特色，推动了课程发展。崔允漷等人对中国内地校本课程开发状况做了一次比较全面的调查研究，结果发现，90%的学校在不同程度上进行了校本课程开发，76.6%的教师认为自己能够胜任校本课程开发，近 60%的教师积极参与校本课程的开发，一半以上的教师(56.8%)能正确理解课程的基本内涵，97.1%的教师常常或有时思考教学内容的问题。尽管如此，中国内地校本课程开发仍然面临着一些困难。从整体上看中国的校本课程开发十余年来仍然处于初级阶段，目前和将来的一段时间内都会面临很多实际问题和困难，尤其表现在概念含混、权利分享不足、群体参与度不高、评价制度钳制和发展失衡五个方面。

1)概念含混

尽管校本课程开发研究取得了一定成果，但关键概念的理解仍然不够清晰。校本课程开发理解为是“开发策略”还是“开发产品”？校本课程开发与“校本课程”“校本管理”有哪些不同？国家课程、地方课程与校本课程关系究竟如何？国家课程校本化实施与校本课程开发、学校课程整体规划的关系如何？“校本课程”与综合实践活动、活动课、选修课的关系又是怎样？诸如此类理论概念上的含混，导致学校和教师在对校本课程开发认识上各执一词，引起不少误解，实践操作自然缺乏明确的方向，最终影响校本课程发展的品质。

2)权力分享不足

校本课程开发需要学校领导、教师、学生、课程专家、家长及社会人士共同分享课程开发权利，但实际上，课程开发权利分享不足。首先，采用“自上而下”的课程管理模式，校本课程只是国家课程和地方课程的重要补充，学校的课程自主权是非常有限的。其次，尽管如今已经提出了教材多样化的要求，但绝大多数学校不可能直接参与教材开发，学校和教师不可能从课程外围走向课程中心，课程管理部门仍然习惯于依靠专家来设计课程，课程开发的专业权依然掌握在少数学科专家手中。谭彩凤研究指出，中国农村及城市小学数学教师仍在中央课程宰制下实施课程，中央制定的公开考试难以让教师调适中央课程，教师所能做的仅是教学的决定而非课程的决策。

3)群体参与度不高

校长和教导主任是学校课程决定的主导者，教师参与机会不多，参与程度不深。即便如此，大部分校长由于专业素养不高、缺少专家指导、习惯于传统管理者角色、受到干涉过多、权力有限、资金匮乏等原因，课程领导作用也发挥不够。一些校长认识不够，在实际课程领导中，并未将自己置于重要位置，甚至认为“课程不是我该管的事”。只有极少数真正有能力、有高度、有知识、有魄力、有条件的校长才能大胆进行真正意义上的校本课程开发活动。此外，学生参与度不高，主体地位也没有得到应有的发挥，家长由于家校合作障碍参与意识不强，社会力量也存在参与不够和低效参与的现象。部分专家对实践关注不多，尽管拥有知识和权威地位，也只有借助于校长才能参与。不少教育行政人员没有真正意识到课程领导权力，责任意识不强，参与意向不明显。校外家长、社会较少响应，很少关注学校的课程设置，对校本课程开发知之更少，而将更多注意力放在考试与升学上。

4) 评价制度钳制

中国现行教育评价制度滞后于课程改革，短时期内难以扭转。目前教育质量评价主要依据“升学率”，校长的领导力、教师的教学能力、学生的学习能力均以考试升学为最终依归。考试科目往往集中在语、数、外等主要必修学科，校本课程开发大多在此范围之外。考试以纸笔测试占绝对优势，这种纸笔测试难以全面反映学生的综合素质。因此，教师在校本课程开发中所做的努力很难在统一的纸笔测试中得到体现，这在很大程度上影响了教师校本课程开发的积极性。

5) 发展失衡

中国校本课程开发的现状为沿海发达地区优于内地落后地区，城市优于农村，重点校优于普通校，小学初中优于高中。一方面，少数学校的校本课程开发轰轰烈烈，卓有成效；另一方面，大部分学校的校本课程开发却冷冷清清，无所作为。曾文婕博士采用文献计量的分析方法，从校本课程开发的数量变化、学校类型、主题性质、地理分布、开发主体等维度，对反映校本课程开发实际进展的文献进行统计和分析，发现课程开发失衡主要体现在从地域分布看各省、市、自治区对校本课程开发的关注度存在明显差异。江苏和浙江两省的文献数量明显多于其他省份，分别约占总量的 16%和 13%，而陕西、云南、山西、青海、内蒙古、西藏、新疆七省(区)，都尚未占到总量的 1%。值得一提的是，在所有文献中，只有 14 篇文献直接描述了农村学校的校本课程开发状况，仅占约 3%。这折射出开发校本课程是经济、社会与教育发展到一定水平后，人们追求更高教育质量的一种行动表现。同时，十年来我国各省(区、市)及城乡学校的校本课程开发存在较大程度的不均衡。

谭彩凤在其研究的中学个案中指出校本课程发展的影响因素包括教师参与意愿、有影响力的课程领导及开放的教学文化等。因此，香港地区校本课程的开发应该顾及教师参与的意愿、学校的特色及教学文化等多重因素，否则课程改革势必无法取得预期的成效。谭彩凤还指出，香港地区校本课程发展的困难主要表现在上级部门没有足够支持协助教师发展校本课程，其研究的三位被访教师均以他们所持的信念应付校本课程政策。建议香港地区教育统筹局可以设立奖赏及补偿机制，同时应派课程发展主任到各学校协助推行校本课程开发。谭彩凤在其研究高中个案中指出阻碍自主发展课程的因素有：教学决定受制于高中生需要参加公开考试，教师们缺乏课程改革的意愿，欠缺设计课程的知识、能力，缺乏课程领导，教师的教学文化保守，考试文化的制约。教师在课程改革中占据关键的地位，因而在课程改革中应将教师的意愿与专业能力纳入课程改革的重要考虑因素。在校本课程开发活动中，随时了解教师对于课程改革的意愿、教师对于课程设计的认识、教师的课程领导能力等，希望通过教师的参与提升对课程改革的意愿，进而落实课程改革的成效。

台湾地区校本课程发展虽然具有相当大的弹性空间，但仍然需要向各方面进行检讨改进。在应用研究上，李美鹤指出，体现兼容并蓄的多元文化学校本位课程实施，可以落实教育机会均等的理想；有助于提升学生学习自信心、学术竞争力及世界公民素养。但校本课程发展也遭遇一些困难，主要有：①来自教师的无力感；②来自行政专业能力的贫瘠；③来自学科跨领域对话功能不彰；④受功绩主义的价值所抑制。诸多研究都集中于教师的时间和素质、对校本课程开发的认同感、团队参与度、学校层级课程发展方案过多、教师流动、课程统整与协同教学需有排课上的配合、学校课程发展欠缺制度化与组织化等，这些问题的解决将影响校本课程开发的深度发展。

第三节　校本课程开发的经验

国内外校本课程开发数十年的发展历程，积淀了一些典型经验，且具有一定的规律，彰显出校本课程开发一些共同的追求。

> 学习目标
>
> 理解并掌握校本课程开发的共同追求，即淡化两极，力求中道；解放学校，关注差异；优化制度，确保资源。

一、淡化两极，力求中道

就课程开发场域而论，校本课程开发总是不同程度地发生在国家、地方和学校这三层，在逻辑上相应出现三种课程开发基本策略：其一，课程决策职责与权力集中在国家层次；其二，课程决策职责与权力集中在地方层次；其三，课程决策职责与权力集中在学校层次。由于权力和责任集中在这三个层次的课程开发均有各自的优势和劣势，所以，这三种策略在课程开发实践中并非绝对独立存在。伴随着课程实践的发展以及课程理论认识水平的提高，三者之间的互动开始增强。因此，不同国家、不同历史时期实际发生的校本课程开发活动，表现在国家、地方和学校三个层次课程开发责任、地位及相互关系各不相同，相应地出现三种基本样式不同类型的“互动”与“融合”模式。应使国家课程开发、地方课程开发与校本课程开发之间保持一种必要的张力，以维持国家、地方与学校之间课程责任、权利总体上的平衡。

这种“互动”和“融合”，与一个国家的课程管理制度密切相连。课程管理体制是一个国家管理课程的基本制度，一个国家的课程管理体制决定着国家、地方、学校各自享有的课程决策权大小，也影响着课程开发的程度。在中央集权制的课程管理体制下，地方、学校进行课程开发的空间不大；在地方分权制的课程管理体制下，地方行政部门往往赋予学校更多的课程管理权，校本课程开发成为可能。学校权力较大的课程管理，其校本课程开发拥有更大的主动权，校本课程开发更为顺畅。

国家课程管理体制是与其社会政治经济体制相对应的。国家政治体制可以典型地分为中央集权、地方分权两种类型。与之相适应，世界各国中小学的课程管理体制也大致分为相应类型。由于不同国家政治体制产生不同课程管理体制，世界各国课程开发的策略也各不相同，校本课程开发样态也就不同。

从20世纪80年代末开始，原来课程决策和责任过分集中在国家层面的国家，逐渐立足国家课程开发，将一些决策权和责任下放到学校或地方。例如，苏联1987年公布的“新实验教学计划”，用“选修课”形式改组当时的教学计划。两年后制订《国家中等学校基础教学计划》，供各地学校以此为基础，编制适合本校具体情况的教学计划。法国国民教育部于1991年颁发《高中教学改革的建议与决策》，将课程划分为五大板块，提倡“模块”制度。日本1998年发布的《小学和初中课程标准》及1999年发布的《高中课程标准》，对统一课程进行压缩，提倡“综合学习时间”等，均体现出对学校下放课程决策权的基本走向。2000年以后我国也为校本课程开发留出了空间。

相比之下，课程决策权过分地集中在地方或学校层面的国家，也基于地方或学校课程开发，将课程决策职责与权力“上移”到国家层次，在各州(省)分权的前提下按州(省)实行三级课程管理体制，第一级是州(省)教育委员会，负责制定课程标准，指导和检查各学区的课程设计与课程实施；第二级是各学区的教育行政部门，主要职责是组织成立以各校校长、教师代表、学生代表、家长代表为主体的课程设计委员会，负责制定本学区的课程标准、分科标准，检查各学校课程设计与实施的情况；第三级是学校，负责对本校课程进行具体的管理。1944～1988年，英国教育和科学部很少介入课程事务，课程的管理权分散于100多个地方教育委员会，全国没有统一的课程标准，课程规划的制定和实施完全由校长负责，评价课程的手段只有一个校外考试制度。后来，通过《1988年教育改革法》和其他一系列文件，规定了部分全国统一学科、课程标准及全国成绩评定制度，实现了课程政策的转变。显然，一个共同的趋势就是世界各国课程开发决策与责任的变化轨迹基本上突现出“寻求国家、地方和学校课程开发之间平衡”，使国家、地方和学校场域课程开发之间保持必要的张力。从实践角度也可以说，不少国家经过课程政策从集中到分散，再到集中与分散结合，正好形成一个“正-反-合”的闭合回路。这一回路说明了课程开发政策发展的重要规律，即任何一个国家的课程开发既不能绝对地实施集中的课程开发，也不能绝对地放权，片面实施分散的课程开发，单一的国家课程开发、地方或校本课程开发都不能解决学校遇到的所有问题，课程的决策权力不再是国家、地方或学校独享，而是三方共享，分担责任。不同国家在不同历史阶段，三种课程开发策略的再融合仍然会继续，因为国家、地方和学校三级课程开发各自有着自身的优势和难以避免的弱势，扬长避短，是课程开发需要坚持的基本原则。

二、解放学校，关注差异

校本课程开发活动的实现本质上依靠解放学校，关注学校的差异，以释放学校领导潜能。徐玉珍认为，校本课程开发最主要目的之一就是让所有的学校都“动起来”。校本课程开发把学校推到了课程改革的前沿，确定了学校作为课程开发的责任单位的地位，学校成了课程开发的主体。换言之，校本课程开发解放了学校，给学校教育人员更多的自主领导空间，赋予学校一定的课程开发责权利，让学校有机会追求自由自觉的适性课程开发活动，使学校课程开发过程成为有意义的、与师生发展相关联的、重要的旅途。解放学校，自然也为解放教师提供了可能，教师不再被要求严格忠实于国家课程，不再被置于神圣不可侵犯的教科书的“神威”之下，而是可以亲自参与到课程编制的整个过程。国家提供的配套教材成了教师自主选择的对象，他们可以站在学校这块“基石”上，审视国家的课程或其他学校的课程，创造适合本校学生学习的个性化课程。

校本课程开发活动的追求，还在于关注、照顾学生的差异，追寻有意义的学习，实现学生个性化发展。解放学校、解放教师也为解放学生提供了良好的基础。学校不再以“整齐划一”要求学生，而是关注学生的具体性和差异性。校本课程开发对师生发展、课程发展、学校发展和地方文化传承有着重要价值。而满足学生的学习需求，促进其个性化发展，促进有意义学习的发生，是校本课程开发的根本出发点。教师发展以学生发展和课程发展为基础，学校发展以学生发展、课程发展和教师发展为基础，学生发展是课程发展、教师发展和学校发展的出发点。校本课程开发的产品并不是别的什么课程，恰恰应该是“学生的课程”，是追求学生获得的校本课程，应当源于学生、为了学生。从这个意义上讲，所谓“校本课程”，实质上就是“学本课程”，是属于学生和学生乐意学的课程。这种课程，凸显学生学习的主体地位，以学生兴趣为出发点，以学生的发展为依归，关注学生差异，实现最优化发展。因此，走向学本课程应是校本课程开发的趋势。学本课程，放弃一切功利主义追求，基于学生的学习过程，重视学生发展的差异性，将关注学生独特的教育需求作为校本课程开发根本的出发点，密切联系学生的生活经验，精心考虑课程对于学生不同发展阶段的适切性。最大限度地增加课程对学生的适应性，让所有学生都学起来，使所有的学生都有能力、有动力、有余力学，最终让学生主动问、主动想、主动找答案，让学生的学习有意义。

三、优化制度，确保资源

资源保障包括两层含义，即保证资源到位和保证资源得到充分的利用，此二者均离不开制度优化。有研究者以加拿大安大略省林木线中学为例，把影响该校地理教研组和历史教研组校本课程开发成败的因素归结于课程定位、领导态度、创新动力和资源保证四个因素。其中，资源指人力、财力、物力、时间、信息等。学校课程实践证明，缺乏资源或用不好资源，均会影响到校本课程开发的成效。

从各国校本课程开发的历程更能够清晰地发现，资金、人力资源、时间资源等是影响校本课程开发有效运行的关键。澳大利亚 20 世纪 80 年代出现经济危机是校本课程开发失败的重要原因，英国重要的校本课程开发策略是课程资源开发运动。各国非常重视教师培训，特别是英国和澳大利亚，拨出大批经费用于教师培训，推动校本教师培训计划。因此，优化制度，保障好校本课程开发资源对于校本课程开发至关重要。

时间资源关涉校本课程开发的空间、机会和有效性。包括两个方面：一是政府规划或预留的时间；二是学校层面时间的设计与利用。就政府而言，时间规划决定校本课程开发过程与结果，尤其是中央集权制国家，由于课程的政治控制、学校课程领导力、课程开发的支持环境等各方面的因素，导致校本课程开发的时间被圈定在比较狭小的区间。规划时间总体比例低，必然限制校本课程开发活动的内容、范围与水平。分权制国家对于校本课程开发时间的限制相对较小，有助于学校课程自主开发。如何创新课程制度，留出更多空间和机会，是校本课程开发持续发展的基础。就学校而言，如何利用规划时间或拓展相应的时间，也决定了校本课程开发的过程与结果。国内外相关经验表明，校本课程开发时间保障策略如下：延长早茶和午饭时间，供老师相互交流；每天上课前或放学后开会；在假期开始或要结束的时候，组织研讨班并开展下一学期或学年的规划活动；聘任代课老师，确保校本课程开发的主要教师能够参与正常的课程开发的规划和研究活动；每周或隔周有一次半天的集体备课或听课日。至于拓展校本课程开发时间可以通过设计长短课时、适当减少国家必修课程内容、提高课堂教学效能以节约课堂教学时间等策略。如中国香港特别行政区教育局提出学校应以学生的利益为前提，考虑以下几点：①编排长短不同的课节，以便提供多元化学习途径，以配合不同学习需要和学习目标；②灵活运用课时，以便按同级编组、阅读及协作学习，主题式学习及专题学习；③安排特别时段，以便进行大组授课、全校活动或全方位学习；④重新调配每个学期的时间表，以便平衡各学科的课时比例及照顾学生的学习需要；⑤灵活运用星期六进行联课活动，拓宽学生的学习经历。所有这些还需要政府和学校进一步提升课程领导力，从课程教学制度创新入手，加强课程系统的配套改革。

第四节　经济合作与发展组织的教育主张

学习目标

了解OECD国家学生成就与国家经济发展、PISA结果与学校系统之间的关系，理解国家层面、学校层面课程开发的主要特点，掌握经济合作与发展组织成员国课程开发的趋势。

学校本位课程开发（校本课程开发）指学校为达成教育目的或解决学校教育问题，以学校为主体，由学校成员（校长、行政人员、教师、学生、家长、社区人士）主导进行的课程发展过程与结果。如第一章所述，校本课程开发之所以在欧美，尤其是在英、美等国家受到重视，主要因为在全国课程发展方案失败之后，这些国家才认识到教师是课程发展的关键，于是强调学校人员参与学校课程的经营管理的重要性。高新健也认为，校本课程开发受到重视的原因可归纳为：不满“由上而下”的控制模式并要求扩大课程自主；适应各个学校的情境和个别学生的需求；提升教育专业地位并促进教师的自我实现；追求课程的稳定性以避免课程受政治的过度干预。

以欧洲国家为主要成员的OECD（Organization for Economic Cooperation and Development，经济合作与发展组织）是强调经济与国家发展关联性的国际组织。OECD于1979年提出对校本课程开发的看法，指出校本课程开发是学校自发的课程发展过程，需要中央或地方教育当局进行权力、责任的重新分配，同时凸显出学生之于学校课程方案的重要性。从1980年起，OECD便以一连串跨国教育研究报告来分析学生学业成就与国家经济发展之间的关联性。OECD对于教育的倡导提出六点具体的战略目标：第一，促进终身学习并加强其与社会经济之间的联结关系；第二，评鉴并改良教育成果；第三，达成高质量的教学；第四，重新思考全球经济之下的高等教育；第五，通过教育建构社会凝聚力；第六，建立教育的未来。为了了解欧美国家校本课程的发展与实施，有必要先了解经济合作与发展组织的教育观点、教育研究议题。

一、OECD 的教育研究

在欧美国家的教育发展中，经济与政治扮演着重要的角色。从教育研究与发展的脉络中，不难窥出经济与政治对于教育发展的重要性。想要深入了解欧美教育系统中的课程开发，需要先行了解政治与经济对欧美国家教育的影响，尤其是经济合作发展方面的因素。下面针对学生成就与国家经济发展的关系、PISA(Program for International Student Assessment，国际性学生评量计划)结果与学校系统的关系、国家层级的教育改革、各国在学校层级的课程规定等议题进行整体分析。

(一)学生成就与国家经济发展的关系

OECD 素有“智库”“监督机构”“富人俱乐部”等不同称号，目前的成员国数为30，其国民生产额总和占世界的2/3。PISA 为 OECD 教育研究的重点领域，自 2000 年始针对参与该研究的成员国与非成员国国民教育阶段 15 岁学生在阅读、数学与科学上的表现获得标准化评量结果，每 3 年实施一次。通过 PISA 测验的实施，有助于了解各国学生在阅读理解方面的成长与变化情形，作为优质教育的参考指标。

过去十年，PISA 已经成为世界首要的质量评鉴以及公平而有效能教育系统的年度指针，但是这些数据仅为证明政府及教育家们应指出高效能表现的教育特质，将这些有效能的教育系统融入自己所属的教育系统脉络当中，将 PISA 作为有利于国家经济发展的工具，建立适合于当地的教育政策。

各国政府更加关注国家层级的比较，联系社会及经济观点做效能政策的研究，以帮助学校面对危机，增加行动资源，促进更有效能的发展。有鉴于此，学生的学习成就与国家经济发展之间的关系相辅相成，且互为因果。想要提升国家的经济发展水平，必须从学校教育系统中学生的学习成就提升做起，只有这样，才能根部扎实，开花结果。

(二)PISA 结果与学校系统的关系

2012 年 PISA 数学成绩告诉我们：①在学校系统层面，过早入学或重读同一学年等，对于公平的结果有负面的关联；②在这些参与国或经济体中，人均所得超过 2 万美元，包括了大部分 OECD 国家，其教育系统给予教师较好的薪资，在数学成绩上也表现较好；③在高效能表现的国家和经济体中，学校所分配到的资源更为公平；④学校校长与教师在学校管理上相互合作，学生表现与学校自治管理有积极的关系；⑤系统中有更大比例的学生数学成绩表现较差，而这些学生经常性地迟到和逃课。因此，想要了解学校教育系统的成效，可以通过学生 PISA 的测验成绩看出个中端倪。PISA 测验的实施可为政府与学校的教育政策提供参考。

上述的结果表明：①提早入学与重读同一学年，对教育发展产生不利的情形；②提供教师高待遇对于学生学习表现有正面的意义；③应该给予每一所学校公平的资源，有助于学校教育质量的提升；④学校领导阶层与教学人员分工合作，有利于学生学习方面的表现；⑤迟到和缺课对学习效能的提升有相当大的阻碍。

（三）国家层级的教育改革

OECD 指出，PISA 测验的结果会从内而外地影响到教育系统，尽管每个国家或地区有文化上的差异，但是在教育改革上仍有其关键点值得思考，例如，欧美各国在教育系统的教育改革重点值得其他国家作为借鉴。加拿大的教育系统和教育改革的特点在于：①政府方面的改变，使学校更有效能，学校委员会改进加入家长的参与；②在九年级或十年级前废止依能力分班；③更好地控制教育花费；④在国家科学架构配套下，由委员会代表省级教育长，及大部分的地区能有所选择；⑤发展省级学校系统评量“指针”，支持学生参加国家测试。

英国的教育改革包括：①增加政府教育资源，使教育成为最重要的部分，乡村地区的私立学校进入政府教育，丰富早期教育资源；②学习结果及教学质量标准通过中央标准、效能单位或其他体制而设立；③最好的实例来自成功的学校，来自教师和教育观念；④弱的学校将给予支持，如果持续表现不佳，就需要改革甚至关闭；⑤推行多样化办学，鼓励联结外部机构包括教会、公司、社团组织，政府目标在于强化学校组织，并允许学校在改进中发展；⑥早期教育是新的重点，特别是三岁或四岁左右儿童的学前教育。

芬兰的教育改革重点包括：①焦点放在数学与科学；②提高外语水平；③要求教育组织和地方教育当局改进评鉴制度以提升质量；④对教师建立服务前与服务中的训练标准。

法国的教育改革重点包括：①在国家层级中强化教育视导，使用对话的方式来测试学生；②强化对初级教师的训练，注重实际操作；③提供学前教育学校，增加三岁孩童的教育机会；④建构更好的中等教育教学，满足学生的更多需求；⑤在中学的第一年，对学生提供个别化帮助；⑥建立国家教育评鉴委员会。

瑞典的教育改革重点包括：①改变地方层级的评鉴，要求独立学校和地方权力机构写出年度报告；②进行系统改革，建立目标为本的层级系统；③增加学校阐释国家课程的自由；④增进地方权力机构分配教育资源给合适者的能力。

由上述国家层级的教育改革发展，不难看出从地方层级到中央层级的教育改革总是环环相扣，相互影响。从学校课程实施成效的展现到国家层级的课程脉络，彰显出国家层级教育改革与学校教育系统间互赖与互信关系建立的重要性。国家层级的教育改革需要透过学校教育系统的配合与展现，才能收到预期的效果；地方教育改革的构思需要与国家教育政策结合才能落到实处。

（四）学校层级的课程设置

有关各国在学校层级的课程设置，可以从资源分配、学校管理、弹性课程等层面略作分析。

1. 资源分配

参与 PISA 研究的国家，特别重视学生解决生活实际问题能力的展现，激起学生对未来生活的希望成为当前学校领导者的首要任务。2012 年的 PISA 结果发现，高表现的学校系统对于教育资源的分配最为公平，学校在此系统中拥有更大的自主性独立安排课程与评量。

2012 年的 PISA 结果指出，成功的学校系统在资源的分配、政策及实务上有很大的关联，其中包括：①财务资源，如高所得的国家学生成绩表现较好；②人力资源：该国家若教师短缺则学生成绩表现不理想；③硬件资源，学校有足够合适的硬件资源，如科学实验室与器材，教科书，计算机设备、网络、教育方面的计算机软件，图书馆设备等；④时间资源，学校提供更多的数学课，或是在课后花更多时间指导学生学习数学，故学生的成绩表现较好。此外，学校若能提供更多特别的活动，如乐团、古典音乐或艺术等课程，学生在数学成绩表现上也比较好。

因此，想要提升学校课程实施成效与学生学习成效，当务之急在于让学校拥有更大的课程以及教学方面的自主性与独立性，此为校本课程计划、实施、发展、评鉴等自主的最大佐证。因此，校本课程的开发与实施成为重要的议题之一。唯有重视校本课程的实施与落实，才能强化学生的学习质量，精进学校教育质量。

2. 学校管理

OECD 指出，从 20 世纪 80 年代初期开始，学校改革转向给予学校更大的自主性以及更大的教育运作空间以提升表现水平，给予校长更大的决定责任及能力，也给予教师或部门领导者(如班主任、教学组长、教务主任)更多的管理责任；学校也开始增加对课程与教学的选择等。这些改革使学校拥有更多的知识及更有效能的方法来分配其资源、设计课程以使学生可以学得更好。透过 PISA 的研究显示，当学校有更大的自主空间，努力改进课程与学习评价时，较之无自主空间管理的学校，其学生的成绩较佳。因此，学校管理应该要给予其更多弹性的空间以及更自主的决定权(例如透过校本课程开发与实施)，才能使教师的教学效能与学生的学习质量更好。

3. 弹性课程

弹性课程指国家规定一定比例的时间，用于学校自主开发课程。在规定的时间内，学生和教师有充分的自由去选择他们自己想要上或教的课程。OECD 指出，在 OECD 所属的国家当中，义务教育中的弹性课程，在小学有 6%，中学有 7%，在这些弹性课程当中，学生和教师有充分的自由去选择他们想要上的课程或是教的课程。

在捷克及荷兰的中小学义务教育中，允许 100%的弹性课程。在捷克，所有的中小学可以决定所有的义务教育课程时间，安排具体的课程，让每一位学生在其学年中参与课程的计划与实施。在荷兰，每一个课程都有其目标，但是学校有自由的选择权力去决定要花多少时间在该课程，学生对于学习课程拥有充分的自主性。

在澳洲，弹性课程在小学占有 58%的义务教育时间，中学则有 46%属于弹性课程。弹性课程的开发与实施占有相当高的比率。

在加拿大，小学分配 20%的义务教育时间给予弹性课程，而在斯洛伐克该比例则为15%。

另外在一些国家，准许在特定的年级中使用义务教育的弹性课程，例如波兰和印度尼西亚，在义务教育的前三年实施弹性课程；而丹麦，仅有小学第一年实施全弹性课程。

在冰岛，中学分配 22%的义务教育时间给予弹性课程，在比利时该比例为 18%，在智利该比例为 16%，而在希腊、匈牙利、卢森堡、墨西哥的中小学教育中并无弹性课程。

义务教育中的弹性时分配，也因国家或地区而有所差异。在加拿大，课程与教学时间的分配是由省或州来安排。

在英国，每一所学校的上课日及独立课程则以政府制定为主体。在芬兰，国家一般仅决定每一个主题课程的时间安排，授权给当地政府来设计合适于学校的行事历。

在斯洛伐克，学校以国家架构为基准来设计属于自己的教育规划。

综合上述国家的课程安排可见，在弹性课程实施方面，时数和比例不尽相同，但这些国家近几年来在教育改革方面已经慢慢由正式课程转为强调弹性课程的重要性，希望通过弹性课程的组织与安排，让教师教学与学生学习有更多的参与机会，为学校教育系统提供更多的弹性空间。

二、趋势评析

OECD 强调国家经济发展与学校教育成效的联系，说明要提升国家的经济发展水平，必须从学校教育系统中教师的教学质量与学生的学习成效着眼，通过国家层级的教育改革工程，从国家、地区的文化差异开始，将教育资源公平分配到每一个校区的角落，并通过学校层级的课程设计提升学生的学习成效。由 OECD 的教育研究系统，不难厘清下列发展趋势。

1. 重视经济发展与教育实施成效的关联性

从 OECD 的教育研究系统与研究成效中可以看出，通过各种策略与方法的运用，主要国家的教育改革已经从单纯的教育系统联结到国家经济发展。通过教育改革与教育系统的运行，才能强化地区与国家的经济发展。因为经济发展需要人力资源的配合，人力资源的培养需要通过学校系统，学校系统的课程规划与课程实施是培养人才重要的关键。

2. 通过学校课程设计进行教育质量的管控

课程设计与实施是学校教育的关键，影响学校教育系统的质量与成效。近年来的教育系统已经从行政运作的层面慢慢转向关注学校课程设计。人才的培养与人力资源的提升，需要通过各种课程设置与课程实施才能收到预期的效果。因此主要国家的教育改革重视课程的设置与实施，通过课程的落实进行教育质量的管控。

3. 由内而外的国家层级教育改革与成效的彰显

国家层级的教育改革关系到一个国家未来的发展，包括经济、文化、教育、资源等，唯有通过国家层级的教育改革，才能确保教育的有效开展以及教育成效的彰显。如果国家的教育改革仅着重于内在的思维而忽略外在的氛围，教育改革恐怕容易限于表面现象而忽略整体的成效。

4. 重视资源分配与学校课程设置

教育改革要能成功，必须通过学校课程安排管理以及教师教室层级(教学)的革新，才能收到双管齐下的效果。主要国家近年来的教育改革纷纷针对教育资源的管理与分配，进行深度的反省，从资源有效分配的层面反省传统学校教育成效的输入与输出的比例问题。先进国家的教育系统与管理人员已经在近年的教育发展中认识到资源分配的重要性，及其对学校教育发展成效的关键作用。因此，学校课程的设置与资源分配成为教育改革中不可忽略的环节。

5. 运用弹性课程强化正式课程的实施成效

课程实施是教育改革成功的关键，课程设置是课程实施成功的前提。近年来，主要国家在学校正式课程的规划中，纷纷提出弹性课程设置，通过弹性课程的设置，可以使课程更适应地区差异性。此外弹性课程的运用对于正式课程实施具有辅助功效。

6. 加强教师的素养并提供优质的待遇

教师的素养是决定课程开发与实施的关键，再好的课程设计与教育改革，若缺乏教师的配合与积极参与，都无法收到应有的成效。因此，在学校课程教学设计与革新的同时，也要重视教师素质提升，提高教师素养有助于课程实施的有效落实。没有高素质的教师，就不会有高效能的学习。

第五节　国外校本课程开发的趋势

一、美国校本课程开发的趋势

学习目标

知道美国、英国、法国、澳大利亚、加拿大校本课程开发的特点有哪些，理解欧美校本课程开发的一般趋势。

美国教育实施地方分权制，教育事务交由地方控制与管理，除夏威夷州外，其他各州均将教育的决定权授予学区，在不违背州教育政策的前提下自行管理。1983 年出版的《国家处于危险之中：教育改革势在必行》指出，美国国家教育的四大教育隐忧为工作技能和思考能力低落、阅读和写作能力低落、学业性向测验成绩低落、国际性学业成就测验落后。美国历任总统针对国家教育制定了不同的教育方针，克林顿总统的“学童卓越教育法”、布什总统的“不让一个孩子掉队”、奥巴马总统的《改革蓝图：初等及中等教育法案修正案》皆致力追求以教育恢复美国“无出其右的卓越地位”。此外，1986～1989 年，美国引发第二波教育改革风潮，转变为由下而上的教改策略，“学校本位管理”(school-based management)也因此在美国广为盛行。校本课程开发的概念有许多相似的表达，如“学校现场的课程发展”(school-sited curriculum development)、“学校本位课程管理”(school-based curriculum management)，皆强调学校为教育改革主体，使学校人员负起学校教育成败的责任。白宫文件指出，美国今日的能力与成功，皆由教室跨到国家。现今，美国面对世界竞争，为未来的改革提出几个方向：“不让一个孩子掉队”(no child left behind)的方案再设计与改革、强化科学、科技、工程和数学教育、点燃创新、为所有人提供学习机会、强化教学专业化。

(一)中央、地方和学校层级的课程主张

1. 中央层级的课程主张

白宫在“设计与改革‘不让一个孩子掉队’(no child left behind)”的政策中指出，今日高质量的教育不再只是机会的通道，还是成功预备的要求，因为全球经济的进步与教育的成就无法分割，让每一位美国学生从高中毕业准备进入大学或工作是国家的使命。美国前总统奥巴马指出，为提供高质量的教育给予所有美国的儿童，有四项重要的改革要点：①为学生将来能成功进入大学和工作场域提供更高的标准和更好的评量方式；②更有雄心努力招募教师、培育更先进、更有效能的教师，特别是教室最需要的教师；③用更智慧的信息系统去测量学生的成长和成功，帮助教育者改进教学；④关注最低成就的学校。2010 年 6 月 2 日公布各州共同核心标准(Common Core State Standards，CCSS)，与之对应的共同评量在 2014～2015 学年执行，许多组织团体推崇这是提升美国竞争力的稳健第一步，也有议论者认为这是联邦国家课程(National Curriculum)的策略行动。“各州共同核心标准”并没有提供具体内涵，而是留给各州或评量联盟进一步发展，赞同与反对之声各有其见，但这项重大变革值得关注。

2. 地方教育层级的课程主张

由于美国实施地方分权制，教育系统支配权集中在州政府。通常由州与地方政府依据实际需要，通过各种机制拟订教育标准。如今，CCSS 将成为美国学生预备上大学与未来事业的一项共同化的标准，CCSS 将帮助父母、教师了解到每一年学生应该学到些什么。以华盛顿哥伦比亚特区为例，其指出对于华府公立学校(DC Public Schools)CCSS 的重要性在于三点：①学生在高中毕业后必须能成功地进入大学就读，进入成功的生涯发展，然而仅有 9%的中学毕业生能进入大学，能在 5 年后完成高校学习；②CCSS 的标准将使不同地方政府的教育质量达到一致的标准；③现在的教育标准要求必须使用不同地方标准来比较不同的教育，而这会使得学生的表现无法跨到其他地区。CCSS 的目标是：①确保学生们都能从学校到学校、从地方到地方获得相同的高质量的教育；②提供更好的机会分享经验，在各州内有典型的案例。在 2012～2013 学年，着重在小学数学、专业发展及教育学的计划；在 2014～2015 学年，着重在 PARCC(Partnership for Assessment of Reading for College and Careers，学院和事业生涯阅读评量伙伴)的评量计划。

美国地方教育层级的课程主张，重视从家庭到小区、从地方到州政府教育质量的连接，透过评量系统的运作，确保学生在学校的教育质量，并确保学生“可以学到什么”，以及“确定会学到什么”。

3. 学校层级的课程主张

21 世纪课程发展必须基于精细的知识及学校层面来思考，必须考虑全班或国际化课程，而非仅停留在了解国家范围的课程，也必须考虑到所有人在所有年龄及工作、生活上能应用到的课程。课程领导者的责任是确认学习的发生，必须在教室层级里去参与课程实施，保证课程的效果。孩子们是否能赢在未来，取决于教师是否在教室里好好教导学生，而美国在建造世界级教育系统时不能没有教室层级的教师，因此，美国将在未来大量投资教育，保障教师的工作及薪资。

课程发展是一个持续为客户(学生)选择并设计学习的经验，通过一连串合作互惠的动态活动，实现其课程工作的基本步骤：①视课程发展为一个循环或系统；②关注最一般的基础区域，包括四个关键的区域，即社会、知识、人类发展和学习；③基于数据进行选择与决策；④在课程设计的过程中加入理论及新的计划。

美国华府公立学校的校本管理核心在于有效学校架构(effective schools framework)(表 1.2)，其核心重点就在教学与学习，强化教室内的教学，以及确认学校能持续发展，学生的学习成就能持续提升，所有的教师必须结合他们所教的学生，在合适的教室教学以改进学生社会情感技能与能力。有效学校架构(effective schools framework)有三个目标：给教师提供清楚而明确的期望；联结专业发展与支持；支持公平而透明的教育者评量系统。而这并非是一个计划或课程，而是一种思考的方法。

表 1.2　教学和学习的架构

计划(plan)	教学(teach)	增效(increaseeffectiveness)
教学	1.朝向优良组织化，目标导向的课程	1.评量学生的进步
1.发展年度学生成就目标	2.说明清楚	2.搜集与分析学生进步的资料
2.创造标准为本的单位计划和评量	3.在可达成及改变的工作上，结合学生所有的水平	3.改进实务及再教学
3.创造目标导向的课程计划	4.提供学生多元的方法朝向专精	
学习环境	5.确认学生理解	
4.采用教室行为管理系统	6.回应学生理解	
5.发展教室日常步骤	7.透过有效的问题，发展高水平的理解	
6.组织教室空间和对象	8.最大化的教学时间	
	9.建构一项支持，专注学习的教师社群	

(二)美国校本课程的特点

在美国教育改革与课程开发方面，从中央层级、地方层级到学校层级，均展现了与世界各国不同的思维与风貌。

(1)从强调卓越到重视均等的教育理念。从美国政府强调“设计与改革‘不让一个孩子掉队’”的方案中，不难看出教育发展的重点已经从传统的强调“卓越”转为重视“均等”的教育发展思维。以往的美国教育发展重视追求效能、卓越的教育成效，近年来由于对国民素质均质的翘盼，转而强调教育发展应该达到均质的理想，让每一位国民的发展可以达到预定的标准。

(2) 重视纵贯性与横断性的课程衔接工程。从中央层级的课程主张、地方教育层级的课程主张，到学校层级的课程主张，不难看出美国在课程实施方面逐年重视课程横断与纵贯方面的衔接工程，希望通过国家中央层级理念与地方层级理念的相互衔接，确保教育质量的达成。

(3) 在确保学生学习质量水平的思维框架下进行改革。美国课程改革工程，不论是从中央到地方还是地方到学校层级的课程改革，大都建构在确保学生学习质量水平的思维上。美国的教育行政主管与领导者深信唯有提升学生的学习质量，才能促进国家的经济发展。因为经济发展的关键在于"人"的因素。如果学校教育系统无法提供优质的人才，经济发展势必因而衰退，无法达到预期的发展水平。

(4) 重视教学与学习深度联结的课程发展。美国的校本课程开发，重视教师教学与学生学习方面的专业联结。只有通过专业的课程实施与发展，才能将教师的教学活动与学生的学习活动做深度的联结，确保课程实施的成效。

(5) 通过评量工作确保课程实施成效与教育效能。课程实施的成效与教育效能的提升是教育改革的关键因素。因此，美国在课程发展中强调通过评量工作确保课程实施成效与教育效能的重要性。如果缺乏评量系统的功能，将无法确保课程实施与教育方面的成效，更无法促使教育改革达到预期的效果。

二、英国校本课程开发的趋势

英国的教育行政系统属于地方分权，有关学校课程事务是"地方教育局"(Local Education Authorities，LEA)的权责。英国各地方教育局因学校制度、学区特色、课程政策的不同，对于学校发展的规范也有所不同。但是，英国向来尊重教师专业自主权，因此学校对于课程发展与课程决定拥有相当大的弹性空间。伴随着英国全国课程大讨论，校本课程开发面临新的挑战，英国校本课程开发也发生明显变化。

(一) 中央主导课程发展

从以下英国国家课程(英语)标准 2"阅读"的表现水平描述的案例不难看出英国加强了国家课程管理。

案例　英国国家课程(英语)标准 2"阅读"的表现水平描述

水平等级	学业表现水平表述
水平 1	……
水平 2	学生通过阅读简单的文本，能理解并准确获知其大意。对于有关故事、诗歌和纪实小说中的主要事情和观点能表达自己的看法。能运用多种策略(包括语音、图像、句法和上下文意等)阅读一些不熟悉的词汇并建构意义。
水平 3	……
水平 4	在对一系列的文本做出回应时，学生能够理解重要想法、主题、时间和个性特质，开始使用推理和演绎，能够理解这些文本反映的时代和文化。学生在解释自己的观点时，能够参考文本，能够定位和使用自己的想法和相关信息。

续表

水平等级	学业表现水平表述
水平 5	……
水平 6	在阅读和讨论一系列的文本时，学生能够辨别不同层次的含义，且评论其重要性和作用。能够对文学文本做出个人的回应，在证明想法时参考语言、结构和主题的不同方面，并且将不同时期和不同文化的文本与自己的经验相结合。能够从不同的资源中总结出一系列的信息。
水平 7 水平 8	……
优秀水平	学生自信地对一系列高要求、跨越不同时代和文化的文本做出评价，提出自己的想法，并且在细节上参考语言、结构和表现等方面。能够在文本中进行适当、仔细的比较，包括考虑观众、目的和形式。能够辨别和分析争论、观点和其他解释，并适时地前后参照、交叉引用。

在校本课程发展方面，虽然强调以学校为主的课程发展模式，但校本课程实施计划必须经过中央单位的核准，或是符合中央的教育政策需求。因此，校本课程的发展逐渐演变成政府主导的模式。

(二)将校本课程纳入办学绩效

英国政府透过提高学校教育质量的政策，并且配合国定课程与全国评量方案、教师评鉴系统的实施，要求学校将校本课程纳入学校办学绩效的一部分，通过学校绩效评鉴的实施，强化校本课程的规划与实施。由于政府的要求，校本课程实施必须纳入年度计划之内，校本课程规划和实施与学校教育系统并行不悖。

(三)透过经费预算控制课程发展

经费的编列与运用是影响课程规划与实施的关键。英国通过经费预算控制校本课程的实施，要求学校本位课程的规划与实施必须符合政府的政策需求以及国家发展的目标。否则就无法获取适当的经费资助。换言之，学校课程发展与实施如果与政策相违背，将取消经费补助，并且限制经费的运用。

(四)整体规划与架构

英国在校本课程的发展与实施方面，虽然鼓励各学校依据地方特性，结合政策目标，发展地方特性与学校本位课程，但是课程的规划与实施缺乏整体规划与拟订。因此，英国在校本课程的规划与实施上，需要发展整体性课程架构，才能收到课程实施的预期成效。

(五)加强教师知能与专业需要

英国在发展校本课程时，遭遇到各方面的问题，导致多年来缺乏实质的发展成效。其主要原因是，校本课程规划与实施的关键在于教师专业能力的提升。英国虽向来重视教师的专业技能，但在校本课程的发展过程中，教师在课程方面的涵养仍需要教师专业训练的配合。

三、法国校本课程开发的趋势

法国属于中央集权的国家，教育发展由中央主导，统一颁布法规与原则，再交由地方学校推行。1982 年法国颁布教育法规，规定中央教育部办理高等教育，初等与中等教育由地方办理，地方可以针对地区的需求与特色进行教育发展或表达相关的意见。伴随“中学 10%弹性课程实验方案”“教学改革计划”的实施，法国校本课程开发出现下列趋势。

(一)经费支持与教材资源的限制

经费支持与教材资源方面的问题，是各国发展校本课程的关键因素。法国虽然支持校本课程开发，通过各种形式鼓励学校发展校本课程。各地方学校在发展校本课程时，通过校际合作与策略联盟方式，经费的运用虽可获得纾解，但校外支持与教材资源、设备方面的不足，影响校本课程的实施与发展，成为必须解决的一大问题。

(二)与国家课程发生关联

校本课程的设计与实施与一般正式课程有所区隔。因此，校本课程本身实施的成效往往让教育人员产生专业方面的质疑。来自教育人员与教师团体方面的质疑，导致了学校推展校本课程上的阻碍。例如，秉持保守观点的教师，认为校本课程对于教师的教学与学生的学习没有帮助。因此，校本课程开发与国家课程之间需要建立密切联系。

(三)提升教师专业能力

校本课程的开发、设计与实施，每个环节都需要教师的参与和支持。教师如果缺乏对课程的认识，就无法在课程规划、设计、实施与评鉴中提供专业上的协助。因此，校本课程的实施需要教育部门针对教师的专业发展需要开展培育工作。

(四)增加学校对于课程的自主性

从表面上看，法国政府为学校校本课程的开发提供了相当大的弹性自主空间，但在课程设计与实施过程中，必须符合政府的教育政策，才能得到相关的经费与资源。否则，学校就必须在课程开展中自行筹措经费，运用各种有效的资源。因此，课程的自主性往往受到各方的质疑，学校无法行使课程自主的权力，拓展学校课程自主空间成为努力的方向。

四、澳大利亚校本课程开发的趋势

澳大利亚的校本课程发展受到国际教育界相当正面的肯定。尤其小学的校本课程对于教育活动(如休闲教育、人格教育、小区服务教育、原住民教育、多元文化教育、生命教育、环境教育等方面)的发展，具有相当大的贡献。相关的研究指出，澳大利亚的校本课程发展兼顾学校教育发展、学生的学习需求、社会快速的变迁、教师专业自主的精进等，对于国家教育发展具有相当积极的意义。

(一)拓展课程发展权限与自主性

澳大利亚属于联邦共和政体的国家，由六个州与两个领地组成，国家的教育政策与课程发展由“学校咨议会”(School Council)和“课程发展中心”(Curriculum Development Centre)负责，肩负提供经费、制定法规等责任。澳大利亚的各级学校和人员并无多大的课程决定与参与权。澳大利亚校本课程开发曾经有一段全盛时期，然而中央仍规定课程发展必须在国家的政策发展脉络之下。因此，校本课程发展的权限与自主性需要拓展。

(二)调整由上而下的课程政策导向

由于政府的推动，以及由上而下的课程实施政策等，澳大利亚校本课程开发受到限制。学校在发展校本课程时，必须顾及政府的政策、地方教育的需求、教育目标的规范等，因此如何进一步凸显自下而上的课程变革努力，也是校本课程开发需要进一步关注的主题。

(三)优化校本课程发展质与量的关系

澳大利亚校本课程在发展历程中，重视课程开发量的方面的发展，也想要在质的方面有所突破，质与量方面的矛盾导致学校无所适从。学校教育人员往往无法一一遵循政府由上而下的行政推动命令，导致中央与地方步调不一的情形出现。校本课程的发展有必要优化质与量的关系。

(四)加大教育行政部门的支持

澳大利亚在校本课程发展的支持方面，通过经费拨款与各种知能研习活动的推展，作为中央支持学校校本课程发展的基础。然而，校本课程的发展需要持续性的支持，才能收到预期的效果。澳大利亚在校本课程发展的支持上，限于其财力仅能提供小规模的支持，因而校本课程的发展受到限制，有必要加大支持力度。

(五)衔接学校课程方案

在校本课程的实施与发展方案中，应重视课程与课程、方案与方案的衔接。由于校本课程必须兼顾政府的政策、地方学校的特性、地区家长的需求等，在学校课程方案的衔接显然无法落实。由于澳大利亚政府对于学校教育人员实施任期制、派任与轮调制等，学校课程方案的衔接无法持续与系统地发展，这是澳大利亚校本课程开发需要突破的难点之一。

五、加拿大校本课程开发的趋势

加拿大是属于地方分权的国家，由 10 个省与两个领地组成。加拿大政府对于学校课程发展与决定并未采取干涉的立场，仅通过教育行政系统，以经费补助的方式，提供学校课程发展方面的协助，主要的教育事务交由省和领地自行管理，具有地方分权的色彩。加拿大的校本课程发展，多年来一直处于被动的情形，相关文献指出，其课程发展与实施需要更多的支持与努力。

(一)加大政策支持力度

加拿大的校本课程开发，在教育政策方面并没有给予直接的支持，联邦政府并未制定任何法规鼓励地方学校发展校本课程。在缺乏经费与鼓励政策的情况下，学校的发展空间仍然不大，仅有一些地区学校依据自己的需要，结合地方的教育资源，进行个别性的校本课程开发，整体性课程发展仍需要一段时间。因此，加拿大的校本课程发展一直处于被动的发展之下，学校如果需要发展校本课程，必须配合省与领地教育部门的教育政策与课程政策。

（二）优化中央主导式课程开发模式

加拿大的校本课程发展，必须在省允许的范围之内实施，而且发展出来的校本课程方案必须经过教育部审核，才能进行校本开发。此种以中央主导方式的课程发展模式，无法配合地方的特性，无法响应地方的需求，此为加拿大校本课程发展最受批评的地方，需要进一步优化。

（三）加大课程开发自主性

加拿大的校本课程开发，必须配合国家的教育政策及地方政府的要求，因此，学校在校本课程自主方面可以发挥的弹性空间有限。校本课程开发必须在完成课程设计之后，将课程发展方案送到中央单位审核，通过课程审核之后才能正式实施。因此，有必要拓展学校自主课程开发的空间。

（四）课程授权

课程发展过程中的授权与控制，向来是影响课程实施的关键。加拿大在教育政策的执行上，原则上支持地方学校从事校本课程开发，但学区是否愿意将课程发展授权给学校则充满相当大的变数。学校在发展校本课程时，必须经常依赖政策的支持才能系统地进行。因此，进一步赋权于学校，是校本课程开发的基础性条件。

第六节　国外校本课程开发评析

学习目标

了解国外校本课程开发在情境脉络、行政体制、课程授权、课程支持等方面有哪些发展趋势。

本节以美国、英国、法国、澳大利亚、加拿大等国家校本课程发展与实施为例进行评析。由于不同国家的教育政策与地方政府的发展重点差异性甚大，下面列举相同情境脉络与时期的课程开发进行分析比较。

地方分权国家校本课程的实施，主要针对民间对国家课程方案推动的不满，或是来自民间专业团体对于政府过度涉入课程发展的反思；中央集权国家校本课程开发则源于对由上而下主导模式的不满。因此国外校本课程的开发与实施仍存在各方面的差异。

1. 教育行政体制影响校本课程开发

校本课程开发与实施，往往受限于各国教育行政体制的特性及其对教育发展的支持程度。美国课程发展的权力由学区学校董事会掌握，英国与澳大利亚则将权力交给学校教师手中。各国的教育行政体制的运作，往往影响校本课程开发与实施。例如，澳大利亚、英国、美国课程政策发展，慢慢将课程控制权回归国家，透过国家政策主导校本课程的发展方向。

2. 校本课程开发的授权与自主

校本课程的发展，在授权与自主方面，相关的文献与学术研究给予了相当大篇幅的讨论。主张授权的论述，强调课程发展应该置身于国家教育政策中，才能开发出系统性与系列性的课程；主张课程开发自主的论述，则强调地方特性与学区需求的重要性，认为课程发展应该回应地方的需要。

3. 校本课程支持与发展上的差异

国外校本课程开发与实施并非全有或全无，每一个国家的校本课程发展，或多或少会置身于正式课程的规划与实施中，通过校本课程的规划与实施，既强化了正式课程的特色，也弥补了正式课程之不足。

4. 配合政策与结合地方特性的课程发展模式

在国外的校本课程开发与实施历程中，不难看出，配合国家政策与结合地方特性是课程发展模式的特色。中央集权国家强调课程主导权必须掌握在国家教育体制中；地方分权国家强调课程主导权必须回归到地方学校，才能响应地方需要。

体验练习

一、判断题(判断正误，并说明理由)

1.校本课程在国外之所以受到重视，是因为在全国课程发展方案失败之后，其认识到学校教师才是课程发展的关键。

2.透过 PISA 测验的实施，有助于了解各国学生在阅读理解方面的成长与变化情形，作为精进教育的参考指标。

3.校本课程的开发与实施，有助于落实课程地区化与个别化。

4.经费支持与教材资源方面的问题，是各国发展校本课程的关键因素。

5.课程发展应该置身于国家教育政策中，才能发展出系统性与系列性的课程。

二、讨论与探究

1.国外校本课程实施，为国内校本课程实施提供了哪些重要的课题？

2.PISA 测验的实施，对于各主要国家的课程改革与校本课程发展，提供了哪些重要的课题？

3.请针对国外校本课程发展，研拟一份适合国内校本课程发展的计划(或方案)。

第二章　校本课程开发的实质、价值与取径

本章概述

系统分析国内外校本课程开发相关代表性定义，厘定校本课程与校本课程开发、综合实践活动课程、选修课程，以及与国家课程、地方课程等概念之间的关系，通过“校本”“课程”“课程开发”语义分析，发现已有校本课程开发的定义取向，进而描述校本课程开发的实质，说明其价值，并探讨校本课程开发的基本取径，包括“预留地”自主开发、国家或地方课程的校本转化“本校课程”整体规划。

学习目标

1.理解校本课程开发的代表性看法；
2.掌握校本课程开发的本质；
3.了解校本课程开发对师生发展、课程发展、学校发展及地方文化传承的价值；
4.掌握校本课程开发的三种基本取径，知道这些取径之间的关系。

第一节　校本课程开发的实质

一、代表性定义分析

学习目标

了解校本课程开发代表性定义及相关概念，理解相关语义，掌握校本课程开发的实质。

要全面把握校本课程开发的实质，有必要对现有代表性定义做些分析，明确各种代表性定义的取向与要点。

（一）已有代表性概念概览

继爱尔兰阿尔斯特大学国际课程会议之后，在 1974 年日本东京的国际课程研讨会上，“校本课程开发”也是一个重要的研究议题，之后，许多学者纷纷提出个人观点。1985 年，在以色列召开的一次小型校本课程开发国际研讨会上，学者们试图就“校本课程开发”这一概念的定义达成一致意见，但最终仍然未能如愿。

自此以后，一些学者也对校本课程开发的概念做出了不同的界定。张嘉育、杨龙立认为代表性和权威性说法至少有 10 种以上。对此，我国内地学者表示认同，崔允漷在《校本课程开发理论与实践》中列举了关于校本课程开发 11 种最常见的定义，吴刚平在《校本课程开发》中罗列了 12 种代表性和权威性说法，均提到以下 10 种界定。

(1)菲吕马克(1973年)：校本课程开发指参与学校教育工作的有关成员，如教师、行政人员、家长与学生，为改善学校的教育品质所计划、指导的各种活动。

(2)麦克米伦(1973年)：校本课程开发是以学校为基地的课程开发工作，该课程开发工作大部分依赖学校教职员，以及学校的现有资源。

(3)斯基尔贝克(1976 年)：校本课程开发是由学校教育人员负责学生学习方案的规划、设计、实施和评价。

(4)沃尔顿(1978年)：校本课程开发，其结果可以是教材的选择、改编，也可以是教材的新编。

(5)经济合作与发展组织(1979年)：校本课程开发是学校自发的课程开发过程。在这个过程中，需要中央与地方教育当局的权力、责任重新分配。

(6)埃格尔斯顿(1980年)：校本课程开发是一种过程。在这个过程中，学校运用有关资源，通过合作、讨论、计划、实验、评价来开发适合学生需要的课程。

(7)黄政杰(1985年)：校本课程开发是以学校为中心，以社会为背景，通过中央、地方与学校三者权力责任的再分配，赋予学校教育人员权责。由学校教育人员结合全校内外资源与人力，主动进行学校课程的计划、实施与评价。

(8)科恩(1985年)：校本课程开发有狭义与广义之分。狭义上，是指学校少数人员(如校长、部分教师)开发课程文件或成品；广义上，是指学校所有成员(包括校长、教师、学生、家长、社区人士等)参与课程规划、设计、实施与评价等课程开发的全部工作。

(9)马什等人(1990年)：校本课程开发是一种强调“参与”“自下而上的民主决策”的课程开发；是一种重视师生共享决定，共同建构学习经验的教育哲学；也是一项需要课程领导与组织变革的技术。

(10)萨巴尔(1994 年)：校本课程开发有广义和狭义之分。狭义是指学校人员采用、实施现有课程成品所进行的一连串的课程决定；广义是指学校成员参与课程开发、实施与评价等动态过程，以及其中对于学校组织、资源、社区参与、培训教育所做的决定。

应该说，上述10种看法基本上代表了20世纪70～90年代的关于校本课程开发的主要观点。说明自菲吕马克和麦克米伦1973年提出“School-based curriculum development”并加以阐述之后，该词的含义一直在不断扩展。无论是定义视野、定义内容，还是校本课程开发主体、开发范围及开发成果，都发生了相应的扩展。与此同时，在定义扩展过程中也逐渐增加了一些认识上的差异，这些差异在进一步理解校本课程开发时需要加以注意。

实际上，除这10种看法外，国外还有学者对校本课程开发予以界定，如肯尼和威斯认为校本课程开发是“在实际的教育场所中发生的并可望能够使教师们积极参与并卷入到广泛的相互作用和课程决策之中的一种课程开发策略。”

这种界定将校本课程开发理解为一种课程开发策略，同样具有代表性。这种理解的依据来源于美国课程论学者肖特，肖特于1983年构建了一个用以识别课程开发策略的三维模型。该模型强调在课程开发的特定现场中，所需要的专业人员占主导的实际状况，如可能是学者占主导，或课程专业工作者、教师、学生、校长、家长等占主导，或各方面人员平衡协作。校本课程开发就是由各方面人员参与并在特定现场展开的，开放性的课程开发策略。作为一种课程开发策略，显然需要与别的课程开发策略配合起来，共同服务于课程开发活动，这种理解对我国校本课程开发政策的推进有着特殊的现实意义。

世纪之交，尤其 21 世纪初，我国学者也对校本课程开发提出了自己的理解，这些理解更进一步地考虑到中国课程开发的实际情况。

(1)张嘉育(1999 年)：校本课程开发“是指学校为达成教育目的或解决学校教育问题，以学校为主体，由学校成员如校长、行政人员、教师、学生、家长与社区人士主导，所进行的课程开发过程与结果。”

(2)崔允漷(2000 年)：校本课程开发指的是学校根据本校的教育哲学，通过与外部力量的合作，采用选择、改编、新编教学材料或设计学习活动的方式，在校内实施，以及建立内部评价机制的各种专业活动。

(3)徐玉珍(2001 年)：校本课程开发是指在学校现场发生并展开的，以国家及地方制定的课程纲要的基本精神为指导，依据学校自身的性质、特点、条件及可利用和开发的资源，由学校成员自愿、自主、独立或与校外团体或个人合作开展的旨在满足本校所有学生学习需求的一切形式的课程开发活动，是一个持续和动态的课程改进的过程。

(4)吴刚平(2002 年)：校本课程开发是指学校根据自己的教育哲学思想，为满足学生的实际发展需要、以学校教师为主体进行的适合学校具体特点和条件的课程开发策略。校本课程开发有两大范围：一是校本课程的开发，二是校本的课程开发。

(5)薛梨真(2005 年)：校本课程又称之为“学校本位课程”，指以学校的教育理念与学生的需求为核心，以学校的教育人员为主体，以学校的情境与资源为基础，针对学校课程所进行的规划、设计、实施与评鉴的过程。

(6)靳玉乐(2006 年)：学校为实现教育目标或解决学校自身的教育问题，根据国家或地方制定的课程纲要的基本精神，以学校为主体，结合学校的性质、特点、条件及可以开发利用的资源，由学校成员如校长、行政人员、教师、学生及家长和社区人员等合作进行的课程发展过程与结果。

(一)代表性定义取向与要点

显然，在新世纪之交，我国学者对于校本课程开发的理解有了新的改变，表现为“活动”“主体”“结果”“过程”“策略”“广义与狭义”等多种取向(表 2.1)。这些吸收了国际上有关校本课程开发的合理内涵。其中“广义和狭义”即对校本课程的开发和校本的课程开发的理解，在我国近十几年成为主流，体现出吸收与创新的课程努力。

表 2.1　校本课程开发定义取向、代表人物及要点

取向	代表人物及时间	主要观点
开发活动	菲吕马克(1973 年)、徐玉珍(2001 年)、崔允漷(2000 年)	计划、指导的各种活动；满足本校所在学生学习需求的一切形式的课程开发活动；各种专业活动
开发主体	麦克米伦(1973 年)、斯基尔贝克(1976)、黄政杰(1985 年)、马什等(1990 年)、张嘉育(1999 年)	依赖学校教职员工；由学校教育人员负责；以学校为中心；师生共享决定权；以学校为主体
结果或成果	沃尔顿(1978 年)、靳玉乐(2006 年)、张嘉育(1999 年)	教材的选择、改编，也可以是教材的新编；课程开发过程与结果

续表

取向	代表人物及时间	主要观点
开发过程	经济合作与发展组织(OECD)(1979年)、埃格尔斯顿(1979年)、玉乐(2006年)、徐玉珍(2001年)、张嘉育(1999年)、薛梨真(2005年)	学校自发的课程开发过程；持续和动态的课程改进过程；课程开发过程与结果；规划、设计、实施与评鉴的过程
开发策略	肯尼和威斯(1986年)、吴刚平(2002年)	课程开发策略
广义与狭义	科恩(1985年)、萨巴尔(1994年)、吴刚平(2002年)	一连串的课程决定；校本课程的开发；校本的课程开发
管理体制变革	经济合作与发展组织(OECD)(1979年)、黄政杰(1985年)	中央与地方教育当局的权力、责任重新分配；中央、地方与学校三者权力、责任的再分配

总体而论，校本课程开发的定义仍然众说纷纭，分歧很大。尽管如此，仍然可以清晰地发现，国内外相关认识侧重以下几种角度或取向：强调课程开发的过程、开发的主体、开发的活动、课程开发的结果；区分广义与狭义；注重课程开发策略、课程管理体制变革。有的学者坚持某一角度或取向，有的学者则是从多个角度或取向去讨论，反映出人们从不同角度对校本课程开发的不同的理解，这些理解丰富了人们对校本课程的看法。通过国内外校本课程开发的理解，在界定校本课程开发过程中，仍然需要进一步强调下述三点。

第一，校本课程开发涉及课程管理体制的重大变革、课程管理权力及责任的重新分配。按照古德莱德的课程观，课程开发是一个连续的动态过程，任何国家开发的课程计划只有通过教师在学校中的教学活动才能体现，学校和教师有权参与课程开发。如果学校和教师拥有课程开发自主权，就能根据具体的情况经常评估、修改课程，使理想课程与现实课程较为一致，否则，很容易导致理想课程与现实课程的脱离。校本课程开发突破了国家作为课程开发唯一主体的格局，赋予学校和教师课程开发的权力，使课程开发渠道发生了质的转变。

第二，以尊重学校师生及学校教育环境的独特性与差异性为前提。校本课程开发强调学校根据自己的教育宗旨，自主进行适合学校具体特点和条件的课程发展；课程发展都充分考虑到学生的需要，考虑特定学校的具体教育环境；校本课程开发活动发生的现场在学校，注重学校教育人员参与校本课程开发过程。

第三，校本课程开发是针对国家课程开发的局限性而采取的一种与国家课程开发相对应的课程开发策略，也就是说，校本课程开发需要处理好国家课程开发和地方课程开发之间的关系。

二、相关概念厘定

在我国课程改革话语体系中，有一些概念如校本课程、国家课程、地方课程、选修课程、活动课程、校定课程、学校课程、综合实践活动课程等，与校本课程开发有区别也有联系。要恰当理解“校本课程开发”，也需要认识这些概念，辨析校本课程开发与它们的关系。

(一)校本课程与校本课程开发

自国家基础教育课程改革以来，“校本课程”已经成为课程开发实践领域一个耳熟能详的词汇，有关“校本课程”的论文也大量涌现。学校教育人员谈论“校本课程”的机会也远远多于谈论“校本课程开发”，甚至将“校本课程”与“校本课程开发”等同视之。对此，我国有学者认为“这实际上是一个不小的误解”，并提出了下述三点理由。

第一，“校本课程开发”是一个课程专业术语。“校本课程”实际上只是一个口头用语或不规范的书面用语。在西文的课程文献中，校本课程开发方面的几位一流的作者在其著述中从未使用过“校本课程”一词，只有极少数的作者在极少数的文章中偶尔才会不太规范地提到“校本课程”一词。

第二，“校本课程开发”是学校本位的课程开发，不是校本课程的开发。前者强调的是课程开发的行动和研究过程；“校本课程”一词则容易导致课程开发只看结果不看过程的错误倾向。

第三，汉语中使用“校本课程”一词容易与“学校课程”“校定课程”“选修课程”“活动课程”等相混淆。

> 校本教材
>
> 也称“预留地”自主开发或校定课程，是学校在国家预留时间内根据学生成长需求自主确定的课程。

这些看法很有道理，值得认真分析和借鉴。在使用“舶来品”的过程中的确需要遵循其本意，并应顺应我们自身的语言习惯，合乎逻辑地合理表述。如果将国家课程、地方课程与学校课程作为一组概念进行比较，在逻辑上不会引起误解。将“国家本位课程开发(或国家课程开发)、地方本位课程开发(地方课程开发)与学校本位课程开发(校本课程开发)”联系起来，同样也容易接受。如果说国家本位课程开发的结果之一是国家确定的课程(简称“国定课程”)，地方本位课程开发的结果之一是地方确定的课程(简称“地定课程”)，学校本位课程开发的结果之一是学校确定的课程(简称为“校定课程”)。那么，“国定课程”“地定课程”和“校定课程”之间的关系也不难理解。但是，将“校本课程”与国家课程、地方课程作为一组概念进行比较，的确不便于意义表述，很容易引起分歧。

从我国中小学目前流行的“校本课程”实际语义指向上看，“校本课程”与“校定课程”含义相当。国家《基础教育课程改革指导纲要(试行)》规定一定课时由学校自主支配，从此意义上讲，三级课程管理对应的课程就是国定课程、地定课程和校定课程。本书将当下流行的“校本课程”视为校本课程开发的结果之一，理解为“校定课程”。

所以，谈论“校本课程开发”，一方面要接受开发成品作为校本课程开发整体的理解，不要轻易割裂开来；另一方面，在区分校本课程开发结果或成品的时候，仍然需要贴近本国语言习惯和课程开发事实，并从整体上架构所有课程开发结果或产品。

当然，校本课程开发的意义绝非仅仅体现在校本课程开发的结果或产品中。校本课程开发可以自主开发学校自定的课程，也需要对国家课程和地方课程进行校本转化，进一步从课程开发范围看，校本课程开发既包括校本课程(校定课程)的开发过程，也包括国家和地方课程的校本转化，属于同一过程的两个不同方面。换言之，校本课程的开发发生在国家和地方课程校本转化的过程中。

(二)校本课程与综合实践活动课程

一线中小学教师总是疑惑：综合实践活动是国家课程还是校本课程？如果是国家课程，为何没有具体课程标准和教材呢？如果是校本课程，为什么又出现在国家课程改革方案中？实际上二者既有联系也有明显的区别。

(1)背景和来源不同。综合实践活动有着悠久的历史根源，与课外活动及活动课程的产生、发展，与人性解放和人们对知识本质理解的深化有着密切关联。校本课程开发的产生，在宏观上与社会政治体制变革发生关联，在微观上与课程管理体制的改进和发展紧密相关。

(2)理念和目标不同。综合实践活动课程理念是基于完整性教育，追求人与自然、人与社会、人与自我、人与文化关系的协调，其目标是注重学生综合素养、实践能力、探究能力的培养。校本课程基于课程民主决策，追求适性课程、个性化课程开发，以满足学生独特的发展需求。

(3)内容部分交叉。综合实践活动可以作为校本课程开发的一部分内容，甚至一些综合实践活动就是“校本课程”。但是，“校本课程”除综合实践活动之外，还有其他满足学生成长需求的课程。校本课程开发内容一方面可以由学校确定，另一方面也可能来源于国家课程或地方的校本转化。

(4)课程资源共享。由于综合实践活动开发现场与校本课程开发现场主要在学校，因此，双方均需要立足学校课程开发实际条件，合理开发和有效地利用课程资源。地方(尤其社区)历史文化、地理、自然等资源也成为综合实践活动与校本课程生成的共同的重要资源。

(5)评价主体不同。学校既是综合实践活动课程绩效评价的主体，又是校本课程开发绩效评价的主体，不同的是，既然综合实践活动属于国家规定的课程，国家和地方仍然承担着评价综合实践活动课程绩效的责任。

(6)管理主体不同。综合实践活动属于国家、地方和学校三级共同管理，而“校本课程”主要由学校管理。对比美国课程专家古德莱德曾提出不同层次、具有不同意义的五层次课程，综合实践活动课程虽然属于正式课程，是国家确定的课程，但没有国家确定的课程标准和教材，它实际上是教师领悟的并在实际教育情境中开发的课程。而“实际教育情境”主要是学校。“校本课程”开发活动虽然与国家和地方有着密切的联系，但活动发生的真实现场是学校，不是国家，也不是地方。学校是校本课程开发和综合实践活动课程建设共同的疆域，是二者的交叉点。

(7)从课程实施角度看，校本课程开发和综合实践活动课程开发都是对国家课程方案的实施。课程实施取向一般有三种类型：忠实、相互调适和缔造。综合实践活动课程属于国家确定、地方督导、学校开发的课程，课程实施以缔造取向为主。校本课程开发属于国家确立的课程开发政策，国家提供开发指南，学校按照指南相关规定确定开发框架和内容。因此，二者“课程实施取向”均属于缔造取向。

(8)校本课程开发和综合实践活动课程开发以国家课程改革精神为依托，重构反映学校办学理念，有效利用课程资源，并体现学生发展需求的课程目标、课程内容及活动方式。相比课程标准、教材等已经预先设计并完成的语文、数学等学科领域而言，所有这些都是校本课程和综合实践活动课程开发的“未知世界”，是在开发过程中逐渐生成的，而非提前预设。综合实践活动课程开发虽然有设计者的意图，却没有固定的程序，也不可能有现成的材料，更没有能够复制的具体方法，课程实施者无法忠实执行某种“方案”。同时，综合实践活动课程实施者在很大程度上也是设计者，设计者也是实施者。校本课程开发因学校而异，学校不同，开发框架和内容均不同。

（三）“校本课程”与学校课程、选修课程、活动课程

如前所述，汉语中使用“校本课程”一词容易与“学校课程”“校定课程”“选修课程”“活动课程”等混淆，有必要做些梳理。

> 校本课程
>
> 校本课程就是立足学校教育现实情景，对校定课程、国家课程、地方课程、潜在课程予以统整，形成既体现国家地方教育要求，又符合学校实际课程发展需求的整体的个性化课程体系。

前面已经讨论过，校定课程与校本课程实质上同出一义。“学校课程”最早于1998年在我国政府文件中提出。1996年6月的《中共中央关于深化教育改革全面推进素质教育的决定》(下文简称《决定》)指出，要“调整和改革课程体系、结构、内容，建立新的基础教育课程体系，试行国家课程、地方课程和学校课程。”显然，《决定》所提的学校课程是一个笼统的概念，与国家课程、地方课程构成一组概念体系。不少学者对“校本课程”提出了自己的理解，如丁念金认为“校本课程即以学校为本位、由学校自己确定的课程，与国家课程、地方课程相对，共同构成了课程开发的完整体系。”这些看法与《决定》所表达的含义基本相当。从概念的外延看，学校课程大于校本课程，校本课程属于学校课程的组成部分。

也有学者认为，校本课程在促进学生的认知、情感、行为的充分发展的过程中，把培养学生的主体意识、合作意识、创新意识和动手能力、交往能力、收集处理信息的能力、发现与解决问题的能力作为重点。所以，校本课程强调学生应在活动中学，注重直接体验和经验积累，反对重理论轻实践、重知识轻能力的倾向。实践性是校本课程最本质的特征。进而提出“校本课程大多属于实践性课程，不属于学科类课程。”校本课程可以更多地趋向于活动课程，但并不能排斥学科课程。学科课程与活动课程同属于学校课程两种基本类型，校本课程属于学校课程总体的一部分，其基本类型自然也可能包括学科课程。只不过学科课程实施的阵地主要在课堂，而校本课程希望为学生提供更广阔的活动空间，课堂以外空间的扩展就成了另一种希望。从此意义上讲，认为校本课程“不属于学科类课程”也可以理解，但不一定符合逻辑。

同理，选修课程、必修课程属于学校课程设置的方式。作为学校课程的组成部分，校本课程也可能有必修课程和选修课程两种设置方式。只不过，校本课程更多地追求适性课程，希望最大限度地照顾学生的选择性。因此，校本课程以选修方式出现更符合校本课程

的开发理想，但并不排除校本课程成为必修课程。毕竟，选修课程和必修课程，或者学科课程和活动课程，只是根据不同的分类标准而划分的不同的课程类型与设置方式而已。

（四）校本课程与地方课程、国家课程

如果校本课程相对独立，与国家课程、地方课程分道扬镳，校本课程最终也只能在孤独中消亡。集权制国家校本课程开发，一般采用预留一定比例的时间由学校自主开发。这些预留时间的使用必然涉及与国家课程的关系。“预留地”自主开发，实际上发生于国家课程及地方课程校本转化过程中。也就是说，校本课程可以成为国家课程校本化实施的成果之一。所以，从国家课程到地方课程，再到学校课程，应该是逐步具体化的过程。到学校层面的课程应该是一个有机整体，将国家课程、地方课程融合于学校一体化课程体系之中。反之，从学校课程到地方课程，再到国家课程，则是逐步一般化的过程。为避免国家课程、地方课程和校本课程之间的误解，也可以将国家课程开发形成本国课程，地方课程开始形成本地课程，而校本课程开发形成本校课程。

三、校本课程开发的界定

要界定好校本课程开发的概念，就要对校本课程开发进行语义分析，再吸收国内外校本课程开发理解的共同的核心要素，立足于我国课程现实，进行整体建构。

（一）语义分析

如前所述，人们对校本课程开发的概念理解存在多种角度或取向，首先要对校本课程的语义进行分析：到底什么是“校本”？什么是“课程”？什么是“课程开发”？

1. 校本

> 校本
>
> “校本”本义重在表达新的课程理念，强调以学校为开发基地，以学校为课程开发活动的基础和决策依据，以学校和学校教师为课程开发的主体。

校本课程开发的英文译名即 school-based curriculum development 在文献中使用最为广泛，与此相关的中译名还有“学校本位的课程发展”“学校为基础的课程开发”“校本课程开发”“校本课程研制”“校本课程编制”“校本课程发展”等。显然，容易发生语义转移差异的词汇主要是 school-based。

在英汉词典中，base 的表达方式主要有：基础；基地；基点；把……基于、把基地设在……。我国现今流行的所谓“校本课程”“校本课程开发”，大多将 school-based 理解为“校本”。实际上，“本”在《新华词典》中的解释有：草木之根或茎干；根源；依据；原有的，如本意等。“本”的寓意可以是“根本”，如“立国之本”。“本”在《辞海》中的解释与《新华词典》的解释多有相似之处，主要有：草木之根或茎干；事物的根源或根基；自己或自己方面的；重要的，中心的；本来，原来；根据；宇宙的本体，本原等。从这些意义上来理解，“校本课程”“校本课程开发”关于“本”的使用与 school-based 中 base 的意义是否最为贴近，仍然需要进一步分析和讨论。

值得注意的是，“本位”在《新华词典》的解释有：货币制度的基础或货币价值的计算单位；自己所在的单位；自己的工作单位。将 school-based 翻译为“学校本位”或“以学校为基础”，有将学校作为学校自身课程开发的现场、单位之意。这似乎更加靠近原来表述的实质，同时也与 school-flcused curriculum decision-making，school-centered curriculum reform，sire-based curriculum development 等语义相近。时下，“校本”已经成为时尚词汇，很少有人去追问“校本”从哪里来，到哪里去。但是对于“校本”本义的理解仍然需要增加其确定性，减少模糊性。一段时间以来，“源于学校”“通过学校”和“为了学校”，成为“校本”的经典注释。因此，“通过学校”与校本本义吻合，“源于学校”在表层意义上似乎有道理，但实质上是源于学生发展需要还是其他，仍需存疑。说“校本”是“为了学校”更需要讨论。显然，“校本”的追求是为了增加课程对学生的适合度，为了增加学生对课程的选择机会，本质上为了学生的个性化发展。

2. 课程

> 课程
>
> 课程是指在学校教育环境中，旨在使学生获得的促进其身心全面发展的教育性经验体系。

现代课程之父泰勒(Tyler)把“学习经验”作为课程的基本成分，倾向于把课程理解为一种经验。施瓦布(Schwab)主张实践性课程，认为课程是由教师、学生、教材、环境四个要素构成的“独特而永远变化的整体结构”(auniqueandever-changing configuration)，在这个结构中，教师和学生是一种“交互主体”的关系，这种交互作用是课程意义的源泉。1991 年出版的《国际课程百科全书》系统地列举了九种有代表性的课程定义。这九种定义代表了人们对课程理解的倾向性认识，概括起来，集中在以下四类：课程即学问和学科、课程即书面的教学(活动)计划、课程即预期的学习结果或目标、课程即学习经验。20 世纪 80 年代以来，在“理解课程思潮”的影响下，西方课程领域开始将哲学、社会学、美学、神学、文学等方面的理论与课程理论相结合，力图从多个角度来解读课程，形成多元化课程理论。如种族课程理论试图通过揭示课程中的种族歧视及其根源，进而通过课程唤醒人们的种族意识，以谋求种族平等和社会公平；女性主义课程主张反映女性主义教育的理论和实践，其根本目的就是消解主流课程中的男性霸权，谋求妇女的解放；现象学课程主张关注儿童的生活世界，关注儿童的体验，强调理论联系实际；后结构主义课程反对将课程看成一个封闭、稳定的结构，主张课程是流动且变化的，是在展现、对话、交流过程中得以不断重构的；自传性课程强调个体经验在学校中的作用，认为课程是师生教育性经验的创造和展示的过程，学生的学习是在个人经验的基础上形成和展开的过程；生态学课程主张将生态的概念贯穿于整个课程之中，力图使个人外在的生态平衡和个人内部的生态平衡都得到保护和发展。国际课程促进协会主席派纳则通过将“课程”概念由“curriculum”还原为“curreer”，以此来表示活动中个体内在经验的探索过程，并认为这是人对意义与价值主动探索的过程，活动本身即为目的。我国学者对课程也提出相应的理解，显然，要寻求一个对课程的共同理解是一件不容易的事情。每个人都可以根据自己对社会、知识、教育、学校，乃至对学生的不同观点，给予课程不同的解释，难怪美国学者斯考特(Scotter)曾认为，“课程(curriculum)”

是一个用得最为普遍但却是定义最差的教育术语。因为每一种课程定义都有独特的社会背景及其相应的认识论和方法论基础。

值得注意的是课程的层次问题，对于校本课程开发的理解更为直接相关。课程改革从设计到实施是一个过程，其中包括不同层次的课程。美国课程专家古德莱德曾提出 5 种处于不同层次、具有不同意义的课程，它们分别是：第一，理想的课程（ideological curriculum），指由一些研究机构、学术团体和课程专家提出应开设的课程；第二，正式的课程（formal curriculum），指由教育行政部门规定的课程计划、课程标准和教材，即被许多人所理解的学校课程表中的课程；第三，领悟的课程（perceived curriculum），指各任课教师所领会的课程；第四，实行的课程（operational curriculum），指在课堂中实际实施的课程；第五，经验的课程（experiential curriculum），指学生实际体验到的东西。五个层次的课程对应不同的课程主体、课程背景或课程立场，从理想的课程到经验的课程，需要经过若干次转化。各层次课程之间密切联系，却又有着本质的不同。因此，如果不考虑各种层次课程的背景和基础，就不可能理解课程的本质。同时，课程层次的存在，也进一步说明学校才是真正有效落实课程的平台。无论是国家还是地方的课程期望和理想，只有落实到学校一级，与教师和学生“见面”，并真实地进入师生教与学的过程中，才能产生“实在”的课程效益。只有学校层面的课程才是最为具体的课程，是满怀理想课程和文件课程的期望，又体现和反映学校情况、师生需要的课程。从此意义上讲，校本课程开发的确必要。

3. 课程开发

如何理解 curriculum development？其译为课程发展、课程研制还是课程编制？有关“开发”一词也有很多的理解，在《牛津英语词典》中，把“development”解释为“一项计划、方案的具体细节的确定或小说情节的完全展开。”陈侠先生在《课程论》中提到，“不少人照字面把这个词（curriculum development——引者注）译为‘课程发展’，这是不了解这个词的来龙去脉。因为它的含义同‘课程编制’一词大体相同。所以许多人主张照旧译成‘课程编制’。但是从当前各国开展课程的教育科学研究的情况来看，课程编订的过程就是课程研制的过程，所以把它译为‘课程研制’，反而更加合适些。”

> 课程开发
>
> 课程方案的制定、实施以及评价的过程。当然，这种课程开发必须是属于课程范畴的学校实践活动，不包括学校在不触及课程内容的前提下所进行的课程教学方法的改革、学校内部管理制度改革等。

陈侠先生讲的是 20 世纪 50 年代到 80 年代人们对 curriculum development 的看法。对今天转移 curriculum development 仍然有指导意义。实际上，从课程史发展可以看出，所谓学校本位课程开发实际上就是课程行动研究，因此，将 curriculum development 译为课程研制比较合适。同时，按照《牛津英语词典》对“开发”的解释，“开发”包括“一项计划、方案的具体细节的确定”，再从学校本位课程开发活动发生过程来看，它既是一个研究过程，又是具体的开发过程，也是一系列行动过程。因此，课程研发更能体现 curriculum development 的本意。进一步从校本课程开发的历史发展来看，校本课程开发的实质就是教师成为研究者，借用斯腾豪斯的名言就是“每个课堂就是一个实验室”“每个教师都是一个研究者”，这说明校本课程开发与教师研究密不可分。因此，将 curriculum development 翻译为“课程研发”似乎较“课程开发”更贴近原意一些。照此逻辑，school-basedcurriculum development 翻译为“学校本位课程研发”更为妥当。只是“校本课程开发”已经成为人们习惯的表述，与其将其改变为“学校本位课程研发”，不如更为恰当地界定“校本课程开发”的含义。

一个完整的课程开发过程大致涉及这样一些课程因素：目标的确立、学习经验(或称内容)的选择和组织、课程方案或计划的实施，以及学习内容和结果的评价等。根据 1985 年出版的《国际课程百科全书》中对校本课程开发的界定，狭义的校本课程开发仅包括学校的少数决策者制订的课程计划，以及组织编写教学大纲和相关文件的一系列活动；广义的校本课程开发则包括各方面的人员集体审议决策，处理包括课程设计、实施、评价及相关事宜。

从各国的校本课程开发的实践来看，校本课程开发的时间有长有短。短期的课程开发可能只是为期一两个月的微型课程开发，如给初中、高中毕业班学生开设的职业指导课程，或针对某些学习困难学生的学习需求而开设的补救性课程等；长期的课程开发可以是一个从小学到高中直线递进或螺旋式上升的课程系列，或整个学校课程结构的调整；处于两者之间的往往是只需一个学期或一个学年就可以完成开发的一门具体的课程。

(二)校本课程开发的实质

> 校本课程开发
>
> 基于学校现实性，以国家及地方课程改革纲要为指导，以满足本校每一个学生有意义学习为主旨，以国家或地方课程的校本转化和校定课程开发为主要内容，以学校教育人员为主体，而进行的整体的持续的课程开发活动。

施瓦布认为，过分注重于完善诸如“课程”术语的精确定义等理论问题，将会使课程研究毫无生机，主张课程研究只有在人们主要关心“实际问题”时才会恢复活力。课程论专家蔡斯(Zais)也强调说，课程的任何定义必然会根据实现的目的而变化……在实现某种情境的目的时最有用的课程定义，在于它对于那种情境是最“正确的”。所以，对于校本课程开发概念的界定，也需要考察社会和个人的实际需要，在明确各种相关定义提出的背景、依据、用意基础上，拓展思路，深化认识。立足前述校本课程开发的代表性定义分析、相关概念厘定，以及对“校本”“课程”“课程开发”和“中学”的理解，吸收校本课程开发相关表述的基本追求，考虑我国课程改革现实需要，校本课程开发主要强调以下五个方面的内容。

第一，基于学校现实性。学校是课程开发的现场，学校拥有课程开发的责任、权力、利益，学校同时也有自身的“现实性”。学校在多大范围采取什么方式和策略开发课程，均需要从学校的历史基础和现实条件，考虑学校自身的性质、条件和特点，研究课程开发现实情境，以充分而有效地利用教育资源，开发适合中学生身心发展特征的、可以有效实施的课程。

第二，以国家及地方课程改革纲要为指导。校本课程开发是以学校为基础，为了每一个学生的充分发展，学校所发生的一切课程变革实践活动均需要在国家或地方课程改革整体框架下独立进行，国家、地方和学校是互动生成的课程开发系统，将学校从国家和地方课程框架下独立出去，不现实也不合理。

第三，以学校教育人员为主体。校本课程开发不是对国家或地方课程方案的被动的机械的执行，而是主动自觉的课程实践。校本课程开发不是学校对外在课程要求的无条件的忠实落实，而是根据学校自身现实性进行适当的调整、整合或创生。更为重要的是，校本课程开发是以学校教师为主体的学校内部课程开发群体为主，校外专家、学者、社区人士等可以作为重要的课程开发人力资源参与课程开发过程，但是学校教育人员的课程领导十分重要。

第四，以满足学生有意义的学习需求为主旨。满足每一个学生的学习需求，促进其充分发展，是一切形式校本课程开发活动的终极追求，包括学校对国家和地方课程的调适和改变，学校新设课程均需要从学生有意义的学习需求出发。国家或地方课程以满足学生的一般学习需求为基础，不可能照顾到每一所学校每一个学生的学习差异，也难以为每一所学校每一个学生提供适宜的学习条件，校本课程开发就是为满足每一个学生的学习需求而存在的。当然，学生的学习需求并不等于学生的需求，学生的需求需要经过教育学、心理学和社会学的过滤和转化，才能成为校本课程开发目标确立的依据。

第五，整体的持续的课程开发活动。校本课程开发需要从学校教育哲学高度整体研制，既有学校层面课程整体设计，也有各类课程实施的具体指引，绝非零散的、随意的，而是一个有组织、有目的的不断改进与发展的过程。课程开发范围既包括学校在国家预留时间内自主开发，也包括国家或地方课程的校本转化。课程开发方式注重全体教育人员的课程审议，体现出一个开放民主的课程决策过程，校长、教师、课程专家、学生、家长及社区认识共同参与课程设计、实施和评价活动。即使是教师个体从事课程开发活动，也需要整体纳入学校教育哲学和课程整体规划中，基于学生成长需求，基于群体审议，而不是以教师纯粹的个人观点和看法作为课程开发的依据。

第二节 校本课程开发的价值

一、对师生发展的价值

(一)落实以人为本，促进有意义学习

> 学习目标
>
> 理解校本课程开发对学生发展、教师发展、学校发展及地方文化发展的价值。

新近颁布的教育部关于全面深化课程改革落实立德树人任务的意见指出，深化课程改革、落实立德树人根本任务具有重大意义。深化课程改革需要落实“以人为本”，要求充分尊重每一个人的个性特点，并使个体得以充分地发展，这也是顺应时代潮流的一种人文思想。校本课程开发注重充分尊重每一个学校的特性，有针对性地开发适合学生学习的课程，提高学生的学习兴趣，丰富学生

的学习内容，促进有意义学习的发生。在校本课程开发过程中，学生成为开发者、参与者，主体性得到发挥，每一个学生真正受益。校本课程开发目标指向明确、内容多样、课程设置灵活，有利于学生自主选择，充分发挥潜能，形成更多更广泛的能力；有利于学生学会学习，更好地认识学习的价值。诸如此类，都是校本课程开发的人文意义所在。

（二）为个性化人才培养奠基

教育部关于“全面深化课程改革，落实立德树人根本任务”的意见，要求全面提高育人水平，让每个学生都能成为有用之才。课程改革要立足中国国情，具有世界眼光，面向全体学生，促进人人成才。中小学教育在整个国民教育体制中有着独特的地位和价值。它是基础教育的有机组成部分，继续为学生的终身发展奠定基础，同时中学教育还与高等教育、职业教育相衔接。我国现代学校教育制度脱胎于现代工业化国家的教育体制，学校教育制度实际上也是工业经济时代的产物。工业经济时代的学校教育的功能，指向于把受教育者培养成为生产者和劳动者，社会也要求教育部门尽快培养掌握某种知识、技能，并能尽快地对经济发展产生作用的通用型、标准化的人才。因此，国家注重课程开发的基础性和统一性，对人才的质量与规格做出统一的规定，在形式上保障学生的教育机会均等，以利于国家文化、价值观的统一和实现国家的教育目标。但是，随着知识经济时代的到来和社会生活的民主化与经济文化的多元化发展，社会分工越来越细，越来越单一化和专门化，它要求人在一般的全面发展的基础上，实现知识和技能的专门化。知识已经成为最重要的生产要素，其对于经济增长的贡献率已经超过其他生产要素贡献率的总和。劳动者的素质和结构将发生重大变化，知识劳动者将取代产业工人。模仿、注重数量和划一时代已经终结。培养创造力、重视质量、发展个性是知识经济时代的要求。因此，专业化、创造性就成为未来社会对人才的基本要求，而专业化、创造性的培养目标仅仅依靠国家统一课程难以实现，个性化校本课程的作用不可替代。

（三）有利于教师个性化专业发展

教师是学校的基本组成部分，也是校本课程开发的主要力量，任何教育改革如果没有教师的积极参与都是不可能成功的。任何课程要发挥其效能，都必须通过教师的运作和学生经验的建构。研究表明，教师在课程内容的传授中，其实际所教与课程规定存在普遍的差异，而教师所传递的知识价值的差异更为明显。教师的个性品质影响其对课程的选择与组织，因此在校本课程开发过程中，教师的个性化特点非常重要，只有个性化教师，才能实现个性化校本课程开发。个性化校本课程开发同样也促进教师个性化的形成，甚至校本课程开发是教师个性化专业发展的关键途径，这一点已经被相关研究与大量的教师培训实践活动所证明，其中道理是：校本课程开发过程也是教师研究的过程，这个过程伴随着教师的有意义学习，是基于问题解决、不断反思和主动改进的学习，可以有效地促进教师个性化专业素质的养成。

二、对课程发展的价值

（一）克服国家统一课程的诸多弊端，实现国家课程的有益补充与转化

工业经济时代学校教育的中心任务是传授知识，因而，系统知识几乎成为“课程”的代名词，知识之所以占据如此重要的地位，是因为人们赋予知识以“神圣”的特征：知识是绝对的，也是客观的，而学生的任务就是接受、存储知识。在这种知识观的指导下，学校教育出现了“知识中心”“教师中心”“教室中心”，危害与影响至深。《国家基础教育课程改革纲要(试行)》拉开了新一轮课程改革的序幕，三级课程管理成为亮点，在基础教育课程改革与发展中起到主要的促进和推动作用。我国长期以来执行国家统一课程管理政策，面向全国各地制定课程，“高度统一”是其最大特点。正如第一章所分析的那样，国家课程开发存在难以避免的问题，在我国也是这样。我国地大物博，幅员辽阔，各地区的社会、经济、文化的发展不平衡，民风民俗、生活习惯差异很大，国家课程不能完全满足全国每一个地区教育的实际需求；国家课程面向全国所有的中小学校，由于城乡差别、地域特点，各中小学校的办学条件相差很大，国家统一的课程也不能适应每一个学校的要求；国家课程编制周期和修订期间隔较长，而当今社会科技的飞速发展，知识的快速更新，使国家课程的内容和要求不能与社会发展同步而滞后于时代，因此学校往往教学生陈旧的、过时的知识。相比之下，校本课程能够克服国家统一课程的上述不足，实现国家课程的有益补充与转化。因为校本课程是学校根据自身的办学条件、师资特点、学生的需求等因素，为学生“量身定做”的课程，同时校本课程开发是一个持续的、动态的、逐步完善的过程，教师能够根据教育教学的实际情况变化经常修订课程，以提高课程在学校教育教学中的适应性。

（二）优化教育权力、重新配置资源，顺应世界课程管理发展趋势，构建我国新的基础教育课程管理模式

一个国家基础教育的课程管理体制，与其所处的政治体制相对应。第一章也谈到，课程管理体制可以分为中央集权和地方分权。中央集权制国家由国家权力机构掌握着整个教育系统资源与权利的组织、分配，也控制着学校课程，参与课程决策的主要是代表国家利益的教育部门，课程开发也是由国家教育权力机构组织专家决策，采取自上而下的推广模式。而地方分权制国家，赋权地方课程管理，地方又赋予学校和教师课程自主权。20 世纪 80 年代末，世界上大多数国家都取消了单一的国家统一课程开发管理模式和单一的校本课程开发管理模式。自 1949 年以来，我国一直由代表着国家权力机关的教育部学握着整个教育系统的资源与权利的组织、分配，也控制着学校的所有课程。课程开发由教育部组织专家决策、编制，并采用自上而下的推广模式。自 1999 年 6 月在全国教育工作会议上提出“试行国家课程、地方课程、学校课程”开始，一些新的问题被提出来：谁来决定学校课程？如何实现课程体制向分级管理体制顺利过渡？三级管理主体的关系及权责利如何分配？2001 年 6 月教育部颁布基础教育课程改革纲要，明确提出了“开发或选用适合本校的课程”，更是直接为构建符合我国国情的三级课程管理框架和课程管理模式提供

了政策依据。显然，顺应世界课程管理发展趋势，构建中国特色的新基础教育课程管理模式，已经成为我国课程理论与实践的重大课题。

三、对学校发展的价值

(一)有利于彰显学校特色

不管是学生还是教师，他们的发展都要依托于学校。学校的环境和条件制约着师生的发展，同样，没有师生的发展也就没有学校的发展。因此，学生的成长、教师的发展也就是学校的发展，学校特色也是通过教师和学生来达成的。具体而言，教师和学生的个性化发展是学校特色的具体表征，学校特色是教师个性化发展的必然结果，如前所述，校本课程开发有利于教师和学生的个性化发展，因此，学校特色的形成也就是校本课程开发的自然追求。一所学校如果没有特色，就没有强大的生命力，也就没有优势。但在中央集权的国家课程管理体制下，学校是个循规蹈矩的执行者，没有探索与创造的空间，由此造成了学校千篇一律，都是同一个模式。校本课程开发可以让学校根据自己的教育哲学，基于独特的文化历史背景，充分利用内外部条件，依靠学校一切教育人员，面向学生的有意义的学习需求，来进行课程开发活动，从而提高课程的适应性，也增加了学校的教育活动的丰富性和个性化，相比国家课程开发，更容易造就学校的办学特色。在这方面，不少特色学校的成功可以提供典型案例。

(二)有利于扩展办学空间，适应社会需求

公立学校和私立学校是学校发展两大主流。我国自20世纪80年代以来出现了一批私立、民办公助等形式不同的学校，这些学校校本课程开发活动越来越受到公立学校的关注，许多经验日渐成为许多学校从事校本课程开发的范例。随着这些学校课程开发的成功，私立学校教育在教育市场的地位越来越显著，整个社会办学空间有效扩展。教育空间扩展的另一面也反映出私立学校发展适应了社会民众对学校教育更高的要求。“教育是一项基础性投资”的概念已被多数家长所接受。家长择校一方面受高考驱动，另一方面也在为孩子选择一个合适的教育环境，在城市和发达的乡村，不再停留于“有学上”，而是追求“上好学”，享受优质的教育。公立学校如果抱残守缺，裹足不前，很容易失去“市场的份额”。校本课程开发强调自主决策、自主开发，特别有利于公立学校提高其教育品质，更好地适应市场的需求，并逐步提升自己在市场中的位置。

四、传承地方文化

地方文化与国家文化互动生成。没有无地方文化的国家文化，也没有无国家文化的地方文化。传承地方文化，无论是对国家还是地方的发展，都具有十分重要的价值。国家课程开发可以提供课程改革目标的设置，强调地方文化的传承，具体体现为在教材编写过程中有意识地选择有价值的地方文化，融入国家审定的教材之中。地方政府也可以有意识地编写地方教材。然而，仍然有一种十分重要的传承地方文化的途径，那就是校本课程开发。

即从学校层面，针对学生发展的实际需要，系统而具体地将地方文化传承纳入学校课程整体规划之中，既可以作为独立设置的地方文化课程，也可以融入国家课程或地方课程校本转化过程中，如利用国家设定的综合实践活动课程时间，以主题探究的方式让学生吸收地方文化，也可以在国家规定的学科课程实施过程中，适当融入地方文化，可以作为案例分析，也可以作为课堂教学导入，还可以作为课堂延伸的对象。这样做不仅使地方文化通过教学过程得到传承，而且由于地方文化之于学生的“亲缘性”，有效地激活相对静止的学科课程，使学科课程从静态变成动态，更有利于学生吸收和运用。

第三节 校本课程开发的取径

从历史与发展的角度看，校本课程开发存在或可能存在多种取径。从教育发展现实与未来需要角度看，单一的课程开发取径也很难满足不同现实环境和政治体制背景下教育发展的要求。从课程发展自身的逻辑与事实来看，校本课程开发的取径也呈多样化的递进趋势。我国校本课程开发的基本取径至少包括“预留地”自主开发、国家或地方课程的校本转化、“本校课程”整体规划。

> 学习目标
>
> 理解并掌握校本课程开发的三种基本取径，即“预留地”自主开发、国家或地方课程的校本转化、“本校课程”整体规划。

一、“预留地”自主开发

“预留地”自主开发即“校本课程”的开发，指国家或者地方留出一定比例的课程时间用于学校自主开发课程。它的存在仍然有着比较现实的理由，其基本类型仍然是活动课程开发、学科课程开发和潜在课程开发。

（一）存在理由

尽管“校本课程”在逻辑、语义及语言习惯上仍然存有争议，但作为一种“事实”，在我国中小学已经存在。至少在2001年以后，中小学老师普遍熟悉“校本课程”，努力开发着“校本课程”，并在校本课程的开发过程中得到收获。因此，“校本课程”的开发业已成为我国中小学校本课程开发的一种普遍的现实取径，仍将在我国中小学存在相当长一段时间。

其一，长期以来，我国教育研究重视教学轻视课程，课程实践也没有得到足够的重视，尽管近十多年有了一定程度的改变，但也没有提升到应该有的高度。由此导致中小学教育实践工作者课程意识淡薄，课程开发能力欠缺，甚至对课程开发仍然存在疑虑，顾及其会影响到考试分数。在此种背景下，在国家或地方课程开发层面预留一定比例的时间，让学校自主开发课程，的确是一种相对稳妥的策略。否则，对于广大中小学教师而言，如果赋予其完全的自主开发机会，有可能会茫然不知所措。

其二，预留课程时间让学校自主开发，也是集权制国家校本课程开发的基本决策。从

第一章校本课程开发的历程可以发现，一些中央集权制国家校本课程开发基本取径，主要是国家预留一部分课程时间，由学校自主开发，称为“预留地”自主开发。至少在校本课程开发的初期阶段。一方面解决国家课程统得过死，难以适应不同地方不同学校教育现实需要；另一方面由于一线教师长期习惯于教学，对课程知之甚少，缺乏课程意识，课程开发能力不高，无法大面积推行学校自主课程开发。因此，国家预留时间学校自主开发，往往是一种相对稳妥的开发设计。也可能是校本课程开发循序渐进的一种推进方式。如法国10%弹性课程模式，中国内地 16%～20%的区间课程开发模式，都是校本课程开发初期比较稳妥的做法。可以想象，随着“预留地”自主开发经验的增长，学校课程开发能力提升，学校可以获得更多的“预留地”，而且可以逐渐利用这些“预留地”开发出适合学生成长需求的课程。

（二）“预留地”自主开发的对象

活动课程与学科课程是学校课程最基本的两种课程类型，许多课程类型来源于这两种基本类型的不同的变式或组合方式。作为国家或地方课程开发的补充策略，“预留地”自主开发自然包括活动课程和学科课程，而“学科”与“活动”又属于学生学习过程的两个方面，难以完全分开，因此校本课程开发过程中，无论是学科课程还是活动课程，都有可能以整合课程开发的形态出现，如主题活动统整课程既与学科有联系，也同活动课程有联系。

1. 活动课程(activity curriculum)

活动课程与分科课程相对，它是打破学科逻辑组织的界限，以学生的兴趣、需要和能力为基础，通过学生自己组织的一系列活动而实施的课程形式，也有人称之为“儿童中心课程”或“经验课程”。其实质内涵是为指导学生获得教育性经验和及时信息而设计的一系列以教育性交往为中介的学生主体性活动项目及方式，或是以学习者的主体性活动及其所获得的经验为中心组织的课程。由于在促进学生个体发展、学校课程发展等方面特殊的价值，活动课程应该成为校本课程开发的一种主要类型。

> 综合实践活动
>
> 基于学生的直接经验，密切联系学生自生生活和社会生活，注重对知识技能的综合运用，体现经验和生活对学生发展价值的实践性课程。

在 2001 年启动的国家基础教育课程改革框架里，综合实践活动被赋予新的课程责任与历史使命。综合实践活动课程强调活动内容与方式的整合；注重活动过程的开放，重视结果更重视过程；追求在体验中发展；关注学生自主参与，反映了新的历史时期教育的新的规定性，但在本质上仍然属于活动课程，是活动课程的一种特殊表现形态。因此，在校本课程开发过程中，综合实践活动作为活动课程的特殊形态，也可以体现在校本课程开发过程中。它属于国家规定、地方督导、学校开发的课程，具备国家的法定课程地位，但具体的时间、内容、方式、评价属于学校课程领导。

2. 学科课程(subject curriculum)

学科课程也称分科课程，有着悠久的历史，中国古代的“六艺”、古希腊的“七艺”是最早的学科课程。近代学校的学科课程是文艺复兴后逐步形成的百科全书式的课程。学科课程至今仍为各国学校广泛采用。自学科课程产生以来，因其对人的发展的局限性而受到批评与指责，诸如片面注重逻辑、重记忆而轻理解、不重视学生实践能力、限制知识学习的范围等，因此它是古老而又饱受责难的课程。逻辑性、系统性、简约性为学科课程的显著特征，其以科学文化知识为基础，按照一定的价值标准从不同知识领域或学术领域选择一定的内容，根据知识的逻辑体系将所选出的知识组织为学科。

由于不同学校不同学生在知识理解、能力培养、情意发展等方面都具有不可避免的差异性，因此，面对学生的不同经验与兴趣、学习能力和社会环境，仍然需要因校制宜，以学定教，采用学科引入、学科选择、学科新编等方式，适当地进行学科课程开发。如引入校外课程开发项目，可以使用国际的，也可以使用别的区域性或引入他校开发的课程项目等。如在国家或地方所提供的课程项目清单中选择所要开设的课程项目，在不同版本、不同编著者的不同风格的教材中选择适合本校特点的学科教学材料及配套资料等。

3. 整合课程(integrated curriculum)

整合课程也称综合课程。赫尔巴特最早对整合课程进行了论证，认为教材应以德性或意志为核心彼此关联起来，指向完整人格形成。赫尔巴特的综合课程又称为“相关综合课程”。赫尔巴特的弟子齐勒继承并发展了相关综合课程，提出把人生发展的阶段与种族文化发展的阶段对应起来，以整合所有学科内容，即“中心统合法”。受20世纪初德国“合科教学”和美国“活动课程”运动的影响，儿童的需要、动机和兴趣成为课程整合的中心，形成“经验综合课程”。总体上看，整合课程可以分为学科中心整合课程、社会中心整合课程和儿童中心整合课程。学科中心整合课程以学科或文化知识为课程整合的核心，试图打破或超越各分科课程自身固有的逻辑，形成一种把不同学科内容有机整合为一体的新的逻辑。按照整合的程度，可以分为相关课程(correlated curriculum)、融合课程(fused curriculum)和广域课程(broad-fields curriculum)。社会中心整合课程以社会生活问题为中心，其目的在于使学生适应或改进当代社会生活，如STS(science-technology-society，科学-技术-社会)课程、环境教育课程、国际理解教育课程等。儿童中心整合课程，也就是综合活动课程或综合经验课程。由于学科知识的发展是相互作用彼此关联，学生的发展与当代社会生活也息息相关，学生心理发展也具有整体性，整合课程的存在具有一定的合理性。

整合课程具有明显的跨学科性质，其组织形式也打破了原有的学科体系和学科界限，强调学习对象的整体性。从学习活动上看，整合课程强调能够培养学生综合地发现问题和解决问题能力的活动类型，注重活动类型的灵活多样。在组织形式上，整合课程可以是分科课程的整合，也可以是主题统整活动课程。整合课程旨在学生知识的增广与统整、能力的培养与提高、身心和谐健康地发展，注重整体育人，可以增强学生学习动机，提高学生学习兴趣，与校本课程开发的理念与追求有着内在的一致性，现应成为校本课程开发的主要设计对象。

二、国家或地方课程的校本转化

校本课程的开发，让不少学校教师课程意识增强，课程能力得到提升。同时也出现一些值得注意的问题。如校本课程孤立于国家课程或地方课程之外，校本课程与国家课程、地方课程之间是否存在关联？有哪些联系？实际上，从官方课程到学生经验的课程，是一个适性转化的过程。

课程转化发生在多个层级，对于一个国家的课程开发与实施而言，从国家课程到地方课程再到学校课程，逐层级的转化都是必要的。对于学校而言，完全而彻底地“忠实执行”很难存在，下一层级的课程决策者都需要认真研究本层级课程的现实性，探究接纳上一层级课程的可行性及其相应的路线、措施与方法，包括课程要求、课程内容、教学方式、教学资源、教学评价、技术手段等，都需要尽可能地基于上一层级课程的一般规定，创造性地做出课程决策，既落实上一层级课程变革的基本精神，又能够充分发挥本层级课程实施的经验，利用好一切可以利用的课程条件，体现课程资源的有效开发与充分利用。

进一步逻辑推演，即使在国家课程层面，实际上也发生着一种课程转化的努力。世界各国课程开发也需要遵循国际之间的协定，以满足全球一体化、地球村村民和平共处及世界可持续发展的基本诉求。这样，从全球到各国，再到各地、各校，以及到各校内部各层课程之间都发生着课程转化。通过彼此之间的协商、对话等途径，生成属于自己的“课程”，即本国、本地和本校课程。同理，在学校层面，也存在着学校内部教师领悟的课程、课堂运作的课程、学生经验的课程和学生获得的课程等不同面向，彼此之间也需要转化，生成适合并属于“自己”的课程(图 2.1)。

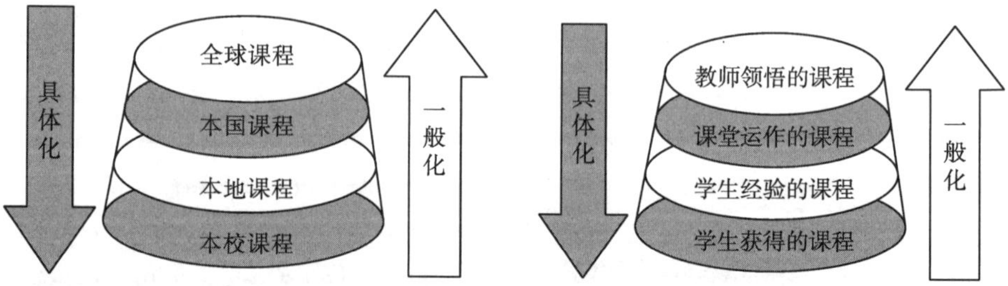

图 2.1

此外，课程转化还存在于各层级课程彼此之间的双向互动，自上而下，逐级具体化。自下而上，还体现着一般化追求。地方课程变革总是要认真研究学校课程实施中的问题、经验与新的需求，而国家课程决策，也要征询地方课程决策者的意见，甚至直接采用问卷、访谈、观察、档案查阅等方法获得第一手真实的资料。联合国教科文组织所做出的相关课程决策，同样也需要基于各国课程开发的优秀经验、问题，应对全球社会发展对教育提出的挑战。在学校层面，教师领悟的课程、课堂运作的课程、学生经验的课程和学生获得的课程各层级之间均需要充分协商。因此，从全球到学校及其相应层面课程之间的转化与生成总是双向互动的。

通过转化，发现课程之于学生的适合度，从而增删、调适、整合、生成新的课程。在这个过程中，新的课程就可能属于校本课程，是完全由学校确定的，不同于国家课程或地方课程。但这种课程与国家课程或地方课程之间建立了整体的关联性，所以，校本课程在此种意义上发生在国家课程或地方课程校本转化的过程中。

(1)增删。根据学生学习基础，实现有意义的学习，对课程内容进行增加或删减等。

(2)调适。对国家规定的核心课程进行某种形式的改造以适应具体的学校和教学情境，如调整课时比例、内容编排顺序、教材内容难度和进度等，有对引入的校外课程的重新改编，也有对学校自身开发的课程的进一步改进等。

(3)整合。有对不同学科的整合，有学科与活动的整合，有同一学科内部不同教学内容的整合等，也有同一学科不同单元内容的整合，如大单元内容整合等。

(4)生成新课程。如学校自己开发新的课程项目或单元，学校自编教材，或自行设计某种具有特色的校园环境或社会活动专题等。

三、“本校课程”整体规划

经由“预留地”自主开发、国家或地方课程的校本转化，校本课程开发可以在更高层次上追求学校层面课程整体规划，生成“本校课程”，即立足学校教育现实情境，对校定课程、国家课程、地方课程、潜在课程予以统整，形成既体现国家地方教育要求，又符合学校实际课程发展需求的整体个性化课程体系。因此，要有“本校课程”开发意识，着力创建本校特色课程结构，最大限度地关注本校每一个孩子的成长需要，最大限度地为每一个孩子提供适合其发展的个性化课程体系。

(一)学校课程愿景规划

学校是课程管理的核心层级。课程专家布罗非(Brophy)1982 年提出七个课程层级，即政府层面官方正式课程、学校对正式课程的解释、学校采用的正式课程、教师对学校课程的解释、教师预定采用的课程、教师实际教学所实施的课程、学生经验的课程，并认为课程层级之间可能出现断裂。除政府层面官方正式课程之外，其余六个层级都包含在学校层面。在学校层面，学校对正式课程的解释、学校采用的正式课程对教师解释、采用和实施的课程，以及对学生经验的课程产生影响，这种影响发生在学校层面课程的顶层，不仅不容忽视，而且需要准确定位，否则将从高位影响到教师与学生层面的课程。学校对正式课程的解释、学校采用的正式课程与学校发展愿景规划密切相关，学校发展愿景制约学校对正式课程的解释和采用，而学校对正式课程的解释和采用则是学校课程愿景的具体体现。学校课程愿景设计，需要考虑学校培养目标、课程核心素养和办学定位。

第一，确立培养目标。把学生培养成什么样的人？这是一个极其复杂的问题，既涉及教育方针、政策、法律，也涉及地方政府的教育要求及地方社会对人才培养的期望，还关系到学校教育的历史与现实性。但是，学校课程顶层设计首先要回答这个问题，因为课程是因人的培养而存在的。如果把培养目标定位为“现代少年”“站直了的现代中国人”“现代小公民”，学校课程设计就以此为指针，设计课程发展思路、结构，甚至实施方式。如果没有培养目标，学校课程设计就是无头苍蝇，无从下手。

第二，拟定课程核心素养。学校所培养的人应该具备哪些核心素养？这个问题必须回答，否则培养目标仍然只是一个抽象的词汇，不具有操作性。如果把课程核心素养界定为“基础扎实、特长突出、沟通理解、健康阳光”，培养目标就有了实质性内涵。学校层面课程核心素养界定需要参考国家课程改革的相关规定，如强调学生基础知识、基本能力和基本素养，同时借鉴国际课程研发组织对于课程核心素养的描述，如强调“与异质人群有效沟通”，进一步结合地方社会对人才培养的要求、学校自身对人才培养规格的思考，经由系统思考，确定恰当的课程核心素养。

第三，确定办学定位。办成什么样的学校？影响培养什么样的人。有一些学校将办学定位置于培养目标之上位，可能有些本末倒置，毕竟“办什么样的学校”到底也是为“培养什么样的人”服务，而不是为了办什么样的学校而培养什么样的人。例如，培养目标之一为“与异质人群有效沟通”的“现代少年”，办学定位触及“国际化”“现代化”。至于“中国一流”等办学定位，则很难体现培养目标与课程核心素养的具体性。当然，办学定位还需要进一步结合学校办学历史、特色，结合地方社会对学校教育的期望和学校教育哲学，兼顾地方文化环境诸多要素，同样需要系统思考。

（二）学校课程结构优化

结构，强调要素及其相互关系。结构决定功能。学校课程结构是指学校课程各有机组成部分及其相互关系，直接决定着学校课程的力量。从某种意义上讲，课程结构是学校课程的心脏，是学校发展方向的进一步具体体现。就现实而言，目前学校课程结构大多直接沿用国家课程结构，缺乏自身独特的价值追求，没有反映学校自身的现实及愿景。因此，学校课程结构缺乏个性，千校一面。这样的课程结构很难满足学生发展的需求，也难以适应教师的教学。

第一，反映学校课程愿景，国家课程结构的校本转化。从逻辑与现实的角度看，学校课程源于国家课程，且超越国家课程。学校课程结构应该反映国家课程的基本要求，同时结合学校教育自身的历史与现实性，立足自身办学定位、培养目标和课程核心素养，创造适合自己并反映自己特点的课程结构。目前我国中小学国家课程结构主要按照科目设计，高中课程结构在科目基础上，突出“领域”。学校则可以结合自身实际与需要，将国家课程的设计要求内化于学校自身的课程结构之中。如清华附中课程体系将学校课程分为基础核心课程、拓展核心课程和研究类核心课程，同时学校还特别设计学生自创课程、综合课程和领导力课程。三类核心课程既体现了国家课程基本要求，又区分了不同层次，有利于满足不同类型学生发展的实际需要，三类特色课程更显现出学校自身的特色，三类六种课程均围绕育人目标展开。

第二，课程结构要素整体关联，凸显结构的力量。如前所述，“课程结构”注重要素之间的整体关联性，否则难以显现结构的力量。学校课程结构优化水平取决于课程结构要素之间的整体关联度。整体关联度越高，结构的力量越强。上海在课程改革过程中曾提出一种区域性的课程结构模式，即基础型课程、拓展型课程和研究型课程，对上海市中小学课程结构影响甚大，也有一些学校模仿这种区域性课程结构模式。但是这种区域性课程结构模式对于每一所学校而言，还可以进一步调整。如上海格致中学建构了立体化的课程结构(图 2.2)，充分体现了“格物致知”“科学”“爱国”的学校文化，形成了基础型、拓展型、研究型三型结构课程。既描述基础型课程、拓展型课程和研究型课程所关注的课程愿景，也很注意这三类课程共同的追求，即学生的发展。以学生发展为主线，三类课程之间还存在一种渗透关系——研究型课程渗透于基础型和拓展型课程之中。如此处理课程结构要素之间的关系，比单纯提三类课程更为合理，更具有结构的意蕴。

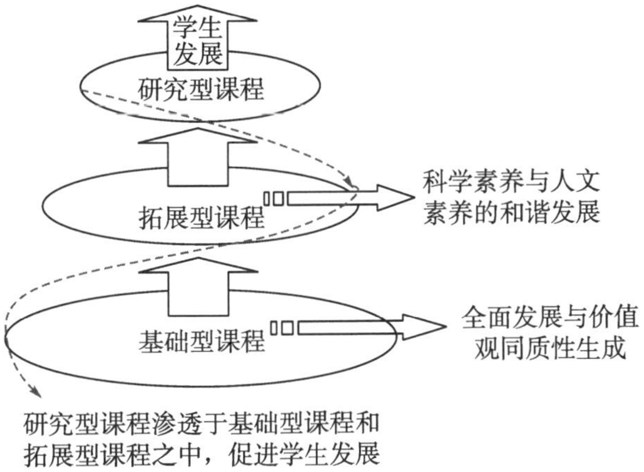

图 2.2　上海格致中学立体化的课程结构

(三)学校课程指导纲要设计

确立了课程结构，不代表学校课程顶层设计工作就结束了。教师更为关心的是学校课程结构各要素如何更加具体、生动，要素之间的关系怎样贯通。为此，有必要进一步研究各类、各领域或各主题的课程教学指导纲要，如语言教育指导纲要、数学教育指导纲要、科学教育指导纲要、体艺教育指导纲要等，也可以是研究型课程指导纲要、领导力课程指导纲要等。学校课程领域指导纲要是学校课程结构的进一步具体解释与实施课程的基本指针。无论是何种类型的指导纲要，均包含着以下三个方面的内容。

第一，国家课程标准调适——适性转化。国家课程标准是国家为公民教育设计的最低标准，对于不同学校不同的发展阶段，都需要做适当调整与转化，以适合学生发展的实际状况。对于生源基础较好的学校，需要适当提高标准，而对于学习基础比较薄弱的学生，至少需要设计梯度目标，让学生逐级发展，最终达到国家的最低标准，进而超越国家标准，如设计基础性课程标准、拓展性课程标准和挑战性课程标准，增加课程标准的选择性。

第二，国家课程内容的裁减、替换与增补。国家课程内容具有一定的普适性和一般性，与学生的生活有一定距离，不利于学生理解和应用。因此活化、丰富国家课程内容，是学校课程指导纲要需要突破的难点。对于一些不适合学生学习的内容，需要适当裁减并增补替换相应内容，尽可能使课程内容有趣、有用、适合学生。

第三，实施方式优化。对于国家设计的课程内容，学校也可以结合学校办学特色、学生学习风格和教师资源特征，灵活地重新排列组合，形成多样的结构方式，方便教师的教和学生的学，增进学习效能。如东北师范大学附属小学以开放教育为办学特色，大胆地对教材进行变革，采用大单元教学，收到了很好的效果。另外，评价方式也需要结合学校实际配套思考。

(四)潜在课程设计

最后，本校课程整体规划不能忽视的“看不见”的课程就是潜在课程(hidden curriculum)，也称隐蔽课程、隐性课程、非正式课程等，是学校内部正式课程之外的全部教育性因素的总和，指“那些在课程方案和学校计划里并未明确的教育实践和结果，但它仍然是学校教育常见而有效的部分。它也许被看成是隐藏的、非计划的、不明确的或未被认识的课程。”潜在课程在学生个体的发展中所发挥的作用日益被人们所重视。

潜在课程对学生个性品质的形成有重要影响，具有道德和审美教育等功能。它可以对受教育者施加思想、政治和道德影响，从而提高其思想政治觉悟，养成高尚的道德品质和行为习惯，因而潜在课程在德育中占据重要而特殊的地位。柯尔伯格(Kolberg)曾认为，“讨论潜在课程的教育影响，就是讨论它是否可以在一种道德上以可以接受的方式传递某种有价值的东西，或是否能够是某种有价值的东西以一种在道德上可以接受的方式得到传递。”可见，潜在课程的德育功能非常明显。

但是，判断课程是不是随意的或自发的发挥教育功能，关键取决于能否对它进行科学的教育设计。需要对潜在课程的组成要素进行合理的安排与控制，引导其发挥积极功能，消除消极影响，为实现预期的教育目的服务。无论国家课程开发还是地方课程开发，都难以顾及学校自身的隐形教育力量的发挥，设计潜在课程是本校课程整体规划的重要组成部分。

由于潜在课程具有潜隐性、非公开性等特征。这些特征决定着其具有依附性，即需要依附一定的人、事、物而传递教育性的经验。通过特定的设计或组织，也可以将潜在课程转换为正规课程的教学，通过潜在课程的形式表现出来，使学生在不知不觉中获得教育性的经验，形塑校园文化、班级文化。创造良好的校风(包括领导的作风、教师的教风和学生的学风)，引导学生文化建设，注重班集体的教育设计，营造积极的文化氛围，形成具有巨大的无形教育力量的教育环境，是潜在课程设计的重要范畴，学校观念文化设计、校园物质文化设计、地方民俗融入学校教学设计等，是本校课程整体规划涉及的重要领域。如成都金沙小学地处金沙遗址，太阳鸟是金沙遗址的象征性符号，学校成功地将金沙遗址的地域文化“请”进了校园。因此，学校需要有效发挥自身课程空间领导力，将潜在课程的教育影响系统而有效地设计出来，纳入本校课程整体规划之中。

本章小结

任何定义都是特定时代人们认识水平的特殊反映，校本课程开发也不例外。本章对校本课程开发的理解显然也处于进一步的发展过程之中。但是，无论如何界定，校本课程开发对师生、课程、学校、地方文化发展的价值都将随着校本课程开发整体的持续的推进得到彰显。随着社会资源的不断丰富、课程决策民主化程度的提高、学校课程开发意识与能力的提升，校本课程开发活动也会“进阶”，由“预留地”自主开发，逐渐发展到国家或地方课程的“校本转化”，进而发展到“本校课程”整体规划。尽管“本校课程”的绝对实现难以存在，但这至少是一种课程变革与创新的方向或愿景。

章节链接

本章第一节“校本课程开发的实质”与全书各章对校本课程开发的理解都有直接或间接的联系，与第三章“校本课程目标设计”，第四章“校本课程内容选择”，第六章“校本课程评价”，第八章“校本课程实施的知识管理”部分内容有密切联系；本章第三节“校本课程开发的取径”与第七章第三节“学校层面的课程领导”部分内容有联系。

体验练习

董老师是 Y 中学一名语文教师，现担任初一年级两个班的教学工作。她本人非常喜欢地方文化，尤其对客家文化很有研究。在初一语文课程教学过程中，她组织班上对客家文化感兴趣的学生考察当地客家围屋，采访客家人，听客家人讲述客家围屋的故事，还通过网络查找有关客家文化的资料。课堂上组织学生分享考察心得，并鼓励学生以客家围屋为素材创作客家文化微视频，学生的表达能力、合作能力、综合素养得到很好的锻炼。董老师想进一步把当地文化主题梳理出来，对照初中语文教材相应的内容点，制作地方文化与语文教材内容结合的“双向细目表”，便于语文教学参考。但是，她这种想法遭到家长、部分老师和教研员的反对，认为地方文化不是教材规定的内容，语文教学中引入地方文化，不但浪费学习时间，而且增加了学习负担，最终也会影响到升学考试。面对这些压力，董老师很是苦恼。

①董老师在语文教学中融入客家文化，这一做法是否合理？你打算如何开导董老师？

②你是否支持董老师制作“双向细目表”？有哪些理由？你打算如何支持？

第三章　校本课程目标设计

本章概述

《中国基础教育课程改革指导纲要》把学校课程定义为："学校根据本校的实际条件和学生的需求，充分利用本地和学校的课程资源而开发的多样性的、可供学生选择的课程"。可见，体现学生发展的多样性需求，为学生的成长和个性发展创造条件是校本课程开发必须面对的任务。课程目标是课程的灵魂，本章以"运用情境分析方法，制定合理的校本课程目标"为主线，通过阐述"如何确诊学生的发展需求""如何进行校本课程资源的分析"，以及"如何清晰地描述校本课程目标"三大问题，为校本课程开发的基础性工作得以有效开展提供思路，帮助课程开发者因地制宜地设计出全面、可行、科学的校本课程目标。

学习目标

1.知道诊断学生发展需求的几个相关维度；
2.掌握诊断学生发展需求的几种常用方法；
3.了解学校课程资源分析应遵循的基本原则；
4.学会选择恰当的行为动词来描述课程目标。

读前反思

某中学要进行关于心理健康教育的校本课程开发，课程总目标是提高全体教师和学生的心理素质，充分开发学生的潜能，培养学生乐观向上的心理品质，促进学生人格的健全发展。你认为这些课程目标描述存在哪些不合理的地方？应该选择哪些恰当的行为动词来描述这些课程目标？

第一节　学生发展需求确诊

学生正处于人生中身心发展、变化最快的阶段，又处于增长知识、发展能力、塑造品性、培养良好习惯的关键时期，他们具有很强的可塑性。长期以来，作为受教育者的学生很少享有选择学习什么、受何种教育的权利，因而个性很难在学校教育中得到全面展现，潜能也难以获得充分挖掘。实际上，学生已经具备一定的自主意识和判断能力，校本课程开发者应克服成人主导课程的难题，杜绝将学生视为课程试验品的现象。在确定课程目标之前，要投入足够的时间，通过严谨缜密的调查与分析，鉴定与判断学生发展需求，从而进一步构思需求满足之道，为学生今后能更好地适应社会生活和终身发展奠定良好的教育基础。

学习目标

知道学生发展需求诊断对于校本课程开发的意义，理解学生发展需求诊断的多元维度，学生发展需求诊断的理论基础，学会诊断学生发展需求。

一、学生发展需求诊断的价值

作为课程开发成果的主要使用对象，学生的需求是课程开发过程中不可忽视的重要因素。打个比方，学生就如校本课程开发的“客户”，只有确切地了解其“消费能力”“消费偏好”和“消费特点”，才能最终生产出真正令其满意、受其欢迎的高质量“产品”。因此，扎根学生的发展需求是校本课程开发的必然追求。校本课程开发是一项系统性的工作，学生需求诊断既是校本课程开发的出发点，又是其归宿。具体来说，学生需求诊断的意义主要体现在如下两个方面。

第一，进行学生需求诊断有利于保证校本课程开发活动的顺利实施。分析学生的身心发展需求是整个校本课程开发活动的首要环节，为校本课程开发目标的设定、课程内容的选择、教学手段的运用、课程实施效果的评估等各个步骤的工作提供了基本依据；另外，在开展需求诊断的过程中也加深了学生对即将实施的校本课程的理解，不仅能够获得学生对课程开发活动的支持，更能增强学生参与校本课程开发的积极性和主动性，必然会有效地减少课程实施的阻力。

第二，进行学生需求诊断有利于使校本课程开设更好地服务于学生的健康成长。课程开发者经过广泛调查、征询意见，听取了学生对课程设置的真实想法，同时将校本课程目标与特定学习者的实际环境及个人经验联系起来，满足学生的兴趣和意愿，彰显学生的自我价值，有利于保障开发出来的课程能让学生处于主体激活状态，使他们善于感悟和体验学习乐趣。

“以人为本”是知识经济时代的一个显著特征，校本课程开发的理念与这一新的时代潮流相吻合，尤为注重凸显人的创造性和主体性，充分正视和尊重学生的差异性特点和多样化需求，可使学生能从授受式的学习定势中解放出来，尝试自主、合作、探究的全新学习方式。可见，学生需求满足、学生获得适应性发展、学生学习成果得到提升等，将直接考验着校本课程实施的效果。

二、学生发展需求诊断的多元维度

学生发展需求的形成离不开其成长环境的影响，来自国家、社会、学校和个人等不同层面的因素，都会对学生发展需求的构建产生直接和间接的作用，科学诊断学生的发展需求有赖于从不同角度考察需求的来源。

（一）国家层面

在 21 世纪，综合国力的强弱越来越取决于人才的质量，为了实现社会主义现代化和中华民族的伟大复兴，我国必须全面推进素质教育，不断提高公民的综合素养。受教育者的发展需求要与国家教育总方针和课程政策规定息息相关，校本课程开发要以国家宏观教育目标为理论依据，根据“国家需要培养什么样的人才”这一问题来制定和完善符合国家发展要求的课程目标。目前，国家课程和地方课程已经考虑到培养学生具备由国家统一的、最基本的、共同的核心素养，但不会具体到以某所学校学生的发展需要为对象来设计目标，因而这些课程很难充分照顾到每一所学校学生的差异性和多样化问题，以致学生成长过程中的某些需求可能会得不到应有的满足。因此，校本课程的目标制定除了不能背离国家教育目的之外，还需要去甄别国家课程和地方课程无法触及的学生需求，从而对国家课程目标做出必要的回应与补充，优先满足其中比较突出的那部分学生需求，为学生的健康成长和健全发展创造有利条件。

（二）社会层面

受到社会文化的影响，学生从“个体”逐渐成为“社会人”，学生的需求也受制于其所在的社会历史条件，因而学生的个体需求在一定程度上也反映出特定的社会需求。设立学校的一个重要原因是为了让受教育者接受符合社会需求的教育，对学生需求的诊断绝不可脱离具体的社会规范和要求。需要注意的是，随着时间的推移，社会需求会随着国际形势变动、国家政策调整、经济发展状况、文化观念更新而不断变化，近年来，教育领域中涌现出许多颇具时代色彩的教育理念，如素质教育、公民教育、生命教育、幸福教育、审美教育、环境教育等，这些理念的背后反映着当今社会对学生综合素质的期待。校本课程开发活动要尽可能顺应时代发展的潮流，根据正确的社会主流价值观来探索学生的需求，并把学生的需求投射到未来，以便预见这些需求在社会生活中的用途。

（三）学校层面

学校在课程开发活动中享有一定的自主权，校本课程的开发过程也是特色学校的建设进程，不同学校的育人理念对本校学生的期许也是影响学生发展需求的一个重要方面。每所学校的教育哲学对学校的办学个性、培养什么样的学生都给予了清晰的定位，有效地诠释了教育宗旨和校园文化，对学生需求的分析应当考究其所在学校的具体环境。

（四）个人层面

中小学生可塑性强，自我意识发展迅速，自我评价能力渐趋成熟，基本能够自觉地认识、判断自己的品质和调节自己的行为，也能根据师长的期望、个人的生活和学习经验来表达自己的诉求。个体的感受与经验是其发展需求产生的最直接来源，学生的性向、能力、动机、思想观念等都值得课程开发者去关注与重视。

全面挖掘学生的发展需求是避免以武断、错位的方式建构校本课程目标的前提，校本课程的开设不仅要满足学生今日此地的需求，同时也要把握学生他日异地的需求，课程开发者必须结合“学生如何才能成为国家未来所需的人才”“学生如何才能立足于社会并成为有社会责任感的公民”“如何使学生达到学校的培养目标”“如何让学生成为更好的自己”等一系列问题，综合考虑学生所应具备的素养，为校本课程目标的拟定提供参考标准。

三、学生发展需求诊断的理论基础

(一)皮亚杰的形式运算阶段理论

瑞士心理学家皮亚杰对于儿童认知发展做了深入的研究，这为学生发展需求的分析提供了坚实的支持。皮亚杰的研究发现儿童认知发展经过四个阶段——感知运动阶段、前运算阶段、具体运算阶段和形式运算阶段。其中前三个阶段主要是出生之后到 11 岁，基本上属于中学前阶段，而形式运算阶段正是儿童进入中学学习的时间。以中学生为例，处于形式运算阶段的中学生在思堆上已超越了对具体的可感知的事物的依赖，使形式从内容中解脱出来，因此学生已然具备进行以下思维能力：①抽象思维能力。不同于处于具体运算阶段的小学生、中学生不仅能够进行命题内运算(intrapropositional operation)，还能应用命题逻辑进行命题间运算(interpropositional operation)；不仅能在逻辑上考虑现实的情景，还能根据假定的情景进行思维，并通过逻辑推理、归纳和演绎的方式来解决问题。②系统思维能力。中学生将使用命题间运算构建的不同组合，对其中有关的可能因素进行假设，并通过系统思考来验证这些假设。因此，处于形式运算阶段的学生认知趋于成熟，逐渐摆脱了具体经验的限制，能使用抽象符号和概念进行思维运算。

(二)现代儿童认知发展理论

现代认知心理学对于儿童认知发展有了进一步的思考，包括斯腾伯格(Stenberg)、希格勒(Sieglar)等学者在内，对于儿童认知结构、认知发展机制等提出了不少新观点、新思想。首先，在儿童认知结构上，斯滕伯格指出儿童认知包括三个成分：元成分(mela-components)、操作成分(performancecomponents)和知识获得成分(knowledge-acquisitioncomponents)。其中操作成分的功能是执行具体的加工过程，由编码、推理、联结和应用四个环节构成；知识获得成分的功能是选取问题情景中相关信息，并与已有知识搭建联系，由选择性编码、选择性结合及选择性比较三个环节构成；元成分的功能则是在认知活动中建构策略，并对其他两个成分进行调控。

在认知发展机制上，凯斯(Case)提出儿童的认知发展主要体现在个体长期记忆空间的增加和个体工作记忆加工效率的增长，工作记忆发展会不断自动化，儿童会逐渐形成一个中心概念结构，这一结构代表了儿童在某一领域范围内能运用于该领域所有认知任务的核心知识。随着结构越来越稳固，儿童认知策略会越来越丰富，认知能力也会不断提升。而希格勒受达尔文生物进化论的影响，用重波模型(overlapping waves model)来解释儿童认知发展，提出儿童在任何时候都会用多种策略来分析问题，这些策略相互竞争，先进的策略会逐渐被普遍使用。因此儿童不总是固定使用同一种策略，而是交替地使用不同策略，并在不断地尝试和实践过程中，开始学会根据不同问题情境来选择不同策略，显示其认知能力的适应性行为。

(三)人类需要分析理论

心理学通常把“需要”理解为人脑对生理和社会的要求的反映。学生作为一个独立的人，具有作为人类基本需要(basichuman needs)、认知需要(Cognitive needs)、社会心理发展需要(psychosocial developmental needs)。很多心理学家建立了关于人类基本需要的理论模型。例如，马斯洛(Maslow)的需要层次理论就提出七项人类基本需求——生理需要、安全需要、归属关系和爱的需要、尊重需要、认知需要、美的需要、自我实现的需要。威康·詹姆斯(William James)则认为人类的基本需求包括物质需要、社会需要、精神需要；麦斯(Mathes)建立了三个层次的动机激发需求(motivational needs)，即生理层次(physiological)、归属层次(belonging)和自我实现层次(self-actualization)；后来，奥尔德弗(Alderfer)提出了"ERC 理论"，指出个体要在学习领域里获得成长和得到自我实现，必须首先满足生存性需求和与他人获得良好关系的需求；格拉瑟(Glasser)把人类共同的基础需求概括为五个方面，即爱、能力、自由、乐趣和生存。对人类共同需求的把握，为全面诊断学生的身心发展需求提供了翔实的理论依据。

四、学生发展需求诊断的操作

(一)寻找诊断学生发展需求的切入点

> 情境分析法
>
> 在提出假设的基础上对可能的未来情景加以描述，在校本课程开发中具体指对课程设计和实施过程的各种因素进行详细、严密的分析。

斯基尔贝克曾指出，校本课程设计可采用情境模式，其中第一步就是分析情境。在校本课程开发活动中，"情境分析法"是一种十分常见和有效的方式，可应用于学生发展需求的评估过程。学生属于学校教育场域里的主体，他们有着作为学习者的特殊需求，课程开发者应该重点分析学生在课堂学习、课外活动等情境中的表现，全面注意他们对各类学习主题的感兴趣程度和对不同学习方式的接纳程度，尽可能定期跟踪学生行为的变化，找准诊断学生发展需求的突破口，在不同的情境中建立起信息搜集的渠道。

学习是人们与生俱来的兴趣和需要，学生已积累了不少学习经验，有一定的基础知识储备，他们有着旺盛的求知欲。正如苏霍姆林斯基曾说，人的内心里有一种根深蒂固的需求——总想感到自己是发现者、研究者、探寻者，在学生的精神世界中，这种学习需求特别强烈。校本课程开发的初衷是为了满足学生的差异性学习需要，为学生提供有价值的学习体验，因而课程开发者不妨把学习需求视为优先诊断的要素，以学情分析作为课程开发的出发点。

具体来说，关于学生学习需求的诊断，一方面要考虑群体需求和个体需求的分别；另一方面要诊断内容的多元性。首先在学生群体需求和个体需求的分别上，课程开发者必须对本校学生群体状况进行全面分析，既要努力找到学生的共同需求，又要发现学生群体之间和学生个体之间的需求差异。设法掌握学生群体的基本概况是分析群体需求和个体需求的前提，校本课程开发之前要做的学生群体概况调查主要包括：①学校学生情况的统计，含人数、年龄、分布、性别比例、辍学率、生源等；②学生家庭背景的统计，含居住环境、父母职业和文化程度、父母婚姻状况、家庭经济收入等；③学生发展状况的统计，含学生生理发展状况(如身体发育的阶段、身高、体重、动作技能、健康水平)、学生心理发展状况、学生情感态度及价值观发展状况、个人特征等。这些信息的获得有助于更准确地诊断学生个人的问题和困难，为完善学业评定的标准与手段、正确评价课程的教学质量奠定基础，也可作为调整校本课程目标、内容和教学方法的现实依据。

诊断内容具体包括以下几个方面：

(1)诊断学生的学科学习基础——目前各个学科学习的基本情况如何？在哪些学科知识点、学科方法、情感态度价值观的发展上存在问题？

(2)诊断学生的认知发展现状——学生在认知发展上处于哪一个阶段？在认知策略、认知监控等方面处于什么水平？

(3)诊断学生的学习习惯——平时在预习和复习上有哪些习惯？上课时听课、记笔记、思考问题、讨论等习惯如何？平时是如何分配学习时间的？

(4)诊断学生的学习能力——在学习过程中遇到过哪些困难？又是通过什么方式来解决这些困难的？

(5)诊断学生的个体学习愿望——希望掌握哪方面的知识？喜欢通过什么样的形式进行学习？愿意以什么样的考核形式来检测学习效果？

(6)诊断学生对学习环境(条件)的需求——学生对课程实施场所有何建议？学生对授课教师有何期望(学生对教师的性格特征、教学风格等的期待)？学生对课程实施的辅助媒介有何需求？

对上述问题的梳理，有助于在学校教育中通过恰当的方法去满足和巩固学生的好奇心与求知欲，也便于利用校本课程创设丰富多彩的活动，给学生提供复杂多样的问题情境，让学生不断转换思考方式和角度，勇于接受新的挑战，乐于寻求新的策略，更好地激发学生积极探索和大胆想象，从而使思维的广阔性、灵活性、深刻性、敏捷性得到有效的锻炼和发展。

(二)学生发展需求诊断的步骤

学生发展需求诊断虽然不存在固定的程序，在实践中往往采取多头并进的方式，但从逻辑上仍有对需求诊断程序步骤的规范要求。具体而言，大致包括以下三个步骤。

1. 确定诊断对象

在校本课程开发活动中，学生发展需求诊断的对象包括学生对象和内容对象，因此涉及的诊断层面有二：一是从不同类型校本课程所服务的学生群体来推断学生对象。由于校本课程开发呈现不同类型，可能是个体教师对现有课程材料调整的短期计划，可能是全体教职员在课程材料创造的中期计划，其所服务的学生群体都不同，可能只是一个班级的学生，可能是全校学生或者文科班级的学生。二是明确对学生对象进行诊断的内容对象。由于学生发展涵盖方方面面的内容，不可能在需求诊断中面面俱到，需要有针对性地进行诊断。一方面要根据学校发展目标、办学理念、办学特色，明确对学生发展的重点方向，这一方向必然成为诊断的主要对象，这是因为校本课程既是体现学校特色的主要形式，也是实践办学理念、实现发展目标的重要载体。例如，某中学重点发展军事特色，因此对于学生在对军事相关知识、技能、情感态度价值观等方面要进行需求诊断。另一方面，在进行一门具体的校本课程开发时，需要根据校本课程的出发点来确定诊断内容。由于不同校本课程有不同的目的取向，在学生发展的内容上有不同侧重，因此需要根据不同侧重点来确定诊断内容对象。例如，某中学准备做统整物理、化学、生物、地理的科学课程，以提升学生的科学探究意识与能力、问题解决能力、综合分析能力，那么这些指向都要成为诊断的内容对象。

2. 拟定诊断规划

在确定诊断对象之后，要拟定规划来具体落实，其中可包括以下几点。

一是确定诊断目标。在确定诊断对象后进一步明确诊断目标，细化诊断变量。例如初中生问题解决能力具体可分为哪些层次、涵盖哪些维度等。

二是确定诊断方法和抽样。一方面是根据不同的对象和变量选择质化方法或者量化法，如能力变量适合测验法进行测量诊断，态度变量适合问卷法，行为变量适合定量观察法；另一方面是根据对象及方法对于抽样的要求，确定采取何种方式及样本大小，如访谈法一般采取目的性抽样(即非概率式抽样)，而问卷法采取随机抽样(即概率式抽样)。

三是拟定诊断工具。根据变量及其维度结构，基于方法的不同，要设计相应的诊断工具，如学习态度问卷、化学学习动机问卷、数学思维能力测样、师生课堂互动观察量表等。

四是确定数据分析方法。根据不同诊断目标，并基于不同的方法，确定相应的数据分析方法。例如，采用数学思维能力测样对某校初三学生进行测试，要对测试结果进行描述性统计，同时要针对学生性别、学生数学基础、学生学习动机的不同对数据进行差异性检验，了解其中是否存在显著性差异。

五是确定诊断时间表。根据诊断的一般性过程，并考虑相关数据收集方法、相应调查范围及其实施难易程度，来拟定诊断时间表。包括抽样和工具设计的时间、收集数据的时间区段、数据分析与报告撰写的时间区段。

六是确立诊断条件保障机制。包括人、财、物三方面内容，其中在“人”的方面，要建立诊断工作委员会，明确诊断组织者、执行者及辅助者的组成及各自职责；在“财”的方面，要明确诊断工作所需资金及其具体预算，以及资金来源；在“物”的方面，包括相关诊断工具电子资源提供、统计软件支持、工作空间与时间提供等，另外还包括建立健全支持诊断工作的制度和政策。

4. 实施诊断和撰写报告

拟定好诊断规划之后，按照规划进行数据采集和分析工作。在数据采集过程中，一方面要使用不同的诊断工具来进行数据采集，并及时对数据进行录入整理的工作，特别是采用访谈、观察一类的质化工具时，原则上是收集当天转录整理；另一方面要根据采集过程中对象的反馈，及时对工具进行调整。在使用量化工具时，可以进行先行试测，例如，使用问卷调查工具时，可请若干位调查对象来试答问卷，来考察他们能否理解问卷中各个题目的意思，并请他们提出可以修改的地方和修正意见。使用质化工具时，则要根据访谈和观察的实际来适时调整访谈提纲或观察提纲。例如，在学生访谈提纲中列入“你如何看待学科整合”问题，但在对学生访谈中发现学生不能理解“学科整合”一词，通过与学生沟通后了解到他们更容易理解“不同学科合并教学”，那么在后续访谈中应将这一问题改为：“你如何看待不同学科合并教学？”

采集后数据根据不同类型采取不同分析手段，针对量化数据一般采用描述性统计和推断性统计等方法，针对质化数据则采取扎根理论、叙事分析等方法。最终根据数据分析结果，形成诊断报告。

（三）学生发展需求诊断的方法

诊断学生的发展需求不仅要有时间保障，也非常讲究技巧。课程开发者可尝试研制一些有效的辅助工具和方法来获得可靠的第一手材料，其方法主要包括两类：一类是量化方法，如问卷法、测验法、量化观察法、内容分析法等；一类是质化方法，如访谈法、质化观察法、实物收集法等。一般而言，采用归纳型方法（即观察、开放式访谈）和推理型方法（即问卷、测验、结构式访谈）相结合的形式来评估学生需求，能够较好地兼顾资料收集的广度和深度。上述提到的几种诊断学生需求的常见方式各有侧重点（表 3.1），课程开发者可根据实际情况对此加以选择。

表 3.1　学生需求分析方法对比

	方法	优点	缺点
问卷调查法	以调查问卷的形式对选定的对象进行调查；可以使用开放式、封闭式或排序、选择等多种问题形式。	短时间内就可得到大量数据；费用较少，参与者在参与过程中不必担心可能出现某些尴尬局面；数据分析、处理较容易。	没有给参与者自由反映的机会；设计有效的调查问卷较难，且需要花费大量时间；难于有效地找到问题及其原因。
访谈法	可以是正式的或非正式的，结构式的或非结构式的；可以是面对面的交流，也可以通过电话进行访谈。	容易观察到被访者的态度和自然反应；有助于找到问题的原因及可能的解决办法；能及时得到反馈，获得的数据较充足。	比较耗时；结果不易分析或量化；需要访谈人员有较高的访谈技术，在不使被访者紧张或产生怀疑的情形下收集大量数据。
表现评价	可通过系统的过程或在非正式条件下进行；可由领导者、教师操作；评价可在常规基础上进行，要求与道德评定相脱离。	指出了行为、技能上的优势和弱势，为道德培养提供了参考数据。	开发评价系统、实施评价及数据处理的花费较高；可能因评价者的偏见导致评价失真。
观察法	可以是技术性的或功能性的；能够得到数据或文字结果；可以是非结构性的。	将日常工作或集体活动的影响降到最低；获得的是真实生活中的数据。	对观察者的素质要求较高；要求收集生活现场的数据；可能导致被观察者产生被监视的感觉。
测验	直接指向调查对象；可以是开放式的或封闭式的。	有助于找出被试者在情感、态度、知识、技能方面的不足；易量化或进行比较。	效度并不高；无法指出所测试的知识或技能就是所需要的内容。
焦点访谈	正式的或非正式的；被广泛使用；可将焦点集中在一些特殊的问题、目标、任务或项目上。	促进不同观点之间的交流；促使集体成员变成更好的倾听者、分析者和问题解决者。	比较耗时；得到的数据较难量化。
文献分析	大量的图表、文献、官方文件等，也包括成员记录、会议记录和一些相关报告。	为寻找问题提供线索；提供了客观的证据和结果；资料较易收集、总结。	难以直接表明问题的原因和解决方法；大多是过去的而不是当前的数据；必须有熟练的数据分析者进行解释。

1. 问卷调查法

问卷调查是一种成本较低、操作过程简易、适用范围较广的方法，一般是由课程开发者预设一系列问题，要求调查对象完成填写，最后对结果进行统计分析(表 3.2)。在校本课程设计阶段可借助派发问卷这一方式来了解学生的需求，需要注意的是，调查对象不只是学生，还应包括教师、学校管理人员、家长，从而在不同角度了解学生的需求，并能相互比较、确证；发放问卷的渠道也尽可能多样，除了直接的纸质问卷派发，还可以借助电子邮件、传真发送，扩大资料搜集的覆盖范围。

【案例 3.1】

九年一贯制学校环境通识教育校本课程学生需求问卷调研结果(%)

项目	年级	经常	有时	偶尔	从不
你使用一次性饭盒和筷子吗？	六年级	23.46	29.63	20.99	25.93
	八年级	36.51	28.57	23.81	1.11
你平常关注国内外环境保护事件吗？	六年级	19.75	22.22	24.69	33.33
	八年级	23.81	47.62	20.63	7.94

案例来源：张海燕. 九年一贯制学校环境通识教育校本课程的开发与实践研究［D］.上海：华东师范大学，2010: 18-19.

根据案例 3.1 调查发现：

(1)尽管两个年级的学生都有了一定的环保意识，很多学生也认为环保是与每个人有关的事情，但是真正能在生活中贯彻这一行为的学生数量还不是太多，有较多的学生还是实际行动与理念分离，真实生活中的行为是会浪费资源能源，污染环境。因此，使学生的知与行做到统一是非常重要的，通过形式多样的教学方式、教学手段，让环境保护的意识真正扎根于学生的内心，成为他们一种自觉的行为是校本课程开发前需着重思考的。

(2)六年级学生对环境事件的关注只有 41.97%(19.75+22.22)%，对环保知识的喜欢程度也不高；八年级学生对环保事件关注的比例高一些，有 71.43%(23.81+47.62)%，但是经常关注的也只有 23.81%，喜欢程度不高。

2. 测验法

测验是通过标准化的量表来测量学生的能力、成就、性格、态度、兴趣及其他个性特征的方法。课程开发者可以通过不同类型测验来考察学生的认知发展水平、学科知识与能力、个性特征等，并通过前后测对比、常模参照等方式来确定学生的现状，并从中了解学生的最近发展区和发展需求。

3. 访谈法

访谈是一种直接沟通的方法，通过与学生面对面的交谈而获得校本课程开发所需的信息。应用访谈法时，访谈者应当明确目标、拟好提纲，同时要注意营造轻松、融洽的谈话氛围，通过耐心倾听、平等对话的方式与学生真诚交流，尊重他们的意见和建议，对他们的独到想法要寻根问底，力求全方位地了解他们的现实情况和诉求，真正走进学生的内心世界。

4. 观察法

课程开发者深入课程开设的相关场所(如学校里的教室、图书馆、办公室、会议室、实验室等)对校长、教师和学生进行细致观察和全程记录，这也是诊断学生发展需求的一种可行途径。运用观察法必须制定科学的评价指标，还要对观察所获得的信息进行反复讨论和客观分析，避免对观察结果的主观推测。观察法可包括两种：一种为量化观察法，主要采取频次、时间等数量来计显行为；一种为质化观察法，主要是采用全景式观察，并以文字来描述观察对象。

5. 关键事件法

学校场域内的关键事件一般指教改实验的承办、优质课堂的观摩、管理制度的调整、骨干教师的表彰、重大活动的举办，甚至包括校园事故的发生、学生家长的投诉等，凡是对于校本课程开发起到一定促进或阻碍作用的事情，都可视为关键事件。通过了解关键事件发生的原因、背景、后果，既可以挖掘其中蕴含的学生需求信息，也便于系统评估实施校本课程开发的有利条件和潜在阻力。

全方位地搜集资料及分析结果，是对学生需求进行正确评估的前提。课程开发者可混合使用上述方法，实现各种调查方法之间的优势互补，让学生的意愿得以反馈，使开发出来的校本课程更有针对性。此外，学生成长状况及发展需求的确诊，最有效的方法就是让他们直接加入课程设计与研发过程，并享有一定的发言权，学校可以利用多种途径引导和鼓励学生参与课程开发活动，让他们亲自为校本课程出谋划策。比如，可以在校园网站设立有关校本课程开发的宣传栏目和讨论专题，吸引广大学生的注意，这样有利于学生之间相互探讨；课程开发者则要负责定期浏览网页、及时吸纳学生的意见，以形成校本课程的“开发共同体”，不断提高校本课程开发的质量和水平。

【案例 3.2】 新加坡 P 学校数学校本课程开发学生需求调研

调查方法：观察法、测验法、访谈法

调查结果：教师通过观察发现学生可以在测验中去重新回答出所需要的答案，但是通常都缺乏对数学中概念理解的深度。在日常功课中，当学生解决数学问题时，缺乏能力去解释和判断自己的答案，这种现象同样发生在单元测试和学期测验中。

五、学生发展需求诊断的注意事项

通过清楚分析学生发展需求，在找准突破口、选择恰当方法的基础上，还需要注意一些细节问题，课程开发者必须理清学生需求的样本范围，避免混淆“学生意愿”与“学生需求”，也要把握需求的时效性。

(一)注意学生需求分析的取样范围

在进行学生需求分析时，需要进行相关调查，则必然涉及取样问题。在取样时一方面要考虑课程开发目的及其对象，另一方面要参考数据收集方法的要求。前者决定样本抽取的整体，后者决定样本抽取的方法。如果所开发的某门校本课程是针对全校学生的，不针对具体的年级、性别等，则需要以全校学生为样本抽取的整体；如果所开发的某门校本课程是针对具体年级或其他特征变量的学生(如文科生、已修读数学模块III的学生)，则需要以满足此特征变量学生为样本抽取的整体。同时考虑数据收集方法的要求，如果是采取问卷调查、测验等量化方法，则需要根据概率抽样的原则进行随机抽样，或进行分层随机抽样，以保证样本的代表性；如果是采取访谈、观察等质化方法，则需要根据目的性抽样的原则，采取极端抽样、最大变异抽样、典型个案抽样等方法，来保证样本包含数据的丰富性。例如，要针对学生对民乐兴趣进行访谈，则可以采取最大变异抽样，选择2～3名会娴熟演奏民族乐器的学生，同时选择2～3名对民族乐器和民乐知之甚少的学生，分别访谈，就可以获得较为丰富的数据。

(二)注意区分学生意愿和学生需求

“学生的需求”与“学生的想要”之间存在着很大的区别，课程开发者不能把学生表达的“我想要”完全等同于学生的真实需要，因为学生表达的需求可能比较笼统、模糊和抽象，他们的某些观点通常是在对自己个别方面行为的优缺点进行评价的基础上产生，很可能是主观的、偶然的甚至是不成熟的想法，其合理性有待商榷。特别应注意的是，当今社会多元的意识形态也对学生的个性产生了重大影响，青少年身上或多或少地存在着现实的或潜在的矛盾(如个人价值观与社会准则之间的冲突)，课程开发者要理性地辨别和筛选出学生的正当需要，切忌将学生“随心所欲”的愿望简单地视作理应满足的诉求。

(三)注意把握需求的动态变化

“需求”本来就是一个潜在的变量，具有一定的情境性，由于教育教学情境始终是复杂且不确定的，从来不会有固定的、适用于所有情境的需求分析模型，学生发展需求具有历时变化的明显特征。因此，在校本课程目标设计之前开展的学生需求调查并不代表学生需求得以“确诊”之后就彻底完成任务，更不意味着需求诊断可以“一步到位”或“一劳永逸”。课程开发者要有形成性诊断和持续性诊断的需求评估意识，从对需求变迁的把握中获得较为稳定的信息，不断跟踪、澄清学生需求的动态变化。

真正理解、研究学生的发展需求并非易事，诊断需求是一个反复推敲、不断积累经验的过程——界定何种收集资料的工具和方式最实用，判断什么信息是可靠而有意义的，以怎样的方法分析结果才能保证结论的科学性。坚持不懈地探索、努力提升思考质量，是保障校本课程目标符合学生身心发展规律、满足学生成长需求的必由之路。

第二节　学校课程资源分析

“课程资源”是新课程改革背景下提出来的一个核心概念，随着时代的发展，为了照顾学生多样化的学习需求，教科书已不再是唯一的课程资源。如今，课程资源具有丰富的内涵和外延，其概念有广义和狭义之分，广义的课程资源指有利于实现课程目标的各种因

学习目标

会使用SWOT分析课程资源，理解学校课程资源的分析原则。

素，狭义的课程资源则指形成课程的直接因素来源。根据不同的理论依据和分类标准，课程资源可以划分为不同类型：按照功能特点，可分为素材性课程和条件性课程资源；按照空间分布，可分为校内课程资源和校外课程资源；按照存储的方式，可分为物质形态课程资源和精神形态课程资源。课程资源所包含的意义范畴较宽，具有广泛性、客观性、多质性等特点，科学地认识课程资源，有助于课程资源得到合理的拓展和整合，从而保证课程实施的质量。

“校本课程开发”所指的“校本”，实际上就是“以具体意义上的个体学校文化为本”。斯基尔贝克认为，尽管选择课程目标的过程中会涉及科目、学习理论及对儿童的理解，但是课程目标不能仅仅从科目中推论、从学习理论中推理或从儿童的理解中感受出来。课程开发应该从考虑学校层次的环境着手，因为每一所学校都是不同的，从一所学校获得的环境分析结果不能照搬到另一所学校，只有了解本校的环境，才能开发出适合本校环境的课程。因此，学校课程资源分析是制定课程目标之前必须完成的重要工作，客观、全面的课程资源分析可以使校本课程的价值定位具有较强的针对性，使课程目标更加贴近学校的具体特点与条件。学校是把理想课程转化为现实课程的主阵地，开设校本课程需要对学校内外情境进行全面、细致的整体评估，为校本课程寻求多元的环境支持。具体来说，校本课程资源分析不仅包括对校内和校外多种因素的综合评价，也需要以开放的视野探求有关课程资源研究成果分享的平台与渠道。

一、校内课程资源

每所学校都有很多影响校本课程开发的潜在因素，课程开发者要善于发现学校发展的具体需求，并从学校内部挖掘有利于课程实施的资源。对校内课程资源的分析可以涵盖学校的方方面面，如从建校历史和校风、教风、学风来评价学校的文化氛围，解读学校的育人方针与办学思想，了解学校的行政运作机制、管理制度、财务状况、基础设施配套、师资水平、生源情况、现行课程的特点、教学质量、特色学生社团等(表 3.2)。杨龙立提出了用营销学 SWOT 的分析观点来评估学校的现状，其中 S(strengths) 指长处、W(weaknesses) 指短处、O(opportunities) 指机会、T(threats) 指威胁，通过对这些因素的判断来了解学校的整体状况。

表 3.2 学校现状评估的 SWOT 模式

项目	长处(S)	短处(W)	机会(O)	威胁(T)	备注(建议、注意事项等)
传统、校史					
学校教育哲学(办学的目标、宗旨、方针、理念)					
行政管理					

续表

项目	长处(S)	短处(W)	机会(O)	威胁(T)	备注(建议、注意事项等)
校园环境(整体布局、文化氛围)					
师资力量					
生源状况					
……					

按照表3.2的思路，课程开发者在经过缜密的分析之后，不仅能够理清开设校本课程的有利条件和限制因素，找出本校与周边其他学校的共同特点，而且会发现本校的独有特色，从中探寻可用于构建课程目标、完善课程内容、辅助课程实施的校内资源。

二、校外课程资源

校本课程的设计应切合学生的性向、生活经验与文化背景，因而课程开发者决不能忽略学校之外的育人素材。校外蕴藏着多种类型的社会资源，如来自学生家长的资源，当地的历史文化传统、生态环境和社区资源等，其中有的资源已流入学校并且成了学校教育的重要辅助材料，也有一些资源仍需要进一步的提炼才能纳入课程资源体系之中。课程开发者不妨尝试系统分析各种公共资源的功能，建立校内外课程资源的沟通机制，形成“学校—家庭—社会”三位一体的课程资源网络，为设计出帮助学生更好与校外环境打交道的校本课程提供有力的资源支撑。具体而言，校外课程资源包括政策资源、物质资源、文化资源、人力资源等。

(一)政策资源

政策在我国社会经济生活中处于非常重要的位置：一方面表现出政府及其各个部门具体工作的重点和取向；另一方面也体现社会经济发展的方向与未来。学校作为公共服务机构，与政府之间有着密切的联系，学校从人力、经费到硬件、制度都会受到政府及其教育行政部门的直接管辖，因此学校对政策及其变化应有一种敏感性。所以在学校规划和发展校本课程过程中，寻求政策支持和依据是一个必然要求。

具体到校外课程资源开发，相关政策资源大致包括两个方面：一方面是教育政策资源，另一方面是非教育政策资源。教育政策资源主要是指政府及其教育行政部门出台的有关教育方面的政策。例如，各级政府出台的中长期教育改革与发展规划纲要、各级政府教育行政部门年度教育工作重点、各级政府重要教育会议文件都属于这一类别。学校在梳理这类教育政策资源时要重点把握其中的政策侧重点，为校本课程开发方向提供政策导向，亦可为未来争取教育行政部门的支持奠定基础。

非教育政策资源则是指政府及其非教育行政部门出台的政策，其中不乏与学校校本课程开发相关的资源，包括各级政府出台的国民经济与社会发展五年规划、政府工作报告、文化部门出台的文化发展文件等。学校在梳理这类非教育政策资源时要重点选择与学校周边可能发展的校本课程方向有关的资源，了解政府在经济发展、文化设施等方面的布局和发展重点。例如，政府规划在学校周边建设动漫产业园区和科技馆，那么学校可以在未来校本课程发展上考虑动漫课程和科技探究课程，从而利用未来这些园区、场馆和设施。

(二)物质资源

物质资源主要是指学校周边的自然环境物质资源和社会环境物质资源，尤其是以具体事物的形态存在，并可以被纳入校本课程开发中使用的资源。其中自然环境物质资源主要包括山川河海、矿产、动物、植物、气候等方面，具体如地质环境与特点、矿石类型、动物类型与特性、植被分布与种类、气候条件，都可以作为校本课程开发中的课程资源，较为适合自然类、科学类校本课程开发。

社会环境物质资源则更为丰富，涵盖博物馆、图书馆、少年宫、文化馆/文化站、科技馆、体育馆、公园、纪念馆等文化体育类场所，延伸出去还包括景点、园区、企事业单位、街道、社区公共场域等。文化体育类场所从自身性质上就包含有教育功能，特别是博物馆、图书馆、少年宫、科技馆等，其本身就是校外教育场所，学校可以借助这类场所开展信息咨询、图书情报检索、文化调查、科学探究、艺术修养等校本课程。西方国家在社会环境物质资源开发方面的历史较久，特别是在博物馆资源方面积累了丰富的经验。1984 年，美国博物馆界著名文集《新世纪的博物馆》指出博物馆教育的重要性，“若典藏品是博物馆的心脏，教育则是博物馆的灵魂”，其中博物馆可被运用于校本课程开发的资源有很多，既有固定的展品、设施、场馆等，也有动态的游览介绍、展览活动、互动等，有些博物馆还与学区合作，设置有博物馆学校，专门进行相关的课程教学。而且随着新技术的引入，虚拟博物馆让博物馆资源可以通过网络方式直接进入学校，进入课堂。

因此，在博物馆资源与学校课程关联上，博物馆和学校都开展了深入的合作(案例 3.3)，Macleod 和 Keirstead 指出应将博物馆资源系统化地融入学校的课程和教学计划中，其整合过程包括：①博物馆馆员应先行了解课程标准与学校的教学方针；②学校教师与博物馆双方应在掌握博物馆馆藏资源的基础上，设计出适用的课程；③博物馆要主动就交出内容与教育行政机构或学校、教师商量；④博物馆与学校双方要共同制订计划，在博物馆员编写教材的同时，教师应该着手选择适宜的教学策略；⑤博物馆与学校间要加强沟通讨论，不断修正和完善计划；⑥博物馆馆员编写完成的教材要介绍给学校教师；⑦在教师实际运用博物馆教材时，要搜集师生的意见，借以修正和完善教材。

【案例 3.3】 英国国立维多利亚与亚伯特博物馆资源手册(基础教育第 1～2 阶段)

1. 概览

本资源是为支持基础教育第 1～2 阶段教师使用维多利亚与亚伯特博物馆而设计的，其中为如何使用维多利亚与亚伯特博物馆设计相关活动及返校后活动，从而支持学生的学习。该资源可以与英国国家课程中英语、数学、科学、艺术和历史等领域结合，具体活动包括语言与文学、计算与数字、形状与图案、物料、艺术、历史。

2. 资源类型

1)语言与文学——20 世纪画廊

(1)资源信息。维多利亚与亚伯特博物馆 20 世纪画廊旨在探索家居中的设计理念、制造技术和材料。展品包括年轻孩子熟悉的设计，也有一些是标新立异的设计。

⑵活动设计。该活动的目的是收集想法和材料，并创作一个简短的故事。给每个学生五张纸，上面分别标示一张椅子、一个茶壶、玩具、衣服、我喜欢的东西。请他们从展品中选择出对象，并绘制在相应的纸上。当他们回到学校时，可以创作一个故事说给班上其他同学，绘图可以作为介绍图示。可以要求具有较强能力的学生来为图示写说明文字。另外一种方式，就是每个学生画一幅图，然后小组一起来写一个故事。

2)计算——中国展厅

(1)资源信息。中国展厅中的展品包括距今约5000年的作品到当代作品。它是根据展品用途来排列的，其中包括生活、饮食、统治、寺庙和崇拜、丧葬、采集。该展厅还包括红漆宝座、龙袍、巨大佛头、家具零件、服装、餐具、首饰及室内装饰用品。显示屏的语言包括英语和中文。

⑵活动设计。展厅中有两件展品是可以被抚摸的，即明代釉面瓷花瓶和石佛。鼓励学生抚摸并感觉它们之间的差异，谈谈他们的感受。小组热身活动为在龙袍展区选择你最喜欢的一件龙袍，计算龙袍上共有多少条龙？龙脚上有多少爪子？在寺庙和崇拜展区，统计穿着道袍的道士数量有多少？并请学生估计其数量为超过5个、超过10个、超过20个、小于100个、大于100个(事实上近350个)。在丧葬展区，找出含有马匹壁画中有多少个动物的腿。

（三）文化资源

学校所处的社区、城市、省份都有其独特的文化资源，文化作为一种无形资源，是与区域的社会组织、经济体系、居住形式、行为系统、语言系统相融合的。一方面，文化资源与前述的物质资源密不可分，包括博物馆、文化馆在内的文化场所要能集中反映地方文化资源；另一方面，文化资源又体现在日常生活之中，是渗透其中的价值观念、生活习惯、语言行为等，需要透过提炼挖掘才能开发出来。具体到存在类型上，文化资源主要包括：衣食住行方面的生活文化，如服饰文化、饮食文化、建筑文化等；婚姻家庭和人生礼仪文化，如恋爱、婚姻、家庭、人生礼仪、丧葬文化等；民间传承文化，如文学艺术、音乐、戏剧、曲艺、美术、体育游戏等；科技、工艺等；信仰崇拜文化，如原始宗教、佛教、道教、伊斯兰教、禁忌等；节日文化，如宗教节日、农事节日、纪念性节日、商贸性节日、文化游乐节日、庆贺性节日、生活社交节日等。

学校所处区域的文化既是历经不同时代而积淀出来的，也是在多元文化互动中生成的，能够成为校本课程的独特宝贵资源。由于其涵盖范围广，与生活联系紧，因此与多个学习领域、多个学科都能搭建联系。特别是在少数民族地区，这类文化资源非常丰富，对少数民族学生的文化认同、民族自豪感、民族自信心建立有着重要意义。例如，在新疆、宁夏、甘肃、青海等少数民族地区，分布着大量的精美岩画，生动地表现了少数民族的生存环境、生活方式、原始信仰、舞蹈艺术、审美意识等。同时西部民族地区广泛运用工艺美术，包括剪纸、刺绣、纺织、地毯、漆器等，既反映了传统民族文化特色，也与家庭生活密切联系。这些就可以作为民族地区中学美术校本课程、舞蹈校本课程、民族文化校本课程、工艺美术校本课程、职业技术类校本课程的重要课程资源。

(四)人力资源

人力资源主要是指学校所在区域中具有专长的校外人才和有一定影响的群众组织，一方面可作为校外教师加入校本课程开发和实施过程中，另一方面可在具体校本课程实施中组织和参与相关校内外活动。其人员来源多元，大致包括四类：一是学生家长，梳理其中素质高、能力强、有一技之长的家长，并考量家长的工作类型、工作地点、工作场域等，如农村的家长在农作物栽培、家禽饲养、树木种植、牧渔都有丰富经验，可以支持开发农、林、牧、渔方面的校本课程；二是政府、企事业单位人员，地方党政领导人，博物馆、少年宫、科技馆、工厂、公司等方面的人员都是重要的支持力量，他们可以从政策、经费、场地、组织协调、专业上提供支持；三是专家学者，其中教育方面的专家可以对校本课程开发本身进行指导，对于课程设置、内容安排、实施评价都可提供专业意见，其他行业的专家学者可就开发的具体课程内容进行对口支持，或者以课外辅导员的身份来参与校本课程实施；四是民间团体和群众组织，如地方的歌咏队、戏剧票友会、舞蹈队等，以及一些非政府组织、民间社团，他们都能成为校本课程开发的重要人力资源。

如今，共享课程资源的呼声越来越高，课程资源分析的视野得到了很大拓展，获取资源的途径也渐趋多元，课程开发者需要格外留意信息化与全球化给课程资源分析带来的启发。一方面，信息化时代为课程资源结构的优化提供了新的契机，网络资源的异军突起使得随时随地获取课程素材成为可能。数字化平台、智能化媒体成了课程资源的新载体，由于突破了传统课程资源在时空上的狭隘性，资源获取的渠道也变得更为便捷与流畅。课程开发者要对网络上充足的信息进行甄别和分析，从中汲取可加工为课程资源的有用成分；另一方面，进行资源分析还要具有全球化视角。联合国教科文组织国际教育局于 2005 年成立的国际课程开发实践社区(Community of Practice for Curriculum Development，COP)，开启了课程资源系统建设的全球性对话，为世界范围内的课程开发活动提供了良好的交流空间。COP 的建立标志着各区域内部及不同区域之间的教育理念、经验、文献、研究成果将得以共享，这将为国际课程的发展提供集中讨论、实施课程改革的平台。这项全球性举措符合世界各国对开发和实施优质课程的热切期望，让课程资源能够得到最大限度的流动与分享。因此，课程开发者需具有全球视野，最大限度地掌握适用于校本课程开发的资源。

三、学校课程资源的分析原则

将普通的、未经加工的备用材料提升为优质的课程资源，是校本课程开发与学校文化建设的重要环节。课程资源的分析不能任意为之，很多候选素材只有在经过科学分析、统整之后才能构成课程资源，分析校本课程资源的时候要尽量符合因地制宜、开放生成、突出重点、系统优化四个原则。

(一)因地制宜

校本课程开发不仅要遵循地方文化资源环境差异，也要体现学校的特色。因地制宜地分析与利用各种课程资源、充分发挥学校所在地区及校内的课程资源优势，是有效达成校本课程目标的前提条件。课程开发者可从经济、政治、历史文化、地理、自然条件等角度充分了解学校所在地的情况，判断何种资源能成为课程实施中的素材来源或有利条件，既要避免有价值的课程资源遭到闲置与浪费，也必须保证所选的课程资源能够贴近学校的发展需求和学生的成长环境。此外，课程资源的分析还需要运用调查与研究相结合的方法，课程开发者只有经过充分的调研，才能掌握各种课程素材的性质与特点，搭建连接课程目标与当地文化之间的桥梁。

（二）开放生成

校本课程资源开发中要有开放的心态，从资源类型、资源获取途径到时间空间、真实虚拟都能被纳入课程资源搜索对象，特别是在信息技术发达的今天，可以通过网络来获取各个方面的资源。与此同时，课程资源开发中更需要生成和创造，要提升教师的资源意识和开发能力，善于利用现有条件来创造性地开发课程资源。而且，要发挥学生的参与意识，通过在校本课程实施过程中的师生互动、生生互动，不断为校本课程生成新的资源。如教师为校本课程实施所设计的学习单、工作纸，学生在科学探究中所撰写的研究报告，师生互动中生成的调查问题、思维导图都是生成性的课程资源。

（三）突出重点

在面对不同来源、种类、形式的课程素材时，课程开发者要在可能使用的课程资源范围内找到选择的重点，有所侧重地甄别出最合适的资源并优先运用于课程。判断课程资源的实用性时，必须抓住三个分析重点：首先从宏观角度关注那些素材是否反映了社会发展和进步的方向，是否有利于实现学校的教育理想和传达学校的育人宗旨；其次要考虑这些材料是否符合学生的学习需求，是否顺应学生身心发展的特点，能否满足学生的兴趣和爱好，精选那些与学生实际需要密切相关的资源；最后还要把关注点落到承担校本课程研发与教学任务的教师上，选取与教师教育教学修养水平相适应的课程资源。

（四）系统优化

为了提高资源利用的效率，课程开发者除了要以开放的姿态对待各种各样的素材，还可尝试在资源分析的基础上建立一个课程资源数据库，判断哪些资源可协调配合使用，对人力资源、物质和环境资源、管理资源等多项因素进行统整，分门别类地把课程资源的类型、形式、所有者、获取方式、开发动态和使用事项等记录下来，并进一步对资源进行分类编制、存档管理，为校本课程开发提供一个优质的资源信息系统。

在开展课程资源分析的过程中，“已经具备什么资源”“需要利用哪些资源”“还欠缺什么资源”“可以开发什么资源”等问题都能得以顺利解决，课程开发者可在此基础上构建合理的校本课程开发目标，从而更好地控制课程开发的支出成本，提高资源的使用效率，也有利于学校选取最佳的课程内容来达到理想的教育效果(案例 3.4)。

【案例 3.4】 F 中学①博物馆课程资源开发

1. 博物馆资源概览

D 博物馆基地面积 35966 平方米，总体建筑面积 14730 平方米。自然博物馆总体建筑造型取自发散的旋转椭圆形状，主楼的椭圆形平面与长白山天池的平面形状吻合，主、附楼之间错落有致而渐离动态弧线点出有机的自然主题。主、附楼不同角度倾斜，以及主楼部分上卷出的弧形墙面，附楼两端向上收分的斜墙均加强了建筑的动态。主入口上方凸出一个宽 19 米、高 15 米的巨大玻璃体，展出恐龙骨架化石，向外传递着自然博物馆内的展出信息。自然博物馆室内设长白山灭绝动物展厅、机械恐龙展厅、长白林海展厅、长白山善类展厅、长白山鸟类展厅及世界名蝶展厅，并且设立了各种儿童游乐区。这其中有四个亮点：一是从楼顶到地下环绕主楼周边设置游客步行路线，观众可在游览中从不同的角度观察室内外景观；二是在共享大厅内青少年观众能够亲身参与峭壁攀岩，从中体验发现“鸟穴”“兽穴”等多种展出的乐趣，锻炼健康的体魄和敢于冒险的拼搏精神；三是从三楼展厅到游客的步行路线起始点是玻璃制作的“透明天桥”，可以培养青少年战胜困难的精神；四是在三楼大厅半空中设置一个圆形透明的大玻璃板，沿玻璃板边转梯步入半地下层，照在楼顶透明玻璃上的阳光恰好直射在三楼玻璃板上，透过玻璃板上的光线幽暗曲折地射入二楼长白林海展厅中。若在长白林海展厅中徜徉，仿佛真的置身于长白山林海之中。同时，在自然博物馆外部建立了植物迷宫、长廊、水池、卵石地裂、叠山堆石等各种景观，用以突出吉林省的地方特色。

2. 资源筛选

D 博物馆是一个自然博物馆，馆内很多东西都可以作为科学课程实施的资源，和课程内容联系最紧密的主要有三个部分：第一是适用于三年级的“动物的生命周期”单元；第二是适用于四年级的“岩石探究”单元；第三是适用于五年级的“生态系统”单元。最后我们还是决定在蝴蝶谷这个地方继续“做文章”，因为蝴蝶谷这个区域的主要资源包括：①蝴蝶长廊，介绍世界各地的国蝶和极具特征的蝴蝶种类，里面珍藏了数目和种类繁多的美丽蝴蝶标本；②中国主要蝴蝶种类介绍和一些神话传说中的蝴蝶(如梁祝化蝶)；③介绍蝶蛾及不同种类蝴蝶的区别，认识蝴蝶的口器和复眼等身体器官；④幻象仪展示蝴蝶一生变化，包括卵→幼虫→成虫→茧→蝴蝶，生动演示了蝴蝶一生的变化；⑤蝴蝶的防御和启示。这些内容与科学课程中“动物一生的变化”特别吻合。课程标准中的要求是“经历饲养小动物的过程，描述动物生长的大致过程”，F 中学所使用的教科版(科学》教材中三年级下册的第二单元是“动物的生命周期”，包括蚕卵里孵出的新生命，蚕的生长变化，蚕变了新模样，蛹变成了什么，蚕的生命周期。鉴于东北地区气候和植被的局限性，领着孩子们养蚕的可能性比较小，完全可以考虑通过了解蝴蝶一生的变化来进行替代。

3. 资源呈现：《蝴蝶主题学习》

单元名称	学习过程	学习内容	学习地点
单元一：美丽的蝴蝶	激发兴趣，产生问题	讲述蝴蝶的美丽传说，学生提出“我最想研究蝴蝶”的问题	校内科学教室
单元二：蝴蝶谷探秘	A.寻找蝴蝶	参观蝴蝶长廊，寻找老师在前面课堂教学中曾经介绍过的一些特殊的蝴蝶，包括一些国家的国蝶，一些神话传说中的蝴蝶等(附学习单 A)	自然博物馆
	B.火眼金睛	开辟特定学习空间，提供学生不同组别的蝴蝶标本，对比不同种类蝴蝶的区别，考验学生的观察能力(附学习资料和学习单 B)	

续表

单元名称	学习过程	学习内容	学习地点
	C. 蝴蝶的一生	利用博物馆的幻象仪了解蝴蝶的一生，并用自己的方式进行描述（附学习单 C）	
	D. 蝴蝶身体的秘密	自主探究蝴蝶的身体结构及特征（附学习单 D）	
	E. 蝴蝶的防御	通过观察、视频和音频互动发现蝴蝶防御的主要手段（附学习单 E）	
	F.集体活动	亲手制作蝴蝶标本	
单元三：我是蝴蝶小专家	知识大擂台	学生与蝴蝶专家进行知识 PK	校内科学教室
	成果展示	制作手抄报与蝴蝶标本展览	

第三节　校本课程目标描述

> 学习目标
>
> 知道校本课程目标制定的依据，会使用行为动词表达校本课程目标。

在完成学生需求诊断和课程资源分析的基础上，校本课程开发便正式进入目标设计环节。课程目标决定着课程的性质，是指对学生学习结果应达到的程度予以适当预设，具有明显的独特性、开放性和指向性，制定多层次、多类型的目标是成功开发出实用化、高质量校本课程的必要条件。

一、制定校本课程目标的依据

（一）国家整体课程目标

校本课程是课程大概念所包含的子概念之一，校本课程目标隶属于国家课程目标体系，校本课程目标的制定离不开对国家课程的参照与补充，国家课程目标应作为校本课程目标的首要参考依据。2001 年颁布的《中国基础教育课程改革指导纲要》对我国三级课程体制的课程目标有如下规定：①热爱社会主义祖国，具有社会责任感，自觉遵守社会主义道德准则、国家法律和社会行为规范，积极参与社会公益活动，热爱劳动，关心集体，乐于助人。②初步形成独立思考、自主学习的能力，不断发展创新意识和实践能力，具有收集处理信息、分析和解决问题、获取新知识的能力，并初步掌握科学的方法和形成科学的态度和价值观。③身体健康，体质强壮，爱好体育活动，掌握基本的运动技能，具有良好的生活和卫生习惯，了解基本的安全和保健常识。④热爱大自然，热爱社会中一切美的事物，具有欣赏美、表现美的情趣和想象力、创造力，乐于参加各种艺术活动，并能在活动中陶冶自己的情操和提高素质。⑤初步形成健全的人格和个性，自尊、自信、自主、自律，具有团结协作精神和合作能力，人际交往和社会活动能力，以及独立生活的技能和能力。具有读、写、算的基本技能、语言表达能力、基本劳动技能和实际操作能力。

上述课程目标是国家对学生共性培养目标的总要求，涵盖了德、智、体、美、劳五个方面，这一课程目标为把学生培养成有理想、有道德、有文化、有纪律的社会主义建设者和接班人奠定了基础，校本课程目标的拟定不能与此相悖。在制定校本课程目标时，课程开发者必须恰当处理好宏观与微观、共性与个性的关系，实现校本课程目标与国家课程之间的自然衔接。

(二)学校办学要求

校本课程作为学校办学的重要组成部分，必然要为实现学校办学目标服务，并且秉承学校办学理念，支持学校办学特色的实现。虽然国家对于各级各类学校的培养目标和培养规格都有统一的规定，但相对于我国区域差异大、教育发展不均衡的现实看，这种统一目标只能是一种基本的原则性要求，因此学校的特色化发展是一条必经之路。尤其是在高中阶段，形成学校独特的发展思路是实现内涵发展的根本路径。《国家中长期教育改革与发展规划纲要(2010—2020 年)》中也明确提出："推动普通高中多样化发展。促进办学体制多样化，扩大优质资源。推进培养模式多样化，满足不同潜质学生的发展需要。探索发现和培养创新人才的途径。鼓励普通高中办出特色；鼓励有条件的普通高中根据需要适当增加职业教育的教学内容。探索综合高中发展模式。"因此高中在开发校本课程时，必须要配合特色化建设的要求。在学校有清晰的办学目标、明确的办学理念和办学特色的前提下，校本课程才能聚焦到学校办学未来要求上。因此，在制定校本课程目标时，需要明晰学校办学要求和方向(案例 3.5)。

【案例 3.5】　台北县文林九年一贯制学校的校本课程目标建构

◆公开说明学校目标的含义：①目标要能勾画学校教育的本质及办学特色；②目标要能凝聚师生的教育共识；③目标要表述清晰，易于内化为师生行为的准则。

◆提供建构目标的框架：①搜集第一阶段参与九年一贯课程试验学校目标，供全校老师参考；②引导教师考量学生学习需求，家长、教师教育期望，考量本校校史及现代教育趋势。

◆各学年团队提出学校教育目标。

◆行政团队综合各学年目标，提出行政团队教育目标。

◆将各学年及行政团队建构的目标，提交课程发展委员会讨论。

◆课程发展委员会提出几种目标方案。

◆召开全校目标说明会，由各学习团队推荐教师说明其所提目标的含义。

◆公开票选目标，并进一步充实补充。

二、校本课程目标的撰写要求与行为动词

(一)校本课程目标的撰写要求

要制定与国家课程目标相呼应、与学校的现实需求相依托的校本课程目标，课程开发者要花费不少时间和精力，在完成解读课程标准、研究学生需求、分析教材与教学资源等步骤后，需要细致地将校本课程希望达到的效果予以叙写并列出，还要斟酌课程目标的表述问题。课程开发者必须对学生的成长状况具有敏锐的洞察力，识别各个年级学生的身心发展水平和不同特点，撰写出符合学生认知结构、能力水平的校本课程目标。一般来说，

校本课程目标的科学设计还需符合三个方面的要求——全面、适当、清晰。“全面”是指课程目标包含“知识”“情意”和“行动”三个关键要素，或涵盖学习目标中的“基础知识”“基本技能”“基本思想”“基本生活经验”四个具体维度，能够全方位关注中学学生各个层次心智技能的养成，兼顾外显的行动和内在的思维、情感；“适当”是指目标定位的准确性和合理性，避免预设标准过高或过低，课程目标应可评、可测，行为主体必须是学生，目标所规定的行为必须可评估、可把握；“清晰”是指要使目标尽量具体、明确，在拟定总体目标的基础上再制定具体的阶段性目标。

如果要精确描述课程目标，需要用“ABCD 规则”来进行撰写，A(aduience)是指行为的对象，B(behavior)指行为，C(context of behavior)指行为的情境，D(degree of completion)指行为完成的程度。这种表述方式将重点放在学习结果的评价上，能更好地与最后的课程评价相呼应，但对于学生在课程学习中的过程性发展和体验可能并不完全适合。因此有学者提出可以用展开性目标(evolving purpose)和表现性目标(expressive objective)来表述，用以对应学生在课堂中全面发展和活动表现。

(二)描述校本课程目标的行为动词

校本课程通常由各种内容各异、形式多样的活动项目构成，是一种以探究、体验为主要方法的个性化学习课程，总体目标是为全校学生提供获取知识、掌握实用技能，内化价值体现的机会和自主学习的空间，将知识学习、能力培养、性格塑造、态度养成等统一起来，全面提升学生的综合素质。因此，在制定和表述课程目标时，行为动词的选用要尽可能丰富、具体和准确，尽量做到可理解、可操作、可测评，同时要减少使用行为动词的随意性，避免通篇只简单地使用少数词语的情况。

1. 关于知能的目标描述

知识目标的水平要求可划分为“了解”“理解”和“应用”三个基本层次(表 3.3)，而技能目标的水平要求原则上划分为“模仿”“独立操作”和“迁移”三种水平(表 3.4)。在表述关于知能方面的行为目标时，既可使用结果性动词，也可运用过程性动词。

表 3.3 知识学习水平的划分与相关行为动词的表述

水平层次	具体表现	相应的行为动词
了解水平	• 再认或回忆知识 • 识别、辨认事实或证据 • 举出例子 • 描述对象的基本特征	说出、背诵、辨认、回忆、选出、举例、列举、复述、描述、识别、再认……
理解水平	• 把握内在逻辑关系 • 与已有知识建立联系 • 进行解释、推断、区分、扩展 • 提供证据 • 收集、整理信息	解释、说明、阐明、比较、分类、归纳、概述、概括、判断、区别、提供、把……转换、猜测、预测、估计、推断、检索、收集、整理……
应用水平	• 在新的情境中使用抽象的概念、原则 • 进行总结、推广 • 建立不同情境下的合理联系	应用、使用、质疑、辩护、设计、解决、撰写、拟定、检验、计划、总结、推广、证明、评价……

表 3.4　技能学习水平的划分与相关行为动词的表述

水平层次	具体表现	相应的行为动词
模仿水平	• 在原型示范和具体指导下完成操作 • 对所提供的对象进行模拟、修改	模拟、重复、再现、模仿、例证、临摹、扩展、缩写……
独立操作水平	• 独立完成操作 • 进行调整与改进 • 尝试与已有技能建立联系	完成、表现、制定、解决、拟定、安装、绘制、测量、尝试、试验……
迁移水平	• 在新的情境下运用已有技能 • 理解同一技能在不同情境中的适用性	联系、转换、灵活运用、举一反三、触类旁通……

客观地预测学生所达到的学习水平，可通过丰富多样的行为动词予以表达。需要注意的是，描述知识和能力目标不能过多地使用诸如“培养学生……”或“让学生……”的表述方式，也尽量少用内省性动词(如知道、了解、理解、掌握等)，否则会显得教师才是行为的发出者，无法突出学生的主体地位，同时也使课程目标的描述变得模糊和抽象。课程开发者应尝试多用一些表示主动的、外显性的行为动词，增强目标的可观测性，为后期的校本课程评价提供明确的尺度。另外，由于学生需要掌握各种各样的知识和技能，校本课程不可能对此做出面面俱到的要求，在拟定课程目标的时候应该在各个水平层次之间设置合理的梯度，根据循序渐进的原则列举不同实现程度的课程目标，以满足学生的差异性需求。

2. 关于体验性目标的描述

体验性目标划分为“经历(感受)水平”“反应(认同)水平”“领悟(内化)水平”三个层次(表 3.5)，关于体验性要求的目标动词也包含了结果性和过程性两类词语。

表 3.5　体验性目标的划分与相关行为动词的表述

水平层次	具体表现	相应的行为动词
经历(感受)水平	• 从事相关活动，建立感性认识	经历、感受、参加、参与、尝试、寻找、讨论、交流、合作、分享、参观、访问、考察、接触、体验……
反应(认同)水平	• 在经历基础上表达感受、态度和价值判断 • 做出相应反应	遵守、拒绝、认可、认同、承认、接受、同意、反对、愿意、欣赏、称赞、喜欢、讨厌、感兴趣、关心、关注、重视、采用、采纳、支持、尊重、爱护、珍惜、蔑视、怀疑、摒弃、抵制、克服、拥护、帮助……
领悟(内化)水平	• 具有稳定态度、一致行为和个性化的价值观念	形成、养成、具有、热爱、树立、建立、坚持、保持、确立、追求……

不同于知识和技能学习目标的描述，关于体验性目标的设定不一定严格地进行层次区分。一般而言，很多课程目标都会把重点落在经历(感受)水平，强调学生通过参与课程而获得某种特别的情感体验。

第四节 高中生物校本课程性质、基本理念与课程目标

一、高中生物校本课程性质

> 学习目标
>
> 掌握高中生物校本课程的性质与基本理念。

高中生物校本课程是生命科学在本地本校的拓展和延伸，是研究生命现象和生命活动规律的校本科学课程，是农业科学、医药科学、环境科学及其他有关科学和技术的基础性课程。高中生物校本课程的研究经历了从现象到本质、从定性到定量的发展过程。当今，高中生物校本课程在微观和宏观两个方向的发展都非常迅速，并且与信息技术和工程技术的结合日益紧密，对社会、经济和人类生活产生了越来越大的影响。

高中生物校本课程有着与其他自然科学相同的性质，它不仅有一个结论丰富的知识体系，也包括了人们认识本地本校自然现象和规律的一些特有的思维方式和探究过程。高中生物校本课程的发展需要许多人的共同努力和不断探索。高中生物校本课程的学科属性是生物学课程性质的重要决定因素。

高中教育阶段的生物校本课程是科学领域的重要学科课程之一，其精要是展示生物学的基本内容，反映自然科学的本质。高中生物校本课程既要让学生获得基础的生物学知识，又要让学生领悟生物学家在研究过程中所持有的观点以及解决问题的思路和方法。高中生物校本课程期待学生主动地参与学习过程，在亲历提出问题、获取信息、寻找证据、检验假设和发现规律等过程中习得生物学知识，养成理性思维的习惯，形成积极的科学态度，发展终身学习的能力。学习生物学课程是每个未来公民不可或缺的教育经历，其学习成果是公民素养的基本组成。高中教育阶段的生物学课程是以提高学生生物学核心素养为宗旨的学科课程，是树立社会主义核心价值观、实现“立德树人”根本任务的重要载体。

二、高中生物校本课程基本理念

1. 以生物学素养为核心

生物学素养是公民科学素养的重要组成部分。生物学素养是指公民参加社会生活、经济活动、生产实践和个人决策所需的生物学知识、探究能力以及相关的情感态度与价值观，其反映了一个人对生物学领域中核心基础内容的掌握和应用情况，以及在已有基础上不断提高自身科学素养的能力。生物学素养是生物学核心素养形成的条件和基础。提高每个高中学生的生物学素养是生物课程标准实施中的基本任务。

2. 课程内容少而精

随着科学技术的迅速发展，生物学知识呈现爆炸式增长。这就要求高中校本课程内容

既要反映时代的特点和科技的进步，又要在有限的课时中让学生学习最有价值的生物学知识，“少而精”就成为高中校本课程设计和实施的追求。高中校本课程的每个模块内容都聚焦在几个重要概念上，容量精简，重点突出，为教学中实现“精”的要求提供了保障。“精”的内涵丰富：首先，“精”是指课程的选材原则，删除细枝末节的内容，凸显重要概念在课程中的地位是本课程实现“精”的方式，这也是国际上科学教育发展的趋势；其次，“精”是对课程实施过程的要求和期待，精练的课程内容保证了教学过程中有相对充裕的时间实现学生的主动学习，对教师的课堂教学提出了更高的要求；最后，“精”是对学生学习结果的定位，学生在本课程结束后，应该能够对重要的生物学概念有较好的理解和应用，进而形成生物学核心素养，而不仅仅是对知识的记忆和背诵。

3. 教学过程重实践

高中校本课程的价值是要让学生在形成生物学核心素养的同时，能用科学的观点、知识、思路和方法，面对或解决现实生活中的某些问题。要达成这样的课程目标，就要高度关注教学过程中的实践经历。“重实践”强调学生学习的过程是主动参与的过程，教师既要让学生参与动手活动，又要让学生积极地融入动脑的环节；通过探究类学习活动或完成工程学任务，加深学生对生物学概念的理解，提升应用知识的能力；要适当地将跨学科知识和技能融入实践活动，特别是将 STEM 整合到实践活动中，以适应在教学中对超越学科本身知识和能力的要求；要在教学中将生物学与学生的日常生活、医疗保健、环境保护和经济活动等内容适度结合，指导学生在现实生活背景中学习生物学，进而能运用生物学原理和方法参与公众事务的讨论或做出相关的个人决策。

4. 学业评价促发展

高中校本课程的设计和实践者要以生物学核心素养为目标，通过研读学业质量标准，把握高中校本课程的宏观教育目标，明确评价的教学和育人价值，实现从内容本位、学科本位向素养本位、学生发展本位为目标的评价理念的根本性转变。要处理好评价与学生发展的关系，评价不仅要关注学生的学业成绩，更要关注个体的进步和多方面的发展潜能。要了解学生发展中的需求，帮助学生认识自我、建立自信，发挥好评价的诊断作用、激励作用和促进作用。通过评价使每一个学生都能够体验到在原有水平上的发展，并从中得到启示，使评价能更好地服务于教育教学实践。

三、生物学科核心素养与高中生物校本课程目标

（一）生物学科核心素养

生物学核心素养是学生后天习得的终身受益成果，是公民基本素养的重要组成之一，是学生在解决真实情景中的生物学问题时所表现出来的必备品格和关键能力。生物学核心素养主要包括生命观念、科学思维、科学探究和社会责任等，其内涵和表现如下。

1. 生命观念

“生命观念”是指对观察到的生命现象及其相互关系或特性进行解释后的抽象，是经过实证后的想法或观点，是能够理解或解释相关事件和现象的品格和能力。学生应该在较好地理解生物学概念的基础上形成生命观念，如结构与功能观、进化与适应观、稳态与平衡观、物质与能量观等。能够用生命观念认识生物的多样性和统一性，形成科学的自然观和世界观，指导探究生命活动规律，解决实际问题。

2. 科学思维

“科学思维”是指尊重事实和证据，崇尚严谨和务实的求知态度，运用科学的思维方法认识事物、解决实际问题的思维习惯和能力。学生应该在学习过程中逐步发展理性思维，如能够基于生物学事实和证据运用归纳与概括、演绎与推理、模型与建模、批判性思维等方法，探讨、阐释生命现象及规律，审视或论证生物学社会议题。

3. 科学探究

“科学探究”是指能够发现现实世界中的生物学问题，针对特定的生物学现象进行观察、提问、实验设计、方案实施以及结果的交流与讨论的能力。在探究中乐于并善于团队合作，勇于创新。

4. 社会责任

“社会责任”是指基于生物学的认识，参与个人与社会事务的讨论，做出理性解释和判断，尝试解决生产生活中的生物学问题的担当和能力。学生应能够以造福人类的态度和价值观，关注涉及生物学的社会议题，参与讨论并做出理性解释，辨别迷信和伪科学；形成生态意识，参与环境保护实践；主动向他人宣传健康生活和关爱生命等相关知识；结合本地资源开展科学实践，尝试解决现实生活中与生物学相关的问题。

（二）生物学科核心素养水平划分

1. 生命观念水平划分

表 3.6 素养 1——生命观念

水平一	初步具有结构与功能相适应的观念以及生物进化观念，能从分子与细胞水平认识生物体的结构与功能是相适应的，生物的适应性是长期进化的结果。初步具有物质和能量观。
水平二	具有结构与功能相适应的观念和生物进化观念，并能运用这些观念分析和解释简单情境中的生命现象。具有物质和能量观，结合简单情境说明生命活动的维持包括物质代谢和能量代谢。
水平三	具有结构与功能相适应的观念和生物进化观念，并能运用这些观念分析和解释较为复杂情境中的生命现象。综合物质和能量观以及稳态与平衡观，在特定情境中说明生态系统中时刻存在着物质循环和能量流动。
水平四	具有结构与功能相适应的观念和生物进化观念，并能基于这些观点识别身边的虚假宣传和无科学依据的传言。具有物质和能量观，并能指导、解决生产和实践中的具体问题。具有稳态与平衡观，并能指导人的健康生活方式；指出某一生态系统中的构成要素及影响其平衡的因素。

2. 科学思维水平划分

表 3.7　素养 2——科学思维

水平一	能够认识到生物学概念都是基于科学事实经过论证形成的，并能用这些概念解释简单的生命现象。
水平二	能够以特定的生物学事实为基础形成简单的生物学概念，并用文字或图示的方式正确表达，进而用其解释相应的生命现象。
水平三	能够从不同的生命现象中，基于事实和证据，运用归纳的方法概括出生物学规律，并在某一给定情境中，运用生物学规律和原理，对可能的结果或发展趋势做出预测或解释，并能够选择文字、图示或模型等方式进行表达并阐明其内涵。
水平四	能够在新的问题情境中，基于事实和证据，采用适当的科学思维方法揭示生物学规律或机制，并选用恰当的方式表达、阐明其内涵。在面对生活中与生物学相关的问题并做出决策时，利用多个相关的生物学重要概念或原理，通过逻辑推理阐明个人立场。

3. 科学探究水平划分

表 3.8　素养 3——科学探究

水平一	能够使用简单的实验器具；基于给定的实验方案完成简单的实验，记录相关数据；能以书面的形式将实验结果记录下来。
水平二	能够正确使用工具进行观察；提出生物学问题，在给出的多个方案中选取恰当的方案并实施；恰当的方法如实记录和分析实验结果；能与他人合作完成探究，以口头或书面的形式与他人展开交流。
水平三	选用能够熟练运用工具展开观察；针对特定情境提出可探究的生物学问题或生物工程需求；基于给定的条件，设计并实施探究实验方案或工程学实践方案；运用多种方法如实记录和分析实验结果；在小组学习中能主动合作，推进探究方案或工程实践的实施，并运用科学术语报告实验结果。
水平四	能够恰当选用并熟练运用工具展开观察；针对日常生活的真实情境提出清晰的、有价值的、可探究的生命科学问题或可达成的工程学需求；基于对相关资料的查阅，设计并实施恰当可行的方案；运用多种方法如实记录，并创造性地运用数学方法分析实验结果；能够在团队中起组织和引领作用，运用科学术语精确阐明实验结果，并展开交流。

4. 社会责任水平划分

表 3.9　素养 4——社会责任

水平一	知道社会热点中的生物学议题；认同健康的生活方式，珍爱生命，远离毒品；认同环境保护的必要性和重要性，认同地球是人类唯一的家园。
水平二	关注并参与社会热点中的生物学议题的讨论；接受科学、健康的生活建议，珍爱生命，远离毒品；了解传染病的危害与防控知识；养成环保意识与行为；关注生物学技术在生产生活中的应用。
水平三	基于生物学的基本观点，辨别迷信和伪科学；制订适合自己的健康生活计划；珍爱生命，远离毒品；主动运用传染病的相关防控知识保护自身健康；参与社区生物多样性保护以及环保活动的宣传和实践；具有通过科学实践解决生活中问题的意识和想法。
水平四	针对现代生物技术在社会生活中的应用，基于生物学的基本观点，辨别并揭穿伪科学；制订并践行健康生活计划；向他人宣传毒品的危害及传染病的防控措施；参与当地环保建议的讨论；能通过科学实践，尝试解决现实生活中的生物学问题。

（三）高中生物校本课程目标

学生通过高中生物校本课的学习，能认识到生物学在促进科技发展、社会进步和提高人类生活质量等方面的重要贡献；树立生命观念，能够运用这些观念认识生命现象，探索生命规律；形成理性思维的习惯，能够运用已有的知识、证据和逻辑对生物学议题进行思考或展开论证；掌握科学探究的思路和方法，形成合作精神，善于从实践的层面探讨或尝试解决现实生活中的生物学问题；具有开展生物学实践活动的意愿和社会责任感，在面对现实世界的挑战时，能主动宣传生物学知识，愿意承担抵制毒品和不良生活习惯等社会责任，为继续学习和走向社会打下必要的基础。

本章小结

要避免校本课程陷入“成人支配学生”的泥潭，首先有赖于课程开发前期调查工作的有效落实。本章梳理了关于校本课程目标设计的三个关键步骤——确诊学生需求、分析课程资源、清晰表述课程目标。第一节主要解决“学生应当学习什么和希望学习什么”的问题，分析了诊断学生发展需求的必要性、相关参考维度、常用方法和注意事项；第二节列举了校内外的课程资源组成要素，阐明校本课程资源分析应当遵循的原则；第三节首先强调校本课程目标必须与国家课程目标相承接，提出了撰写校本课程目标的具体要求，也给课程开发者提供了一些可用于描述课程目标的行为动词。通过本章的学习，有助于课程开发者树立情境分析的意识，学会根据学生发展需求和学校实际条件来设计适宜的校本课程目标。

体验学习

1.在设计校本课程目标之前，应该从哪些角度考查学生的发展需求？

2.诊断学生需求的常用方法有哪些？这些方法各有什么优缺点？

3.介绍校本课程资源的构成要素，并论述课程资源分析应当遵循哪些原则？

4.论述什么才是合理的校本课程目标，怎样才能设计出合理的校本课程目标？

第四章 校本课程内容选择

本章概述

本章阐述校本课程内容的含义和特点，介绍学科本位、社会本位、学生本位三种不同的课程内容来源，论述处理学科、社会、学生三者之间的关系是选择校本课程内容的关键所在，提出校本课程内容选择的方向性、协调性、适切性、可行性、有效性原则，阐述校本课程内容筛选的流程，分析校本课程内容的核心要素及内容组织方式。

学习目标

1.理解校本课程内容的含义与特点；
2.了解校本课程内容的三种来源，知道处理学科、学生、社会三者之间的关系是选择校本课程内容的关键所在；
3.理解校本课程内容选择的原则，并能够运用于选择或评价课程内容的相关实践中；
4.了解校本课程内容筛选流程；
5.知道校本课程内容的核心要素及相应的组织方式。

读前反思

我国 2001 年颁布《基础教育课程改革纲要》，其中关于基础教育课程改革的具体目标有六个方面，其中一个方面是：“改变课程内容‘难、繁、偏、旧’和过于注意书本知识的现状，加强课程内容与学生生活以及现代社会和科技发展的联系，关注学生的学习兴趣和经验，精选终身学习必备的基础知识和技能。”对照此目标表述，联系教学实际，你觉得你在课程内容处理上遇到的困难有哪些？如果你从事过校本课程开发活动，你觉得校本课程内容有哪些特点？该如何选择校本课程内容？

第一节 校本课程内容概述

对校本课程内容理解不同，必然影响校本课程内容的选择。把握校本课程内容的含义与特点，是校本课程内容选择的前提。

学习目标

理解校本课程内容的含义和特点。

一、校本课程内容的含义

目前在学术界对课程内容的理解存在着不同的看法。代表性看法有：课程内容是指一门课中所传授或所包含的知识，也指各门学科中特定的事实、观点、法则和问题等，课程内容是指由符合课程目标要求的一系列比较系统的间接经验与学生的某些直接经验组成的用以构成学校课程的基本材料；课程内容是指各门学科中特定的事实、观点、原理和问题，以及处理它们的方式；课程内容是指根据课程目标，有目的的选择各种直接经验和间接经验的知识体系；课程内容是符合课程目标要求的一系列比较规范的由间接经验和直接经验组成的用以构成学校课程的文化知识体系，是课程的主体部分；课程内容是指各门学科中特定的事实、观点、原理和问题，以及处理它们的方式，是一定知识、技能、技巧、思想、观点、信念、言语、行为、习惯的总和。并指出，要理解课程内容的含义，就要把握三个方面的要点，即课程内容是人类文明成果的精华，课程内容是学生学习的对象，课程内容是影响学生发展的材料。尽管对课程内容的理解不一，但学者们都在一定程度上指出了课程内容的基本特征：其一，课程内容是为实现课程目标服务的基本材料；其二，课程内容是根据课程目标的要求精心选择的；其三，由于课程形态的多样性，构成课程内容的基本材料也是多样的，相对学生的经验而言，有的是反映人类已有科学文化知识的间接经验，有的是需要通过学生亲身实践才能获得的直接经验。

第三章已经讨论过，一方面，校本课程开发包括在规范实施国家课程、地方课程的基础上，开发出适合于本校学生需求的校本课程(或称“校定课程”)，以使学校课程体系的各类课程更加完备；另一方面，校本课程开发可以基于本校实际，着重对国家课程(或地方课程)进行校本转化，使得国家课程适合于本校学生的实际水平和发展需要，符合学校的办学理念和培养目标，以此提升国家课程的适宜性和实效性。目前人们对国家课程、地方课程、校本课程的关系存在着不同的理解，有的认为是自上而下三个层级的课程，有的主张是同一课程体系中各占一定比重的三类课程，无论是理解为三级课程，还是理解为三类课程，在实践中均出现一些问题，如课程门类繁多、课时总量不变、到学校层面师生难以承受，以及三类课程各自为政、缺乏整合、课业负担过重等。当前，校本课程开发需要突出强调三级课程的转化与生成。立足自身课程开发历史和现实资源与要求，主动转化国家课程，相应地学校也要主动联系自身学校课程发展历史与教育现实需要，对地方的课程予以转化，甚至同时对国家课程予以创造性的落实，最终整体生成本校课程，从此意义上讲，校本课程生成于国家课程、地方课程的校本转化过程中。

校本课程开发的课程类型和形式灵活多样，有从科学领域中选取某些知识组成学科，分门别类地向学生传授系统知识的学科课程，也有从学生的兴趣需要出发，引导学生开展身体力行的实践活动，获得直接经验的活动课程；有学科界限分明的分科课程，也有注重学科间联系和整合的综合课程；有容量小且开设时间短、强调深度而不强调广度的微型课程，也有容量较大的且持续较长时间(如一学期或一学年以上)的长期课程等。对于这些不同类型和形式的校本课程，既可以供全校学生学习，也可以供学生自由选择。由于校本课程开发不同类型的课程，其性质、要求有所不同，故而对“校本课程内容”这一概念的界定就不宜用现象描述或要素罗列的方式来进行，只能从校本课程内容在课程内容系统中的地位、性质及功能的角度来说明。据此，可以认为，校本课程内容是学校根据国家或地方课程改革的基本精神，联系学校自身的实际，为学生的成长发展而精心选择的，有助于校本课程开发目标达成的基本材料。具体包含以下几个层面的意思：①校本课程内容是为实现校本课程开发目标服务的；②校本课程内容的构成是多样的，有正式且显性的知识、经验、价值观、方法技术等，也有非正式或隐性的观念文化、制度习俗、环境氛围等；③校本课程内容的开发主体是学校，由学校自主选择和组织课程内容；④校本课程内容要符合国家教育方针、学生身心发展的规律等相关要求。

二、校本课程内容的特点

校本课程内容是实现课程目标的重要手段，具有以下几个方面的特点。

（一）校本课程内容开发的主体性

校本课程内容的确立不同于国家课程和地方课程，没有现成内容直接可用，学校也不可能将国家课程、地方课程简单照搬或机械执行。校本课程内容必须以学校作为课程开发的主体，组织相关人员选择相关课程内容并进行加工，要根据学校发展的愿景及校本课程开发的目标，结合学生的需要和经验水平，有针对性地选取适宜的材料。对相关材料的取舍反映了课程开发者的主观愿望，也体现出课程开发者的价值取向和知识经验水平。课程内容是为课程目标达成服务的手段，校本课程内容通常是课程开发者主观预期的结果在课程开发产品中的体现。当然，这种主观愿望还要与课程内容确立的客观依据结合起来，通过开展校情学情调查、需求分析、课程研制等一系列扎实的工作，才能开发出合适的校本课程内容。

（二）校本课程内容设计的适宜性

在强调校本课程开发发生在国家/地方课程的转化与生成过程时，作为学校自主开发的课程内容，更容易贴近学生的实际，满足学生的不同需求，也更容易符合本校现实的办学条件。由于学生的兴趣爱好各不相同，学生的知识经验及能力水平也存在着差异，校本课程内容的设计就应该在适宜性和“弹性”等方面下功夫，以使校本课程内容的构成具有灵活多样的特点：不仅课程内容丰富，而且课程内容的性质要求灵活，如分为必修课程内容和选修课程内容、学科课程内容和综合实践活动课程内容等；还可以同科目分层次，整体规划，便于学生自主选择。例如，北京十一学校的办学理念是“学生第一”，以“一切为了人的自由发展、尊重每个孩子的个性发展”为己任，最大限度地保留学生的学习个性，针对每名学生的个性需求因材施教，最大限度地引导学生发现自我、自主学习，激发学生学习的主动性、积极性、创造性和学习潜能，给学生充分施展才能的舞台，让学生全面健康成长。在此理念的引领下，学校对高中课程进行了大幅度的改革，对国家课程、地方课程、学校课程进行整合，根据每个高中学生的知识经验水平、兴趣爱好、升学意向等实际情况，对课程进行分层、分类设计，开发出近 300 门学科课程供学生选择，将国家课程方案规定的信息技术和通用技术两门课程，开发为数据库、移动互联应用、机器人、影视技术、汽车造型与设计、服装设计与制作、厨艺等 15 个模块，将体育变成田径、篮球、足球、游泳、艺术体操等 22 个模块，实现了全校每个学生都有适合自己的课程表，取消教学行政班，将教室按学科分类固定，由学生“走班”上课，学校通过对国家、地方课程的校本转化，为每个学生提供适宜的课程，在落实“因材施教”方面做出了积极的探索。

（三）校本课程内容选择的地域性

学校内外存在着丰富多样的课程资源，有可以直接转化为课程内容的条件性资源，如当地的历史文化、风土人情，学校的特色活动、办学成绩等；也有可以为课程内容实施服务的条件性资源，如当地的社会文化教育机构，有影响力的社会人士，学校的图书馆、体育场等，按照因地制宜的原则来选取校本课程内容，可以提高校本课程内容的针对性、便利性和实效性。有研究还从知识伦理的视角指出，“科学知识主宰一切”的课程观及“科学知识至上”的知识伦理结构所造成的最大缺陷就是忽略了人，使教育与生活对立起来，进而提出校本课程所发为各种知识进入课程体系提供了可能和机遇，认为只有将地方性知识纳入课程体系，才能使课程与学生的生活世界接轨，丰富学生的生活世界，增强学生的亲身体验，学生才能形成对地方的归属感、认同感，才能关注和关心地方的发展和进步，才能有保护地方环境的意识和愿望，才能具有爱地方、爱国家的品德和情感。只有学生真正掌握地方性的知识，才有能力为地方的经济建设和社会发展做出贡献。针对学生成长发展的需要和即将走入社会的实际，通过校本课程开发将地方课程资源纳入课程内容之中，对学生了解社会、参与社会生活有着十分重要的意义。例如，福建厦门双十中学开发的校本课程“闽南文化”，针对学生不了解民族文化的实际，利用厦门独特的地理优势，在校本课程开发中彰显地域文化，使地方课程与校本课程交融并存。为此，学校确立了“闽南民系与文化”“闽南方言”“闽南习俗”“闽南名胜”等八大专题，每个专题之下又划分出若干单元课目，以地方文化为主要内容，涉及语言、文化、环境、教育、历史等多个方面的知识。强调课程内容来自社会、来自生活，突出课程内容的体验性、实践性和开放性。

（四）校本课程内容生成的动态性

校本课程开发的产品，代表一个时间段内校本课程开发的成果，其内容是相对稳定的，但这并不意味着校本课程内容就是固定不变的，而是可以在实践中不断进行更新或充实。教师作为开发课程的主体，在实践中不断调整改造课程内容以提高课程内容的针对性和适切性，并不断创生新的课程内容，也是校本课程开发的应有之义。例如，上海大同中学在20世纪90年代引进了国际中学文凭中的“知识论”这门课程，从刚开始的直接翻译和付诸使用，到不断结合学校和学生的实际进行修改完善，逐步将本门课程的目标确定为以下几个方面：学生能够主动地对各种知识的陈述进行反思和质疑，能够初步认识到各个领域知识的确定性程度、局限性及其相互联系；能够清楚地意识到自己或他人都具有潜在的偏见，包括意识形态偏见及所属文化的偏见；在批判性的问题探讨中能够不断地对自己的认知策略进行反思，形成并发现自己的较为合理的认知风格；逐步形成一种批判性思考的意向、兴趣和习惯等。同时，学校编写了《知识论的课程纲要》，教师据此自主选择和组织教学内容，而非仅仅局限于国外的教材。通常教师会从国外《知识论》教材、国内有关报纸杂志书籍或音像资料、学生的实际生活等方面来选取课程教学内容，充分体现出课程内容动态生成，以不断提高适切性的特点。

(五)校本课程内容价值的生本性

校本课程内容是实现教育目的所凭借的基本材料，学校教育目的指向全体学生的全面和谐发展。学校是专门的培养人的机构，育人是学校教育的职责和使命，学校课程是落实育人任务及实现教育目标的重要载体。我国高中课程改革方案明确指出，普通高中教育是在九年义务教育基础上进一步提高国民素质、面向大众的基础教育。普通高中教育为学生的终身发展奠定基础。高中教育对学生的培养目标为：初步形成正确的世界观、人生观、价值观；热爱社会主义祖国，热爱中国共产党，自觉维护国家尊严和利益，继承中华民族的优秀传统，弘扬民族精神，有为民族振兴和社会进步做贡献的志向与愿望；具有民主与法制意识，遵守国家法律和社会公德，维护社会正义，自觉行使公民的权利，履行公民的义务，对自己的行为负责，具有社会责任感；具有终身学习的愿望和能力，掌握适应时代发展需要的基础知识和基本技能，学会收集、判断和处理信息，具有初步的科学与人文素养、环境意识、创新精神与实践能力；具有强健的体魄、顽强的意志，形成积极健康的生活方式和审美情趣，初步具有独立生活的能力、职业意识、创业精神和人生规划能力；正确认识自己，尊重他人，学会交流与合作，具有团队精神，理解文化的多样性，初步具有面向世界的开放意识。为此，学校课程内容作为达成课程目标的基本材料，应该着眼于学生需要的满足，为学生的升学或就业乃至终身发展奠定良好的基础，使学校课程成为促进全体学生全面和谐、生动活泼发展的载体。尽管校本课程内容还能够服务于学校的特色创建，促进教师的专业成长，满足社会对人才的需要等，但始终应该以学生的发展作为学校各项工作的出发点和归宿。

第二节　校本课程内容的来源

一、校本课程内容选择的取向

> 学习目标
>
> 知道处理学科、社会、学生三者之间的关系是选择校本课程内容的关键所在，理解并能够运用校本课程内容选择的原则，掌握校本课程内容筛选的流程。

课程内容的选择，是根据特定的教学价值观及相应的课程目标从学科知识、当代社会生活经验或学习者经验中选择课程要素的过程。这一定义说明课程内容选择受特定的价值取向和课程观的影响，根据既定的课程目标选取适宜的相关材料作为课程内容。在课程实践中，关于课程内容选择的依据存在着不同的主张，由此构成课程内容的基本材料也各有不同。了解课程发展史上课程选择的不同取向，对今天的校本课程开发及课程内容选择有着重要的启示。

(一)课程内容即学科知识

这是一种知识本位取向，把课程理解为学科或学科的总和，以科学技术的发展及学科自身的特点作为课程目标的基本来源，由此，学科知识就成为课程的主要内容。1859年，英国著名哲学家、社会学家、教育学家斯宾塞(Spencer)提出了“什么知识最有价值”的著名问题，是课程论发展史上第一次明确提出课程选择的问题。从此以后，在课程实践中，总是要思考和回答选择什么知识作为课程内容，以什么标准作为选取知识的依据等一系列问题。尽管在不同时期、不同国家或地区选择知识的标准、程序不同，但在相当长的时间里，往往都把学科知识作为课程的主要内容。

以学科知识为课程内容，由于学科界限的分明、学科知识的完备及条理清楚等特征，学校课程设计、实施及评价等带来了较为便利的条件。学校可以较为便捷地选择组织课程内容，分门别类地向学生传授系统的科学知识；可以在有限时间内通过教师的系统讲授，帮助学生掌握人类已有的科学文化知识，达到人类总体的认识水平，以便学生离开学校之后能够从事认识世界、改造世界的活动等。正是这样的一些优势，将学科知识作为课程内容成为学校课程开发的惯常做法，甚至影响着教师们的课程观。随着科学技术的不断进步，知识呈几何级数地激增，面对浩如烟海的科学文化知识，究竟如何选择，如何解决有限的课程容量和无限增长的知识之间的矛盾，成为课程开发者面临的难题。此外，以学科知识作为课程内容可能导致理论与实际的脱节、科学世界和生活世界的疏离等问题，也值得人们思考与回应。

(二)课程内容即社会生活经验

这是一种社会本位取向，把教育当作社会生活的准备或把课程理解为社会改造的过程，以当代社会生活的需求作为课程目标的基本来源。由此，当代社会生活经验就成为课程的主要内容。

以社会生活经验作为课程内容，关注的是学校课程与社会生活的关系，偏重于课程及其内容的实际应用。在课程论发展史上，关于学校课程与社会生活的关系问题，存在着一种典型的观点，即“被动适应论”“主动适应论”和“超越论”。

被动适应论认为教育只是社会生活的准备，学校课程是学习者适应当代社会生活的工具。持这种观点的学者主张教育是为学生将来过上完满的成人生活做准备，为此，采用“成人活动分析法”，将成人生活转化成课程目标，进而依据这些目标来选取课程内容。但这样的做法将教育的社会功能等同于对社会生活经验的复制，往往忽略了成人和儿童的差异，甚至无视儿童的实际需要和幸福。

主动适应论认为个人与社会是互动的、有机统一的，教育与社会也是互动的、有机统一的，学校课程不仅适应着社会生活，还不断改造着社会生活。持这种观点的学者认为课程内容主要来自社会生活和人类不断面临的社会问题，主张以社会现实问题为基点来选取和组织课程内容，引导学生了解社会、参与社会生活并学会关心社会、改造社会。

超越论认为当教育及课程的主体地位真正确立起来之后，学校课程与其他的社会生活经验的关系就是一种对话、交往、超越的关系，学校课程主动选择社会生活经验，并对社会生活经验不断批判与超越，而且不断建构出新的社会生活经验。例如改造主义课程理论强调教育及课程的主动性、能动性、独立性，甚至提出学校教育应该在建立新的社会秩序方面发挥作用。

以上三种观点，在处理学校课程与社会生活关系的主张上存在着一定的差别，但都把社会生活作为课程目标及内容的重要来源，意在引导学生把学校生活与当前或未来的社会生活联系起来，突破僵化封闭、教条式的书本知识学习，学会了解社会和参与社会，培养关心社会和改造社会的态度及能力，提高学以致用的本领。

将社会生活作为课程内容，面对纷繁复杂、变化不定的社会生活，也要处理好内容的深浅难易与学生知识经验水平之间的关系，学生参与社会生活实践与系统学习掌握知识之间的关系等，还要努力避免耗时低效、学生得到的经验零散片段甚至片面等问题。

（三）课程内容即学习者的经验

这是一种学习者本位取向，把课程理解为学生的经验，将学习者的需要、兴趣、能力和已有经验作为课程目标的基本来源，由此，学习者的经验就成为课程的主要内容。

将学习者的经验作为课程内容，其前提假设是：学习者是真正的主体，每一个体都是独特的，都有自己的个性特征，个体的成长经历、个人生活史、个人的经验感受等对其成长发展有着十分重要的作用，这本身就是一种课程，由此，学习者也就是课程的开发者。学习者的个人知识和经验，学习者在与同伴交往或其他社会交往中所得到的社会经验等，就成为课程的主要内容。这样的取向，突出了学习者的主体地位，重视学习者主观能动性的发挥，关注学习者的真实经验和实际收获，对满足学习者的多方面需要、促进学习者的人格健全等有着十分重要的作用。由于学习者的成长发展不是在“真空”中进行的，而是在当下的现实生活中进行和实现的，学习者不仅受到社会环境及社会生活经验的影响，也可以反过来影响社会生活经验，由此，学习者可以成为社会生活经验的创造者。

以上三种课程内容的选择取向在教育发展的历程中都有所出现，即不同历史时期，不同国家地区在课程设计及课程内容选择的时候，存在着偏重社会生活经验、学科知识或学习者经验的方面，之后又随着社会发展的需求，针对现有课程内容存在的不足，朝着另一方面发展。如在选择课程内容时，从单纯强调课程是服务社会、推动社会进步的工具，着眼于社会需要的满足，转变为强调以学生为本，注重学习者需要的满足和经验的生长等，这就是课程设计的“钟摆现象”。基于对课程设计“钟摆现象”的反思，当今的学校课程设计，包括校本课程的内容选择，都已经突破了单方面考虑课程来源或内容选择依据的做法，而是对课程内容选择三种取向同时兼顾。正如有学者提出了有关课程来源及其制约因素的“三维结构模型”，认为课程来源是由学生、社会、知识三个维度构成的，而且，不同维度赋予课程不同的目标指向及制约因素，但课程却是三个维度的因子之间立体化的统合结构，而不是平面组合体。即任何一个维度中的目标指向及制约因素都不能单独构成课程的依据，必须与其他两个维度构成统一的、相互关联的有机体。

具体而言，当前学校课程内容选择已经注意到了学科知识、社会生活经验、学习者经验之间关系的兼顾。比如，将学科知识作为课程内容时，就要考虑进入课程的学科知识是否合乎社会发展需求，是否是学习者可以理解接受的知识。又如，即使将学习者经验作为课程内容，也不可能“回避”学科知识或社会生活经验，因为学习者的经验生长不可能在“真空”中进行，学科知识或社会生活经验本身就可能是学习者关注的对象，学习者在现实的社会生活实践中，接触人类已有的科学文化知识，并尝试运用这些知识来指导自己的社会实践，又通过能动的社会实践来丰富个体的经验，将外部的知识内化为自己的精神财富，促进自身的成长发展。再如，将社会生活经验作为课程内容，离不开学习者的主动参与和能动实践，也需要学习和运用学科知识来解决所面临的现实社会问题，从而在社会生活实践中提高认识、增长才干。

二、校本课程内容选择的原则

校本课程内容选择的原则是指在校本课程开发中对课程内容的选择应该遵循的基本要求。这些基本要求是人为规定的，受人们的课程观、课程价值观及知识经验等因素的制约，也受所处社会政治、经济、科技、文化等因素的制约，可以说校本课程内容选择原则的提出是主观与客观相统一的产物。

例如，泰勒(Tyler)以学习经验作为课程内容，专门规定了选择学习经验的五条原则：一是为了达到某一目标，学生必须具有有机会实践这个目标所蕴含的那种行为的经验；二是学习经验必须使学生由于实践目标所蕴含的那种行为而获得满足感；三是学习经验所期望的反应，是在学生力所能及的范围之内的；四是有许多特定的经验可用来达到同样的教育目标；五是同样的学习经验往往会产生几种结果。又如，普林格(Pring)将知识作为课程内容，从社会、学习者和文化学等多重角度提出了关于知识选择的构想。认为知识的选择应该考虑：①社会的效用；②社会责任感；③共同文化修养；④个人满足感；⑤认知方面的知识(这些知识以探求真理为主，即便不会引起学习者极大的兴趣，社会实用价值也不大，却有很大的认知价值)；⑥家长和社会的要求；⑦心智能力，如“探究某种论辩的理由”“找出论据和尊重论据”“组织和表达思想”对不同观点的分析，以及训练于非本质处发现本质的能力等。普林格的构想实际上将知识的认知发展价值、社会效用及知识对个人情操陶冶等价值容纳在一起加以考察，并在知识选择时，把学生的要求和社会的要求结合在一起，这样的做法有一定的合理性。

还有学者从哲学、心理学、技术学、政治学和实践性五个方面来考虑选择学习活动的准则，其中哲学原则强调价值观在内容选择中的基础作用或价值判断作用；心理学原则关注所选择的内容能否引起最佳的学习行为；技术学原则主张对学习任务作具体分解使之成为一个有序的系列，为学生完成学习任务提供必要的条件；政治学原则强调课程内容与社会政治或机关社会团体的要求相一致；实践性原则关注课程内容付诸实践的可行性、经济便利性及其实际效果。

结合已有的研究成果和校本课程的特点，在选择校本课程内容时，应该遵循以下几点原则要求。

(一)方向性原则

校本课程内容的选择要坚持正确的方向。符合国家教育方针、教育目的及培养目标的基本要求，顺应教育改革和课程发展趋势，符合校本课程开发目标取向和价值定位，以全体学生全面和谐的成长作为课程内容取舍的基本依据。国家教育方针明确规定了学校教育性质和目的，是各级各类学校教育教学工作的行动纲要，校本课程开发也必须在国家教育方针的指引下开展相关工作，尤其是要依据教育目的关于“培养德、智、体、美、劳全面发展的社会主义建设者和接班人”的基本精神来指导校本课程内容的选择。随着时代的发展，学校教育模式已经从“精英教育”向“大众教育”转型，追求平等和高质量，已经成为世界教育改革的目标指向，让每一个学生接受与之相适应的教育，使每个学生都能够在已有的基础之上不断地向前发展，成为衡量教育质量和成效的重要指标，也是校本课程开发及内容选择的基本取向。

（二）协调性原则

校本课程内容的选择要处理好学科、学生、社会之间的关系。结合学校发展实际，抓住校本课程开发中的主要矛盾，将学生需要、社会需要与学科知识作为一个整体来考虑，使校本课程内容能够彰显课程价值观，成为实现课程目标的主要手段。例如，世界课程改革的发展趋势是尊重学习者的主体意识、呼唤学习者的个性发展，这种课程价值观必然要求以学习者的经验作为课程内容选择的主导取向。以学习者的经验为核心整合学科知识，整合社会生活实践，具体而言，根据学习者的需要、兴趣、已有经验等来选取知识，所选择的知识不再是一种目标，而是一种手段，一种服务于学习者探究问题的工具，由此选择出的知识，虽不像知识本位中那样逻辑严密，却具有宽泛得多的知识范围。诚如有学者认为，只有经过学习者本人选择的教育内容并赋予内容某些个人的意义，才会有真正的学习，而真正的学习可以激发学习者内在的学习动机，而不是仅仅依靠外部的奖惩。让学习者通过亲自选择知识来探究问题还可以挖掘学习者的潜力，个别差异问题也会由此迎刃而解。此外，让学习者参与知识选择的过程，他们解决问题的能力也会得到充分的发展。

（三）适切性原则

校本课程内容的选择要符合学生身心发展的需要和现有水平。校本课程内容要能够激发学生主动学习的愿望，使其积极投入相应的学习活动之中，使学生能够胜任其所面临的学习任务，能够帮助学生学有所获并维持后续学习的动力，有助于学生健康成长、协调发展。针对当前校本课程开发中存在的开发目标异化、开发范围狭窄，对学生需求诊断不够科学，内容设置单调、偏重于学科类课程的拓展和知识教育等问题，提高课程内容的针对性和适切性成为迫切需要解决的问题。为此，应该运用科学合理的方法来诊断学生发展需求和定位校本课程目标，整体把握课程系统中各项内容之间的关系，根据学生的身心发展特点和现实水平及未来发展的可能性，合理选取和组织相关课程内容。

（四）可行性原则

校本课程内容的选择要因地制宜、符合学校实际。选择校本课程内容，要充分利用学校内外现有的各类资源，要能够调动师生的积极性，以合理的投入取得良好的效果，顺利达到校本课程开发预定的目标，促进师生共同成长及学校办学水平的提升。例如，上海思源中学以校名“思源”为出发点，确立了“思中华传统优秀文化之源”的学校文化建设及课程发展的目标，以“民族传统特色技艺教育”为学校特色形成生长点，在课程内容的选取上，先是以武术教育为突破口，再进一步将部分民族传统优秀技艺引入学校课程，选择民乐、武术、围棋、剪纸、茶艺、陶艺、舞龙舞狮、腰鼓秧歌、京剧脸谱、古诗词咏诵等多种中华传统技艺，形成在“思源”课程文化建设中培养学生民族精神的基本框架，具有一定的代表性。

（五）有效性原则

校本课程内容的选择要做到有效果、有效率、有效益的统一。有效果是指所选取的内容付诸实践后能够顺利达成课程目标，课程内容是实现预期目标的手段；有效率是指对内容的选择组织要处理好投入与产出的关系，避免分兵作战、封闭开发、交叉重复、重开发轻使用等弊端，以合理的时间、精力、资源等投入取得预期的成效；有效益是指校本课程内容的选择能够满足学生成长发展的实际需要，为全体学生的健康成长创造良好的条件，与此同时，也促进学校教师的专业素养及学校文化建设或特色创建。

三、校本课程内容筛选流程

校本课程内容的筛选包括课程内容的选取、加工、组织等一系列工作。有学者指出，课程内容的选择大致包括四个基本环节：确定课程价值观，其核心是回答“什么是受过教育的人”；确定课程目标，这是课程价值观的具体化；确定课程选择的三种取向之关系，即确定作为课程内容的学科知识、当代社会生活经验、学习者的经验三者之间的关系，确定课程内容，即选择出与特定课程价值观和课程目标相适应的课程要素。例如，查特斯(Charters)在《课程编制》中指出，课程开发涉及课程目标制定、课程内容选择、课程内容评价等序列性活动，具体分为七个步骤：通过生活分析确定课程目标；依据目标确定课程内容的理想和活动；对理想与活动按重要性排序；强调对儿童有价值的理想与活动；确定必须且能够在学校获得的理想和活动；收集处理这些理想与活动的最佳方法；按照儿童心理特征组织理想与活动。查特斯强调目标对课程内容的决定作用，进而将目标转化为课程内容的理想和活动，即可观察的结果目标，并指出这些内容要经由教师、专家投票或在研究学生的基础上确定，还要按重要性和价值高低排序等。

在梳理理论研究成果和实践探索经验的基础上，可以将校本课程内容筛选模式纳为以下四个环节：澄清学校教育哲学、确定校本课程的目标、选取课程内容、组织编排课程内容。

（一）澄清学校教育哲学

学校教育哲学指的是一所学校信奉的教育理念，它是学校共同体成员的教育信奉，主要体现为学校的使命、愿景和育人目标，其中育人目标是核心，即培养什么样的学生是学校教育哲学的核心问题。学校教育哲学的澄清通常是伴随学校的发展及学校各项工作的切实开展而逐渐完成的，是校长及师生对学校培养目标、发展方向等的主动思考，通过对学校教育人员教育理念的哲学分析、过滤和筛选，逐步认清学校发展形势，确立适合本校实际和有利于本校学生发展的教育思想、教育理念，并逐步达成共识，成为一个团体的哲学信奉，体现一致性和统一性。学校教育哲学又对学校今后的发展及各项教育教学活动有效开展产生方向引领和规范指导的作用。具体到校本课程实践中，教育哲学的澄清对确立校本课程开发的理念和目标、觉醒校长和教师的课程意识、规范校本课程开发实践等，有着十分重要的指导作用。

(二)确定校本课程的目标

课程目标是指一定教育阶段的学校课程促进学生身心发展所要达到的预期结果。在教育目标体系中从上到下依次是教育目的、培养目标、课程目标、教学目标，几者之间有着内在的一致性，从上到下又逐渐具体化。因此，课程目标的确立受教育目的、培养目标的规定，是教育目的、培养目标在课程中的具体体现(案例 4.1)。我国新一轮基础教育课程改革将课程目标分解成三个维度，一是知识与技能，着眼于学生对人类已有科学文化知识的理解与掌握；二是过程与方法，着眼于学生在学习过程中获得直接经验和内心体验，对学习方法有所感悟，在过程中不断提高学习能力；三是情感态度价值观，着眼于学生在学习与成长的过程中，获得丰富的情感体验，形成积极的人生态度和正确的世界观、价值观。学校校本课程目标的确立，也应该接受国家教育目的和培养目标的指导，在此基础上结合本校及学生实际，针对校本课程的具体门类对课程目标做出规定。

【案例 4.1】 辽宁大连一中将教育哲学作为学校各项工作的统领，学校校本课程目标设计、内容选择等都承载着学校的教育哲学。在学校“引导学生自主教育，提升学生综合素质”的办学理念指引下，将校本课程目标定位于“学生可持续发展为核心的综合素质提高”，并具体为“一个信念”即服务社会、奉献社会的价值追求，“健全二性”即学生自然属性和社会属性的健全发展，“三种意识”即自主意识、社会意识和国际意识，“四项能力”即独立生活能力、人生规划能力、交流合作能力、终身学习能力等，在此基础上构建起由两个领域、三大科目、九个专题和若干模块组成的校本课程体系。

(三)选取课程内容

课程内容是实现课程目标的基本材料，如前所述，课程内容的确立有学科本位、学生本位、社会本位等不同的取向，由此课程内容的构成也不同。但无论选取怎样的材料作为课程内容，都要紧扣教育目的、培养目标的要求，处理好学科、学生、社会之间的关系。选取学科知识作为课程内容，要充分考虑知识对学生个人的发展价值和对社会的发展价值，既要贴近社会生活，又要符合学生的身心发展现状；选取社会问题作为课程内容，要考虑学生的现有知识经验水平，并围绕具体的社会问题，在解决问题的过程中运用相关学科的知识，不断拓展知识的学习；选取学生活动为课程内容，要考虑学校内学生开展的活动对其参与社会生活的意义，以及实践活动与知识学习的关联等。当然，在选取课程内容时，要求坚持以学生发展为本的指导思想，以此为判断课程内容重要性、优先性的标准，并考虑课程的容量和教育周期，优先选取更重要的内容作为课程内容。以下仅以知识的筛选为例，说明课程内容选取应该关注的一些重要问题。

选择学科知识作为校本课程的内容时，首先面临的问题是“什么样的知识最有价值”，而知识价值的评定本身就是一个复杂的问题。

有学者将知识的价值分为一般价值和比较价值。所谓知识的一般价值，狭义地理解为一般性教育价值，即知识在教育这一系统中所能产生的一般效应。一是知识的功利价值，是指在个体实现其目的中具有方法和手段的意义。知识在为人所用时必然会出现某种效用，正是这种效用才激励着人们通过接受教育、掌握知识来提高社会行为或个体行为的质量，并在知识的运用过程中不断超越知识本身的目标，追求更高的价值。知识的功利价值不仅包含“实用”“实效”的含义，还包括“基础”“前提”等发展性含义。二是知识的认知价值，指的是学习者在接受知识过程中，通过特定活动方式获得人类沉淀下来的历史经验、认识成果，并将这些认识成果内化为主体的认知图式，逐步形成认识事物的能力，从而能够在已知世界和未知世界之间架起一座桥梁，为学习者进行新的探索打好基础。三是知识的发展价值，即知识能够对学习者精神世界全面发展起促进作用。如果说知识的认知价值更多关注的是认知能力的提高，那么发展价值则更多关注学习者的情感过程和个性心理特征。

所谓知识的比较价值，换言之就是价值比较，它涉及某类或某一学科知识的价值，但核心在于判断哪些知识和哪些学科价值更大，据此确定哪些知识、哪些学科更有理由进入课程。一是以生活活动的价值来判定知识的价值。例如，英国教育学家斯宾塞的“生活准备说”以能否帮助学生未来过上完满的生活作为判定知识价值高低的标准，他把人的活动按照重要性程度进行排列，分别是直接保全自己的活动、间接保全自己的活动、抚养和教育子女的活动、社会交往的活动、闲暇爱好和情感活动。与这些活动相对应的学科知识分别是探讨生命和健康规律的生理学和解剖学、以谋生和职业为主的读写算和科学、培养后代健康成长的心理学和教育学、实现人的社会化的历史学和社会学、丰富人的生活、提高艺术感受能力的人文学科知识。二是以人的理性发展为知识价值判断的尺度。例如，永恒主义代表人物赫钦斯(Hutchins)认为，理性是人类共同的、最重要的、永恒不变的特性，教育的重点就在于发展人的理性，而“永恒学科”有助于理性的培养，具体包括“古典语言和文学有关的学科”和“智性学科”。古典著作的教育价值是多方面的。首先，古典著作可在一定程度上代表西方文明发展的历史轨迹，蕴含于其中的是历代思想家的智慧和思考。其次，古典著作涉及的很多问题及企图为解决这些问题的探索，直至今天仍然具有极大的启发和指导价值。人类只有不断地触及前人的思想，取其精华，去其糟粕，才可能对现实的复杂问题持有正确的态度。最后，古典名著本身就是知识和思想最广泛意义的综合，而这一点在专业不断分化的当代尤其具有现实意义。“智性学科”主要有文法、修辞学、逻辑学和数学等。文法的价值在于能够发展语言逻辑的分析能力和陶冶人的心灵；修辞学的价值在于帮助学习者掌握读写讲的基本法则，从而能够将自我情感以合乎规范和优美的形式表达出来；逻辑学的价值在于能够训练学习者清晰明了的推理和判断能力；数学被赫钦斯称作以最明确和最严格的形式阐明推理的学科，其依据的是人类思维普遍和必然的过程，不受个人喜好和偏见的影响。

此外，将学科知识作为课程内容，还需要做到以下几个方面的统一。

第一，作为课程内容的学科知识要做到知识的逻辑顺序与学生的心理发展顺序的统一。在处理学科知识和课程内容的关系上，存在着两种情形：一种是把学科知识与课程内容直接等同，将学术领域的学科知识直接搬到中学课程之中，使学生学到的是远离现实生活和学生实际经验的、抽象空泛的知识体系；另一种是过度强调学生的“可接受性”，对学术领域的学科知识进行任意的裁剪，以至于知识的逻辑系统性无法体现，学生得到的是零散片段的知识，更谈不上发挥学科知识逻辑系统性强的优势。由此可见，作为课程内容的学科知识既不能“原样照搬”学术领域的内容，又不能完全忽略学科知识的学术性和逻辑系统性进行随意“剪裁”。作为课程内容的学科知识既要遵循学科知识本身内在的逻辑顺序，又要尊重学生心理发展的顺序，力求二者的有机统一。

第二，作为课程内容的学科知识要做到科学与人文的统一。由于科学技术的不断进步及其对人类生活所产生的深刻影响，“知识就是力量”的判断被一次又一次的确认，人们对科学技术在改造世界改变生活等方面的作用确信无疑。自 19 世纪上半叶到当代，哲学界出现“科学本位”的“实证主义”或“唯科学主义”思潮，“科技理性”成为社会的主导价值观，由此，科学技术在学校课程中的地位越来越重要和牢固，道德、艺术等内容被轻视和弱化。学校课程偏重于有实用价值的、功利性的科目及内容，其他实用价值不明显及非功利性的科目及内容(如音乐、美术、体育、德育、文学等)不予重视或在实践中形同虚设。随着人本主义思潮的兴起，人们开始反思“科技理性”价值取向所导致的偏差，关注人沦为“经济动物”“单向度人”的种种不幸，呼唤“人的主体性”的回归，强调对人的尊重，强调对人多方面需要的满足及完整人格的塑造，在此背景下，学校课程及其内容所涉及的科目门类应该多样化，协调科学、艺术、道德等领域之间的关系，强调这些学科领域对人的全面和谐发展的重要性，科学、艺术、道德等各领域课程在学校课程体系中是不可或缺的。

第三、作为课程内容的学科知识要做到陈述性知识与程序性知识、策略性知识的统一。在以往的课程编制中，往往偏重于将结论性的知识作为课程内容，直接且毋庸置疑地呈现出来，尤其受客观主义认识论的影响，认为这些知识是人类认知的成果和智慧的结晶，是验证的客观真理，可以直接作为课程内容教给学生，在课程编制时往往采用“演绎法”，即直接呈现结论性知识，再通过一些例子来证明这个结论性知识。长此以往，探究知识的过程、解决问题的思路和方法被“遮蔽”甚至“缺席”，教师和学生也可能由此滋生出“思维的惰性”，知识本身的启智功能难以实现。当代心理学研究把知识分为事实性知识、概念性知识、程序性知识和元认知知识。事实性知识是分散的、孤立的内容元素——“点滴信息”的知识，包括术语知识、具体细节和元素知识；概念性知识是较为复杂的、有组织的知识，包括分类或类目、原理和概念、理论、模型和结构的知识；程序性知识是如何做事的知识，包括技能、算法、技术、方法的知识，以及用于确定和(或)检验在某一专门领域的科目中“何时做什么”，是适当的，标准的知识；元认知知识即反省认知知识，是一般认知知识和有关自己的认知的意识和知识，其中包括策略性知识、包含背景和条件知识在内的认知任务知识和自我知识。不同类别的知识对学生的学习和发展有着不同的作用，这对知识的选择有着重要的启发意义。

(四)组织编排课程内容

课程内容的组织编排是指将构成学校课程的要素加以安排、排列和联系，以使课程内容之间保持一定的纵向序列和横向联系，为课程实施及教学活动的展开设置好相应的内容单位和活动进程，如将课程内容以章节、单元或主题等方式来划分和组织。具体组织方式将在第三节予以阐述。

校本课程的内容组织不只是对某一科目的内容进行组织安排，还涉及校本课程科目与科目之间关系的问题。可根据校本课程的功能划分为基础型课程、丰富型课程和发展型课程；或将其划分为基础型课程、拓展型课程和研究型课程；还可划分为学习方法类校本课程、兴趣类校本课程、活动类校本课程、艺术类校本课程、生活类校本课程和学科类校本课程等。各类课程可以保证学校课程体系的整体性和均衡性，而类别和科目的多样化可以保证校本课程的丰富性和选择性。同一类课程内部各科目之间可以相互关联、相互配合，从而收到增扩课程功能的效果。如有的学校以提高学生的人文素养为目标，在课程实践中加大人文教育课程内容的比重，在校本课程中以“传统文化”为轴心，把“儒家经典”“文学”“戏剧”“民间工艺”等多个科目集结成同类校本课程，各门课程围绕同一“轴心”构成了近似于“关联课程”的课程系统，虽然以分科的形式设置课程，但科目之间在内容上相互关联，彼此照应，使学生在同一时段对同一主题的内容能够从不同的角度加以认识，多次强化，就可能产生更大的教育功效。

第三节　校本课程内容的核心要素

一、校本课程内容的构成要素

> 学习目标
>
> 知道校本课程内容的核心要素，理解校本课程内容组织的含义及基本方法。

由于校本课程存在不同的类型，各类型课程的内容及其具体要素就有所不同。有学者指出，课程内容应该包括五种基本要素，即认知性知识或经验要素、道德性知识或经验要素、审美性知识或经验要素、健身性知识或经验要素、劳动技术性知识或经验要素。有学者将课程内容的构成要素分为三个维度，每个维度之下又细分为具体的子要素：一是科学知识结构，涉及若干个领域的知识；二是社会生活经验结构，涉及关于活动方法方式的经验、关于创造性活动的经验、关于情感与态度的经验等；三是学习活动结构，分为与学科相联系的学习活动和与校内外活动相联系的学习活动。另有研究指出，课程要素即课程的基本构成，大致包括概念、原理、技能、方法、价值观等。如加涅(Gagne)提出的五类学习结果，就是有关课程与教学内容的思考。他认为理智技能、认知策略、言语信息、动作技能、态度是学生通过课程与教学应该习得的能力，这也是课程与教学设计要考虑的问题。他认为，理智技能是指能使学生运用概念符号与环境相互作用的能力；认知策略是学生用来指导自己注意、学习、记忆和思维的能力；言语信息即人类千百年积累下来的知识；动作技能即动手操作的程序方式；态度是一种影响和调节一个人行动的内部状态。而这些学习结果与课程内容的选取有着十分密切的关系。不同学者划分课程内容要素的依据和方法是不同的，有从类别上做较为粗略的划分，有从内部构成上做较为具体的划分。借鉴已有研究成果，为简化头绪，本节仅对学科课程、活动课程、潜在课程的内部构成要素加以阐述。

（一）学科课程的内容要素

学科课程内容要素主要包括基本事实、基本概念、规则原理、技能、方法、态度与价值观等。

(1)基本事实。这是关于自然、社会和个人的基本情况，以及前人在这些领域进行科学实验的典型事例。

(2)基本概念。包括具体概念和定义(抽象概念)。概念是反映事物的特有属性(固有属性或一般的本质的属性)的思维形式。概念需要通过语言文字表达出来，前者是后者的思维内容，后者是前者的表达形式。具体概念表现基本概念合乎规律的现象、事物的形状及其具体性质；定义(抽象概念)表现事物的抽象性质。

(3)规则原理。从哲学上讲，规则是人脑对事物的一定关系或规律的反映，从心理学上讲，规则是对两个及其以上概念之间某种关系的阐述。原理是公式、法则、定律等的总称。

(4)技能。是运用知识解决问题的活动方式，如词汇再认或领会的技能、运算的技能、书写的技能、解释资料的技能等。技能一般分为心智技能和动作技能。

(5)方法(活动方式)。是解决问题的路径、程序。

(6)态度与价值观。态度是影响人行动的心理倾向，价值观是作为主体的人始终坚持并支配其行为的信念。

（二）活动课程的内容要素

活动课程主张把学习者的需要、兴趣、经验或体验等作为课程的基本内容。

活动意向指驱动学习者开展活动的内部动力，如主体的兴趣、需要等。兴趣是人们力求认识某种事物和从事某项活动的意识倾向，表现为人们对某件事物、某项活动的选择性态度和积极的情绪反应。需要是个体对内外环境的客观需求在头脑中的反映，常以一种“缺乏感”体验，以意见、愿望的形式表现出来，最终表现为推动人进行活动的动机。

直接经验指学习者作为活动主体与环境之间的交互作用，以及交互作用之后产生的个人经历和实际结果。包括对活动主体客体及其关系的认识，对活动方法、程序、要求的了解，对活动技能技巧的掌握等。

亲身体验指学习者通过身体力行的实践活动所产生的情绪反应和情感体验，以及对知识的内化、对活动方法策略的领悟、对观念或价值的理解乃至认同等。

现实生活是指学习者开展实践活动的载体和实际内容。学生的现实生活既是活动课程内容的来源和起点，又是活动课程的最终归宿，即通过活动课程丰富学生的直接经验，加深学生的情感体验，能够对学生的现实生活产生积极的指导作用。学生的生活领域一般是围绕学生与自然的关系、学生与他人和社会的关系、学生与自我的关系来展开的(案例 4.2)。

【案例 4.2】 北京陈经纶中学开发校本社会实践课程“人生远足”。根据季节特点、学生需求和课程设计的需要，利用双休日、节假日和部分上课时间，组织学生走出学校、走进社会，广泛参加社会实践。学校将课程按地理位置划分为市内、省外、国外几种类型，将主体教育、体验教育、生活教育结合起来，努力践行“与名人对话、与历史握手、与大自然亲密接触”的主张，开发出“对话文明起源”“弘扬红旗渠精神”“观赏百里画廊”“体验特色农家生活”等教育模块。尽管活动主题不同、形式不同，但都涉及调动学生的参与热情、引导学生亲身经历和参与社会生活实践、关注学生内心感悟和情感体验、丰富学生对社会、自然和人的接触和感知、加强学生之间的交往和师生之间的互动、养成学生行为习惯等内容。

(三)潜在课程的内容要素

潜在课程的因素体现在学校的各个方面，对学生成长发展产生持续的、潜移默化的影响。通常，学校里的潜在课程主要有三类：一是物质性的潜在课程，诸如学校的建筑及其结构、教室的布置、校园环境、校园生活水平及其结构和内涵等；二是制度性的潜在课程，诸如人际关系准则、学校管理体制、学校组织机构、各种规章制度等；三是心理性的潜在课程，诸如师生特有的心态、学风、交往方式、行为方式和价值观念等。由此，潜在课程的内容涉及多个方面(案例 4.3)。

(1)物质环境。涉及学校各类物质设施及布局结构，如经过学校精心规划和建设的图书馆、运动场、教室、实验室、多功能教室、多媒体设备等，以及经过绿化、美化和教育化的校园环境等。

(2)精神环境。涉及学校办学理念及其校训、校徽、校歌等符号载体，师生认同的价值观和行为模式，学校的风气及精神面貌，师生关系，班集体建设，课堂教学氛围等。

(3)规章制度。包括规范学校师生员工思想言行，规范学校办学行为的规则、条例乃至法规等。

(4)组织结构。涉及学校内部各机构部门(如教务部门、德育部门、后勤部门、年级组、教研组、学生班级等)之间的相互联系。组织各个部门的排列顺序、空间位置、聚散状态、联系方式以及各自的责任和权利等。

【案例 4.3】 广东珠海七中在校园环境建设中，将物态环境的美化与精神环境的优化和谐统一，力求让校园每一处景物“说话”，让每一个场所都能育人。为此精心布置学校画廊、喷泉、雕塑等，用富有教育意义的名人名言、格言警句等装点学校，并将“自强不息，感恩自育”的校训、“敬业求真，爱生启智”的教风、“主动勤学，多思践行”的学风等写在景观石上，体现出环境育人的氛围。而精心设计的校园环境可以作为潜在课程，对学校师生产生持续的、潜移默化的教育影响。

二、校本课程内容的组织

(一)课程内容组织的含义

有学者指出，课程内容的组织是指将构成教育系统或学校课程的要素加以安排、联系和排列的方式。还有学者认为，课程内容组织是指在一定的教育价值观的指导下，将所选出的各种课程内容要素妥善地组织成课程结构，使各种要素在动态运行的课程结构中产生合力，以有效地实现课程目标。课程内容组织既是将各种课程要素进行安排、排列及协调要素之间关系的一种专门化的活动，也是这项活动结束之后所形成的结构化的课程体系。总言之，课程内容组织是指按照一定的方式将课程内容的基本要素加以安排、排列或联系的活动，以及所形成的有内在结构的体系。

泰勒提出了组织课程与教学内容的三条基本原则，即连续性、顺序性和整合性。所谓连续性，是指直线式地重申主要的课程要素，如要培养学生阅读社会科学领域材料的技能，就要使学生有机会反复、连续地练习，从而掌握这些技能。所谓顺序性，是指将选出的课程要素根据学科的逻辑体系和学习者的身心发展阶段，由浅入深、由简到繁地组织起来，强调每一个后续内容要以前面的内容为基础，同时又是对有关内容的拓展和加深，所谓整合性，是指将课程中各种不同的课程要素建立适当的联系，然后整合成有机整体，以便帮助学生获得统一的观点，并把自己的行为与所学的课程内容统一起来。如学生掌握计算的技能，并非只是服务于数学课程中的孤立行为，而是使之逐渐成为学生全部能力的一个部分，能够在科学等其他课程的学习中以及在日常生活中得以应用。关于连续性、顺序性和整合性的具体实施，将在第五章中谈及。

（二）课程内容组织的基本方法

1. 纵向组织与横向组织

所谓纵向组织，也称序列组织，是指将各种课程要素按照某些准则按纵向的发展序列(即先后顺序)组织起来。一般来说，它强调学习内容从已知到未知，从具体到抽象。所谓横向组织，是指打破学科界限和传统的知识体系，将各种课程要素按横向关系组织起来。

泰勒曾就学习机会的“纵向”和“横向”联系这一问题做过许多论述，他认为，当我们在考虑本周工作和下周工作中各种学习机会的关系时，也就是在考虑纵向组织；当我们在考虑平行班级、教材及学校内外情境中的各种学习关系时，也就是在考虑学习机会的横向组织。

这两个维度引导人们编制出具有累积效应的课程。当学习机会具有纵向的和横向的连续性时，它们就会互相强化，这样学习者就能更深刻、更广泛地理解各种重要的要素。加涅认为，人类学习的复杂性是不一样的，是由简单到复杂的。据此，他根据八类学习的复杂性程度，提出了累积学习的模式，也称为“学习的层次理论”。他将学习按从简单到复杂的顺序分为八类，依次是：信号学习、刺激-反应学习、动作链索、言语联想、辨别学习、概念学习、规则学习、问题解决或高规则学习。他认为，学习任何一种新的知识技能，都是以已经习得的、从属于它们的知识技能为基础的，学习较复杂、抽象的知识是以学习简单、具体的知识为基础的，学生心理发展的过程，除基本的生长因素之外，主要有各类能力的获得过程和累积过程。关于泰勒的纵向组织与横向组织的具体实施，将在第五章中谈及。

横向联系要求把组织要素应用于日益丰富多样的情境。普通应用的组织原则要求日益扩大应用的广度和活动的范围，而且要求把部分置入越来越大的整体。有时，学习者的问题和兴趣可用作把许多领域的知识结合在一起的框架或组织中心。这种内容不是以观念或概念体系为特征的，而是以与实际问题有关的观念为特征的。一些学者主张对课程的整合，认为这反映了人们要求课程既同社会相适应又有利于个人的愿望。课程整合的支持者认为，如果知识对当代社会学生成长是重要的、有关的，就必须摆脱传统的形式和结构。探索社会和个人关心的问题，需要引进传统学科领域中没有的内容和组织形式，这就需要采用跨学科的方法。如社会改造主义者和人本主义者把知识看成是暂时的、“个人创造”的，他们赞成把整合作为确保知识与课程适应日益变化着的社会和人类需要的一种途径。

关于课程内容的横向联系，除了同一科目内部各项具体内容之间的关联(如语文学科内部有关识字、阅读、写作之间的联系)之外，课程内容的横向联系往往会打破内容之间的学科或科目界限，以综合课程的形式将相关课程内容有机整合。如将历史、地理、公民等学科融合为综合社会科，将物理、化学、生物融合为综合理科等，就是综合课程。又如，以“艺术”为整合各相关学科的核心，将各种艺术门类和形式(如美术、音乐、建筑等)都整合到一个新的逻辑框架之中。这种课程对内容的选取不再固守各学科本身的逻辑，而是注重相关知识的相互关联与照应，尽力避免知识学习中不必要的交叉重复。另外，像兴起于 20 世纪 80 年代的“科学-技术-社会课程”（简称“STS 课程”），是一种指向于科学、技术与社会交互作用的课程体系。针对科学技术盲目发展所带来的自然环境的破坏和社会生活的异化，强调科学技术的价值负载，认为自然环境、人造环境、社会环境是交互作用的，相应地，科学、技术、社会彼此之间也是交互作用的，学生必须将个人经验与科学、技术、社会彼此之间交互作用的动态系统有机结合起来，才能获得适合时代需要的发展。这一课程走出了传统教育和理科课程“价值中立”的误区，主张科学技术教育必须与当前社会生活中的问题关联起来，必须追求社会理想，使科学技术教育具有社会适切性。在这种教育价值观背景下，产生了科学技术教育和理科课程的一系列新的问题或范围，也正是这些新的问题成为 STS 课程的具体内容，如科学知识的特征、科学知识的社会性质、科学与技术的关系、科学家的动机产生、科学家的人格、科学家的社会责任、科学技术中的性别问题，等等。

2. 逻辑顺序与心理顺序

所谓逻辑顺序，是指根据学科本身的系统和内在的联系来组织课程内容。所谓心理顺序，是指按照学生身心发展的特点来组织课程内容，有学者将知识的结构划分为三种形态：一是知识的线性结构。将知识素材罗列和堆积起来，然后按照由简到繁、由易到难的直线顺序加以组合形成课程知识体系，其目的在于为学生创设一种学习环境。就像在海滩散步捡贝壳一样，学生的确可以“捡到贝壳”，但由于不存在任何将贝壳串联起来的丝带，因而对学生的认知发展作用不大。二是知识的螺旋结构。这种结构的核心在于确定某一学科的基本概念，然后将同一基本概念多次反复地构成螺旋形上升的系列加以编排。换言之，首先用具体的、直观的方法将学科的基本概念教给学生，随着学生年级的上升和学习深度的增加，再反复地接触这些基本概念，通过第一螺旋的动作维度和第二螺旋的图像维度，进入符号和形式维度。在这里，学科知识结构以核心概念、基本原理为特点，概念排列则以螺旋盘升为特点。如物理学中的“万有引力定律”、生物学中的“生态系统”等就是一门学科的核心概念。三是“理论框架”式结构。采用这种结构形态的学者认为，学科知识的构成可以分为三个因素，即理论框架、方法和应用。传统课程仅仅是单纯地列举和陈述事实，不成体系，更解决不了知识激增、课程容量饱和的问题。而不断增加的主要是陈述性的科学事实，科学的理论框架是相对稳定的，是学科知识结构的摹本，课程知识依据的不是科学事实，而是其理论框架，由此，课程知识应该将科学的理论框架体现出来。因此可见，课程内容要素的组织与编排是一件严谨而规范的工作，需要精心考虑。

学生心理发展是一个持续渐进、逐步提高的过程，心理学家皮亚杰将认知发展分为四个阶段：①儿童从出生到 2 岁为感知运动阶段——在这个阶段，儿童靠感觉和动作来认识周围的世界。②2～7 岁为前运算阶段——儿童 2 岁时学会用语言或手势来表征事物，4～7 岁开始进入逻辑思维的最初阶段，能够通过识别异同将一堆物体分类。③7～12 岁为具体运算阶段——儿童学会通过具体的预期结果来解决有形的问题。④12 岁为形式运算阶段——儿童能够对抽象的、表征性的材料进行逻辑思维，学会使用假设推理等。由此可见，课程内容的深浅难易及呈现方式，只有符合学生的心理发展水平，才是学生可能接受的。心理学家维果茨基(Vygotsky)将儿童的心理发展水平分为“现有发展水平”和“最近发展区”，认为儿童在现有发展水平上能够独立完成智力方面的任务，而在“最近发展区”则不能独立完成智力任务，但适当的示范、提示或模仿等，就可以完成所面临的智力任务，教育学家赞科夫在此基础上提出了教学走在学生发展前面，以尽可能大的教学效果促进学生一般发展等主张，也说明在组织和编排课程内容时要做到“循序渐进”。

3. 直线式与螺旋式

所谓直线式，就是把一门课程的内容组织成一条在逻辑上前后联系的直线，按照由浅入深、由易到难的原则，环环相扣，直线推进，前后内容基本上不重复。所谓螺旋式，又称圆周式，就是将课程内容按照学习的巩固性原则，在相邻的两个以上主题、单元、年级或阶段里安排相同但深度或广度不同的内容，以便让学生对某门课程或课程的某一方面的学习能够逐步扩大范围或加深程度。直线式与螺旋式的内容编排，受课程的性质、地位、学生的知识经验基础、能力水平等制约，通常，在学校课程体系中属于基础性的、必修的科目，其内容编排多采取螺旋式，达到多次重复、反复强化，从而帮助学生打牢基础，反之，内容编排上多采取直线式。针对年龄较小的学生，多采取螺旋式编排课程内容，反之，可采取直线式的课程内容编排。

第四节　高中生物校本课程设计依据和课程内容

一、高中生物校本课程设计依据

(一)依据普通高中课程方案，设置生物必修与选修课程

普通高中课程方案规定高中生物学课程开设必修、选修Ⅰ和选修Ⅱ课程。生物学必修课程是全体学生必须学习的课程，是普通高中学生生物学核心素养发展的共同基础。选修Ⅰ课程是学生根据个人需求与升学考试要求选择学习的课程；选修Ⅱ课程是学生自主选择学习的课程。

(二)旨在发展学生生物学核心素养，构建课程内容

学习目标

1.理解高中生物校本课程设计依据；
2.掌握高中生物校本课程内容。

课程内容是发展学生生物学核心素养的重要载体，是在本课程中实现“立德树人”的抓手。基于学生在“生命观念”“理性思维”“科学探究”和“社会责任”等方面应有的表现，选取必修和选修的课程内容，设计各模块的教学目标及学业要求。据此，构建出“分子与细胞”“遗传与进化”“稳态与调节”“生物与环境”“生物技术与工程”“现实生活应用”“职业规划前瞻”“学业发展基础”八个模块，以便全面落实生物学课程的育人功能。

(三)基于科学教育成果和生物学教改经验，设计操作性强的课程

以国内外科学教育的众多研究成果和我国十余年来高中生物学课程改革取得的经验和成就为依据，设计操作性强的课程。例如，根据生物学的大概念来构建课程体系和内容框架；选取更加符合高中学生认知特点的学习内容和任务；在必修课程的安排和选修Ⅰ课程的设计上，保持了新课程与原有课程的衔接，使得教师可以在实施新的教学任务时，最大限度地利用自2003年颁布《普通高中生物课程标准(实验)》以来所获得的学科知识和教学经验，以及实验室建设取得的成果，持续和顺畅地推进教学改革。

(四)满足学生多元需求，设计具有基础性和选择性的课程

在高中生物校本课程设计中，关注学生的共同基础和多元发展需求，设计出“分子与细胞”“遗传与进化”两个必修模块，设计出“稳态与调节”“生物与环境”“生物技术与工程”三个选择性必修模块，设计出“现实生活应用”“职业规划前瞻”“学业发展基础”三个选修模块。必修课程选择的是现代生物学的核心内容，与社会和个人生活关系最密切，是后续学习发展所必需的基础，对于提高全体高中学生的生物学素养具有不可或缺的作用。选择性必修课程所选的内容是学生未来职业与专业发展的基础，有助于学生进一步加深对生物学重要概念的理解，拓展生物学科技视野，提高实践和探究能力。选修课程包括为学有余力的学生设计的拓展课程以及针对本校学生特点和当地资源开设的校本课程，旨在满足学生多样化的兴趣和发展需要，为进一步学习和职业规划奠定基础。

二、高中生物校本课程内容

生物校本课程是现代学校生物学学习的重要内容，对于提高学生的生物学素养具有不可或缺的作用。生物校本课程面向学校全体高中生，从最基本的生物学重要概念入手，让学生更好地理解与掌握生物教学内容。生物校本课程教学中要高度重视学生的实践环节，力求为学生提供更多的动手实践机会，帮助学生更好的生活、就业，以及满足一部分学生选择从事科学研究的需求。

(一)模块 1:“分子与细胞”

本模块包括细胞的分子组成、细胞的结构、细胞的代谢、细胞的增殖以及细胞的分化、衰老和死亡等内容。

细胞是生物体结构与生命活动的基本单位。细胞生物学是生命科学的重要基础学科，分子生物学的发展促使细胞生物学的研究进入分子水平。

本模块选取了细胞生物学方面的最基本的知识，是学习其他模块的基础，还反映了细胞生物学研究的新进展及相关的实际应用。通过本模块的学习，学生将在微观层面上更深入地理解生命的本质。了解生命的物质性和生物界的统一性，细胞生活中物质、能量和信息变化的统一，细胞结构与功能的统一，生物体部分和整体的统一等，有助于科学自然观的形成。学习细胞的发现、细胞学说的建立和发展，有助于学生加深对科学过程和本质的理解。

1. 内容标准

【概念 1】　细胞是生物体结构与生命活动的基本单位

1) 细胞由多种多样的分子组成，包括水、无机盐、糖类、脂质、蛋白质和核酸等，其中蛋白质和核酸是两类最重要的生物大分子

(1) 说出细胞主要由 C、H、O、N、P、S 等元素构成，其中以碳原子为骨架形成复杂的生物大分子。

(2) 指出水大约占细胞重量的 2/3，以自由水和结合水的形式存在，赋予了细胞许多特性，在生命中具有重要作用。

(3) 举例说出无机盐在细胞内含量虽少，但与生命活动密切相关。

(4) 概述糖类有多种类型，它们既是细胞的重要结构成分，又是生命活动的主要能源物质。

(5) 举例说出不同种类的脂质对维持细胞结构和功能有重要作用。

(6) 阐明蛋白质通常由 20 种氨基酸分子组成，其功能取决于由氨基酸序列决定的三维结构，细胞的功能主要由蛋白质完成。

(7) 概述核酸由核苷酸聚合而成，是贮存与传递遗传信息的生物大分子。

2) 细胞各部分结构既分工又合作，共同执行细胞的各项生命活动

(1) 概述细胞都由质膜包裹，质膜将细胞与外界环境分开，能控制物质进出，并参与细胞间的信息交流。

(2) 阐明细胞内具有多个相对独立的结构，担负着物质运输、合成与分解、能量转换和信息传递等生命活动。

(3) 阐明遗传信息主要贮存在细胞核中。

(4) 举例说明细胞各部分结构之间相互联系、协调一致，共同执行细胞的各项生命活动。

3) 各种细胞具有相似的基本结构，但在形态与功能上有所差异

(1) 说明有些生物体只有一个细胞，而有的由很多细胞构成。这些细胞形态和功能多

样，但都具有相似的基本结构。

(2)描述原核细胞与真核细胞的最大区别是原核细胞没有由核膜包被的细胞核。

【概念 2】　细胞的生存需要能量和营养物质，并通过分裂实现增殖

1)物质通过被动运输或主动运输方式进出细胞，以维持细胞的正常代谢活动

(1)阐明质膜具有选择透过性。

(2)举例说明有些物质顺浓度梯度进出细胞，不需要额外提供能量；有些物质逆浓度梯度进出细胞，需要能量和载体蛋白。

(3)举例说明大分子物质可以通过胞吞、胞吐进出细胞。

2)细胞的功能绝大多数基于化学反应，这些反应发生在细胞的特定区域

(1)说明绝大多数酶是一类能催化生化反应的蛋白质，少数酶是 RNA，酶活性受到环境因素(如 pH 和温度等)的影响。

(2)解释 ATP 是驱动细胞生命活动的直接能源物质。

(3)说明植物细胞的叶绿体从太阳光中捕获能量，并将其转化为细胞可利用的化学能储存在有机分子中。

(4)说明生物通过细胞呼吸将储存在有机分子中的能量转化为生命活动可以利用的能量。

3)细胞会经历生长、增殖、分化、衰老和死亡等生命进程

(1)描述细胞通过不同的方式进行分裂，其中有丝分裂保证了遗传信息在亲代和子代细胞中的一致性。

(2)说明在个体发育过程中，细胞在形态、结构和功能方面发生特异性的分化，形成了复杂得多的细胞生物体。

(3)描述在正常情况下，细胞衰老和死亡是一种自然的生理过程。

2. 教学提示

在本模块的教学中，教师要组织好各种观察、实验等探究性学习活动，帮助学生增加感性认识，克服对微观结构认识的困难，使学生领悟科学研究的方法并习得相关的操作技能。结合生物个体水平的知识、化学和物理学知识以及学生的生活经验，突破学习难点。鼓励学生搜集有关细胞研究和应用方面的信息，进行交流，以丰富相关知识加深对科学、技术、社会相互关系的认识。

为帮助学生达成对“概念 1”的理解，应开展下列教学活动：①检测生物组织中的还原糖、脂肪和蛋白质；②观察叶绿体和细胞质流动；③尝试制作真核细胞的结构模型；④使用显微镜观察各种细胞，可结合电镜照片分析细胞的亚显微结构，有条件的学校可组织学生参观电子显微镜实验室。

为帮助学生达成对“概念 2”的理解，应开展下列教学活动：①通过模拟实验探究膜的透性；②观察植物细胞的质壁分离和复原；③探究酶催化的专一性、高效性及影响酶活性的因素；④提取和分离叶绿体色素；⑤探究酵母菌的呼吸方式；⑥制作和观察根尖细胞有丝分裂简易装片，或观察其永久装片；⑦模拟探究细胞表面积与体积的关系；⑧搜集有关干细胞研究进展和应用的资料。

3. 学业要求

完成本模块学习后，学生应能从结构与功能相适应这一视角，解释细胞由多种多样的分子组成，这些分子是各项生命活动的物质基础(素养 1、素养 2)；建构并使用细胞模型，阐明细胞各部分结构通过分工与合作，形成相互协调的有机整体，实现细胞水平的各项生命活动(素养 1、素养 2、素养 3)；从物质与能量视角，探索光合作用与呼吸作用，阐明细胞生命活动过程中贯穿着物质与能量的变化(素养 1、素养 3)；观察多种多样的生物体，提供证据说明生物体由细胞构成，这些细胞具有多种形态和功能，但同时都具有相似的基本结构(素养 1、素养 3)；观察处于细胞周期不同阶段的细胞，结合有丝分裂模型，描述细胞生长与增殖的主要特征，并举例说明细胞的分化、衰老、死亡等生命现象(素养 1、素养 3、素养 4)。

(二)模块 2:“遗传与进化”

本模块包括遗传的细胞基础、遗传的分子基础、遗传的基本规律、生物的变异和生物的进化等内容。

生物通过生殖、发育和遗传实现生命的延续和种族的繁衍，通过进化形成物种多样性和适应性。

本模块选取的减数分裂和受精作用、DNA 分子的结构和功能、遗传和变异的基本原理及应用等知识，主要是从细胞水平和分子水平阐述生命的延续性；选取的现代生物进化理论和物种形成等知识，主要是阐明生物进化的过程和原因。本模块的内容，对于学生理解生命的延续和发展，认识生物界及生物多样性，形成生物进化的观点，树立正确的自然观有重要意义；同时，对于学生理解有关原理在促进经济与社会发展、增进人类健康等方面的价值也是十分重要的。

1. 内容标准

【概念 3】　遗传信息控制生物性状，并代代相传

1)亲代传递给子代的遗传信息主要编码在 DNA 分子上

(1)概述多数生物的基因是 DNA 分子的功能片段，有些病毒的基因在 RNA 分子上，蛋白质的氨基酸序列是由基因决定的。

(2)概述 DNA 分子是由四种脱氧核苷酸构成的长链，一般由两条反向平行的长链上的碱基互补配对形成双螺旋结构，碱基的排列顺序编码了遗传信息。

(3)概述 DNA 分子通过半保留方式进行复制。

(4)概述 DNA 分子上的遗传信息通过 RNA 指导蛋白质的合成，细胞分化的本质是基因选择性表达的结果，生物的性状主要是由蛋白质决定的。

(5)举例说明某些基因序列不变但表型改变的表观遗传现象。

2)有性生殖中基因的分离和重组导致双亲后代的基因组合有多种可能

(1)阐明减数分裂产生只含有一半遗传信息的精细胞或卵细胞。

(2)说明进行有性生殖的生物体，其遗传信息通过配子传递给子代。

(3)阐明有性生殖中基因的分离和自由组合使得子代的基因型和表型有多种可能，并可由此预测子代的遗传性状。

(4)概述性染色体上的基因传递和性别相关联。

3)由突变和基因重组引起的变异是可以遗传的

(1)概述碱基的替换、插入或缺失会引发基因序列的改变。

(2)阐明基因序列的改变有可能导致它所编码的蛋白质及相应的细胞功能发生变化，甚至带来致命的后果。

(3)描述细胞在某些化学物质、射线以及病毒的作用下，基因突变概率可能提高，而某些基因突变能导致细胞分裂失控，甚至发生癌变。

(4)阐明进行有性生殖的生物在减数分裂过程中，染色体所发生的自由组合和交叉互换，会导致控制不同性状的基因重组，从而使子代出现变异。

(5)举例说明染色体结构和数量的变异都可能导致生物性状的改变。

(6)举例说明人类遗传病是可以检测和预防的

【概念 4】 生物的多样性和适应性是进化的结果。

1)地球上的现存物种丰富多样，它们来自共同祖先

(1)尝试通过化石记录、比较解剖学和胚胎学等事实，说明当今生物具有共同的祖先。

(2)尝试通过细胞生物学和分子生物学等知识，说明当今生物在新陈代谢、DNA 的结构与功能等方面具有许多共同特征。

2)适应是自然选择的结果

(1)举例说明种群内的可遗传变异将赋予某些个体在特定环境中的生存和繁殖优势。

(2)阐明具有优势性状的个体在种群中所占比例将会增加。

(3)说明自然选择导致生物更好地适应特定的生存环境。

(4)概述现代生物进化理论以自然选择学说为核心，为地球上的生命进化史提供了科学的解释。

(5)阐述变异、选择和隔离可导致物种形成。

3)生物多样性为人类生存提供资源与适宜环境

(1)阐明生物多样性包括物种多样性、遗传多样性以及生态系统多样性。

(2)举例说明人类生存和发展受益于生物多样性。

2. 教学提示

在本模块的教学中，教师要善于引导学生从生活经验中发现和提出问题，创造条件让学生参与调查、观察、实验和制作等活动，体验科学家探索生物生殖、遗传和进化奥秘的过程，学习有关概念、原理、规律和模型，应用有关知识分析和解决实践中的问题。

为帮助学生达成对“概念 3”的理解，应开展下列教学活动：①运用模型或视频观察模拟减数分裂过程中染色体的变化；②搜集 DNA 分子结构模型建立过程的资料并进行讨论和交流；③制作 DNA 分子双螺旋结构模型；④模拟植物或动物性状分离的杂交实验；⑤搜集生物变异在育种上应用的事例；⑥调查常见的人类遗传病并探讨其监测和预防；⑦搜集恶性肿瘤防治方面的资料，讨论恶性肿瘤的防治。

为帮助学生达成对“概念 4”的理解，应开展下列教学活动：①搜集生物进化理论发展的资料，探讨生物进化观点对人们思想观念的影响；②用数学方法讨论自然选择使种群的基因频率发生变化。

3. 学业要求

完成本模块学习后，学生应能使用细胞减数分裂的模型，阐明 DNA 与染色体的关系及其在编码遗传性状并代代相传过程中的作用(素养 1、素养 2)；基于证据，论证可遗传的变异来自基因重组、基因突变和染色体变异(素养 2、素养 3)；运用统计与概率的相关知识，解释并预测种群内某一遗传性状的分布及变化(素养 2、素养 3)；运用遗传与变异的观点，解释常规遗传学技术在现实生产生活中的应用(素养 1、素养 4)；分析不同类型的证据，探讨地球上现存的丰富多样的物种是由共同祖先经长期进化形成的(素养 1、素养 2、素养 4)；基于可遗传的变异，以及变异可能带来的生存与繁殖优势等方面的实例，解释生物的适应是自然选择的结果(素养 1、素养 2)；从生命进化观的视角，分析人类活动对生物多样性的影响(素养 1、素养 2、素养 4)。

(三)模块 3:“稳态与调节”

本模块包括人体的内环境与稳态、人和动物生命活动的调节，以及植物的激素调节等内容。

所有的生命系统都存在于一定的环境之中，在不断变化的环境条件下，依靠自我调节机制维持其稳态。高等多细胞生物体和人体在生长、发育、代谢、遗传和变异等各种生命活动中，通过一定的调节机制，使机体保持稳态，并作为一个整体完成复杂的生命活动，适应多变的环境。

本模块选取有关生命活动调节与稳态的知识，有助于学生理解高等多细胞生物个体生命活动的规律，从系统分析的角度认识个体生命系统的稳态。

1. 内容标准

【概念 5】 生命个体的结构与功能相适应，各结构协调统一共同完成复杂的生命活动，并通过一定的调节机制保持稳态

1) 内环境为机体细胞提供适宜的生存环境，机体细胞通过内环境与外界环境进行物质交换

(1) 说明血浆、组织液和淋巴等细胞外液共同构成高等动物细胞赖以生存的内环境。

(2) 阐明机体细胞生活在内环境中，通过内环境与外界环境进行物质交换，同时也参与内环境的形成和维持。

(3) 简述机体通过呼吸、消化、循环和泌尿等系统参与内、外环境间的物质交换。

2) 内环境的变化会引发机体的自动调节，以维持内环境的稳态

(1) 以血糖、体温、pH 和渗透压等为例，阐明机体通过调节作用保持内环境的相对稳定，以保证机体的正常生命活动。

(2) 举例说明机体不同器官、系统协调统一地共同完成各项生命活动是维持内环境稳

态的基础。

3)神经系统能够及时感知机体内、外环境的变化，并做出反应调控各器官、系统的活动，实现机体稳态

(1)概述神经调节的基本方式是反射(可分为条件反射和非条件反射)，其结构基础是反射弧。

(2)阐明神经细胞膜内外在静息状态具有电位差，受到外界刺激后形成动作电位，并沿神经纤维传导。

(3)阐明神经冲动在突触处的传递通常通过化学传递方式完成。

(4)分析位于脊髓的低级神经中枢和脑中相应的高级神经中枢相互联系、相互协调，共同调控器官和系统的活动，维持机体的稳态。

(5)举例说明中枢神经系统通过自主神经来调节内脏的活动。

(6)简述语言活动和条件反射是由大脑皮层控制的高级神经活动。

4)内分泌系统产生的多种类型的激素，通过体液传送而发挥调节作用，实现机体稳态

(1)说出人体内分泌系统主要由内分泌腺组成，包括垂体、甲状腺、胸腺、肾上腺、胰岛和性腺等多种腺体，它们分泌的各类激素参与代谢的调节。

(2)举例说明激素通过分级调节、反馈调节等机制维持机体的稳态，如甲状腺素分泌的调节和血糖平衡的调节等。

(3)举例说出神经调节与体液调节相互协调共同维持机体的稳态，如体温调节和水盐平衡的调节等。

(4)举例说明其他体液成分参与稳态的调节，如二氧化碳对呼吸运动的调节。

5)免疫系统能够抵御病原体的侵袭，识别并清除机体内衰老、死亡或异常的细胞，实现机体稳态

(1)举例说明免疫细胞、免疫器官和免疫活性物质等是免疫调节的结构与物质基础。

(2)概述人体的免疫包括生来就有的非特异性免疫和后天获得的特异性免疫。

(3)阐明特异性免疫是通过体液免疫和细胞免疫两种方式，针对特定病原体发生的免疫应答。

(4)举例说明免疫功能异常可能引发疾病，如过敏、自身免疫病、艾滋病和先天性免疫缺陷病等。

6)植物生命活动受到多种因素的调节，其中最重要的是植物激素的调节

(1)概述科学家经过不断的探索，发现了植物生长素，并揭示了它在调节植物生长时表现出两重性，既能促进生长，也能抑制生长。

(2)举例说明几种主要植物激素的作用，这些激素可通过协同、拮抗等方式共同实现对植物生命活动的调节。

(3)举例说明生长素、细胞分裂素、赤霉素、脱落酸和乙烯等植物激素及其类似物在生产上得到了广泛应用。

(4)概述其他因素参与植物生命活动的调节，如光、重力和温度等。

2. 教学提示

本模块的主题是个体水平的稳态与调节，内容比较抽象。教学中，教师应积极组织学生开展相关活动，帮助学生理解和掌握知识，提高运用知识解决实际问题的能力。

为帮助学生达成对“概念 5”的理解，可开展下列教学活动：①观看血液分层实验的视频，讨论血细胞与血浆的关系；②用概念图教学法揭示内环境与外界环境的物质交换的关系；③比较清水、缓冲液、体液对 pH 变化的调节作用；④以内环境的某种成分为例，讨论各系统是如何协同维持其相对稳定的；⑤观看反射过程的动画，分析反射弧的组成；⑥通过资料分析神经系统受损对人体运动等行为的影响，探讨神经调节的结构基础；⑦以某种激素的发现史为例，讨论研究激素生理功能的方法；⑧结合日常生活，讨论生活用品或食品中含有过量激素对身体健康的影响；⑨讨论滥用兴奋剂的危害；⑩结合个人免疫接种的经历，探讨免疫制剂的作用；⑪讨论器官移植与组织相容性抗原的关系，并探讨干细胞移植的价值；⑫探究植物生长调节剂对扦插枝条生根的作用；⑬探究乙烯利对水果的催熟作用；⑭查找植物激素在生产中应用的相关资料。

3. 学业要求

完成本模块学习后，学生应能运用图示和模型等方法，表征并阐释内环境为机体细胞提供适宜的生存环境并与外界环境进行物质交换(素养 1、素养 2)；结合日常生活中的情境，分析说明人体通过神经系统、内分泌系统以及免疫系统的调节作用对内外环境的变化做出反应，以维持内环境稳态(素养 1)；评估多种生活方案，认同并采纳健康的生活方式，远离毒品，向他人宣传毒品的危害及传染病的防控措施等(素养 2、素养 3)；基于植物激素在生产生活中应用的相关资料，结合植物激素和其他因素对植物生命活动的调节，分析并尝试提出生产实践方案(素养 3、素养 4)。

(四)模块 4：“生物与环境”

本模块包括种群和群落、生态系统、生态环境的保护等内容。

在生态系统中，生物与环境之间相互影响，种群数量不断变化，群落也处在演替过程中。生态系统通过自动调节作用，实现物质循环和能量流动的相对稳定，形成稳态。人类的活动对生态环境产生重大的影响，生态环境的保护已成为全人类共同关心的问题。

本模块选取有关生物与环境的知识，有助于学生理解生命活动的本质，了解系统分析的思想和方法，提高对生命系统与环境关系的认识，并为学生树立人与自然和谐发展的观念，形成生态意识和环保意识奠定基础。

1. 内容标准

【概念 6】 组成生态系统的生物成分与非生物成分相互影响，共同实现系统的物质循环、能量流动和信息传递，生态系统通过自我调节保持相对稳定的状态

1)不同种群的生物在长期适应环境和彼此相互适应的过程中形成动态的生物群落

(1)列举种群具有种群密度、出生率和死亡率、迁入率和迁出率、年龄结构、性别比例等特征。

(2)尝试建立数学模型解释种群的数量变动。

(3)举例说明阳光、温度和水等非生物因素以及不同物种之间的相互作用都会影响生物的种群特征。

(4)描述群落具有垂直结构和水平结构等特征，并可随时间而改变。

(5)阐明一个群落替代另一个群落的演替过程，包括初生演替和次生演替两种类型。

(6)分析不同群落中的生物具有与该群落环境相适应的形态结构、生理特征和分布特点。

2)生物群落与非生物的环境因素相互作用形成多样化的生态系统，完成物质循环、能量流动和信息传递

(1)阐明生态系统由生产者、消费者和分解者等生物因素以及阳光、空气、水等非生物因素组成，各组分紧密联系使生态系统成为具有一定结构和功能的统一体。

(2)讨论某一生态系统中生产者和消费者通过食物链和食物网联系在一起形成复杂的营养结构。

(3)分析生态系统中的物质在生物群落与无机环境之间不断循环，并呈现出能量单向流动和逐级递减的规律。

(4)举例说明利用物质循环和能量流动规律人们能够更加科学有效地规划和利用生态系统中的资源。

(5)解释生态金字塔表征了食物网各营养级之间在个体数量、生物量和能量方面的关系。

(6)阐明某些有害物质会通过食物链不断地富集的现象。

(7)举例说出生态系统中物理、化学和行为信息的传递对生命活动的正常进行、生物种群的繁衍和种间关系的调节起着重要作用。

(8)分析特定生态系统的生物与非生物因素决定其营养结构。

3)生态系统通过自我调节作用抵御和消除一定限度的外来干扰，保持或恢复自身结构和功能的相对稳定

(1)解释生态系统具有保持或恢复自身结构和功能相对稳定，并维持动态平衡的能力。

(2)举例说明生态系统的稳定性会受到自然或人为因素的影响，如气候变化、自然事件、人类活动或外来物种入侵等。

(3)阐明生态系统在受到一定限度的外来干扰时，能够通过自我调节维持稳定。

4)人类活动对生态系统的动态平衡有着深远的影响，保护生态环境是人类生存和可持续发展的必要条件

(1)探讨人口增长会对生态环境造成压力。

(2)关注全球气候变化、水资源短缺、臭氧层破坏、酸雨、荒漠化和环境污染等全球性生态环境问题对生物圈的稳态造成威胁，同时也影响到人类的生存和可持续发展。

(3)概述生物多样性对维持生态系统稳态以及人类生存和发展的重要意义，并尝试提出人与环境和谐相处的合理化建议。

(4)举例说明根据生态学原理、采用系统工程的方法和技术，达到资源多层次和循环利用的目的，使特定区域中的人和自然环境均受益。

(5)形成“环境保护需要从我做起”的意识。

2. 教学提示

本模块中所涉及的生态环境问题与实际生活联系密切。教学中，教师应通过引导学生开展有关的实验、调查和搜集资料等活动，特别是了解当地生态系统、保护当地生态环境的活动，提高环境保护意识。

为帮助学生达成对“概念6”的理解，可开展下列教学活动：①探究培养液中某种酵母种群数量的动态变化；②研究土壤中动物类群的丰富度；③尝试分析当地自然群落中某种生物的生态位；④探究或观察记录水族箱或鱼缸中群落的演替；⑤设计并制作生态瓶，观察和比较不同生态瓶中生态系统的稳定性，撰写报告分析其原因；⑥调查或探讨一个校园、公园、农田、森林、湿地或池塘生态系统中的能量流动；⑦设计保持和提高某个生态系统稳定性的方案；⑧调查当地生态环境中存在的主要问题，提出保护建议或行动计划；⑨搜集生物多样性保护的实例，讨论当代生态系统是否已经出现严重的生物多样性下降的趋势及其对人类的影响。

3. 学业要求

完成本模块学习后，学生应能运用数学模型的形式表征并解释影响种群密度的因素(素养1、素养2)；基于实例，解释生态系统中存在着物质循环、能量流动和信息传递的现象(素养1、素养2)；评估和论证某一因素对生态系统的干扰所引发的多种潜在变化，可能是生态系统通过自我调节作用保持或恢复相对稳定，也可能是该生态系统遭到彻底破坏无法恢复或达成新的平衡甚至形成新的生态系统(素养1、素养3)；分析或探讨人类活动对生态系统动态平衡的影响，并尝试提出人与环境和谐相处的合理化建议(素养2、素养4)。

(五)模块5:“生物技术与工程”

本模块是偏重实践类的课程，其中涉及的生物技术是指广义的生物技术，而不限于现代生物技术。内容包括基因工程、细胞工程、发酵工程、生物技术安全与伦理等。生物学知识是生物工程的设计基础，而生物工程应在法律和伦理的约束下，以人类需求为目标进行产品的开发，进而推动生物学的不断进步，提高人类生活质量。

本模块包括四个较为具体的概念，这些概念既是对必修内容的扩展和应用，又是对生物工程和技术的认识和理解。实践的环节是帮助学生达成教学目标的关键。这些实验有的使学生了解基本原理或获得基本知识，有的偏重于实际应用。

教师要充分利用学校的现有条件，为学生提供实践的机会。

1. 内容标准

【概念7】　发酵工程利用微生物的特定功能规模化生产对人类有用的产品

1)获得纯净的微生物培养物，是发酵工程的基础

(1)阐明在发酵工程中灭菌是获得纯净的微生物培养物的前提。

(2)阐明无菌技术是在操作过程中保持无菌物品与无菌区域不被微生物污染的技术。

(3)举例说明通过调整培养基的配方可有目的地培养某种微生物。

(4)概述平板划线法和稀释涂布平板法是实验室中进行微生物分离和纯化的常用方法。

(5)概述稀释涂布平板法和显微镜计数法是测定微生物数量的常用方法。

2)发酵工程为人类提供多样的生物产品

(1)举例说明日常生活中的某些食品是运用传统发酵技术生产的。

(2)阐明发酵工程利用现代工程技术及微生物的特定功能,工业化生产人类所需产品。

(3)举例说明发酵工程在医药、食品及其他工农业生产上有重要的应用价值。

【概念8】 细胞工程通过细胞水平上的操作，获得有用的生物体或其产品

1)植物细胞工程包括组织培养和体细胞杂交等技术

(1)阐明植物组织培养是在一定条件下，将离体植物器官、组织和细胞在适宜的培养条件下诱导形成愈伤组织，并重新分化，最终形成完整植株的过程。

(2)概述植物体细胞杂交是将不同植物体细胞在一定条件下融合成杂合细胞，继而培育成新植物体的技术。

(3)举例说明植物细胞工程利用快速繁殖、脱毒、次生代谢产物生产、育种等方式有效提高了生产效率。

2)动物细胞工程包括细胞培养、核移植、细胞融合和干细胞的应用等技术

(1)阐明动物细胞培养是从动物体获得相关组织，分散成单个细胞后，在适宜的培养条件下让细胞生长和增殖的过程。动物细胞培养是动物细胞工程的基础。

(2)阐明动物细胞核移植一般是将体细胞核移入一个去核的卵母细胞中，并使重组细胞发育成新胚胎，继而发育成动物个体的过程。

(3)阐明动物细胞融合是指通过物理、化学或生物学等手段，使两个或多个动物细胞结合形成一个细胞的过程。

(4)概述细胞融合技术是单克隆抗体制备的重要技术。

(5)简述干细胞在生物医学工程中有广泛的应用价值。

3)对动物早期胚胎或配子进行显微操作和处理以获得目标个体

(1)简述胚胎形成经过了受精及早期发育等过程。

(2)简述胚胎工程包括体外受精、胚胎移植和胚胎分割等技术。

【概念9】 基因工程赋予生物新的遗传特性

1)基因工程是一种重组DNA技术

(1)概述基因工程是在遗传学、微生物学、生物化学和分子生物学等学科基础上发展而来的。

(2)阐明DNA重组技术的实现需要利用限制性内切核酸酶、DNA连接酶和载体三种基本工具。

(3)阐明基因工程的基本操作程序主要包括目的基因的获取、基因表达载体的构建、目的基因导入受体细胞和目的基因及其表达产物的检测鉴定等步骤。

(4)举例说明基因工程在农牧、食品及医药等行业的广泛应用改善了人类的生活品质。

2）蛋白质工程是基因工程的延伸

（1）概述人们根据基因工程原理，进行蛋白质设计和改造，可以获得性状和功能更符合人类需求的蛋白质。

（2）举例说明依据人类需要对原有蛋白质结构进行基因改造，生产目标蛋白的过程。

【概念 10】　生物技术安全与伦理是当今社会必须面对的话题

1）转基因产品的安全性引发社会的广泛关注

（1）举例说出日常生活中的转基因产品。

（2）探讨转基因技术在应用过程中带来的影响。

2）中国禁止生殖性克隆人

（1）举例说出生殖性克隆人面临的伦理问题

（2）分析说明我国为什么不赞成、不允许、不支持、不接受任何生殖性克隆人实验。

3）世界范围内应全面禁止生物武器

（1）举例说明历史上生物武器对人类造成了严重的威胁与伤害。

（2）认同我国反对生物武器及其技术和设备的扩散。

2. 教学提示

在本模块的教学中，教师要使用讲授演示的方式进行教学，更要为学生提供实验条件及必要的参考资料，指导其设计和进行实验。根据本模块的特点，教师应该给予学生更多的机会参与主动的学习活动。例如，要求学生在学习有关知识的基础上，自己设计实践方案并进行实验，也可以安排学生收集和整理资料，撰写报告，相互讨论。教师要充分利用实验室条件，尽可能减少每个实验小组的人数，使每个学生都有充分的动手实践机会。

为帮助学生达成对“概念 7”的理解，可开展下列教学活动：①通过配制培养基、灭菌、接种和培养等实验操作获得纯化的酵母菌落；②分离土壤中分解尿素的细菌，并进行计数；③利用乳酸菌发酵制作酸奶或泡菜；④利用酵母菌、醋酸菌分别制作果酒和果醋。

为帮助学生达成对“概念 8”的理解，可开展下列教学活动：①利用植物组织培养技术培育菊花或其他植物幼苗，并进行栽培；②收集单克隆抗体在临床上实际应用的资料，并进行交流分享。

为帮助学生达成对选修课程“概念 9”的理解，可开展下列教学活动：①DNA 的提取和鉴定；②利用聚合酶链式反应（PCR）扩增 DNA 片段并完成电泳鉴定，或运用软件进行虚拟 PCR 实验；③利用网络基因数据库（如 GenBank）和序列比对（如 BLAST）等获得基因、蛋白质结构数据进行初步分析。

为帮助学生达成对选修课程“概念 10”的理解，可开展下列教学活动：①搜集文献资料，就“转基因食品是否安全”展开辩论；②搜集关于设计试管婴儿的资料，并在小组内讨论“是否支持设计试管婴儿”；③搜集历史上使用生物武器的资料，并分析其严重危害。

3. 学业要求

完成本模块学习后，学生应能结合生活或生产实例，举例说出发酵工程、细胞工程、胚胎工程和基因工程等生物工程的基本原理(素养1)；针对人类生产或生活的某一需求，在发酵工程、细胞工程、胚胎工程和基因工程中选取恰当的技术和方法，尝试提出初步的工程学设计构想，完成初步设计或简单应用(素养1、素养3)；当面对日常生活或社会热点话题中与生物技术与工程有关的话题时，基于证据运用生物学基本概念和原理，就生物技术与工程的安全与伦理问题表明自己的观点并展开讨论(素养2、素养4)。

(六)模块6:“现实生活应用”

1.“健康生活”模块开设建议

健康是人类全面发展的基础，关系到千家万户的幸福。每个人都有维护自身和他人健康的责任，健康的生活方式能够维护和促进自身健康。健康生活是指有益于健康的习惯化的行为方式，具体表现为生活有规律，没有不良嗜好，讲究个人、环境和饮食卫生，讲科学，不迷信，平时注意保健，具备基本的医学常识，生病及时就医，积极参加有益健康的文体活动和社会活动等。

本课程应选取公民健康生活最基本的知识与技能，涵盖健康生活的基本知识和理念、健康生活方式和行为，以及健康生活的基本技能。具体包括传染病的预防、预防伤害与自救互救、心理健康和精神卫生、学校卫生、口腔卫生、健康生活方式六个方面的内容。

教师要充分认识和理解健康教育的重要意义，明确健康教育是培养合格公民的重要内容，是实施素质教育的基本组成部分。在组织和开展本课程的教学中，可以根据当地实际情况，通过不同的形式和手段组织好相关教学内容，紧密联系实际，创设问题情境，开发学生思维，让学生将学习健康卫生知识同认识社会、解决与社会有关的健康问题结合起来，培养社会责任感。

对本课程的学习，有助于学生获得健康生活的知识，形成正确的态度、认识和行为习惯，树立尊重生命、热爱生活的人生观，改善公民个体的健康状况，进而促进整个社会的健康发展。

2.“急救措施”模块开设建议

随着经济的发展和社会的进步，人们的健康意识明显提高。各种急危重症、意外伤害时有发生，威胁着人们的健康和生命，意外伤害已成为危害人类健康的全球性公共卫生问题。急救知识的普及，可以使公众掌握正确的急救知识，一旦发生意外情况能积极有效地开展现场自救互救，从而为患者赢得宝贵的抢救时机，提高抢救成功率。

本课程内容包括紧急情况下公民必备的最基本的医疗急救措施知识与技能，如常用急救药物的使用、“120”紧急呼叫、人工心肺复苏、外伤止血、游泳意外的自救、动物咬伤后的处理、煤气中毒后的自救与互救等几方面的内容。

教师应明确普及急救知识对学生的重要意义，应结合当地的具体情况，尽可能选择具有地方特点、适合学生的年龄特征、与学生日常生活关系比较密切的内容，使他们容易将所学的知识与发生的突发事件联系起来，对学习内容产生深刻印象。通过教学，使学生了解急救基础知识，在遇到突发事件时能从容应对。

本课程的学习可以使学生意识到急救措施在日常生活中的重要性，帮助学生初步掌握应对常见的突发伤害事件的急救处理方法。

3.“传染病与防控”模块开设建议

传染病是指由各种病原体引起的能在人与人、动物与动物或人与动物之间相互传播的疾病。传染病的流行极大地影响了人类文明的进程：一方面，传染病的大流行曾造成人类大规模的死亡，改变了国家和民族的命运；另一方面，与传染病的斗争促进了人类防疫事业的发展。

本模块包括传染源与感染、传播途径、传染病的防控三个部分。课程内容应以学习传染病的核心概念及传染的机理为基础，进而学习传染病防控的知识，了解传染病的特征及其传播流行的途径，全球以及我国防疫体系的组成，传染病流行期间的个人日常防护，传染病预防措施与检测、相关病原体的消毒灭菌工作等的流程和基本技术，形成“防控并重”的观念。

教师在教学活动中要通过案例，让学生掌握“病原体”“感染”“传染源”“传染”等重要概念的内涵和区别，重点介绍对人类影响巨大的传染病案例，如鼠疫、天花、艾滋病和严重急性呼吸系统综合征(SARS)等的流行及防控；应充分利用传染病案例，组织学生的探究性学习，并开展模拟传染病防控的教学活动，使学生在掌握相关知识的同时体会到“地球村”及“人类命运共同体”的观念；通过参观当地疾控单位，介绍我国自新中国成立以来流行病防控所取得的巨大成就等，增强学生的爱国信念，帮助学生了解我国的防疫体系，体会社会主义制度的优越性；鼓励学生通过互联网、书刊等渠道主动收集传染病及其防控的相关资料，并开展交流活动。

对本课程的学习，可以使学生认识到传染病的预防对人类社会和经济发展的重要性，帮助学生初步掌握传染病防控的基本方法。

4.“社会热点中的生物学问题”模块开设建议

20 世纪下半叶以来，生物学科进入飞速发展的时代，取得无数新成果，其中有些成了社会大众关注的热点问题。与此同时，人类社会还面临一些传染病的严峻考验。

本课程选取转基因植物、试管婴儿、克隆哺乳动物、艾滋病、禽流感、SARS 以及埃博拉疫情等主题加以论述，旨在向广大学生传递正确的科学知识，有助于他们理性、客观地面对相关的社会议题，为今后继续深造和走上社会奠定必要的基础。

教师在教学中要注意引导学生掌握国家的政策、法规，从主流媒体获取正确的资料和信息，了解相关的原理和主要技术路线，结合已有知识和我国的国情，以辩证唯物主义史观，分别从各专题的学科进展、争议焦点和有待改进之处展开讨论或辩论，借以丰富相关学识，加深对科学、技术、社会相互关系的认识。

对本课程的学习，有利于学生正确、客观地认识生物技术所取得的成就，提高预防传染病的意识，实现健康生活的目的。

5.“动物福利”模块开设建议

浩瀚宇宙之中，动物和人类共同分享着一个地球，文明、人道地对待动物，本质上也与人类自身的利益息息相关。动物福利指动物处于基本需求得到满足，痛苦被降至最低的状态。世界上已有一百多个国家和地区制定实施了旨在保护动物福利的法律法规，而我国动物福利的教育才刚刚起步。随着社会上一些虐待和残害动物的事件被陆续曝光，动物福利也成为一个备受公众关注的话题。在生物学课程体系中进行动物福利教育，对于普及动物福利理念，培养学生尊重生命、关爱动物的价值观有重要意义，对于发展学生的生物学核心素养，落实“立德树人”的目标有着积极的意义。动物福利课程在我国少数学校已经有尝试性的授课，也编写了教材。试验课程的教学效果被师生接受并得到广泛好评。动物福利是校本课程的一个适宜的选题。

动物福利课程的主要目标在于促进学生形成尊重生命、关爱动物的态度和价值观，同时向学生传递与动物福利相关的基本知识与观点，并培养学生参与社会议题讨论和实践的能力。课程内容可以包括动物与人类的关系、动物福利的概念和认识、动物福利的评估、动物福利立法、动物福利与伦理道德，以及伴侣动物、野生动物、农场动物、实验室动物和动物园动物的福利等。

教学中，教师可以结合本地课程资源设计和开展学习活动，如野生动物救助站、流浪动物救助中心、家禽养殖场等；也可以从社会高度关注的问题深入主题，如实验动物福利标准问题，饲养、运输和疾病处理过程中动物福利的问题，滥食、虐食动物的现象，残害动物的暴力行为等。教师要帮助学生理解动物福利的内容，体会动物福利立法的必要性。同时，教师也要让学生认识到，动物福利的立法要与社会的经济水平和文明程度相适应。动物福利过高，会给生产者或动物的主人带来过重的负担，造成浪费，因此，讨论动物福利需要兼顾动物利益和人的利益的平衡。

6.“外来生物入侵与防控”模块开设建议

一种生物由于人为或自然的原因由其原产地迁移到异地，经自然选择后逐渐繁衍开来，打破当地的生态平衡，威胁当地生物多样性，造成严重生态恶果，即形成生物入侵。随着人类活动日益加剧，世界范围内的生物入侵现象愈演愈烈，已经对各国的经济、社会、民生以及生态环境造成了难以挽回的重大损失。

本课程内容应包括世界及我国主要的生物入侵种类、入侵途径、生物入侵对生物圈和生态系统造成的危害，以及应对生物入侵可采取的各种措施。

教师在实施教学时可引用具体案例引导学生理解生物入侵的概念。建议调查外来生物入侵本地的基本情况，对其危害程度做出初步评估，从而帮助学生认识生物入侵危害性，并提出一些阻止外来生物进一步危害本地生态系统的措施和建议。

本课程的学习有利于帮助学生认识生物入侵的概念及其途径和危害性，树立生物与生物、生物与环境、人类与环境和谐发展的意识，提高保护生物多样性和保护环境的自觉性。

7.“地方特色动植物研究”模块开设建议

纵观人类历史发展可知，动植物资源是人类社会发展的重要物质资源，人类的物质生活和精神生活都离不开动植物资源。各地具有地方特色的野生动植物不仅具有重要的经济、科学、生态、文化及美学等方面的价值，也大大丰富了人类的文化生活。因此，开展对地方特色动植物的研究不仅是为了合理配置和利用野生动植物资源，更重要的是通过了解当地野生动植物资源的现状，培养人与自然和谐相处的意识，充分认识环境保护与可持续发展，改善人类的物质生活和文化生活的意义。

由于不同地域所具有的地理环境、气候条件、经济水平等各不相同，在教学中应注意收集编制具有地方特色的动植物资源内容，以当地具有地方特色的动植物为主要研究对象。课程内容可以包括当地动植物的分类、动植物的生长与繁殖、动植物与环境的关系、动植物资源的开发与利用等。

教学应以培养学生实践运用能力为宗旨，除了培养学生掌握扎实的动植物学科知识以外，更重要的是培养学生自主探究学习的意识和能力，掌握当地动植物资源研究的方法和利用价值。教学形式应多样，例如：通过参观调查，引导学生关注家乡的动植物资源与环境变迁，激发其热爱家乡、建设家乡的热情；通过实践探究，培养学生了解动植物资源开发的相关技能，掌握科学探究的基本过程和方法；通过家乡动植物资源的调查，培养学生搜集信息、处理信息的能力，在选择具体的内容时，侧重于选择学生常见的、具有地方特色的动植物资源内容，便于他们将所学的知识与现实生活联系起来，对学习内容产生兴趣。

对本课程的学习，可以使学生了解地方动植物资源的分布特点及其生态价值、经济价值和社会价值，学会把所学知识应用于生产实践，提高理论与实践结合的能力，培养关心家乡建设、服务家乡经济发展的情感。

（七）模块 7：“职业规划前瞻”

1.“生物制药与药物学”模块开设建议

药物学是指研究药物的来源、炮制、性状和作用，分析、鉴定、调配、生产和研发新药等的学科。生物制药则是药物学的一部分，是指运用微生物学、基因工程和化学等技术，通过生物活体来生产药物的学科。

生物制药与药物学的内容非常广泛，本课程的内容侧重于常见药物制备、药物分析和生物制药三个部分。

本课程应首先介绍药物对机体的作用、机体对药物的影响和药物制备的技术，然后介绍各类药物及其临床应用。在生物制药部分，应着重介绍现代生物技术制药的内容。

教师在教学活动中，除了讲解制药的基本技术外，还要通过讲解案例，让学生体会本模块的目的是生产更有效、更高质量和更安全的药物；应教会学生使用最新版的《中华人民共和国药典》，使学生认识到药品标准是药品生产和质量管理的重要组成部分，是药品生产、供应、使用和监督管理部门共同遵循的法定依据，形成按药品标准制药的观念；应组织学生参观当地药厂、医院和药物研发单位，了解我国药物研发和使用的现状，创造条件开展药物研发和制备实习，使学生树立为人类健康事业而努力的信念；鼓励学生通过互联网、书刊等渠道主动收集新药研发的相关资料，并开展交流活动。

通过本课程的学习，学生将掌握药物制备和应用的各个环节和基本技术，认识到现代生物技术对医药产业的重要性。

2. “海洋生物学”模块开设建议

海洋占地球总面积的70.8%，其中生活着丰富的生物类群，绝大部分海洋生物尚未被了解。海洋生物学是了解海洋生物、保护和开发海洋生物资源的基础学科。由于现代科学技术的发展，对海洋生物认识的步伐也大大加快了。

本模块包括海洋生物的多样性、海洋生物的生命特征、海洋生态、海洋生物资源的保护和利用四个部分。课程内容应以学习海洋生物多样性及特点为基础，重点讲述海洋中的生命现象及其规律，以及海洋生物在整个生物圈中的作用等。

教师在教学活动中要善于利用与陆地相比较的方式，突出海洋环境的特殊性，比如高盐、深海高压和黑暗等特点，以及与此环境相适应的海洋生物的习性；应充分利用水族馆、博物馆和水产品市场组织好学生的探究性学习；要通过介绍我国领海及大陆架环境及其生物资源的相关知识，培养学生的海洋观念和海洋国土意识，增强环保理念和爱国信念；鼓励学生通过互联网、书刊等渠道主动收集海洋生物学知识，并开展交流活动，帮助学生了解世界及我国海洋水产业的发展现状和趋势。

通过本课程的学习，学生将认识到海洋生物对人类社会和经济发展的重要性，逐渐形成海洋生态平衡观以及地球生态系统整体观。

3. “食品安全与检疫”模块开设建议

食品安全指食品符合应有的营养要求，对人及其后代健康不造成任何急性、亚急性或者慢性危害，其范围包括在食品加工、存储和销售等过程中确保食品卫生及食用安全，降低疾病隐患，防范食物中毒。随着人类文明的进步，人们越来越重视食品的安全性。食品安全关系到国民健康和民族的永续发展。

本模块包括食品生产安全、食品经营安全和食品安全检疫三个部分。课程内容应围绕食品(食物)的种植、养殖、加工、存储、销售等环节，介绍食品安全的基础知识，进而介绍食品安全检疫的原理和基本操作技术。

教师在教学活动中要围绕食品安全的含义和“食品数量安全”“食品质量安全”和“食品可持续安全”三个层次，介绍食品安全标准及相关检疫技术；应通过典型的食品安全案例，组织学生进行探究性学习，并开展食品安全的实践教学活动，使学生在掌握相关知识的同时，形成“防控并重”的观念；要通过介绍食品国家强制标准和要求，参观当地食品药品监督管理局等，帮助学生了解我国的食品安全保障体系和政策；鼓励学生通过互联网、书刊等渠道主动收集食品安全及其检疫的相关资料，并开展交流活动。

通过本课程的学习，学生将了解食品生产的途径，食品生产过程质量控制的重要性，全球以及我国食品检疫体系的组成，掌握食品安全预防措施、食品检疫工作等的流程和基本技术。

4. “职业疾病与防控”模块开设建议

职业疾病是指企事业等单位的劳动者在职业活动中，因接触粉尘、放射性物质和其他有毒、有害因素而出现的疾病。最主要的职业疾病有尘肺、职业中毒、职业性皮肤病等。

职业疾病不仅影响劳动者的身体健康，也影响家庭幸福。我国对职业疾病的防控非常重视。

本模块包括职业疾病的形成和防控两个部分。课程内容应以学习职业疾病形成的病因为基础，进而学习职业疾病防控的知识和国家有关的法律法规。

教师在教学活动中要通过案例的讲解，重点介绍职业疾病的特点、预防对策和控制措施；应充分利用当地常见职业疾病案例，通过宣传《中华人民共和国职业病防治法》等，组织学生进行探究性活动，使学生在掌握相关知识的同时，形成“防控并重”的观念；要通过介绍我国自新中国成立以来职业疾病防控所取得的巨大成就，参观当地职业疾病防治单位等，使学生了解当地和我国职业疾病及其防控的现状，认识到职业疾病防控不仅关系到广大劳动者身体健康和生命安全，也关系到经济社会可持续发展和社会的和谐稳定；应充分发挥学生的学习主动性，鼓励学生通过互联网、书刊等渠道主动收集职业疾病及其防控的相关资料，并开展交流活动。

通过本课程的学习，学生将了解职业疾病的构成要件、主要特点、主要类型和诊断标准等，掌握职业疾病预防和控制的基本知识。

5.“园艺学与景观生态学”模块开设建议

园艺学是研究园艺作物的种质资源、生长发育规律、繁殖、栽培、育种、贮藏、加工、病虫以及造园等的科学。造园学又叫园林规划设计学，是研究园林绿地的设计、规划、施工和养护管理的科学。园艺作物一般指以较小规模集约栽培的具有较高经济价值的作物，主要分为果树、蔬菜和观赏植物三大类。现代园艺已成综合应用各种科学技术成果以促进生产的重要领域，对丰富人类营养和美化、改造人类生存环境具有重要意义。

景观生态学是研究在一个相当大的区域内，由许多不同生态系统所组成的整体(即景观)的空间结构、相互作用、协调功能及动态变化的一门生态学新分支，重点在于研究景观的美化格局、优化结构、合理利用和保护。

教师在教学中，在讲解清楚园艺学、景观生态学的基本概念的基础之上，重点介绍当地的园艺作物的代表种类、景观设计的基本原理，然后应用相关理论与技术，与学生一起设计具体的“园林景观”，如校园景观。在实践活动中强化相关理论知识，激发学生的学习热情，开发学生的创造能力。

通过本课程的学习，学生能够理解园艺学、景观生态学的基本概念，了解园艺植物(如当地代表种类)的基本栽培管理技术、景观设计的基本原理，能够感受到美化环境在生活中的重要意义。

6.“环境友好与经济作物”模块开设建议

经济作物是指与人类生存和生活密切相关的作物，主要包括棉花、油料作物、果蔬、茶叶等。人类为了获取高额经济回报往往肆意革除原有植被，大规模集中种植某种(些)作物，而且在耕作过程中大量使用化肥、农药和除草剂，在获得较高产量的同时也对生态环境造成日益严重的影响。

1992年，在里约热内卢召开的联合国环境与发展大会通过的《21世纪议程》中提出了“环境友好”的理念。在2006年10月召开的中国共产党十六届五中全会上，中央正式将建设资源节约型和环境友好型社会确定为国民经济与社会发展中长期规划的一项战略任务。

环境友好是指人与自然和谐共处，人类的生产和消费活动与自然生态系统相协调，人类社会处于可持续发展状态。本课程内容应包括环境友好的实质和内涵，明确环境保护和经济作物都是人类赖以生存和发展的基石。课程要明确阐明环境保护是国际社会环境保护战略思想演变和可持续发展实践进展的必然结果。强调种植经济作物应该努力在获得较高经济效益和环境保护之间取得适当的平衡，力求在生产过程中将对环境的干扰和危害降到最低程度。

教师在教学过程中，可通过组织学生观看相关视频或列举人类发展史上发生的企业排污或生产事故等“重经济，轻环保”的案例，告诫学生生产与环保协调发展的重要性，指出“先污染，后治理”是文明社会不能容忍的危害人类健康和发展、祸害子孙的不负责任的行为；同时探讨高效栽培经济作物与环境保护协同发展的各种可能措施。

本课程的学习，有利于帮助学生认识生产和环保是人类社会发展的“两只轮子”，缺一不可。只有把发展生产对环境造成的压力或危害降低到最低程度，人类社会才可能持续不断发展。

7. “生物资源开发与利用”模块开设建议

生物资源是自然资源的有机组成部分，是生物圈中一切动物、植物和微生物组成的生物群落的总和，是对人类具有实际或潜在应用价值的可再生资源，是人类生活和生产的物质基础。生物资源包括基因、物种以及生态系统三个层次。

本课程可包括野生生物资源、农作物资源(如粮食作物、油料作物、水果蔬菜等)、畜牧水产资源(如畜类、禽类、水产品等)、微生物资源(如食用菌、酵母菌等)。教学内容可以根据当地生物资源特点，结合地方社会经济发展需求，聚焦于“地方特色生物资源”；在学生了解生物资源(代表物种)的基本生物学特征的基础上，教师应重点介绍对生物资源(代表物种)的合理开发利用，如对相关生物资源深加工的原理方法、生产工艺流程及研究动态等。

通过本课程的学习，学生应该清楚认识到，我国虽然是生物资源最丰富的国家之一，但是生物资源承载力与人们需求间的矛盾也日趋尖锐，生态系统非常脆弱，生存环境压力巨大。因此，合理保护并科学利用生物资源，涵养生态系统并使其结构与功能得到恢复，对于人类的生存和可持续发展具有重要意义。

8. “本地受胁物种保护”模块开设建议

“受胁物种”，是指受到人类活动或受自然剧变(如灾害)影响，其野生种群在不久的将来灭绝概率很高的物种。一个关键物种的灭绝可能破坏当地的食物链，造成生态系统的不稳定，并可能最终导致整个生态系统的崩解。

国际自然保护联盟公布的《世界受胁物种红皮书》将“受胁物种”分为极危、濒危、易危、近危四个等级，它们均属于优先关注和保护对象。其中，“濒危物种”是公众视野中出现频率较高的术语，一般是指数量稀少，分布区很狭窄，在居民区附近难以见到的物种。

教师在教学中应该阐明，中国虽然是世界动植物资源最丰富的国家之一，但按人均资源情况，中国是资源贫乏国家。我国生物物种数量正在以每天一个受胁甚至走向灭绝的速度减少，农作物栽培品种数量正以每年 15%的速度递减，全球持续变暖会导致部分动植物物种因种种不适应而发生种群数量减少、迁移、生态退化，一些受胁物种难逃灭绝厄运，可能使地球上多达 1/6 的物种消失。同时，国家为了进一步加强野生动植物保护和受胁物种拯救繁育工作，已建立 700 多个自然保护区、植物园、动物驯养繁殖中心，并建立 400 多处珍稀植物迁地保护繁育基地以及种质资源库。另外，教师应该结合当地受胁生物资源的具体情况，分析这些物种对地方生态环境、社会经济可持续发展的实际意义。

通过本课程的学习，学生应该理解，保护受胁生物(特别是当地的)资源对生存环境、生活方式以及可持续发展的重要意义；保护生物资源特别是受胁生物资源人人有责；从我做起，积极参与对当地受胁生物资源的保护行动。

(八)模块 8："学业发展基础"

1."细胞与分子生物学"模块开设建议

自 1953 年 Watson 和 Crick 发现了 DNA 双螺旋结构以后，生命科学才真正进入分子生物学阶段。目前，分子生物学理论是学好其他许多生命科学分支学科的基础，而分子生物学技术又成了研究生命、认识生命甚至改造生命的一项强有力的工具，具有广泛的应用前景和极高的应用价值。

本课程的内容侧重细胞生命活动的分子机制，以"中心法则"为主线，包括 DNA 复制、DNA 损伤及其修复、DNA 突变、逆转录、转录、翻译和基因表达调控等。

教师在教学中要注意紧扣"中心法则"和"碱基互补配对"原则，利用分子生物学中的"分子逻辑"，从结构决定功能的高度，结合模型和多媒体手段，深入浅出地介绍相关的分子生物学原理，提倡理论联系实际，尽可能组织一些探究实验和课外活动(如 DNA 指纹分析)，并引导学生利用学过的知识关注和探讨与分子生物学有关的社会热点问题(如艾滋病病毒、埃博拉病毒和流感病毒等)，以帮助学生丰富相关知识，加深对科学、技术和社会相互关系的认识。

对本课程的学习，可激发学生对生命科学的热爱，理解三种生物大分子 DNA、RNA 和蛋白质在细胞内的功能分工和相互关系，真正理解生命的本质，并能更好地理解各种分子生物学技术，如聚合酶链式反应、基因的定点突变以改造或改良蛋白质，以及利用小卫星 DNA 进行 DNA 指纹分析等。

2."生物信息学与人类基因组"模块开设建议

生命科学的发展带来了各种生物数据的爆炸性增长，未来还将以越来越快的速度增长。然而，数据并不等于知识，其增长所带来的挑战包括海量数据的存储、管理、共享，特别是如何将这些数据变为生物学知识。

生物信息学是以计算机为工具，用数理及信息科学的理论和方法研究生命现象，对生物信息进行储存、检索和分析的一门学科。其核心内容是基因组信息学，包括基因组(如人类基因组)信息的获取、处理、存储、分配和解释。基因组信息学的关键是“读懂”基因组的碱基顺序，即全部基因在染色体上的确切位置以及各DNA片段的功能；同时在发现新基因信息之后进行蛋白质三维结构模拟和预测，然后依据特定蛋白质的功能进行药物设计。

对本模块内容的学习，可以让学生了解生物信息学和人类基因组的概况，让学生掌握DNA和蛋白质序列分析、蛋白质结构预测和系统发育树分析的基本原理和方法。教师在教学中要注意结合具体的案例进行分析，利用互联网上各种数据库中的数据来阐明和理解大量生物数据所包含的生物学意义，并应用于解决生命科学研究和生物技术相关产业中的各种问题，为学生进一步深造学习、获得职业技能等奠定基础。

3.“神经系统与疾病”模块开设建议

神经系统协调人体内部各器官的功能以适应内、外环境的变化，起着“司令部”的作用。凡是能够损伤和破坏神经系统的各种因素都会引起神经系统疾病。

神经系统的疾病逐年增加，尤其是精神方面的疾病及成瘾性疾病。对神经系统及其与疾病相关性的了解有助于从保护神经系统的角度保持健康的生活习惯，远离毒品。

本课程的内容侧重于神经系统疾病的发生和预防。发生于中枢神经系统、周围神经系统、自主神经系统的，以感觉、运动、意识、自主神经功能障碍为主要表现的疾病，称为神经病，而中枢神经系统受致病因素影响以精神活动障碍为主要表现的疾病，称为精神病。此类病的病因有多种，如感染、外伤、中毒、免疫损伤、遗传缺陷及营养障碍等。中毒包括金属中毒和有机物中毒，如毒品。精神类疾病包括强迫症、抑郁症等，神经类疾病包括慢性神经炎、神经末梢炎、肌肉震颤、神经性头痛、帕金森病、癫痫等。此外，人体其他系统的失调也可能导致神经系统疾病，如胃溃疡等。由于神经细胞损伤后不易再生，许多神经系统疾病仍无有效疗法。

教师在教学中要注意紧扣神经系统是人体内起主导作用的系统。一方面它控制与调节各器官、系统的活动，使人体成为一个统一的整体。另一方面神经系统的分析与综合，使机体对环境变化的刺激做出相应的反应，达到与环境的统一。

神经系统的疾病对人体的危害很大，且不易治疗。在联系实际方面，教师应介绍滥用药物(包括毒品)可造成药物成瘾，成为慢性、复发性的强迫行为，成瘾后对神经系统造成损伤。引导学生认识到药物成瘾不仅是生物医学问题，更是广泛的社会问题。

对本课程的学习，有助于学生了解神经系统疾病的成因和危害，从而保护神经系统不受损伤。

4.“干细胞与应用”模块开设建议

干细胞是一类具有自我复制能力并能分化成其他类型功能细胞的多潜能细胞。因而，干细胞具有巨大的基础研究价值和临床应用前景。干细胞研究也是目前全球范围内生物医学领域的热点和焦点。学习和了解干细胞相关知识是培养新世纪生物学科人才所必需的。

本课程的内容包括干细胞的定义、基本特征、分类、生长和分化机制及应用。干细胞是一类具有无限或较长期的自我更新能力而尚未分化的细胞，在特定的条件下，其能分化成多种类型的特化细胞。根据所处的发育阶段干细胞可分为胚胎干细胞和成体干细胞；根据发育潜能干细胞可分为全能干细胞、多能干细胞和单能干细胞。干细胞的应用领域包括发育生物学研究的体外模型、指导药物的研制和应用、器官克隆、细胞治疗、组织再生和修复等。实例包括造血干细胞移植等，并扩展讨论干细胞应用中存在的潜在危险，以及可能产生的伦理问题。

教师在教学活动中要突出如下基本概念：胚胎干细胞在不同发育阶段中的潜能差异，干细胞分化的机制及条件等。目前人类胚胎干细胞已能成功地在体外培养，成体干细胞可以横向分化为其他类型的细胞和组织，甚至成体细胞也可以逆转化为诱导多能干细胞(iPS cell)，这些成果为干细胞广泛的临床应用提供了基础。同时，教师也应强调干细胞研究的社会价值和意义。

对本课程的学习，可以使学生了解和认识干细胞的基本概念、干细胞生长和分化的机制、干细胞目前的研究进展、干细胞的临床应用及相关疾病治疗。

5. “植物组织培养”模块开设建议

由于植物组织培养无需昂贵的仪器设备和药品，投资少，可以在短时期内不受自然条件限制培育出大量具有优良性状的幼苗，以及进行植物去病毒处理，因此其在名贵花卉、果蔬和中药材植物等的迅速扩大繁殖等方面发挥了重要的作用。

本课程应包括培养基配制、植物外植体的选择、外植体的消毒、外植体无菌切割、愈伤组织培养、愈伤组织增殖和诱导分化、炼苗等内容。

教师在教学中可以播放植物组织培养的视频，组织学生逐段观看和讨论，强调无菌操作是组织培养贯穿始终的关键因素；根据当地的实际情况组织学生参观植物组织培养的现场，请技术人员讲解植物组织培养的要领；可组建自己的植物组织培养实验室；组织学生分组讨论，提出植物组织培养的实验方案，教师指导修订该方案，提供必需的实验器具和药品，让学生亲自动手领悟植物组织培养的全过程，体会科学研究的艰辛与成功的乐趣。

对本课程的学习，有利于学生掌握无菌操作的要领，基本了解植物组织培养的过程，为他们日后从事相关或类似的研究和工作奠定良好的基础。

6. “生态安全”模块开设建议

生态安全是人类在生产、生活和健康等方面不受生态破坏与环境污染等影响的保障程度，包括饮用水与食物安全、空气质量与绿色环境、水资源可持续利用、生态系统的稳定性等基本要素。随着城市化进程的加快和人口的增加，人类赖以生存和发展的环境不断发生变化，资源、环境、人口等社会经济问题也日益尖锐，环境问题已成为影响生态安全、影响可持续发展的重要因素之一。

在过去几十年的发展过程中，无节制地开发生物资源、过度放牧等使得生态系统严重退化，土地荒漠化，生物多样性减少，种种潜在的危机迫使人们不得不重视生态安全问题。学校的生态安全教育应在全面认识自然、社会和学生心理的基础上，依据现实社会的需要去实施，教育学生从自身做起，为保护人类共同生存的家园贡献自己的力量。生态安全教育的内容可以涵盖生态环境知识、人类与环境、动植物与环境、资源和能源危机、人口危机、生态平衡等。

学校的生态安全教育应从实际出发，遵循教育的基本规律，既要适合学生的年龄、生理、心理水平，也要考虑到现实乃至未来社会的需要。生态安全教育应在充分了解学生现有水平及社会发展需要的基础上，因地制宜，因人因时而异，尽量做到从学生的生活经验出发，注重结合当地具体生态状况。教育的内容可包括饮用水与食物安全、空气质量与绿色环境、动植物与环境资源等基本要素。教学可采取游戏、观察、操作、感受、借助现代教育媒体等形式，通过各种丰富多彩的生态活动提升学生对生态文明的理解，积极营造激发学生学习的和谐氛围。在联系沟通中训练学生学会用生物学的观点去观察和认识周围的生态状况，体会生态安全的重要意义，逐渐形成生态安全意识。

本课程的教学要求学生理解人与环境的相互制约性，人和环境是一个不可分割的整体；懂得环境为人类提供生命活动的物质基础，同时人类的生活和生产活动也以各种形式不断地对环境施加影响，环境破坏造成的后果往往需要很长的时间才能恢复，有些甚至是不可逆的；将生态安全教育与世界观、人生观、价值观教育联系起来，让学生意识到生态安全的重要性，树立“生态安全从我做起”的意识，养成良好的生态环境道德行为习惯，珍视和热爱自然生态环境，建立有利于生态安全的生活方式。

7.“校园动植物分类”模块开设建议

进入 21 世纪，校园生态规划建设已经成为人们讨论的热点话题。让生态理念进入校园，不仅有利于全民生态意识的提高，也丰富了学生的学习实践内容，有利于学生的全面发展。校园动植物环境是校园生态最基本的环境元素，是一个半人工生态系统(由自然生态系统和人造生态系统共同组成)。让学生积极参与到校园生态建设和生态保护行动中去，对于学生陶冶情操、热爱自然环境等都具有十分重要的意义。

本课程应依托校园自然环境，着眼于学生的兴趣爱好，因地制宜地开展丰富多彩的校园文化活动，让学生养成关注身边事物的习惯，激发学生在生活中学科学、用科学的兴趣。校园动植物分类内容可以包括调查校园动植物资源，动植物分类的过程与一般方法，学会使用动植物分类表，学习编制简单的检索表，介绍校园动植物有关的科、属、种的特征及识别方法，动植物标本采集及制作，建立校园动植物资源管理数据库以及了解动植物与环境的适应关系等。

教学中教师应根据本地的地理特点，充分利用校园动植物资源，拉近学生与真实自然环境之间的距离。教学可以通过各种不同形式的活动展开。例如，以小组为单位制订寻找、观察校园动植物的计划；交流认识校园里的动植物的学习经验；以科技为主导，以校园为依托，开发利用校园动植物资源；广泛收集教学需要的文字、声音、图片、动画等素材，建立校园动植物资源库等，实现教学与校园动植物资源的有效整合。在教学中激发学生的学习兴趣，培养学生的自然观察能力，提升学生的综合素养。

校园动植物分类课程以提高学生的实践能力和创新能力为核心，重视培养学生的科学思维能力、探究能力、创新精神及自主学习能力。本课程不仅培养学生关注身边校园的动植物的习惯，更重要的是培养学生爱护校园环境、自觉维护校园绿化的行为习惯，培养学生的合作精神和社会责任感。

第五节　高中生物校本教材编写与实施建议

一、高中生物校本教材编写的基本原则

学习目标

1.掌握高中生物校本教材编写的基本原则；
2.掌握如何选择高中生物校本教材内容；
3.掌握高中生物校本教材内容的组织和呈现方式。

高中生物校本教材编写是在课程标准基础上的一次再创造，必须充分体现课程标准的基本思想，准确把握课程标准的内容要求，高中生物校本教材应成为落实课程目标的基本教学资源。

在内容选择、编排形式、活动设计等方面，应突出学生生物学核心素养的培养，反映生物学发展的特点和趋势，关注学生的生活经验，体现科学、技术和社会的相互影响。

体现科学性、思想性和艺术性的统一。高中生物校本教材内容应系统规范，严谨准确；有利于学生建立科学的自然观，养成科学态度和科学精神，发展创新精神和实践能力；文字表述准确、生动，可读性强；图文并茂，清晰美观，装帧精良。

应符合高中学生的心理特征和认知水平，能够激发学生的求知欲，体现学习方式的多样化，有利于学生自主学习和主动建构知识。能够与初中教科书有效衔接，没有内容和思维上的明显脱节或不必要的重复。容量和难度合理，课时安排有一定的弹性，在达成教学目标的基础上，努力减轻学生课业负担。

二、高中生物校本教材内容的选择

1. 以有利于学生生物学核心素养的发展作为选取内容的出发点

高中阶段的生物学教育，不仅要让学生掌握基础的生物学知识，而且更应培养学生的生物学核心素养，为学生的终身发展奠定基础。因此，内容的选取除了考虑知识的系统性和完整性，还应以核心概念和原理为中心，重点选取对学生核心素养形成有利、在学生的终身发展中具有长效性和迁移性的内容。

2. 应符合学生的知识基础、心理特点和认识规律

高中学生已经具备一定的生物学知识，从媒体和日常生活中也积累了不少与生物学有关的信息或经验。但是，这些知识是浅显、零散的，生活经验也多是感性的，从思维特点来看，学生的形象思维比较发达，而辩证逻辑思维能力不强。因此，高中生物校本教材内容的选择要充分考虑学生已有的知识和经验，注意与初中生物学课程以及其他学科相关课程的衔接，并且针对高中生的思维特点、兴趣指向和接受能力，引导他们学会辩

证地看问题。

3. 要反映社会、经济和科技发展的需要，体现“科学、技术、社会”的思想

生物科学技术的迅猛发展对社会和经济的发展日益显现出巨大的推动作用，也影响到社会和个人生活的方方面面；当代社会发展的许多重大问题的解决，都依赖于生物科学技术的进一步发展。教科书编写应当融生物科学技术和社会为一体，充分体现三者的互动，反映生物科学技术的发展及其对社会发展和个人生活的影响，注意介绍我国生物科学技术的成就和发展。

4. 适当引入生物科学史内容

生物科学史蕴含着丰富的科学思想、科学方法、科学世界观、科学精神和科学态度等内容，具有很高的教育价值。尤其是生物科学史中的许多经典实验，是培养学生科学素养的最好范例，高中生物校本教材编写应利用好这些资源。

5. 重视科学探究活动的设计

科学探究活动对于培养学生创新思维和实践能力具有不可替代的作用，高中生物校本教材编写应着力研究、精心设计，使探究活动真正起到激发思维、培养能力的作用。科学探究活动的设计和安排应当以科学方法训练为重要线索，应当在设计高中生物校本教材知识体系的同时，设计较完整的科学方法体系，将两者进行整合，使之形成有机的整体。就某一具体教学内容来说，究竟设计为哪一种类型的活动，要视内容特点、学生基础和学校条件而定。

6. 应具有一定的弹性和灵活性

在按照课程标准编写必学内容的基础上，可以适当安排一些选学内容或选做的活动，以拓宽学生的视野，发展学生的爱好和特长，培养学生的创新精神和实践能力。例如，在高中生物校本教材中编入一些小资料和课外阅读材料，设计一些选做实验和实践活动等。

三、高中生物校本教材内容的组织和呈现方式

1. 高中生物校本教材内容的组织应当实现学科内在逻辑与学生认识逻辑的统一

学科逻辑与学生的认识逻辑是不尽一致的。例如，结构是功能的基础，这属于学科的内在逻辑，如果按照先结构后功能的顺序组织教学内容，学生固然能够接受，但是，不一定能够引起学生的学习兴趣。从功能出发，提出与结构有关的问题，再引导学生探究结构与功能的关系，学生的兴趣就会增加。

在遵循课程内容标准的基础上，高中生物校本教材的逻辑结构可以打破课标的编排次序，重新组织。但高中生物校本教材自身的逻辑结构，必须考虑知识的内在联系和学生的认知规律，同时要兼顾不同模块之间以及与其他学科之间的联系。每个课时的容量必须相对均衡。单元与章节的划分，既要考虑内容的相对独立性，也要考虑彼此之间的相互衔接。

2. 高中生物校本教材内容的组织应当实现课程知识目标达成与生物学核心素养发展的统一

学生生物学素养的发展当然需要生物学知识作为基础，但有知识不等于有素养。将课程知识的学习过程提升为学生生物学核心素养的发展过程，需要高中生物校本教材编写者突破传统思维，对课程内容进行有机组织、巧妙呈现。要尽量避免单纯讲述知识的做法，可以尝试结合实验、生活经验、图文资料等各种资源或途径，引导学生积极思维，主动探索，培养他们从不同的角度和高度认识生命世界，养成综合、开放、创造性思维的习惯，并提升动手实践能力。要做好这点并不容易，需要经验和智慧。但从另一个角度看，高中生物校本教材编写中蕴含的智慧同样具有教育价值，对学生综合素养的形成与发展也有着潜移默化的影响。

3. 高中生物校本教材内容的呈现方式应当有利于学生通过活动建构新知识

高中生物校本教材的编写，应重视情境的创设。有效的教学情境能够激发学生的好奇心和求知欲，点燃学生的学习热情，使学生形成良好的求知心理，从而使学生主动参与对所学知识的探索发现和认识过程，体验学习的乐趣。这样的学习方式，不仅能够帮助学生有效掌握知识，灵活解决问题，也能够培养学生不断探索、勇于创新的科学精神，实事求是的科学态度，以及终身学习的能力。在这方面，广大一线教师在教学实践中积累了大量生动、精彩、有效的教学案例，高中生物校本教材编写者可以借鉴。

4. 高中生物校本教材内容的呈现可渗透人文精神

中国传统文化源远流长，博大精深，其中不乏经过实践检验的生物学知识。在高中生物校本教材中适当引入这方面的内容，既能帮助学生更好地理解生物学知识，又能在科学与人文之间搭建沟通的桥梁，提高学生的人文素养。当然，高中生物校本教材自身的语言逻辑和文学美感，也是提高其可读性和人文气息的重要体现。

5. 高中生物校本教材应留给使用者一定的空间，体现开放性和可塑性

高中生物校本教材应当尽量避免以绝对权威的面孔出现，应当让学生认识到高中生物校本教材不是让他们被动地、不加思考地全盘接受知识，而是提供一些供他们分析和思考的素材，提出一些供他们活动参考的建议。学生对教科书中某个观点提出不同看法，是被允许且是值得鼓励的。关于探究活动的指导，有些活动的材料和方法步骤在高中生物校本教材中可以不做详细的规定，而是让学生自己设计方案，进行探究。但这并不意味着高中生物校本教材可以推卸引导和帮助学生的责任，相关的背景材料、提示和建议仍是必要的，而且是需要精心设计的。在课时安排上要留有余地，适当考虑阶段性巩固和训练所需的时间。

6. 高中生物校本教材的习题配置应当体现多样、灵活、开放、减负的特点

课后习题主要用于帮助学生巩固所学知识，拓展思维，引导学生将所学知识应用于解决实际问题。因此，习题的设计应有难度梯度，循序渐进。题型可以多样化，有些题目可

以设计为开放性的问题，还可设计些探究性或实践类的小课题。习题应当有助于促进学生的知识迁移和发散思维；应当紧密联系人们的生产和生活实际，特别是学生的生活经验；应当渗透人文精神。同时要把握好题量和难度，避免加重学生的课业负担。

7. 高中生物校本教材的整体风格应该一致，体现每一版本各自的特色

同一版本的高中生物校本教材，在内容组织、行文风格、栏目设置、图文排版、装帧设计等方面要尽可能统一，形成自己的风格和特色。

四、高中生物校本课程实施建议

(一)高中生物校本课程教学与评价建议

1. 高中生物校本课程教学建议

《普通高中生物学课程标准》是高中教育阶段生物学教学的依据。教师应在认真学习和领会的基础上，结合学校和学生的实际，创造性地开展教学工作。高中生物校本课程的根本任务是提高学生的生物学素养，特别是一个普通公民终身发展所需的生物学核心素养。完成这样的教学任务，教师需要在教学过程中关注每一个学生，关注每一节课的学习过程，努力促进学生在原有基础上良好发展。为此提出以下七条教学建议，其中第一条是关于落实课程目标的建议，其余六条都是围绕课程目标达成提出的教学策略方面的建议，包括开展科学探究、概念教学、科学史及科学本质教育等方面的建议，以帮助教师理解和把握。

1)高度关注生物学核心素养的达成

培养学生生物学核心素养是高中生物校本课程的价值追求，也是课程预期的教学目标。核心素养所涵盖的生命观念、理性思维、科学探究、社会责任四个方面的基本要求，是较以往生物学课程更具有挑战性的教学要求，需要通过每节课或每项活动逐步培养形成。教师在制订每个单元、每节课(或活动)的教学计划时，都要全面考虑核心素养任务的针对性落实和有效完成。同时，根据不同的教学内容，在落实核心素养时其侧重点也应该有所不同。在科学技术迅猛发展、技术产品高度融入生活的时代，获得并提升生物学核心素养关乎学生一生的发展，因此，要在扩展、深入学习生物学知识的同时，要特别注意对学生能力和品格方面的要求。

2)组织以探究为特点的主动学习是落实核心素养的关键

以探究为特点的教学不仅会直接影响核心素养中“理性思维”“科学探究”的落实，也会间接影响另外两个核心素养的达成。因此，生物学教学不仅是教师讲解和演示的过程，也是师生交流、共同发展的互动过程。教师应该提供更多的机会让学生亲自参与和实践。这种有目的、有步骤的学生自主学习活动主要包括对生物及其相关事物进行观察、描述、提出问题、从各种渠道查找信息、提出假设、验证假设、思维判断、做出解释，并能与他人合作和交流等。

教师在引导和组织学生进行上述探究性学习时应注意以下事项。

(1)需要为探究性学习创设情境。例如，提供相关的图文信息资料、数据，或呈现生

物的标本、模型、生活环境，或从学生的生活经验、经历中提出探究性的问题，或从社会关注的与生物学有关的热点问题切入等。

(2)应该鼓励学生自己观察、思考、提问，并在提出假设的基础上进行探究活动方案的设计和实施。在小组合作探究时，教师应兼顾不同发展水平的学生，成员间要分工明确并不时互换，使每一成员都有机会担任不同的角色。

(3)注意探究性学习活动的课内、课外结合。教师应有计划地安排好课外需要用一定时间才能完成的活动，包括必要的调查、访问、参观、资料收集整理以及观察记录等。

(4)重视探究性学习报告的完成和交流。教师应培养学生通过文字描述、数字表格、示意图、曲线图等方式完成报告，组织交流探究的过程和结果，并进行适当的评价。

(5)探究性学习不是全部的教学活动。教师应结合具体的教学内容，采用多种不同的教学策略和方法，达到教学目标。

3)在重要概念的学习中要帮助学生形成生命观念

重要概念是处于学科中心位置，对学生学习具有引领作用的基础知识。在生物学课程中，重要概念包括对原理、理论等的理解和解释，是生物学科知识的主干部分。高中生物学课程的必修课程和选修Ⅰ课程都是围绕着几个大概念展开的，内容标准基于大概念描述了具有学科逻辑、符合高中学生认知特点的重要概念，形成了课程的内容框架。在教学中，教师围绕着生物学大概念来组织并开展教学活动，能有效地提高教学效益，有助于学生对知识的深入理解和迁移应用，也有助于发展学生的生命观念。

教师在设计和组织每个单元的教学活动时，应该围绕大概念和重要概念展开，依据重要概念精选恰当的教学活动内容和活动方式，其教学策略既可以是讲解、演示、讨论，也可以是基于学生动手活动或对资料的分析及探究，所有的教学活动都要有利于促进学生对生物学概念的建立、理解和应用。

为了帮助学生形成正确的生物学重要概念进而建立生物学观念，教师一方面需要向学生提供各种丰富的、有代表性的事实来为学生的概念形成提供支撑；另一方面，教学活动不应仅仅停留在让学生记住一些零散的生物学事实的层面上，而是要通过对事实的抽象和概括，帮助学生建立生物学概念，并以此来建构合理的知识框架，为学生能够在新情境下解决相关问题奠定基础。在教学过程中，教师还必须注意学生头脑中已有的概念，特别是那些与科学概念相抵触的错误概念。课堂教学活动要帮助学生消除错误概念，建立科学概念。

4)加强和完善生物学实验教学

《普通高中生物学课程标准》中的“实验教学”是指教师组织学生在生物学实验室和校园内外开展的教学活动，既可以是动手、观察类的实践活动，也可以是以解决问题为特点的探究活动。实验教学是生物学课程的特点，也是生物学教学的基本形式之一。本课程标准的内容标准部分列举的一些活动建议中有一部分就是实验教学。

实验教学是促成学生达成生物学核心素养的重要支撑，为更好地开展实验教学，建议教师注意以下几点。

(1)实验设计应该多样化。例如，可以采用比较规范的实验仪器设备设计实验，也可以设计低成本、低消耗、低(无)污染的教学实验；可以采用生物材料设计和开展实验，也可以利用电子设备设计、完成模拟性实验；有条件的学校还可以充分利用多媒体、互联网及无线通信技术进行虚拟实验。应鼓励学生参与设计实验。

(2)在重视定性实验的同时，也应重视定量实验，让学生在量的变化中了解事物的本质。教师应给学生提供机会学习生物学研究中的测量方法，实事求是地记录、整理和分析实验数据，定量表述实验结果等。

(3)要注意实验安全教育。安全使用实验器具(如解剖器具、玻璃器皿、酒精灯等)和实验药品(如酒精、酸、碱等)是生物学实验的基本技能。教师应强化安全教育，增强学生的自我保护意识。同时，要注意实验室废弃物的妥善处理。

5)落实科学、技术和社会相互关系的教育

注重科学、技术和社会的相互关系是课程标准的理念之一，也是生物学核心素养达成的重要途径。本课程标准多层面、多角度地强调了科学、技术和社会的相互关系教育的重要性，包括重要概念水平和教学建议水平。在教学中，教师应该注意以下几方面。

(1)了解科学、技术、社会的相互关系，关注和参加与生物科学技术有关的社会问题的讨论和决策，是生物学核心素养的重要组成部分，也是培养学生对自然和社会责任感的重要途径。教师应该重视渗透科学、技术、社会相互关系的教育，通过具体事例帮助学生认识生物学与社会发展的紧密联系。

(2)科学、技术、社会相互关系的问题涵盖面很广，包括全球性的、国家的、地区的科学技术与社会生活、生产、发展相关的问题。教师要引导学生特别关注我国和学校所在地区与学生现实生活相关的问题，使学生积极思考与生物学有关的社会问题，宣传生物学知识和健康的生活方式，识别伪科学和迷信，尝试参与社会决策，培养学生的社会责任感。生物学教学还应注意介绍相关的职业现状和发展趋势，为学生选择学习和职业方向奠定必要的基础。

(3)生物科学技术和社会关系密切，内容丰富。教师应引导学生通过图书、报刊、音像和网络等了解更多的信息，开展调查、研究、讨论和宣传等活动，理解生物科学技术对社会发展的作用，同时也了解技术可能带来的多方面影响。

6)注意学科间的联系

自然界是一个统一的整体，自然科学中的物理学、化学、生物学等各门学科，其思想方法、基本原理、研究内容有着密切的联系。同时，生物学和数学、技术、工程学、信息科学是相互作用、共同发展的。此外，生物学与人文社会学科也是相互影响、相互促进的。加强学科间的横向联系，有利于学生理解科学的本质、科学的思想方法、跨学科的科学概念和过程，这将有利于建立科学的生命观，逐步形成正确的世界观，发展生物学核心素养。

7)注重生物科学史和科学本质的学习

科学是一个发展的过程。学习生物科学史能使学生沿着科学家探索生物世界的道路，理解科学的本质和科学研究的思路和方法，学习科学家献身科学的精神。这对提高学生的生物学核心素养是很有意义的。本课程标准中的多处内容都包含科学史的要素，教师应充分利用这些科学史的切入点开展教学。

高中生物学课程是自然科学课程，学生在学习该课程时不仅要获得诸如细胞、遗传、进化等生物学方面的知识，还应该学习一些“关于自然科学的知识”。在科学教育领域，

“关于自然科学的知识”也被称为“科学本质”。高中生物学课程中适合教授的科学本质内容可以涉及“科学知识可能随着研究的深入而改变”“科学工作依赖观察和推论”“科学工作采用基于实证的范式”“科学是创造性的工作”“科学工作中要高度关注主观因素的影响”“理论和定律赋予科学解释的能力，但两者不尽相同”以及“科学会受到社会和文化的影响”等。对科学本质的学习有助于学生理解生物学观念，了解科学知识产生的特点，把握自然科学的特点，并以此来辨别现实生活中的科学和非科学，从而促进生物学核心素养的达成。

2. 高中生物校本课程教学评价建议

教学评价是教学过程中不可或缺的重要环节，是教师了解教学过程，调控教学行为，提高教学质量的重要手段。在高中生物学教育中，教育和教学是融为一体的过程。因此，高中生物学课程的教育评价也就是教学评价。高中生物学课程的教学评价要依据生物学核心素养和教学目标的要求，运用合理、可行的方式，系统地搜集多种信息，对教学效果做出客观的判断，并指导教学行为进行必要的调整。教学评价不仅仅是为了评定学生的学业成绩，其更重要的作用在于了解学生对生物学核心素养的理解和掌握程度，判断学生对生物学各大概念是否能够融会贯通，检测教学上存在的不足与缺陷，为改进和有效实施教学设计以及全面提升教育教学质量提供依据。

1)评价的目的与原则

高中生物学教学评价以知识为载体，以生物学核心素养为宗旨，培养学生树立创新意识、爱国主义情操和社会责任感。评价中要贯彻“立德树人”的思想，要从提高每个学生的生物学核心素养出发，坚持形成性评价和终结性评价相结合，建立评价内容合理、评价主体多元、评价方式多样的综合性评价体系。评价应遵循高中生物学课程标准和具体教学目标相一致的原则，要关注被评价者的个体差异，注重发挥评价的导向性、激励性、反馈性和鉴定性等功能，使评价达到既能促进学生的全面发展，又能推动教师的教学能力和教学水平的提高，实现评价者和被评价者共同发展的评价目的。

2)评价任务的设计

高中生物学学业水平评价可以分成日常学习评价和学业水平考试两类。

日常学习评价应注重学生的平时表现和综合素质，关注教学过程中学生智能发展的过程性结果，及时对学生的学习情况做出评估，肯定进步，找出差距，制订措施，迎头赶上。对日常学习的评价是一种贯穿于高中阶段生物学课程学习的全过程评价。可以采用学生自我评价、小组评价和教师评价相结合的形式，通过连续性观察评价，确认学生的进步和达到的学业水平程度，用以诊断学生学习中存在的问题，促进学生的反思和发展。评价应关注学生的学习态度、自主学习的能力、合作学习的精神等，以引导学生改进学习方式、提高学习效率、不断超越自我、促进生物学核心素养的全面发展。其内容可以包括学生参与综合实践活动的态度、合作与交流的能力、实践及创新能力、对学习方法与研究方法掌握的情况等。评价方式主要采用成长记录和各种质性评价形式，如“评语”“行为观察”“学习日记”“情境测验”与“成长记录”等，直观地描述学生学业发展的独特性和差异性，真实、深入地反映学生学习的发展过程以及发展状态。

学业水平考试不仅是对教育、教学质量的检验，以及对学生学习情况的检测，同时也反作用于教育、教学，对高中生物学教学具有指导功能。高中生物学学业水平考试的内容包括必修模块和选修Ⅰ模块两部分，以知识为载体，通过对生命科学探究的一般方法和所涉及的能力(包括搜集和处理信息的能力、获取新知识的能力、批判性思维的能力、分析和解决实际问题的能力，以及交流与合作的能力等)的考核，测量学生通过学习所形成的生物学核心素养及其水平。考试形式主要以纸笔测试为主。高中生物学学业水平考试分为学业水平合格考试和学业水平等级考试两类。

3)评价结果的解释与反馈

根据教学目的的要求，依据一定的参照标准，对教学评价结果(一般为分数或等级)做出通俗的阐释。教师可以利用评语、谈话等形式对学习情况和评价结果进行解释与反馈。在这一过程中，应注重发现和发展学生的潜能，有效促进学生实现自身价值的最大化。通过对评价结果的分析、解释、反馈与运用来促进学生学习情况的改善，有效促进学生心理健康和生物学核心素养的养成，从而凸显评价和反馈的价值。

(二)学业水平测试与高考命题建议

1. 学业水平测试

基于高中生物学必修模块的学业水平合格考试，目的在于检查学生在学完必修模块的内容后所达到的学业水平。学业水平合格考试命题以课程标准的基本要求为依据，着重考查学生对基础知识、基本技能和基本方法的理解、掌握与运用的能力。

基于高中生物学必修模块和选修Ⅰ模块的学业水平等级考试，强调甄别与选拔的功能。主要测试内容除了学业水平合格考试内容外，还包括人体的内环境与稳态，植物的激素调节，生态系统、生态环境的保护以及基因工程、细胞工程、发酵工程等内容，注重考查学生获取新知识和处理信息的能力、批判性思维的能力、分析和解决实际问题的能力等。考试采用等级制计分的方式。

2. 高考命题建议

1)确立考试目的

高中生物学学业水平考试的目的是检验学习效果，促进学生发展，提高教学水平。因此，考试必须遵循课程标准的质量要求，以发展学生的生物学核心素养为基准，力求做到对学生生物科学能力和核心素养进行全面考查，尤其注重加强对学习习惯和学科创造力的考查。力求更真实地反映教和学的水平，引导师生转变教和学的方式，促使学生在课内外进行生动活泼的学科学习，使学生的生物学核心素养得到全面均衡的发展。

2)设计命题路径

(1)设计核心素养的测量表

参照《普通高中生物学课程标准》中生物学核心素养的定义，科学合理地制订本学科的核心素养的测量量表。核心素养是一个抽象概念，要对其进行测量，就必须将其具体化为一系列指标。根据学业质量标准分别将每一项核心素养的测量维度具体化，制订成1～4级测量等级指标，以达成测量指标的针对性、测量内容的科学性和测量方法的可行性。

(2)科学合理编制测量试题

研究和理解课程标准中考试应测量的核心素养及其行为特征(如批判性思考和解决问题能力、沟通与协作能力、创造与革新能力等)，保证基于核心素养命制的试题符合可教、可学、可测的特点，试题要符合基于学科重要概念、基于学科核心素养和基于学科主要方法这三个维度。

(3)把握命题的基本要素

第一，命题立意。考查目标要有层次性、相关性和逻辑性，以正确实现考试目的，体现考查核心素养的主旨。第二，命题情境。根据考生的生活经验和理解程度选择有关的知识内容设计情境，尽量做到情境真实、科学、适切。第三，情境要新颖，有相当的信息量和一定的复杂性，注意考查知识点与核心素养的对应，将考查的知识点置于情境之中。第四，命题设问。根据考查目标，围绕问题情境选编设问，在情境中设置问题，问题要有层次性和递进性。

3)建构命题框架

(1)命题的原则

第一，关注对学生在新情境中综合运用所学知识分析和解决具体问题能力的考查。第二，关注有助于学生创新精神和实践能力发展的考查。第三，关注对科学探究与理性思考协同发展的考查。第四，关注学科知识与核心素养的对应关系，进而关注学科知识对学生核心素养影响的考查。

(2)命题的依据

第一，命题必须依据课程标准中的内容标准、学业质量标准要求进行，并注意内容标准、学业质量标准试题与核心素养的对应关系。第二，命题贴近于教学实际和学生生活，以生物学核心素养、学科教学内容和真实问题情境等要素组织命题。第三，试题立意不仅是考知识，而是通过感悟、体验，考查批判性思维、实践能力和创新能力，进而形成、建构和发展学科核心素养。

(3)命题的要求

第一，情境设定应尽量真实。情境是问题的出发点和归宿，情境设定尽可能符合高中学生的生活经验。第二，命题的问题指向要明确，尽可能清晰、直接，确保题目的公平性、科学性和规范性。第三，根据课程标准中学业质量要求，设计对学习内容的考查要求层次，试题要能够测量出不同素养水平学生的表现，并设计相应的评分标准(四级)。

4)基于核心素养测量的试题分析

(1)关于“生命观念”的测量。

【案例 1】　日本京都大学教授山中伸弥因对诱导多能干细胞(iPS 细胞)的研究，获得 2012 年诺贝尔生理学或医学奖。他们在实验室中获得 iPS 细胞的方法是：把四种转录因子基因引入小鼠的成纤维细胞并表达，诱导这种细胞发生转化，产生 iPS 细胞。iPS 细胞在形态、基因表达、分裂能力、分化能力等方面都与胚胎干细胞相似。这一研究成果为某些疾病的基础研究及其临床应用提供了一种新的解决途径，于是有人产生了用 iPS 细胞治疗某些疾病的设想(图 4.1)。

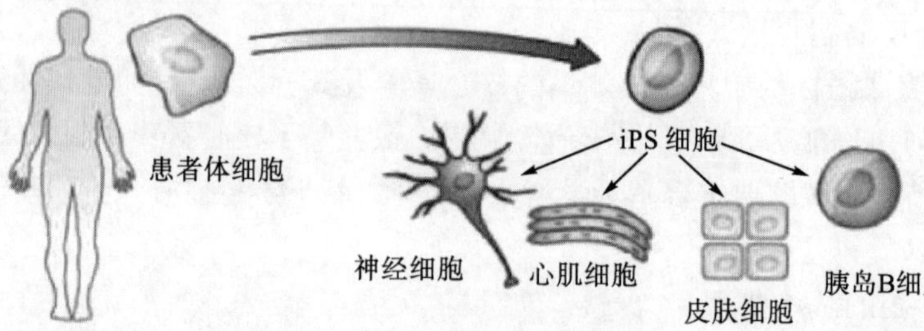

图 4.1 iPS 细胞分化示意图

设问：

(1)根据题意，iPS 细胞在细胞分化方面的特点是什么？

(2)iPS 细胞是否完全等同于胚胎干细胞？为什么？

(3)有学者设想，对于皮肤遭受大面积烧伤的患者，可以取患者本人的细胞，利用 iPS 细胞进行治疗。该设想的依据是什么？

【解析】本试题以因诱导多能干细胞的研究获得 2012 年诺贝尔生理学或医学奖的素材为背景，要求学生运用“生命观念”学科核心素养中的结构与功能相适应的观念解释生命现象，认识并阐释生命活动。通过分析 iPS 细胞的潜力，考查学生运用已有的细胞分裂、分化、基因工程、免疫等知识解决实际问题的能力。

(2)核心素养表现、答题要求及水平划分依据。

设问	核心素养具体表现	答题要求	水平
(1)	初步具有结构与功能相适应的观念	据图能判断 iPS 细胞具有分化成不同组织细胞的特点	一
(2)	能够运用结构与功能相适应的观念分析和解释简单情境中的生命现象	能对 iPS 细胞与胚胎干细胞进行比较	二
(3)	能够运用结构与功能相适应的观念分析和解释特定情境中的生命现象	能够分析出利用 iPS 细胞治疗烧伤的原因	三

(3)关于“理性思维”的测量。

【案例 2】 试管婴儿技术诞生于 1978 年，随着医学进步不断成熟与完善，现在已经发展出了孕前基因诊断(preimplantation genetic diagnosis，PGD)的胚胎分析技术。PGD 是在种植胚胎前从体外受精的胚胎中取出一个至数个细胞或者取出第一极体进行基因分析，然后移植基因正常的胚胎。这种技术极大地改善了染色体异常人群的生育状况，有助于降低自然流产率，提高妊娠质量。

现有一对夫妇，妻子有习惯性流产经历，他们接受了 PGD 检查。图 4.2 中的甲是 PGD 分析的细胞中的部分染色体及其基因分布图，乙和丙分别是已获知的丈夫和妻子细胞中的部分染色体及其基因分布图，对于基因 A/a 和 B/b，妻子是纯合子。

设问：

(1)PGD 能够诊断分析的疾病或项目有________(多选)；

A.血友病　　B.唐氏综合征　　C.胎儿数量　　D.胚胎性别

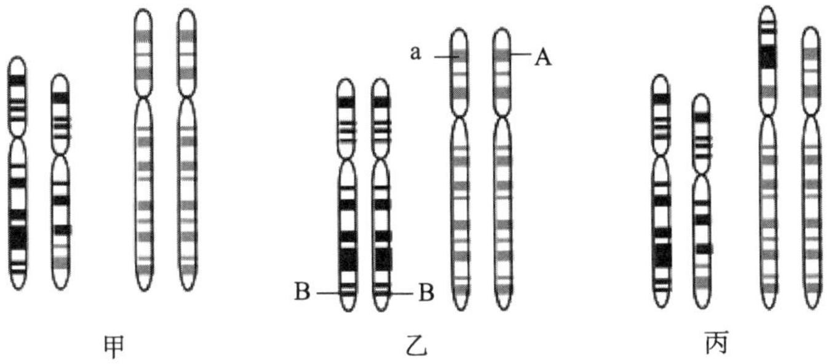

图 4.2　PGD 检查细胞及该夫妇的部分染色体及其基因分布图

(2)图中甲是来自于胚胎细胞还是第一极体？为什么？

(3)诊断得知这对夫妇不育与染色体结构变异有关，此变异源于丈夫还是妻子？属于哪种类型的染色体结构变异？

(4)这对夫妇虽然由于染色体结构变异而不育，但其他表型并未发现异常，为什么？

(5)已知基因 A 和 B 在胚胎发育中起作用，等位基因 a 和 b 没有功能。基因型中含有 AAA 或 BBB，基因 A 或 B 完全缺失，都会导致个体在发育中死亡。如果不考虑基因突变，结合图 4.2 分析，若甲来自胚胎细胞，此胚胎能正常发育的概率是多少？

【解析】本试题以生殖遗传相关疾病的诊断为背景，阐述了在试管婴儿技术中运用 PGD 的胚胎分析技术，以减少遗传性疾病的发生概率。要求学生运用核心素养中的“理性思维”，以特定的生物学事实为基础形成相关的生物学概念。考查学生通过理性思维，对试题中的 PGD 资料信息进行分析，运用单基因遗传病、染色体遗传病、减数分裂及基因的自由组合定律等知识，对 PGD 能够诊断分析的疾病或项目做出正确判断，并解决相应具体问题的能力。

(4)核心素养表现、答题要求及水平划分依据。

设问	核心素养具体表现	答题要求	水平
(1)	能够以特定的生物学事实为基础形成简单的生物学概念，并用文字正确表达	知道单基因遗传病和染色体遗传病、性别决定、受精作用，在此基础上做出正确选择	二
(2)	能够以特定的生物学事实为基础形成简单的生物学概念，并用文字正确表达，进而用其解释相应的生命现象	理解减数分裂的过程，在此基础上正确判断细胞类型，且能对染色体行为进行分析	二
(3)	能够以特定的生物学事实为基础形成简单的生物学概念，并用文字正确表达，进而用其解释相应的生命现象	能判断变异的来源，知道染色体结构变异的类型	三
(4)	能够从不同的生命现象中运用归纳的方法概括出生物学规律，并在某一给定情境中，运用生物学规律和原理，对可能的结果或发展趋势做出预测	能正确判断因染色体易位导致的细胞中的染色体和基因的变化及其与性状的关联	三
(5)	在面对生活中与生物学相关的问题并做出决策时，利用多个相关的生物学重要概念或原理，通过逻辑推理从支持和反对某个观点的两个角度阐明个人立场	理解染色体易位及由此造成的基因变化，结合减数分裂和受精作用做出正确分析	四

(5)关于“科学探究”的测量。

【案例 3】 为了提高圈养雌性大熊猫的受孕率，增加产子数量，某大熊猫繁育研究基地科研人员在大熊猫没有自然交配的情况下，用 3～4 头雄性大熊猫的精液交替给 1 头正处于发情期的雌性大熊猫授精，结果显著提高了雌性大熊猫的受孕产子率。然而，这种方式也留下了子代的父亲是谁这样一个谱系严重不清的问题。为此，科研工作者采用 DNA 指纹技术开展了一系列的研究，从而解决这一难题。

设问：

(1)根据上述资料，拟订一个开展此项研究的课题名称。

(2)要开展研究，首先要采集实验材料。大熊猫是国宝级的保护动物，因此，为尽量避免对大熊猫的伤害，取样时除采集血样外，还可采集哪几种样品用于研究？阐述采用这些样品的理由。

(3)假如下图是研究得到的 DNA 指纹图谱，根据该图谱，F_1 的父亲最可能是哪位？为什么？

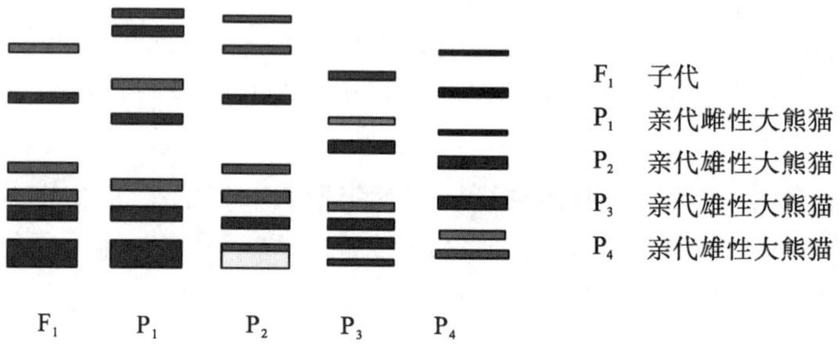

(4)为解决我国各地圈养大熊猫的近亲繁殖问题，需开展哪些研究以及采取哪些措施？

【解析】本试题以大熊猫生殖为背景，呈现了通过人工授精技术提高雌性大熊猫的受孕产子率，同时又产生子代的父亲是谁这样一个谱系严重不清的问题情境。要求学生运用核心素养中的“科学探究”，针对特定的生物学现象进行观察、提问、实验设计、方案实施，对实验结果进行分析并得出初步的结论。主要考查学生的科学探究思想方法和实际应用的能力，特别是运用 DNA 指纹技术等相关知识解决具体问题的能力。

(6)核心素养表现、答题要求及水平划分依据。

设问	核心素养具体表现	答题要求	水平
(1)	基于给定的实验方案完成简单的实验	能根据要解决的问题，提出合适的课题名称	一
(2)	提出生物学问题，在给出的多个方案中选取恰当的方案并实施	能初步根据实验设计的要求，选择合适的实验材料	二
(3)	运用多种方法如实记录和分析实验结果	能对实验结果进行分析并得出初步的结论	三
(4)	基于对相关资料的查阅，设计并实施恰当可行的方案	能针对真实情境提出解决问题的新方案	四

(7)关于“社会责任”的测量。

【案例4】 每年7～10月，在加拿大、美国阿拉斯加和挪威等地可观赏到三文鱼洄游的奇观。临近产卵期的三文鱼浩浩荡荡地逆流而上，跃过小瀑布和小堤坝，历经艰辛地回到出生地产卵，随即结束自己的生命。而孵出的小鱼苗将顺流而下回到海洋，通常3～5年长大成熟。据统计，野生三文鱼数量在过去30年内已减少2/3。仅在1994～1999年间，北美河流的三文鱼年穿行量就从大约20万尾下降到8万尾。自20世纪60年代开始的肆无忌惮的商业捕捞是三文鱼濒临生存警戒线的根本原因。

2015年11月，美国食品药品监督管理局在经过5年食用安全性和3年环境安全性的评估后，批准了转基因三文鱼上市。该转基因三文鱼是在大西洋三文鱼的基因组中导入了两个基因，其中一个是奇努克三文鱼的生长激素基因，从而改变了大西洋三文鱼原有的生长激素调节方式。这些转基因三文鱼经进一步实验处理成为三倍体雌鱼。经过基因修饰后的大西洋三文鱼生长迅速，仅需18个月便能生长到成年体型。

设问：

(1)三文鱼是深受人们喜爱的鱼类，其竭尽生命产卵的景象辉煌而悲壮。人类可以采取哪些措施保护野生三文鱼资源？

(2)对转基因生物释放到自然界中的担忧之一是：转基因生物中含有的目的基因会通过有性生殖扩散到野生种群的基因库中，从而对遗传多样性造成影响。你认为本例中的转基因三文鱼是否会发生此种情况？为什么？

(3)你认为培育转基因三文鱼的优势是什么？

【解析】本题以社会广泛关注的转基因三文鱼上市为背景，阐述了运用转基因技术修饰野生三文鱼基因，产生“三倍体雌性”三文鱼，既满足了人们对三文鱼的食用需求，又减少了对三文鱼的捕捞，保护了生态环境。要求学生运用核心素养中的“社会责任”，关注涉及生物学的社会议题，结合本地资源开展科学实践，尝试解决现实生活中与生物学相关的问题。试题考查学生保护环境等相关知识，根据题干信息运用三倍体形成与减数分裂产生配子的相关知识，分析转基因三倍体三文鱼的生物学特点，及转基因三文鱼上市的生态学价值等。

(8)核心素养表现、答题要求及水平划分依据。

设问	核心素养具体表现	答题要求	水平
(1)	参与社区生物多样性保护以及环保活动的宣传和实践；具有通过科学实践解决生活中问题的意识和想法	能根据题干情境，提出合理、有效的保护措施	三
(2)	针对现代生物技术在社会生活中的应用，基于生物学的基本观点，辨别并揭穿伪科学	知道三倍体生物难以进行减数分裂产生正常配子因而不育	四
(3)	基于生物学的基本观点，辨别迷信和伪科学；参与社区生物多样性保护以及环保活动的宣传和实践	能阐述培育转基因三文鱼具有节省资源的优势，并能考虑野生三文鱼种群的保护和发展	三

本章小结

校本课程内容是实现课程目标的重要手段，是服务于全体学生健康成长、协调发展的基本材料，具有主体性、适应性、地域性、动态性和生本性等特点。关于课程内容的来源存在学科本位、社会本位、学生本位三种不同的主张，对校本课程内容的选择需要处理好学科、社会、学生三者之间的关系。在校本课程内容的选择中，应该遵循方向性、协调性、适切性、可行性、规范课程内容选择的流程。由于校本课程存在学科、活动等不同类型，构成其课程内容的核心要素就有所不同，具体课程内容要素的组织方式也有纵向序列与横向联系、逻辑顺序和心理顺序、直线式和螺旋式等不同方式。

第五章　校本课程组织

本章概述

良好的校本课程组织可以提升学生的学习动机，更好地照顾学生与学校不同的差异与需要，取得最大的累积效果。本章主要分为三个部分：第一节介绍课程组织的基本概念与原则，以及课程要素的确定；第二节介绍垂直的课程组织的不同方法、进行校本垂直课程组织时要考虑的问题，以及逻辑组织与心理组织；第三节介绍统整的课程组织，包括校本统整课程设计的意义、不同的统整课程组织模式，以及进行校本统整课程设计的步骤。学完本章后，希望学生能够运用不同的原则与模式进行校本课程的设计。

学习目标

1.理解进行课程组织的重要性；
2.记住课程组织的原则，学会如何确定课程组织要素；
3.理解不同的垂直的课程组织方式与运用，了解心理组织与逻辑组织对于课程组织的影响；
4.掌握不同的统整课程组织模式与应用。初步采纳可行的模式，订立议题，合作设计一个适用于学校的校本统整课程计划。

读前反思

请根据自己的学习或工作经历思考：校本课程组织需要遵循哪些基本原则？垂直的和统整的课程组织有哪些区别？你在学习和工作中使用过哪些课程组织方法？其效果如何？

对教师而言，把学校课程视作按既定的课程大纲和教材来讲授是常见的误解。众多的研究证明：要促进学生的有效学习，要鼓励教师将国家课程加以调适，发展校本课程。那么如何根据学生的需要和兴趣以及学校本身的情况来进行课程组织和设计呢？现在来看一个中学校本课程的例子，这是一个初三的德育课程：①新学年的挑战；②选举学生会；③与家人相处；④代沟；⑤保持校园清洁；⑥吸烟；⑦酗酒；⑧软性毒品；⑨公民的权利；⑩交友之道；⑪真爱与迷恋；⑫择业；⑬选科；⑭升学的预备。

你认为这个课程的设计与组织怎么样？有什么优点和缺点？可以看出这是一个"以问题为本"的模式设计的课程。这样的设计有很多优点，如吸引学生，因为课程的内容是学生生活中面对的问题，学生的兴趣会比较高，对学生的成长有利。但是这样的设计可能会有哪些问题呢？

(1)初一到初三德育所涉及的课题实在很多，教学时间有限，应该选择哪些课题呢？如果只是从教师角度来判断哪些是学生要面对与遇到的问题，学生可能不一定感兴趣或需要；另外，除了学生的需要和兴趣，问题还应关注社会的需要。

(2)“以问题为本”的设计，旨在希望能够以点(问题)带面(道德教育的基本概念、价值观与能力)。如何将知识、能力的培养(如批判性思维能力与沟通能力)、情感、态度、价值观更为均衡地体现在课程设计中呢？有时由于课程设计者的个人偏好可能导致出现偏颇的情况，于是一些道德教育的主要课题、概念可能被遗忘；处理不好，以点带面的课程设计意图便无法落实。

(3)在课程设计时所选课题编排的顺序性容易被忽略，课程变得零碎，有效性也下降，特别从初一到初三的德育课程中有众多的课题，如何体现这种顺序性？在上面的校本德育课程设计时，至少应该注意两个原则：①均衡性，课程内容选择上照顾学生兴趣与社会需要的均衡，以及课程设计中概念、能力与情感、态度、价值观的全面发展；②顺序性，可分为一年中各课题的连贯性、年级与年级间的连贯性。

上面讨论的问题，其实就涉及本章的一个重要的概念——“课程组织”。特别是在确定了课程的目标、主要课程内容后，如何将这些学习经验加以组织，以取得最好的学习效果，是非常重要的。因此学完本章，你应该能够了解课程组织的基本概念与原则，并能够运用不同的原则与模式进行校本课程的设计。

第一节　课程组织的基本概念与原则

> 学习目标
>
> 知道什么是课程组织，掌握课程组织的基本原则，知道如何确定课程要素。

依据泰勒原理(Tyler Rationale)，编制课程活动要回答四个基本问题：①学校应该达到哪些教育目标？②学校要提供什么样的教育经验才能达到这些教育目标？③如何有效地组织这些教育经验？④如何确认这些教育目标正逐渐得以实现？

这四个基本问题，可以精简地概括为课程编制的四个要素：课程目标、课程内容(学习经验)、课程组织与课程评价。课程组织是课程编制的重要元素，课程的各种要素因其得以紧密联系，课程的目的得以实现。本节主要说明课程组织是什么及进行课程组织的重要性，探讨课程组织的原则及课程组织的要素。

一、课程组织的含义

泰勒认为，学校教育选择不同的学习内容与活动，提供给学生不同的学习经验，目的是促进学生的改变。但是要善加组织众多的学习内容、活动与经验，才能达到最大的累积效果。为此，校本课程组织尤为重要。众多的学习经验，如果不能加以很好的组织，学生的学习就会变得零碎而割裂，学生也不容易理解各种学习经验之间的联系，无法达到更好的学习效果，甚至可能相互冲突、互相抵消，严重者还会产生副作用。反之，不同的广度与深度的课程内容，通过良好的课程组织，可以提升学生的学习动机，更好地照顾学生与学校不同的差异与需要，取得最大的累积效果。因此，课程组织是指将课程的各种不同要素妥善加以安排，使其力量彼此和谐，对学生的学习产生最大的累积效果。张华将课程组织比喻为智慧的“编织机”，指出课程组织的功能在于把不同的线索和零散的课程要素化零为整，犹如一部智慧的“编织机”，把“课程要素编织成课程智慧的彩缎”，使课程的整体能有效地呈现出来。

> 课程组织
>
> 从校本课程开发角度来看，课程组织就是把课程的各种不同元素如教学计划于资源进行安排、联系、排序，利用不同的组织方法，使课程的实施更有利于学习者达到预期的目标。

如何进行组织呢？课程组织有两个组织方向，即垂直组织(vertical organization)和水平组织(horizontal organization)。课程的垂直组织指的是知识的先后编排；课程的水平组织指的是知识的横向安排，是不同课程内容之间的联系。这两种方向对于完整的课程组织而言至关重要，正如泰勒举例指出的：“当我们考察五年级地理课与六年级地理课所提供的学习经验之间的关系时，就是在探讨垂直关系，当我们考察五年级地理课与五年级历史课所提供的学习经验之间的关系时，则是在探讨学习经验的水平组织。这两个方面的关系，在确定教育经验的累积效应方面是重要的。倘若六年级地理课提供的学习经验是适当地建立在五年级地理课学习经验基础上的话，那么学生在掌握地理学的概念和技能等方面便会更深、更广。倘若五年级地理课的经验是与五年级历史课的经验恰当联系的，那么这两种经验便可以互相强化，提供更有意义和更综合的观点，从而成为一种更有效的教育计划。反之，如果这两种经验是相互冲突的，那么学生便会形成一些支离破碎的知识，当他们在处理自己日常生活时，便不能用任何有效的方式把这些学识相互联系起来。”

因此，学校在规划校本课程时，既要照顾不同学习阶段垂直纵向的组织衔接，也要照顾学生在每个学习阶段不同学习范畴间水平横向的平衡，从而使学生在知识的积累、能力的掌握，情感、态度、价值观的培养各方面得到均衡而全面的发展。

二、有效组织的原则

依据泰勒原理，课程组织有三个组织的原则，分别是连续性(continuity)、顺序性(sequence)和统整性(integration)。除了泰勒之外，其他学者也提出了不同的课程组织原则。如奥利弗(Oliver)认为课程组织应考虑衔接性(articulation)、均衡性(balance)和连续性三个原则。另外，欧因斯坦(Ornstein)与宏金斯(Hunkins)认为课程组织要注意范围(scope)、统整性、顺序性、连续性、衔接性和均衡性六个层面。本节重点讨论连续性、顺序性、统整性及均衡性。

(一)连续性

指重要的、基本的和必需的学习内容，要让其继续和重复地出现。可以在一单元或一节课内出现，也可以在不同单元或不同课堂中出现，甚至可以在不同主题、学科以及学期和学年中重复出现。如地理学习中，读图的能力是十分重要的，因此这一技能会在不同的主题、学期与学年中重复出现。体育科中，平衡与手脚协调的能力是十分重要的，那么在投掷、游泳等项目中要重复学习。

（二）顺序性

指课程组织的各种内容所呈现的顺序或内容间的次序，它强调处理不同时间内容所呈现的先后原则和关系，主要考虑在学生的学习效果和内容之间的逻辑关系。历史科课程内容以年代顺序来组织，以便使学生能看到各种事件如何随着时间的推移而发展。数学科先教一元一次方程，再教一元二次方程，这是由学科知识的逻辑结构与学生经验背景上的考量来决定的。既可以看出顺序性与连续性有关，又超越连续性。如果完全只是在同一个水平上一遍又一遍地重现一个主要的课程要素，便不可能使学生在各方面得到不断的发展。顺序性的原则在于把每一个后继经验建立在前面经验的基础之上，同时又对有关内容作更为深入、广泛的探讨。如初二的语文课程不仅仅是重复初一年级已涉及的阅读技能，还要对这些技能进行更广泛、深入的处理，如提供逐渐复杂的阅读材料、增加分析的深度等。因此顺序性不在于简单地重复，而在于不断深化其所学的内容。因此在制定校本课程时，可以参考布鲁纳（Bruner）提出的螺旋课程的概念（图 5.1），要考虑到学科逻辑结构由浅入深、由易到难、由简单到复杂的螺旋式的发展过程。

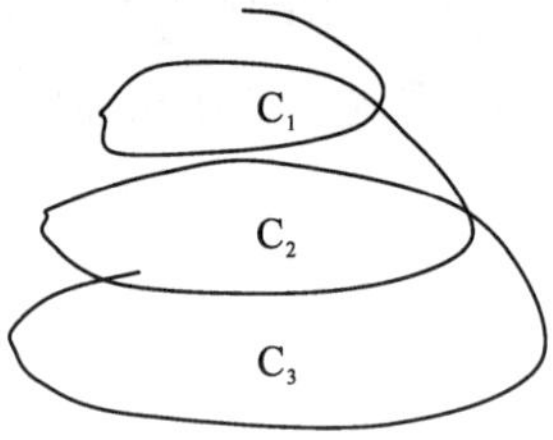

图 5.1 螺旋课程概念

（三）统整性

指课程经验的横向联系。如课程改革中倡导数学生活化，就是强调将数学的知识与技能与学生日常生活情境相联系。著名的科学、技术与社会课程（STS 课程），就是通过加强知识与社会、与学生生活三者之间的联系来学习科学的议题。可见统整性课程组织强调知识与学生生活、现实社会的联系，强调打破学科的界限，多角度综合地看待问题。

（四）均衡性

均衡性是课程组织的另一个重要原则。欧因斯坦与宏金斯认为，在一个均衡的课程里，学生有机会掌握知识，并内化及应用这些知识以适于他们的个人、社会和智性发展的学习目的。均衡性体现在很多方面，如我们现在的学校课程，到了高中阶段往往是分科的，如文理分流。但过早的文理分流，会影响学生学习的均衡性，不利于他们个人今后的发展。香港地区的课程改革，改变从中四（相当于我们的高一）开始的文、理、商分流，让学生可以选读他们感兴趣的科目，为日后的升学与就业开拓更多途径。

另外，也有学者指出课程的组织不均衡表现在大多数学校都是学科为本的课程组织，这样使学生的学习分割，而且过于注重知识的学习，忽略学生个人的经验与社会发展的需要。还有人用动态发展的角度来解释均衡性，如“今天所谓课程均衡未必等于明天的课程均衡，而时代的转变及社会意识形态的发展都是对课程均衡性的意义产生不同理解的原因”。

可以看出，课程的均衡性比较复杂，但有学者尝试提出一些衡量课程组织是否均衡的标准。如凯利(Kelly)提出三项均衡的标准：课程应用整体性的发展而非零散的凑合；课程的均衡性可从多元化的角度去考虑，除了要传授的知识外，也应从学生、社会的角度来考虑应该包括的学习内容；要保持灵活与宽松，让不同的相关者(如学校、教师、学生)都有权利去讨论与规划课程。

课程的均衡性还可以表现在哪些方面呢？奥利弗指出一些课程均衡性的原则，其多以对立的形式呈现，可以在规划课程组织时作为较为明确的参考：学生中心和学科中心的课程；社会和学习者的需要；一般性和专门性的课程；课程的宽度和深度；智性、感性和心理动作技能三方面的均衡发展；个人和整体教育体系的取向；个人和大班教学法的均衡性；教育革新和传统教育取向；学科逻辑和学习心理的取向；特殊学习者和非特殊学习者的需要；学习能力较强的学习者和学习能力较逊的学习者的需要；各种不同的教学方法、学习经验和教学策略的均衡；时间、空间的迫切性及非迫切性学习；工作与休憩的需要；学校与社区的学习机会均等；学校能容许不同的学科有均衡的发展空间；能容许不同的学习领域如学术、职技、商业等范畴有均衡的发展；学科之内的不同范畴有均衡的发展，如语文的读、写、听、说。

上述的这些原则是有效地组织学习经验的基本指导准则。要达到这些标准，有效地组织课程，还需要了解下面的问题。

三、课程组织的要素

在进行课程组织时，还需要确定作为组织线索的课程要素。泰勒以数学为例对此进行说明。在数学领域，组织的要素经常是一些概念和技能。这就是说，数学教师已经确定了数学的某些基本概念，这些重要的概念从而成了从数学教学计划的初期到后期的若干年内一直作为组织线索的课程要素。如数学中位值(placcvalue)的概念，是理解加、减、乘、除法则的一个非常重要的观念。一个四年级的孩子就已经在相对较低的水平上学习过这个概念，但到九年级或十年级结束时，学生还能对这个概念有更深、更高、更广的理解。这个概念可以作为达到连续性与顺序性标准的组织要素之一。在发展统整性方面，这一要素或许也是有用的，因为数学中“位值”的概念也可以适当地运用于购物、社会科学、自然科学及其他领域。

麦克内尔(Me Neil)指出常用的课程组织要素包括概念、通则、技能、价值等。具体包括：①主题和概念(themes and concepts)。如文化、生长、数学、空间、进化、化学作用、力等，都是建构课程的重要概念。②通则(generalizations)。指科学家细心观察得出的结论。如“人同时是所有人类行为的参与者(主观性)和观察者(客观性)”。③技能(skills)。

如读写算的基本技能、社会科学的资料搜集及解释技能。④价值(values)。如平等、公正、和平、友爱等价值观。

泰勒(1949)在《课程与教学的基本原则》中呈现了一所美国学校校本课程的设计方案，这是一个从幼稚园、小学到初中和高中的社会学科的校本课程，借以说明一个课程委员会是如何确定课程要素，并作为整个课程组织的线索，课程设计者确定了概念、技能和价值作为课程组织的要素，作为进行课程连续性、顺序性和统教性课程组织的基础。

就概念来说，“人的互相依赖性”是一个贯穿整个社会学科课程的概念。在幼稚园和小学阶段，儿童认识到自己依赖父母、吃中饭时送餐的工人等。随着年纪的增长、生活范围的扩大，他们认识到人们在社会生活的方方面面都是相互依赖的。那么依据顺序性和整合性的组织原则，这一概念在这一课程中不断得以加深和拓展。组织原则之一，是通过扩大学生识别与之互相依赖的范围来拓展这一概念的内涵，例如，学生可以把其他城市、州和国家的人都包括进来，以伸展“互相依赖”这个概念的内涵。组织原则之二，是通过扩大人们互相依赖的方方面面的范围来拓展这一概念的内涵，也就是说，通过使学生认识到人们在经济、社会、审美等方面的互相依赖，以拓展这个概念的内涵。

就价值类的要素来说，课程设计者认为“不论种族、国籍、职业、收入或阶级，须尊重每一个人的尊严和价值”。儿童在小学阶段就逐渐开始有这种价值体验，因为从这时起，他们已出现顾及其他儿童的观念，而且在以后年复一年的学校生活中，都会在更广和更深的水平上扩展这种价值体验。

就技能方面来说，“能够对社会资源做出合理的解释”是一个重要的技能。儿童在小学阶段就会遇到一些简单的社会资料，并且学习在解释它们时避免主观臆断。随着学生升入较高的年级，不但这类资料会变得越来越复杂，而且详细解释的程序也越来越复杂。因此，这项技能也是使社会学科课程具有连续性和顺序性的一个要素。

上述这些要素也可作为编制一种更具体要求的统整性课程的线索。如“互相依赖”这个概念“不仅在社会学科，而且在其他领域——艺术、科学、英语和体育等——都有这个含义”；“每一个人的尊严和价值”中所讲的价值，是其他学科也要考虑的价值；解释社会资料的技能，也可应用于或联系到科学、数学和文学中的某些类似技能中去。因此，其他领域的教师也可以把这些要素作为可能的线索，以更有效地进行课程组织，同时又为学生在社会学科中年复一年的经验提供连续性和顺序性。

各种课程要素如纺织用的线，而教学则是经过仔细编织的织物。从事任何课程研究时，需要确定与这个领域及整个课程有关的要素。在选出组织要素之后，还要把这些要素作为连续性、顺序性和整合性的基础。也就是说，应该对这些要素做出安排，使它们体现于整个课程计划中。

第二节　垂直的课程组织

林智中、陈健生、张爽的《课程组织》一书中，曾列举了一位中国历史老师设计的初中二年级上学期的课程：第一周什么是历史；第二周民国时期的军阀混战；第三周贞观之

学习目标

了解垂直组织的主要方式，理解课程垂直组织需要考虑的基本因素：心理组织与逻辑组织。

治；第四周宋太祖杯酒释兵权；第五周中国古代思想家——老子；第六周甲午战争；第七局张骞出使西域；第八周鸦片战争；第九周井田制；第十周郑和下西洋。这个学期的历史课程该组织如何呢？当然，这是一个假设的课程，这样的组织无疑是混乱的。历史的发展有其从古至今的发展顺序，历史事件之间是有关联的。这是课程设计中垂直组织的特点。课程的垂直组织，指的是学习先后次序的安排。关于垂直组织的常见方式，黄政杰提出了不同的组织方法，下面分析其中的一些主要的方法。

一、垂直的课程组织方法

(一)按时序来组织

课程内容以发生的时间先后顺序来组织。一种方法是从古至今来安排；另一种方法是从今至古来组织。如历史学科，历史事件的发生有其先后的顺序，代表着因果的关系，因此课程的组织应该按时序来安排。这样学生容易看到历史事件时间发展的顺序与历史事件之间的关系。

(二)按远近来组织

学生往往对身边的事物比较熟悉，课程组织可以按由近及远来安排。如社会学科的学习，往往从学生生活的社区开始，再向其不熟悉的地方(如国家、世界)扩展(图 5.2)。

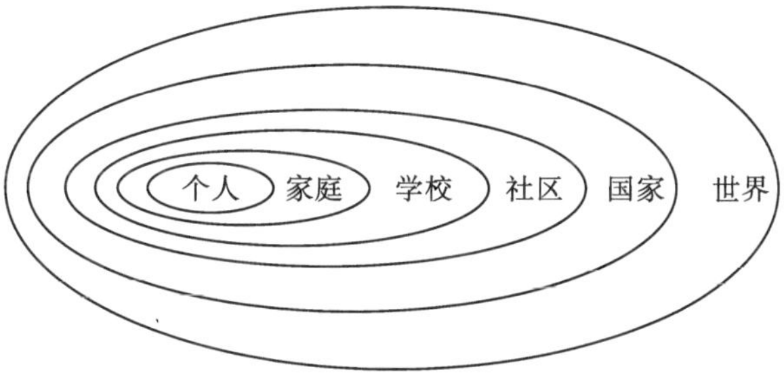

图 5.2　由近及远的课程编排次序

例如，我国的初中地理是先从世界地理开始，再到中国地理。这种由远及近的安排又有什么好处呢？如果设想初中生刚进入青少年阶段，对遥远的他方有一种神秘感，并渴求相关知识，那么这种课程组织便能诱发他们的学习兴趣。

(三)按难度来组织：由简单到复杂

教学内容的安排由简单到复杂，由浅入深，如数学从加减开始再学习乘除。语文先学拼音，再学生字，然后过渡到句子、段落与文章；先学习白话文，再学习文言文。这种内容呈现的先后顺序通常是出于学科知识本身的逻辑结构与学生经验背景的考虑。

(四)按关系来组织：由部分到整体，或者由整体到部分

课程组织可以先由整体开始，概括所有的学习内容和经验，提供给学生一个整体的理解，然后再进行各部分的学习。如地理科先学习某国的地形位置概要，再学习不同层面的细节，如天气、人口、工商业发展等。按部分到整体的原则，则学习某一课程内容之前要先学会某些基本的能力，否则便无法学会。如学习游泳要先学习拍打水，学习加减法之前要先学会数数。

二、垂直组织的考虑：逻辑组织与心理组织

校本课程的垂直组织要加强各个学习阶段纵向的衔接。多年来，人们已普遍认识到逻辑组织(logical organization)与心理组织(psychological organization)之间的区别。做出这种区别旨在明晰学科领域专家对课程要素之间关系的看法与学习者对这种关系的看法是不同的。毫无疑问，一方面，在许多情况下，一种逻辑组织——也就是对学科专家有意义的和重要的关系，同时也是一种合适的心理组织——也就是它可能对学习者本身也是有意义的一种编制体系；但在另一方面，学科领域专家所看到的关系，与对学习者本身具有意义的发展之间有时可能会有很大的差别。如历史学科，尽管从古至今是一个简便的组织框架，但是需要非常仔细的考察，看这一原则是否确定提供了一种心理组织，使学习者对这种组织所涉及的要素有更深入、更广泛的理解。从这个观点来看，按年代顺序组织常常不能令人满意。

(一)考虑学生的兴趣

一般来说，学生对于身边的事物有兴趣。有很多学生觉得历史科没意思，因为历史都是过去发生的事情，与现在没有什么关系。那么如果在校本课程中采取由今至古的策略，利用近期的时事或身边的生活为入手点，带领学生寻找历史的起源，从而提高学生的学习兴趣，以达至更好的学习效果。因此，有些历史教师会采取从今至古的策略，从学生身边的事件入手，带领学生追溯历史的源头，提高学生的学习兴趣，以达到教学的效果。例如，在20世纪90年代初期，回归祖国是香港地区的政治、经济和社会大事。在这个背景下，教师设计了以下的教学秩序让学生学习香港地区和清代的历史(案例5.1)。

【案例5.1】 香港地区和清代的历史编排

①香港地区准备回归祖国的现况；②《中英联合声明》的精神和争议；③香港地区20世纪60～70年代的经济奇迹；④“二战”后香港地区人口剧增的原因；⑤鸦片战争及英法联军。

可以看出这样的安排并没有按历史发展的顺序从鸦片战争讲到香港地区回归祖国，而是首先从香港地区准备回归，中英双方有不少争议开始，讨论到中英联合声明基本上解决了回归的问题。越来越多的香港人到珠三角投资办厂，促进了香港地区与中国内地的经济联系。再追溯到香港地区20世纪60～70年代，经济开始“起飞”。而在经济发展之前，在“二战”后的20世纪40～50年代人们大量从中国内地移民到香港地区，香港地区逐步成了转口港；最后再讨论鸦片战争与英法联军之役，清政府被迫租借新界给英国，租期至

1997 年。

这样的垂直组织既可以看到历史发展的因果关系，也能够从学生身边的事件出发，使年代久远的历史事件与学生的生活发生联系，从而提升学生的学习兴趣，提升其对历史事件的理解。

(二)考虑学习者的特点

在进行课程组织时，必须考虑学习者的特点、认知发展水平、兴趣与需要。黄政杰指出学习者学习或经验活动和内容的顺序可能有异于学者专家，宜作为课程组织的基础。这方面许多学者的研究(如皮亚杰的认知发展阶段、柯尔伯格的道德判断发展阶段等)对课程组织的顺序都有重要的启示。皮亚杰有关儿童认知发展的理论，对于课程设计者来判断如何选择和组织学习经验是重要的。黄政杰指出课程组织应该从具体到抽象，即课程设计宜先由视听嗅触等可具体观察或感觉的学习经验开始，而后及于抽象思考的层次，如语言表达、分类。数学发展宜先教加减而后乘除，因为前者较易操作，也较简单。社会科欧用生引用了 Kaltsounis 设计的美国小学一年级至六年级社会科的学习领域与单元(案例 5.2)。

【案例 5.2】 美国小学一年级至六年级社会科的学习领域与单元

一年级：我们的家庭和他人的家庭。单元一：各地的家庭；单元二：家庭各不相同；单元三：家庭有基本需求；单元四：家有家规；单元五：家庭的变迁。

二年级：我们的社区和别的社区。单元一：我的社区；单元二：社区的历史；单元三：社区各不相同；单元四：社区的互相合作；单元五：社区的变迁。

三年级：人的移动。单元一：人口集中；单元二：城市的发展；单元三：城市的特色；单元四：公共事业；单元五：美国的大城。

四年级：地球的人们。单元一：吾土吾民；单元二：地球满足我们的需求；单元三：地球的危机；单元四：地球上的区域；单元五：我们的地区和国家。

五年级：我国的发展。单元一：国家的形成；单元二：工业化和移民的影响；单元三：社会中的机构；单元四：我国和世界；单元五：社会问题。

六年级：世界文化的交流。单元一：古代的文明——远东和中东；单元二：古代的文明——希腊和罗马；单元三：今日——主要的文化圈；单元四：分化——冲突与对立；单元五：统合——世界大同。

(三)考虑学生的需要

在编排课程次序时要考虑学生的需要。例如，学生刚上初一时，需要认识新的学校环境，了解中学生活与小学的不同。因此，初中一年级的社会科可以先以认识学校、认识老师、学习如何与新同学相处、学习生活、学习如何利用较宽松的学习要求等作为开学初期的课题，然后才转到如何面对青春期、中学生应否谈恋爱、与家人相处等其他课题。这种按学生需要的考虑，一方面能帮助学生解决当前的困惑；另一方面也可提升学生学习的动机，因为学生探究的内容正是他们所要解决的问题。

在进行校本课程设计时，课程组织原则要从学习者的心理上的意义来考察。课程设计者是对学习的要素完全了解的人，他们对这些内容的看法可能不同于学生。对于连续性、顺序性和统整性等课程组织原则，要考虑适用于学习者的经验，而不是课程设计者的看法。因此，连续性是指在学习者的经验中反复强调这些特定的要素；顺序性是指使学习者的发展不断增加广度和深度；统整性是指学习者的行为与相关要素的日益统一。

第三节 统整的课程组织

> 学习目标
>
> 了解校本课程采用统整课程组织的意义，掌握统整课程组织的主要模式及其设计步骤。

黄显华、朱嘉颖总结“两岸三地”学者的文献发现，校本课程的发展和课程统整有相当密切的关系。现在学校课程基本上都是分科的课程，课程统整的工作主要是以校本课程的形式进行，统整课程是校本课程改革的主要特色之一。吴刚平指出中国内地校本课程开发活动的类型结构模式包括统整。香港地区在 1998 年推出“以学校为本位课程发展”计划，提出校本课程设计应使用跨学习领域和跨学科的元素。欧用生指出台湾地区统整课程是校本课程改革的特色之一，而改革能否落实，主要还是看教师能否转换课程典范，以及是否具备统整课程设计的能力。本节主要讨论进行统整课程设计的意义，并重点介绍不同的课程统整模式和进行统整课程设计的步骤。

一、为什么要进行统整的课程组织

事实上统整课程有其学理的基础，蕴含了关于知识和学习的理论，也适应了社会发展的需要。

（一）实施统整课程的理据

1. 哲学的基础——知识论的观点

什么知识最有价值？学科的知识还是与实际生活相连的知识？学者们对于分科课程中存在的问题分别提出了自己的看法，认为学科为本的课程的弱点包括：①不够关心学生的兴趣，学生的学习动机低；②每个学科独立教学，彼此没有什么关系；③学生的经验与知识，忽略当地的和现实的问题；④不够关心个人和社会的教育，如职业、道德和公民的教育。

Elliot 也批评道，每一个学科都强调本学科的实际知识，这样做使知识与我们每天要解决的实际问题分割。知识获得的过程被认为是与它的应用过程相分离的。课程的目的是传授学术的知识，与我们每天的生活是不相关的。例如，我国原初中物理教材中的热学部分内容，由温度变化到热胀冷缩现象及其产生的力；由热传递规律和热传递方式到热量计算；由物态变化到分子运动理论；由物体温度变化时吸热、放热到熔化热、汽化热的定量计算；由热能、热功转换到热机及热机效率的计算；由钻木取火到火箭发射……由古代到现代、由简单的热现象到复杂的内燃机、从宏观现象到微观规律、从生活常识到现代科技、由定性分析到定量计算，可以算得上是一套结构严谨、体系完整的热学理论。学生在两年的初中物理课中虽然学习了这么多热学理论知识，但很少有能说出电冰箱、空调器的原理，更没有多少人能说清表示空调器型号、大小单位的字母和数字的意义。Shoemaker 对分科课课程与统整课程的不同进行了归纳（表 5.1）。

表 5.1　分科课程与统整课程的分别

传统学科课程	统整课程
内容中心	主题为本
分割的	完整的
中央控制的	分享控制
跟踪监管学生	培养学生
竞争	合作互动

相比之下，统整课程克服了分科课程的缺点。统整课程注重学生的兴趣和现实社会中的问题，以此来组织课程，提高学生的兴趣和动机。将学科联系在一起时，学生可以看到彼此之间的联系，获得对世界完整的认识。学科知识不再是学习的目的，而是学习的手段，知识的统整及其运用成为解决真实问题的工具。

2. 统整课程的心理学与脑科学发展的基础

20 世纪 60 年代以后，国际上认知心理学逐步兴起，皮亚杰、维果茨基与现在的建构主义学习理论分别提出了关于学习活动的本质的看法。维果茨基提出的理论及建构主义的知识建构观均强调学习者主动的学习，强调与原有经验的联系，强调学习者与环境的互动，就其教学本质来看，就是注重创造一个师生共同参与、合作、分享与交流的学习环境。因此，课程设计须包括学习环境的营造、重视学习者兴趣、从经验中学习、发现式学习，以及配合学习者身心发展的教学法，统整课程无疑适应了学生的学习心理。

科学家通过对人脑认知方式的研究，对脑的高级功能的认识有了显著的进展。也为统整课程提供了新的理论支持。脑科学的发现主要有：①人脑是通过建立联系来进行学习，创建意义的。②人脑组织新知识是建立在先前的经验与意义基础之上。与过去知识建立的联系越多，学习的东西就越多。③人类情绪的状态与学习的关系相当重要。④人脑通过与环境的互动来发展，因此在一个支持性和富于挑战性的环境里学得最快。⑤分割的、分别呈现的信息对个人来说是无意义的。相反，当知识在有意义的背景下相互联系呈现时，学得最快，并会长时间地记住。凡是不在空间记忆系统中留有深刻印象的事实和技能，均需要较多的练习与复习。⑥学习是一个主动的过程。

统整课程的拥护者在脑功能的发现过程中找到了理论的基础。统整课程所拥护的主题教学，称他们创建的学习环境是与脑科学研究的发现最适合的。人脑会主动地寻求模式，通过建立联系来进行学习，创建意义。因此，学习的活动必须提供机会，让学生探求这些统整的概念，而非零碎的事实。学习产生意义，在于新学习与旧经验相关联，参与真实世界的活动，而非人造虚假的活动。

如果这些关于学习者是如何学习，他们如何构建对世界的意义和大脑是如何运作的理论是正确的话，那么将这些理论付诸实践的课程策略同那些忽略这些因素的课程相比会对学生的学习产生更好的效果。因此，许多统整课程的拥护者提出统整课程有如下优势：①统整课程会提高高层次的思维能力。②关于跨学科课程，学习更少分割，因此学生对过程与内容有更完整的感觉。③跨学科课程提供真实世界的应用，因此加强了学习迁移的机会。④通过跨学科学习提高了内容结果的掌握。⑤跨学科的学习经验要求学生运用多种观点分析问题，有助于学生通过主动和自觉的学习，形成全面的知识策略，改善他们的观点。⑥在学科的学习环境中学习动机有所提高。

3. 统整的社会原因

1）中小学课程学科数目与教学时数不断增加，学生的负担增加

现代社会科技进一步发展，知识激增，科学技术本身的发展出现了新的综合趋势，即随着学科门类的不断增多，学科研究在高度分化的同时，也出现了高度综合。许多边缘学科、交叉学科相继出现。科学、技术、社会之间的联系越来越紧密，新的知识无法归入既有的学科中以适应新社会的需求。

随着社会的不断发展，全球化加剧，国与国之间、人与人之间的相互依赖日增，鉴于种族及文化的多元性，新的社会问题不断出现，新的课程领域也不断出现。人们对课程的要求越来越多，一些新学科被纳入课程中，使得学校课程越来越多，学生的负担也越来越重。以香港地区为例，从 20 世纪 80 年代开始，社会对学校的要求越来越多，在 20 年里颁布了四项指引，要求学校加强道德教育、公民教育、性教育和环境教育。同时学校的上课时数日趋膨胀。在这种情况下，课程统整可以协助解决上述问题。

2）教材与生活的疏离，学生缺乏主动学习的热忱

在现实生活中，世界本来就是统整的，是一个整体。人们解决具体问题时，不会考虑这是什么学科的知识。现代社会的许多议题均涉及不同的学科领域，不是单一学科所能解决的，更需要统整的知识。而学科分离无法帮助学生深思学科知识间的关联性，学生所学到的知识是支离破碎的，知识之间毫无关系，无从获得知识之间的联系，因此课程统整成为当前最适宜的课程组织方式。

3）适应未来社会对人才的要求

新时代是一个知识为本的时代，学习使每一个人发展成一个独立的个体，积极地参与民主的社会生活。课程统整是以真实世界中具有个人和社会意义的问题作为组织中心，通过与知识应用有关的内容和活动，学生将课程经验统整到其意义架构中，并亲身体验解决问题的方法，达成经验和知识的统整。统整课程强调学生对整个人类社会形成整体认识，提高解决问题能力，能更好地适应现代社会生活，满足现代社会对劳动者的需求，应对日益复杂并迅速发展的现代社会。

（二）统整课程的优点

基于上面所论述的原因，统整课程的拥护者提出了统整课程的诸多优点。

1. 学生的学习动机更高

Manson 指出统整课程不强调机械学习和内容的覆盖，而是围绕学生选择的主题，提高学生的兴趣和动机。同样，Vars 指出统整课程与学生个人的兴趣及他们所关注的社会问题有关，因此学生的学习动机高。

2. 高水平问题解决能力

在统整课程中让学生处于真实的问题解决情境，学生的学习是有目的的、实用的，他们以小组合作的方式找出问题并解决问题，从而统整课程与脑的功能方式更适合，这样提高了高水平思维能力的发展。

3. 有助于学生形成全面完整的知识策略，提高学习的效能

统整课程提供知识在真实世界的应用，因此加强了学习迁移的机会。其使知识进入生活之中，不再是抽象或破碎的，有助于内容的掌握，有助于学生形成全面完整的知识策略，并且更可能为人们所“学习”。

4. 统整课程更有效率

因为细心统整的课程可以去芜存菁，减少重复，节省时间。

5. 提高人际关系技能

在传统的班级中，学生整齐地排排坐，每个学生有自己的教科书，完成自己的作业和测验，学生之间很少互动，所以班级很沉默。在统整课程中，多数工作是以小组而非个人的方式来完成。当学生共同发展计划和解决问题时，必然会互动，进而学到如何有效地与他人沟通观念，如何处理歧见，以及如何相互妥协。因此，统整课程不只使学生学到知识，也培养了其处理人际关系的技能。

6. 学生更好地为当代社会生活做好准备

统整课程针对的是现实复杂生活中的社会问题，强调知识的应用，因此学生更易进入当代的社会生活。

7. 解决课程臃肿的问题

由于知识的急剧膨胀，加上社会对学校期望的提升，不少地方的课程不断增加。例如，香港地区的初中学生往往要念 14 科甚至 15 科。通过课程统整，可以把科目整合起来，大大减少科目的数目。

二、统整课程的模式

（一）Jacobs 的统整课程连续体模式

Jacobs 指出统整课程是一个演化而来的连续性课程概念。他将统整课程分成学科

(discipline-based)、平行学科(parallel disciplines)、多学科(multi-disciplinary)、科际整合(inter-disciplinary units/courses)、统整日(integrated day)、完全课程(complete program)(图 5.3)。并将统整课程界定为：统整代表一种课程的策略和知识的观点，其有意识地应用不同学科的方法论与语言来共同检视一个真实世界的议题、主题或情境。

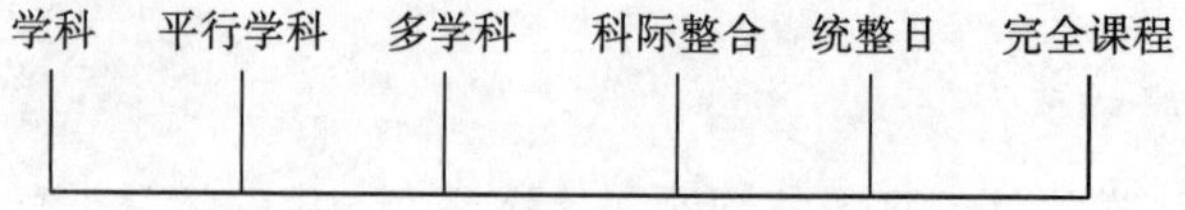

图 5.3　Jacobs 统整课程的连续体

学科为本指的是分科课程，各个学科独立，与其他学科基本上没什么联系。教师没有意识到要把各学科间的联系带出来。

平行的学科设计指的是课程内容并无改变，只是呈现顺序发生改变，这样可以在相同的时段中讲授不同学科中的有关课题。如将历史学科中的“二战”内容与英文课中的“二战”文章安排在同一时段讲授，教师在教学中并没有统整各学科内容的想法，只是让学生自己“自然”地联系，这是一个较简单的模式。只要成功调动课次，学校可以在学年中实施多次主题教学。如图 5.4 所示，对于同一个主题，学生可在音乐、常识和英文中分别加以探索。平行学科设计，就是各学科老师分别把科目中有关的课程调动到同一时段内讲授，希望学生自己有能力体会科目间的关系，教师并不特意为学生建立联系，而是交由学生自己来建立。

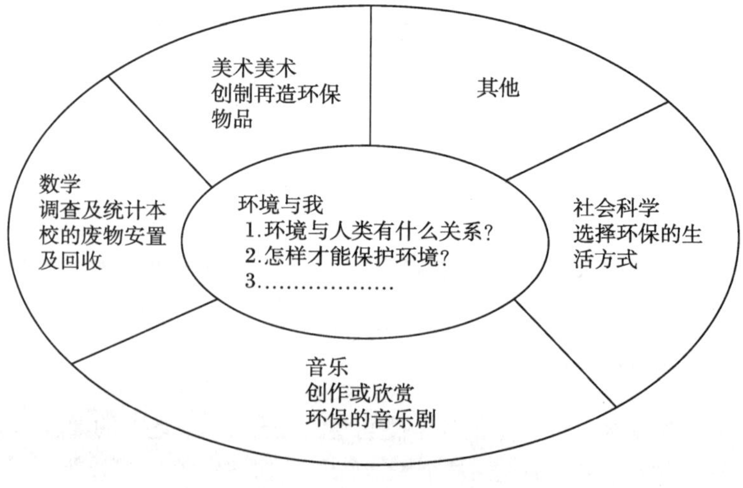

图 5.4　多学科主题教学学

多学科方式是将几个学科内有关某个课题的内容加以整合，各相关学科的内容相辅相成，但是学科的界限仍清晰可见。例如，以“环境与我”为题，数学科教授学生调查及统计本校的废物安置与回收；美术科教授创制再造环保物品；社会科学教授选择环保的生活方式；音乐科则让学生创作或欣赏环保的音乐剧。在这个课题中，各个学科还是按其知识和技能结构进行讲授，不同的是他们选了同一课题。

科际整合或跨学科单元由学校课程内各个学科综合组成，其重点是采纳各个学科的观点来探索主题(图 5.5)。跨学科单元的长度可以是数天、数星期甚至是一个学期，采纳这种形式并不是要完全取代学科，而是相辅相成。和多学科的统整比较，此方式的学科之间有紧密的组织关系。

图 5.5 跨学科单元设计

统整日方式是以学生在世界中的主题式问题为入手点而设计的整天课程，其关注的不是学校或官方课程，而是要照顾和探究学生们关注的问题和兴趣。如香港地区伊利沙伯中学旧生会中学为该校中一、中二学生而设计的课程，为期大约三周，目的是帮助学生研究及了解人类及其环境的密切关系。这课程将不同科目(如中文、英文、地理、科学和综合基础课程)的部分相关的学习元素整合成为一个跨学科课程，各科在同一时段内教授与主题相关的课题，让学生从不同的角度研究及学习，从而建立更全面的知识。

最高度统整的形式是完全统整方式。整个课程都是以学生为重点，在学生取向的学习下，学科根本不存在，课程是从学生的日常生活发展出来的。美国夏山学校的课程是这种方式的代表。

(二)Drake 的统整课程连续体模式

Drake 所采用的划分方式与 Jacobs 不完全相同，他采取了另一个划分架构，将统整分为三种形式：多学科(multi-discipline)、科际整合(inter-discipline)和超学科(trans-discipline)(图 5. 6)。并将统整课程定义为在不同的学科领域中出现的主题与技能之间建立有意义的联系。

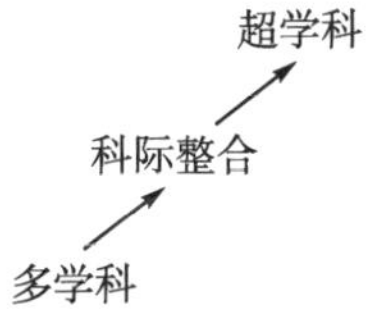

图 5. 6 Drake 提出的整合课程的连续体

多学科方式是从学科角度入手，两个或更多的学科围绕着一个同样的主题或议题来组织，采用此模式时，教师们应多从学科入手，保留各个学科的课程，设计多学科教学的教师会问：“在各个学科中有什么重要的东西需要讲授？”因此，虽然在课程中出现主题，但是每一个环节中仍看到清晰的学科影子。如周淑卿以“社会的媒体”为例(图 5.7)，指出多学科课程分科属性强，学科之间的关联性弱。

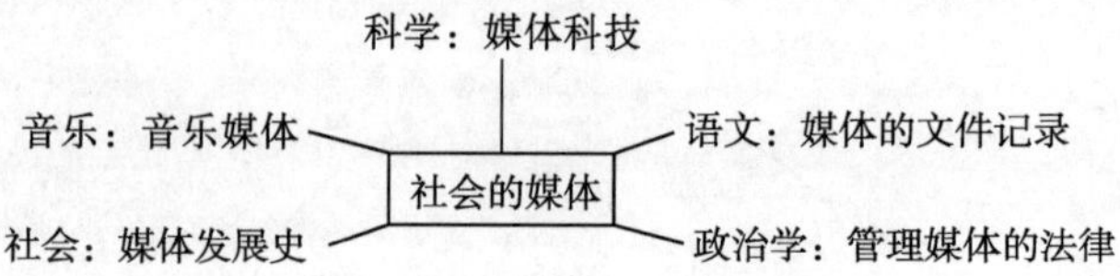

图 5.7　媒体主题的多学科课程

科际整合方式指的是在两个或多个学科中，跨学科的能力是组织的中心。这些能力诸如研究、运算、读写能力等，不是在学科中找出与统整主题有关的内容，而是找出各个学科中共同的地方来整合。例如，周淑卿以“社会的媒体”为例(图 5.8)来分析科际课程的架构，指出主题之下的各个学科概念的选择是因为这些概念与主题直接相关，目的在于培养统整的思考能力，亦即站在概念的基础以及可迁移的理解层次上来看待知识之间的关系。

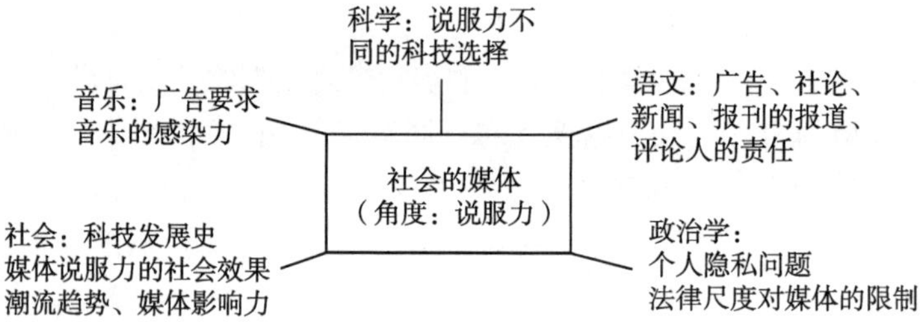

图 5.8　媒体主题的科际课程

在超学科的策略中，完全是真实的生活情境，学生的需要是组织的中心。学科不再是最初计划课程的平台。它的假设是大多数或所有的学科都包含在学习的主题之中的。在设计课程时，教师和设计者超越学科的思维，他们选择教授学生将来生活必需的事物。超学科课程与科际课程最大的差别在于完全忽视学科分际的存在(图 5.9)。

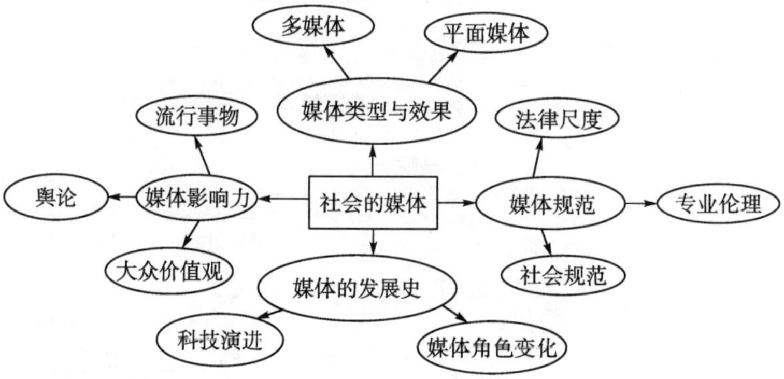

图 5.9　媒体主题的超学科课程

上述学者归纳的统整课程连续体中的课程形式彼此不同，而且相同的名词也有不同的解释，很容易让人混乱。但他们都将统整课程视为一种水平的组织形式，通过明晰地连接同一学科的不同部分，更经常的是连接两个甚至更多学科的内容、技能和价值，寻求打破传统学科教学的壁垒。可以看出他们背后的理念还是知识本位、科目导向的，但在连续体的上部如 Drake 分类中的超科课程，事实上利用真实世界的议题作为课程组织的中心，而不考虑科际领域既存的局限，更多地将知识视为帮助学生解决社会问题的工具，转为儿童取向和社会取向。

三、如何设计一个课程统整的计划

Drake 列举一个多学科课程设计的步骤为：①订立主题或问题；②选择模式；③进行头脑风暴(brainstorm)以思考活动与资源；④决定达到每一标段所需的操作技能；⑤选择可以帮助学生达到标准的适当的评量工具(本章未包括)。下面以美国一所中学校本的统整课程设计的实例，来说明设计的具体步骤。

(一)订立主题或问题

Beane 认为课程主题应环绕现实生活中重要的个人和社会问题，强调采用与真实生活相关的专题或学习活动。主题可以采用问题、概念、事件、小说、项目、电影或歌曲等方式，Perkins 认为一个内容丰富有意义的主题应有以下的特征：主题涉及各个学科系统的知识；主题揭示学科之内与跨越学科的基本相似处与相异处；主题能引起师生的兴趣，与学生生活或社会议题有关系。以下是一个学校课程设计小组成员头脑风暴设想的诸多主题(案例 5.3)：

【案例 5.3】　头脑风暴设想主题清单

①环境；②濒临绝种生物；③交通；④做决定；⑤曲棍球；⑥发明；⑦社区；⑧情人节；⑨奥林匹克运动会；⑩性别议题。

将上述清单中的问题简化为课题、概念或议题：①课题，情人节、奥林匹克运动会，②概念，变迁、形态、互相依存；③问题或议题，性别议题、环境议题。

最后小组成员决定选择奥林匹克运动会作为校本课程的主题，作为一个适合于初中二年级的课程统整计划。

(二)选择统整模式

小组成员决定选用多学科模式。因为这一模式可以让学生从不同的学科角度来看待这个问题，对于各科的教师进行课程设计时也相对容易。图 5.10 分别从科学与技术、语文、历史三个学科角度来进行统整课程的设计。

(三)思考统整的目的、内容、活动与资源

订立主题后，学校的课程小组可以以概念图作为编排内容的工具。如果要保存统整在各科内容上的贯穿与融合，各科可以先进行头脑风暴式的研讨，如开综合会议，初步完成内容的草稿(表 5.2、表 5.3)。

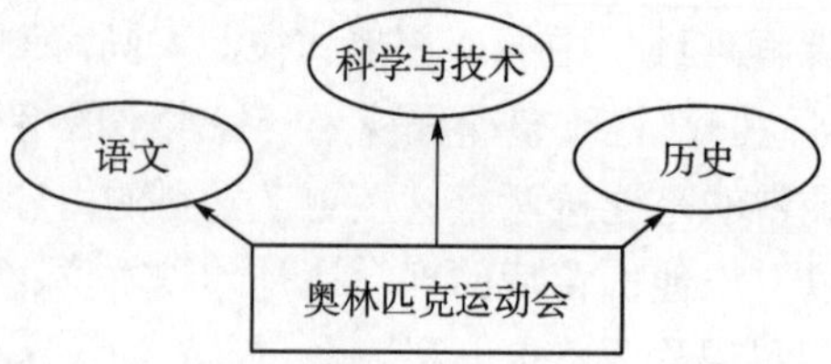

图 5.10 奥林匹克多学科设计

表 5.2 奥运单元：统整的目的

科学/技术	历史	语文(阅读与写作)
学生知道并了解科学、技术与人类活动间的关系及其对世界的影响。	①学生了解社会是多元的，并且随时间而改变； ②学生了解科学、技术和经济活动在历史中是如何发展、改变及影响社会的； ③学生了解政治组织与理论随着时间而发展、改变； ④学生知道宗教与哲学观察在历史中一直深具影响力。	①学生能为不同的目的与对象进行写与说； ②学生能应用惯用文法、用法、语句结构、标点、大写及拼法进行写与说； ③学生应用思考技能于其读、写、说、听及观察； ④学生能通过阅读，从不同的媒体、文献及科技资料中查找、选择相关的资讯，并能建立其意义。

表 5.3 奥运单元：活动与资源的头脑风暴

改进国际关系	竞赛的性质	身体、心智、运动精神	运动会的政治因素
促进多元文化主义； 设计奥运村； 设计各自的旗帜； 编写奥运主题曲； 研究一个具体的具竞争力的国家； 讨论国家主义所真正扮演的角色。	争取奥运主办权； 赞助关系； 赢的含义，以及正面与负面的观点； 访谈学校学生运动选手及教练； 追踪探知通往奥运之路，团体凝聚力(团队合作)； 定义运动比赛：什么是奥林匹克运动(如沙滩排球)？	服用/滥用药物(类固醇等)；研究过去的奥运明星：他们现在在哪儿； 竞争至上是什么含义； 国家主义有多重要； 测量体能程度：心跳、肺活量等； 辩论天生与后天培养的冲突； 研究为奥运比赛，在训练中的身体虐待(如由于为保持完美的比赛体重而产生的饮食失调)； 性别障碍成为议题，探讨女性在运动中的角色(刻板印象、限制等)。	研究自 1970 年后的奥运史，探讨奥运的经济状态；谁得以参与，谁被排拒在外，以及为什么；政治与运动应混合吗？ 探讨奥林匹克资助竞赛者的伦理课题。

(四)订立阶段、阶段目的、详细内容

课程设计小组完成了初步的内容之后，会对统整主题有了较多的掌握。下一步，课程小组需要着手设计详细的内容。一个详细的课程统整计划，一般需要至少一个月或超过一个月的时间，在一个多月的课程当中，要根据课程组织的原则，系统地组织教学内容，以达到统整的目的。一个比较详细的统整课程设计计划书包括撰写各科的教学主题、目的、进度、教学的编写及统整的总结性活动等。表 5.4～表 5.6 分别列出了各科的活动范例以供参考。

表 5.4 奥运单元：活动范例——语文

标准	必要的知识与技能	活动设计
标准 1：学生能为不同的目的与对象进行写与说(理由为使用不同的基本工具学习)。	注意细节并用补充材料写故事、信函及报告； 选择说话的语词与态度做清楚的沟通。	撰写并展现争取奥运主办权的竞标计划，列出其过程，如由国际奥委会提出竞标计划书，研究其他有兴趣竞标此荣誉的国家。

续表

标准	必要的知识与技能	活动设计
标准 2：学生以应用惯用文法、用法、语句结构、标点、大写及拼法进行写与说（理由为学生需要知道且能够使用标准英文）。	草拟、修正、编辑以及校正初稿； 写、说时能应用分析、综合、评价及解释的能力； 写、说时能适当地加入材料来源（如访谈、新闻报道、网络）； 在内容领域的写与说方面（如科学、历史、文学）能正确地使用该科目的专业用语； 认出文体上的要素（如声音、语调及表现法等）分辨演说的要素； 写作时用标点与大写标示题目与引文，使用所有格及正确地区分段落； 写、说时能正确使用字首、字根与字尾； 扩展拼字技能以涵盖更复杂的字。	讨论举办奥运会的复杂事务，如建立当地民众的觉知意识； 举办文宣比赛，以及争取赞助，吸收义工，游说家人规划由国家运动员协会赞助的活动，以展现所在城市的设施与规划组织能力； 讨论并撰写一篇文章探讨奥运对所在城市的经济与文化冲击；奥运是否应在所在市举行？旅游、相关配套措施的改进（机场、道路、高速公路、景观等）。如何使得贵城市成为世界多元文化的展览视窗？透过舞蹈、音乐、视觉艺术、国际与北美艺术家的号召，以促进文化与教育的展示。
标准 3：学生应用思考技能及其读、写、说、听、观察	在读、写、说、听及观察过程中能提出预测、分析、形成结论，并且厘清事实与意见； 应用读、写、说、听及观察来确立及解决问题； 能以口头或书写方式认清、表达或辩护个人的观点； 能指出演讲者、作者或导演的目的、观点，以及对历史与文化的影响； 评估资讯的可信度、正确性及适切性。	观赏并讨论与课题及批判课题相关联的影片（如《火战车》《疯癫总动员》）； 探讨相关议题：故事的道德议题，什么造就了一个人成为赢家； 指定写下该电影的观赏心得； 写下个人对该电影拟定的结局； 讨论运动竞赛的相关议题，思考现代奥运会创始人 Pierrede Coubertin 所言“奥运最重要的价值并不是赢得胜利，而是努力奋战”所蕴含的奥运传统的内涵，如何将这些话语与电影主题建立关联； 让班级辩论“胜利的喜乐与战败的痛苦”，思考奖牌是否让你成为一个赢家而你的对手成为输家，是什么造就所谓的赢家； 访谈学生运动选手并写一篇报告。
标准 4：学生能通过阅读，从不同的媒体、文献及科技资源找到、选择相关的资讯并建立其意义。	依据读、写、说的目的选择所需的相关材料； 当学生选择读、写资料时，能了解其结构、组织，以及各种媒体、文献和科技资源的应用； 能改写、摘要、组织及综合资讯； 采用他人的概念、图像或资讯，能清楚地标记出处； 善用资讯写出高品质的作品。	指定作业让学生汇集有关奥运的媒体记述与报道； 准备有系统的研究札记，记录在图书馆或网络上从事研究的时间、事件及遭遇到的困难等； 通过视听材料（绘图、简报等电脑软件）呈现媒体对奥运报道的不同观点； 上交参考文献目录，详列所有用到的参考资讯。

表 5.5 奥运单元：活动范例——历史

标准	必要的知识与技能	活动设计
标准 1：学生了解社会是多元的，并且随时间而改变。	阐明文化传统如何影响到个人，并且欣赏个人及他人的文化特质； 分析移民是如何持续地影响着美国社会的生活方式的。	依据班上现有的不同文化，举行公开庆祝活动； 学生带来旗帜、家庭相片及家乡的奥运故事等。
标准 2：学生了解科学技术和经济活动在历史中是如何发展、改变及影响社会。	分析不同的族群对美国历史、文化及经济发展的各种贡献的方式； 在自然环境中参与户外休闲活动并且描述心得。	列出多元文化的正面及负面因素； 分析美国的文化结构； 定义“运动”，将运动予以分类； 实际演练一些运动，然后评估其分类是否恰当。
标准 3：学生了解政治组织和理论随着时间而发展与改变。	根据研究，针对一个案例，就地方、国家或全球议题方面提出个人的立场； 分析过去和现在人与人之间、团体之间和国家之间的权力关系。	探讨赞助关系、伦理议题及研究补助等，并且辩论“运动与政治应否混合”； 为体育活动进行游说（将班级分为三组，每一组代表一个国家或奥林匹克组织），每一组找出一种在该国相当普遍却不包括在奥运中的运动，然后游说将之纳入奥运比赛项目。
标准 4：学生知道宗教与哲学观念在历史中一直深具影响力。	评估美国在国际事务中扮演的角色。	圆桌会议讨论并且投票表决“政治应否在奥运中扮演主要角色”（作为单元的结束方案，因为学生需要许多事实以便进行有效的讨论）。

表 5.6 奥运单元：活动范例——科学与技术

标准	必要的知识与技能	活动设计
标准 1：学生知道并了解科学、技术与人类活动之间的关系，及其对世界的影响。	解释人体内部各种系统的关联，并且描述不同生活方式的选择对身体系统造成的影响；评估科技对环境与社会的影响，并指出这些影响是正面的还是负面的，包括伦理议题及继续使用这些科技可能造成的后果的预测；从不同的来源汇集资讯，根据资讯做出决定，并且运用适当的方法沟通个人的决定。	测量心跳及心跳加快或变慢的身体变化；测量并且创造一个区域，让自己置身其间；设计一个理想的运动器材，并且制作广告加以推销(海报、电视广告等)；研究科技对奥运的影响(如成绩记录、速度/正确测量、立即重播、竞赛场地的对准校正及事先获知竞赛对手等)。

本章小结

校本课程诸多的学习内容与活动，只有通过有效的课程组织，才能真正地促进学生的学习。通过本章的学习，课程设计者可以了解到设计前确定基本的课程要素，并遵从课程组织原则的重要性。同时在设计时考虑到学生的心理组织与学科的逻辑组织，采取不同的垂直组织方式，或者不同的统整的组织模式来进行校本课程的设计。其中统整的课程设计是近年来校本课程设计的特色，对于促进学生学习具有重要的意义。

体验练习

1.A 学校是一所生源不太好的学校，学生的入学成绩不高，初一年级希望提高学生的自信，来设计一个校本课程计划。请讨论，确定一些基本的课程要素。

2.在网上选取一所中学的校本课程计划，运用课程组织的基本原则来分析其设计的优缺点，并提出改进的意见。

3.分成小组，一起设计一个统整的校本课程方案。先选择一个题目，如环境议题、情人节等，再解释为什么选择这个题目，选择适当的统整课程模式，画出头脑风暴概念图，并最终完成一个课程方案。

第六章　校本课程评价

本章概述

本章主要针对“学生”和“课程”两个维度进行校本课程评价的阐述。在“学生评价”部分，阐述了影响当代学生评价的主要教育理论，介绍了表现性评价、档案袋评价等几种适合校本课程学生评价的评价方式。“课程评价”部分主要是从校本课程开发的背景、目标、方案、实施、结果五个环节来搜集资料，做出评价，考察校本课程开发及课程实施本身的科学性、合理性，为调整改进课程提供证据和方向。

学习目标

1.了解校本课程开发中的学生评价大致经历的主要阶段；
2.了解影响当代学生评价的主要理论；
3.掌握适合校本课程开发中学生评价的主要方式；
4.理解校本课程开发中课程评价的对象和内容；
5.掌握校本课程开发的课程评价工具和量表。

读前反思

在阅读本章之前，请阅读下述案例并思考：造成案例中问题的原因是什么？李老师应该怎样调整改进？为什么？

李老师是某校初中一年级的地理教师，第一次为学生开设了一门校本课程为“走进家乡”。在课程设计与实施过程中，李老师尽量倡导学生自主、合作进行探究。但是在实施的时候李老师遇到一个问题，即学生对校本课程学习的态度由积极到懒散，课程学习结束后学生提供的探究报告五花八门，水平参差不齐，有的学生甚至不提交任何作业。

第一节　校本课程开发中的学生评价

评价是校本课程开发中的瓶颈问题。一方面，校本课程开发价值不断地从政策上被赋予重责，从主观上被广泛认可；另一方面，校本课程开发实践因为评价问题没有妥善解决，至今步履维艰，甚至形同虚设。因此，校本课程开发评价需要引起高度关注。

一、重视校本课程开发中的学生评价

校本课程开发的终极目标在于增进学生学习的效率，促进学生个性的全面发展，因此，学生评价应该成为校本课程开发评价研究与实践的重点。当今世界范围内风起云涌的各种哲学思潮和教育评价理论，为重视学生评价改革所提供的思想基础与行动支持，有助于从新的视角去考察和解决校本课程开发中学生评价的基本问题。

学习目标

理解为什么要重视校本课程开发中的学生评价，掌握校本课程开发中的学生评价方式。

（一）后现代主义思潮与学生评价

后现代主义是对现代性（modernity）的批判与反思，是一种崇尚多元性和差异性的思维方式。作为20世纪后半叶在西方社会兴起的一种哲学与文化思潮，其影响遍及艺术、文学、美学、语言、历史、政治、伦理、社会学、哲学等诸多领域。在西方教育理论界，具有后现代教育思想的教育学者为数不少，他们从不同的角度阐述了自己对教育的理解和看法，主要集中在教育目的观、知识观、课程观、师生关系观等方面。1989年，古巴和林肯即开始探索后现代思潮及建构主义对学校层级评价所提供的新视野，认为存在着无法被自然法则、因果关系及类似因素控制的事实，这些事实是多元的，为社会所建构。

因而必须注重持份者在评价中所起的作用，给持份者赋权并使其在具体的背景下进行有机的建构十分重要。鲁赛尔和魏林斯基则认为不少国家的教育评价已经出现了后现代的迹象，这一点得到台湾地区学者郭昭佑的认同，他也认为差异和多元是当代社会的产物，学校本身评价也不得不坚持和促进差异、多元的信念。

后现代主义对教育的冲击和影响，自20世纪90年代开始为我国教育理论界所关注，进而为21世纪初开始的新一轮基础教育课程改革提供了重要理论支撑。三级课程管理、学校课程建设等政策设计都可以看到后现代化主义强调差异，消除中心、追求多元的影子。但毕竟我国校本课程开发与评价的理论与实践起步较晚，发展的历史较短，理论建构还很不完善，许多具体的实践问题还有待解决。具体表现为：第一，学生评价的理论体系还未很好地建构起来，现有的评价方法和模式要么从传统学科评价中直接套用过来，如考试、测验等定量评价，要么是简单的定性描述，评价的随意性和主观性很大。第二，作为校本课程的开发与实施主体，学校对校本课程评价的意义认识不足，缺乏实施课程评价的实际操作能力。后现代主义教育理论给校本课程开发中的学生评价提供了诸多启示。例如，要注意课程内容和评价内容的生成性，虽然要有预设的课程内容和评价内容，但也要根据教育教学过程中师生的相互作用生成有价值的课程资源和评价资源；要坚持课程内容和评价内容的适应性，课程内容和评价内容要紧密结合社会生活，参照学生已有的学习和生活经验；要根据具体的教育教学情境对学生采用具体的评价方式，并对评价方式进行反思；要采用个体化的评价标准，尽量建立个别化的评价体系；在实施评价时，应打破传统评价中一刀切、整齐划一的单维度评价标准，关注学生的个别差异，建立“因材施评”的评价体系；强调评价者和被评价者的积极参与和互动，而且强调用多种视角和多种观点，用文字描述的方式，记录和分析个人的行为意义和独特体验。

（二）建构主义理论与学生评价

建构主义理论纷繁芜杂、流派众多，虽然都统称为“建构主义”，但事实上“有多少建构主义者就有多少建构主义”“有多少有关建构主义的实践，就有多少建构主义观点”。但在关于知识、学习、教学、师生关系等教育教学关键问题上，不同流派的建构主义都强调知识的建构性、社会性、情境性、复杂性和隐性，都把学习看成是建构过程，都以新旧知识经验的相互作用来解释知识建构问题。

建构主义对教学提出了各种不同的思路和方案，开发出了支架式教学、抛锚式教学、随机进入教学等几种比较成熟、典型的建构主义教学模式。建构主义的教学模式都强调以儿童为主体，重视问题情境的创设，重视儿童具体经验的获得，强调互动合作学习等，是建构主义教学观在教学活动中的集中反映。建构主义颠覆和否定了传统的师生观，提出教师不是 “知识传递的机器”，而是“催生理解的接生婆”；教师的职责不再是“给予”，儿童的责任也不应该是“接受”；教师的作用不在于给予儿童“真理”，儿童不是受外部刺激的被动接受者和被灌输的对象，而是信息加工的主体，是意义的主动建构者；教师不是支配儿童学习的权威者和控制者，而是儿童建构知识的帮助者、引导者与合作者。

建构主义在知识、学习和教学等领域提出了自己独特的看法，体现了教学和学习理论发展的最新成果，对当前的校本课程开发中的学生评价改革具有重要的指导价值。其一，评价目标自由。学习是个体建构的过程，而个体的知识建构始终有所不同，因而评价目标也应比较自由。如果在教育教学和评价开始之前已知一个特定的目标，那么评价将控制教育教学活动，进而控制学生的学习活动。因此，不是根据目标来进行评价，而是利用需求评价法去确定教育的目标，经证实的需求可提供用以评价任何过程及结果的最客观的评价标准。校本课程开发中学生评价的目的，在于更好地根据每个学生的需求和情况的变化来设计教育教学，改进和精练教育教学策略，使学生通过建构性学习获得持续进步。其二，学生成为评价主体。如果学习的结果是由学习者自己建构的，那么最好的评价者应该是学习者本人，评价是审视建构过程的一面镜子。学生评价应基于动态的、持续的、不断呈现学生进步的学习与发展过程，以及教师所采用的教育教学策略和所创设的学习环境。在方法和技术上，应该给学生提供更多的自我分析和元认知工具，以便他们能够自我反思和评价其发展过程和结果，从而成为一个自我控制的学习者。其三，评价内容应为学生的发展过程。乔纳森(Jonassen)提出“如果学习的结果是个人的建构，那么我们怎样来评估它？”他进一步发展了广斯克里文的目的游离评价理论，认为“从建构主义的角度看，评价学生怎样去建构知识比评价学生取得的学习结果更重要”。这意味着学生评价的重点是学生发展的过程，而不仅仅是结果，评价学生如何进行知识建构要比评价由此产生的结果更为重要。学生评价应该注重评价知识建构的过程，包括他们怎样寻找知识或信息、如何运用学习策略和自我监控、学习投入程度与创新能力等；应该从多维度、多层次的角度评价学习与发展的结果，要立足反映学生知识建构过程中的水平差异。学生学习是一个动态展开的过程，所以评价应关注学生在校本课程学习中所进行的观察、思考、假设、试误、选择、推理等动态过程，关注学生思维能力、学习迁移能力的展示及学习中的兴趣、注意力和努力程度。其四，评价标准应多形态、多维度。建构主义认为，学习者最终必须在自己经历和所具知识的背景中解释信息，并建构与学生的需要、背景和兴趣相关的解释，这种解释在一定程度上是个别的。要对这样的建构进行评价，评价标准必须是多形态、多维度的。仅仅对一种类型的发展进行评价是不可取的，仅仅运用一套标准去评价学生的发展也是不可取的。校本课程开发中的学生评价更应该提倡问题解决方法或答案的多元化。其五，注重评价设计的真实性、情境性。大部分建构主义都假设教学应抛锚在某种有意义的、真实世界的背景之中。因此，评价发生于背景之中也同样重要，评价的这种背景应像教育教学背景一样的丰富和复杂，简单化的、脱离情境的问题就不适用于评价。建制主义强调“发展”需要更多地考虑社会文化背景，强调儿童在活动过程中的变化，使得学生评价更加注重在真实情景中进行，更加关注对幼儿日常经验中真实任务的具体的、可观察行为的评价，对“学生知道什么”的问题的回答是“从学生的‘做’中来寻找答案”。真实任务是指那些与真实世界相关的任务，它们是对跨课程的那些任务的整合，提供了适当的复杂性水平并允许学生选择适宜的难度水平或包容范围。建构主义者认为，这些真实的、复杂的任务，整合了多重的内容或技能，有助于学生用真实的方式来应用所学的知识，同时也有助于学生意识到他们所学知识的相关性和意义。因而，评价应是在这种真实情境中对学生获得的真实体验的评价。学生评价要面向真实问题的解决，面向知识或技能的应用和迁移。任务和内容分析应较少关注对单独的、最佳的学习顺序的识别与描述，应较多地注意选择既有意义又适用建构主义应用的任务。在传统的学生评价中，孤立的问题或测查条目缺乏与真实生活的相似性，对学生未来在真实生活中的表现没有预见价值。因此评价设计要具有真实性、情境性，以便学生形成对知识的建构能力，以及对现实生活的领悟能力、解释能力和创造能力，是建构主义给予校本课程开发中的学生评价的一个重要启示。

（三）多元智能理论与学生评价

多元智能理论（multiple intelligence theory）是一种全新的有关人类智能结构的理论。根据对智能的全新诠释，加德纳指出智能的“基本性质是多元的——不是一种能力而是一组能力，其基本结构也是多元的——各种能力不是以整合的形式存在而是以相对独立的形式存在”。就基本结构来说，每个正常人至少都拥有 9 种程度不同、相对独立的智能：言语-语言智能（verbal-linguistic intelligence）、逻辑-数理智能（logical-mathematical intelligence）、视觉-空间智能（visual-spatial intelligence）、身体-运动智能（bodily-kinesthetic intelligence）、音乐-节奏智能（music-rhythmic intelligence）、人际交往智能（interpersonal intelligence）、自我反省智能（intrapersonal intelligence）、自然观察智能（naturalist intelligence）和存在智能（existential intelligence）。

与传统的智力理论相比，多元智能理论强调智能具有以下特征：第一，智能具有独立性。多元智能理论认为每个人都同时拥有至少 9 种智能，这 9 种智能是相对独立的，各自有着不同的发展规律，并使用不同的符号系统，9 种智能之间没有主次之分。每一种智能在个体认识世界和改造世界的过程中都发挥着独特的作用，具有同等重要的地位。存在于个体的多元智能不是高度相关的，而是相对独立的。第二，智能具有差异性。加德纳认为，各种相对独立的智能以不同的方式和程度有机地结合在一起，使得每个人的智能结构各具特点；同一种智能在每个个体身上的表现形式也是不一样的；由于环境与教育的差异，个体智能的发展方向、发展程度和表现形式有着明显的差异性，因而每个人的智能各具特点，每个人都有一种或数种适合自身心理特点的学习内容和方式。第三，智能具有情境性。加德纳认为，智能与一定的社会文化环境下人们的价值标准有关，不同的社会文化背景下，人们对智力的理解各不相同，对智力表现形式的要求也不尽相同。因此，个体智能的发展受到环境(包括社会环境、自然环境)和教育的极大影响甚至制约，其发展方向和程度也因环境和教育的差异而表现出差异。周围环境在决定一个人智能高低的问题上，起着至关重要的作用。第四，智能具有实践性。加德纳把智能看作个体解决实践问题的能力，是在实践中发现新知识和创新新产品的能力。他还指出："我们所欣赏的评估方法，将跨越物质条件的限制，最终找到解决问题和制造产品的能力。"由此可以看出，多元智能理论强调两个方面的能力，即解决实际问题的实践能力，以及生产及创造出社会需要的有效产品的能力。

多元智能理论为指导对学生评价的影响体现在以下几个方面：首先，应当关注学生的发展过程，侧重于评价学生解决问题或创造产品的过程，以及他们在解决问题或创造产品过程中所表现出来的实践能力和创造能力。加德纳认为，对学生的评价不仅"应该能够敏锐地反映他们发展的阶段和轨迹……还应该能够弄清在不同领域内拥有创造性的个体的特征"。加德纳提出，"任何新的评价法都必须具有发展的眼光，即评价学生在某一特定领域的知识，必须使用适合他或她在一定发展阶段的方法"，只有适合学生特定发展阶段的评价才能使他们获益。评价的主要目的不在于诊断学生智力水平的高下，也不在于预测他们将来的成就，而在于帮助发现和识别每名学生发展的强项和弱项，在充分肯定其发展强项的基础上，针对其发展弱项，采取有效的补救措施，扬长避短，引导学生利用优势领域的经验来进行其他领域的学习，并以优势领域智能带动弱势领域智能发展，最终帮助学生实现富有个性特色的全面发展。其次，倡导多元评价。多元智能理论强调智能结构的多元化，为多元化评价提供了理论基础。加德纳把传统的注重语言和数理逻辑智能的教育称为"唯一机会的教育"，他说，"唯一机会的教学方法造成许多儿童失去自信，认为自己不是读书的料"。多元化的学生评价包括评价主体的多元，变建立健全的学校、家庭、社会三者有机结合的评价体系，使课程专家、教师、学生、家长和其他社会成员都有机会参与到评价中来，形成多元化评价主体。第一，评价内容的多元化。借鉴多元智能理论，要充分认识到各种智能在个体的智能结构中具有同等重要的地位，在个体未来社会生活中也具有各自的独特作用，应该毫无偏见地把它们都纳入评价的内容之中。对某一个具体的智能领域也要进行多维度的评价，避免单一性。要把能力、情感态度等纳入评价内容。既要关注学生在各学习领域知识技能的获得，也要关注学生的学习兴趣、情感体验、沟通能力的发展。第二，评价方式的多元。加德纳主张评价的方式方法应该灵活多样，尽量避免使用单一的评价方法特别是标准化考试来评价学生某些智力领域的发展，尽量避免以语言智力和数理逻辑智力为唯一媒介来评价个体其他领域的发展状况，最好是设计一种"智能公正"的评估方法——"智能展示"，以及重视非正式评价的作用。根据多元智能理论的观点，当前的学生评价不仅要使用量化评价方法，更多要以质性评价为基础，运用多种先进的评价方法，尤其要重视观察、访谈、作品分析、描述性评价等定性评价方法。第三，实施情境化评价。加德纳明确提出，“应该承认情境对个体表现的影响，提供对评价能力来说最为恰当的情境，包括表面上与接受评价个体无关的情境”。同时，“我们的方法遵循一个重要的原则——不是像心理测量学家所做的那样把儿童引入评估，而是让评估靠近儿童。我们创设了一个充满多种吸引人的材料的环境，让儿童尽可能在自然的环境中展示自己的智力光谱”。显然，评价要真实地反映学生发展的状况，就要在真实的情境中进行：一是将评价贯穿于学生日常活动之中，在学生自然而真实的实际生活情境中对学生进行评价；二是将评价贯穿于教育教学活动之中，实现评价与教学的整合。多元智能理论认为，教学和评价是“一体两面”的，评价要与实际的教育教学情境结合在一起。这意味着教师在教育教学活动中，要随时随地对学生进行评价，使评价成为教育教学环节中的一个再平常不过的组成部分，而不至于成为教师和学生的负担。正如加德纳所指出的：“评估应该成为自然的学习环境中的一部分，而不是在一年学习时间的剩余部分中强制‘外加’的内容。评估应在个体参与学习的情景中‘轻松’地进行。当评估渐渐成为学校“景观”的一部分，就不需要再将其从其他的教室活动中分离出来。就像在良好的师徒制中一样，教师和学生无时无刻不在互相评估。因为评估是无所不在的，所以同样也不需要‘为评估而教’”。

二、校本课程开发中的学生评价方式

近年来，随着基础教育课程改革的逐步深入，很多教育工作者在理论上和实践中对学生评价的具体方法进行了有益的探索。各种各样的新模式、新方法层出不穷，如质性评价、表现性评价、真实性评价、另类评价、实作评价、档案袋评价、成长记录袋评价、动态评价、多元智能评价、成功智力评价等，可谓异彩纷呈。结合校本课程开发的性质及学生的年龄和认知特点，校本课程开发中的学生评价宜采取多元化方式，收集学生学习结果与平时学习情形的表现资料，记录学生在学习过程中的收获成长，同时注重质与量的评价，兼重形成性和总结性评价。在此介绍表现性评价、档案袋评价和动态评价三种方式。这三种方式，不仅符合当前学生评价改革的基本方向，更契合校本课程情境性、动态性、灵活性的特性，具有较高的可行性和推广运用价值。

(一)表现性评价

1. 表现性评价的内涵

作为对人的工作潜能进行评价的一种手段，表现性评价(performance assessment)并不是在教育领域最先提出并得到运用的，其最早运用于心理学领域和企业管理领域。例如，在非言语的心理测试中，主试者通过观察被试者动手操作具体的实物而对其某种技能进行评价，在工厂里，主管人员通过观察雇员在完成一项特殊任务时的表现来对雇员的工作做出评价。直到20世纪40年代，教育评价学家才开始对表现性评价产生兴趣并加以研究。20世纪60年代以后，表现性评价得到迅速发展，成为今天国内外基础教育评价中广泛应用的一种评价方式。表现性评价是指教师在学生完成一项具体的学习任务过程中，对学生的认知、情感、技能和学习成果等进行的实际考查。其通过可直接观察的实际行为表现来考查一个人掌握有关知识、技能或具备某种态度的程度，重在考查一个人将知识、理解转化为实际行动的能力或者使用有关知识、技能解决问题的能力，而不是重在考查一个人对有关知识信息的积累。

2. 表现性评价的特点

李坤崇提出，表现性评价具有以下几个特点：①强调实际生活的表现；②着重较高层次思考与解决问题的技巧；③兼容跨领域或学科知识；④重视学生学习的个别差异；⑤允许评价时间弹性化；⑥适用于年龄幼小、发展较迟缓的学生；⑦促进学生形成自我决定与负责的意识；⑧讲求评分、标准与人员的多元化；⑨强化沟通与合作学习的能力；⑩兼重评价的结果与过程；⑪着重统整化、全方位、多样化的评价；⑫强调专业化、目标化的评价；⑬强调教学与评价的结合。博里奇(Borich)等人提出，表现性评价具有以下特征：表现性评价既是活动又是测验；表现性评价是对学习的直接测量；表现性评价既测量学习结果又评价学习过程；表现性评价可以嵌入课堂活动中；表现性评价能评价社会技能。霍曼等人认为，表现性评价具在以下几个特征：①要求学生执行或制作一些需要高层思考或问题解决技能的事或物；②评价的任务具有意义和挑战性，且与教学活动相结合；③评价的作业能与真实生活产生关联；④历程(process)和作品(product)通常是评价的重点；⑤表现的规准(criteria)和标准(standards)，即评价的重要层面与评分标准要事先确定。亚拉西昂(Airasian)用列表的方式来展示表现性评价不同于传统学业成就测验的五个领域(表 6.1)；斯蒂金斯(Stiggins)从评价目的、学生的反应、主要优点、对学习的影响四个方面分析了表现性评价不同于客观式测验、论文式测验、口头测验的特点(表 6.2)；林恩(Linn)等从任务的真实性、负责性等四个方面对纸笔测验和表现性评价进行了比较，从另一个角度揭示了表现性评价的特点(表 6.3)。

表 6.1 表现性评价的五个普通领域及范例

领域	交流	操作	运动	概念的获取	情感
方法 1	论文写作	握笔	射击	构建开放和闭合的电路	与别人分享用具
方法 2	演讲	实验室仪器设备的安装	接球	为任务选择适当的工具和解决的办法	在合作小组里一起工作
方法 3	外国语的应用	使用显微镜	单脚跳	辨认不知名的化学物质	服从学校规章制度
方法 4	听从口头指示	解剖青蛙	游泳	对实验数据资料进行归纳	保持自制

表 6.2 各种评价类型的比较

项目	客观式测验	论文式测验	口头测验	表现性评价
评价目的	评价最有效率及信度的知识样本	评价思考技能或知识结构的精熟度	评价教学中的知识	评价知识，理解化为行动的能力
学生的反应	阅读、理解、选择	组织、写作	口头回答	计划、建构及表达原始反应
主要优点	有效率：能在同一测验时间内测量许多测验题目	可评价较复杂的认知结果	将评价与教学结合	提供实作表现技能的充分证据
对学习的影响	过度强调记忆，若妥善编制可测量思考技能	鼓励思考及写作技能的发展	刺激学生参与学习，教师提供教学成效的即时反馈	强调在相关背景下，善用有用的技能与知识

表 6.3 纸笔测验和表现性评价的特点比较

纸笔测验 选择型试题补充型试题		表现性评价 限制型表现扩展型表现
任务真实性	低	高
任务复杂性	低	高
需要的时间	低	高
评分的主观性	低	高

综上，表现性评价有以下基本要点：①强调要设计真实的或相关的情境；②强调要设计具体的、有意义的评价任务；③强调评价的目的重在考查学生将所知转化为实际行动的能力。

3. 表现性评价的实施

表现性评价适用的领域非常广，无论是听、说、读、写、数学、自然与生活科技学习领域、社会学习领域、健康与体育学习领域、艺术与人文学习领域，以及综合活动学习领域都能适用。校本课程开发中的学生评价同样适用于这种评价方式，对学生的表现性评价设计与实施的基本程序如下。

1）确定表现性评价目标

在开展表现性评价之前，教师必须依据教育教学目标与教育教学内容来决定表现性评价目标，并对所确定的表现性评价目标进行分析。评价目标分为知识目标和能力目标。知识目标又分为陈述性知识目标和程序性知识目标。陈述性知识目标是指学生对符号表征、概念、命题的掌握情况；程序性知识目标则是指学生对概念和规则的运用，包括智慧技能和认知策略。表现性评价在注重考察学籍学生较高层次能力的同时，也重视对基础性知识的掌握。学生能力发展目标包括：①综合的思维方法，即能够综合运用各种适当的技能来解决问题，能够将遇到的各种问题转化为清晰的、可解决的任务；②有效地占有信息，即能有效地运用各种信息收集技术和各种信息资源，能有效地解释所获得的信息，能准确地评估信息的价值；③有效地进行交流，即能够清晰、流畅地进行交流，能和相关人员进行沟通，能使用各种交流方法，能有目的地进行交流；④良好的合作性，即能够服务于团队的目标，能有效使用人际交往技能，能有效地维护团队的利益，在团队中能充当各种角色；⑤智力的特征，即具有自律性、创造性和批判性思维。

表现性评价目标的确定虽然要考虑到知识和能力两个方面，但应根据课程领域的性质及评价主题有所侧重。譬如，如果是科学领域的校本课程开发，可以选择实验操作技能作为评价目标；如果是数学领域的校本课程开发，或许可以选择数学概念、数学技能作为评价目标；如果是社会领域的校本课程开发，可以选择批判探究技能作为评价目标。

2）设计表现性评价任务

表现性评价任务，就是在表现性评价过程中评价者要求评价对象完成的具体任务。表现性评价实际上就是对学生在完成表现性任务过程中的表现情况进行观察与评价。

表现性任务有不同的分类方法。如根据任务给出的条件和限定的程度，可分为限制性任务和扩展性任务。限制性任务主要评价学生对课程所要求的某些技能的掌握程度。限制性任务结构性较强，所需时间相对较少，易于设计和进行评分控制。传统的测验、考试属于限制性任务，适用于拓展学科知识类校本课程的学生评价。扩展性任务有利于评价学生的信息整合能力、创造性与创新能力、研究能力和实际动手能力。林恩和格朗兰德(Gronlund)曾列举了限制性任务和表现性任务的典型例子以及可被评价的学习结果(表6.4)。

表6.4　限制性任务与扩展性任务的范例及评价领域

类型	范例	可被评价的学习结果
限制性任务	•打开一封求职信； •大声朗读一段故事； •用五个塑料棒围出尽可能多的不同形状的三角形，并记录每个三角形的周长； •说出在这两种液体中，哪一种含有糖的成分，并解释得出结论的理由； •为两个城市制作反映一个月平均降雨量的表； •用法语大声询问去火车站的方向； •在一张空白的欧洲地图上标出各个国家的名字。	•大声朗读； •用外语问候； •设计一个表格； •使用一种科学仪器； •打字。
扩展性任务	•准备并发表一个演讲，劝说人们采取保护环境的行动； •设计并进行一个估计加速度的调查研究，研究对象自选(如一个下落的棒球)，描述所用的程序，呈现所收集的数据并进行分析，陈述你的结论； •阅读林肯和道格拉斯的简本，想象你生活在那个时代并听到了这个辩论的问题，写一封给你的朋友，向他解释你对这个历史问题的态度及它们的重要性。	•建造一个模型； •收集、分析和评估数据； •组织观点、创作一种视听作品，一个内容完整的演讲； •创作一幅画和演奏一种乐器； •修理一台机器； •写一个具有创造性的小故事。

根据学生完成表现性任务时情境的真实程度，可以将表现性任务划分为模拟性任务和真实性任务。模拟性任务要求学生在模拟情境下，完成与真实活动相同的动作或行为。例如模拟联合国、模拟法庭、模拟理财等活动，要求学生利用所学习的知识，解决日常生活中遇到的问题。一般来说，在完成模拟性任务时，学生的综合素质可以得到较好的表现，特别是他们知识面的宽窄程度、口头表达能力的高低、交流与合作能力的高低及其他非智力因素的发展水平等，都能较好地反映出来。学生在很多模拟情境中所显示出来的知识和能力是其在未来真实情境中表现的一种准备。

真实性任务的要点有两个：一是强调学生在真实情景中进行实际操作；二是工作片段，也就是要获取工作样本，以便更真实地评价学生的实际才能。例如，一些技术设计类的校本课程，为了测量与评价学生技术设计制作的技能，教师可以选择在真实情境下进行。真实性任务可以较为充分、全面地反映学生运用知识的能力、科学探究的能力及发展水平。

根据时间跨度，可以将表现性任务分为即时性任务和延时性任务。即时性任务通常用来现场判断学生对某一知识领域校本课程的基本概念、程序、关系及思维技能的掌握情况。在设计即时性任务时，提供评价材料可以有以下几种：①没有固定答案的开放式问题；②带有图片的资料；③包含文字信息的资料；④呈现各种数据的图表；⑤一个真实(或模拟)的案例。针对每一种情境，学生要做出相应的反应，比如，运用已掌握的知识对问题阐述自己的观点和见解，对图片进行描述和分析，对文字信息进行解释，对数据进行分析和计算等。

延时性任务一般是长期的、多目标的项目，经常要求学生用几个星期或整个学期的时间来完成。一般情况下，任务驱动类、活动探究类、问题解决类的以某个项目为主题开发的校本课程学生评价需要对延时性任务做出阶段性的安排或给出分项目标，以便学生明确任务的性质，分配合理的时间与精力去完成任务。同时，教师还应提供一些必要的“支架”，即对学生完成任务有帮助作用的各种信息、物品，以及如何完成任务的具体标准，以促进学生的思考和表达在评价中有正确、良好的表现。

另外，按照任务需要的人数还可以设计个人独立完成的独立性任务和小组合作完成的合作性任务。需要注意的是在很多的综合实践活动类校本课程开发的学生评价中，教师要努力避免在评价中只做大概观察，仅凭粗略印象就给出评价的笼统结论，以及流于形式的小组评价、同伴评价的情况。要注意将涉及面广、复杂程度高、难度大、时间跨度长的任务进行分解、分工，确保每个人在完成任务的环节中都能达到评价要求。小组成员之间的相互评价，要找到合作中的优点和不足，以便共同提高合作的技能，成为学习中的伙伴。

无论是哪一种表现性任务，都需要根据具体的课程内容来设计，并明确具体的设计要求。林恩等人提出了设计表现性任务的若干建议：①关注那些需要复杂认知技能和学生表现的学习结果；②选择和开发在内容和技能上能代表重要学习结果的任务；③确保评价任务与评价目的高度相关；④为学生提供必要的指导，让学生能够理解任务的要求；⑤设计使学生能够更好地理解任务的指导语；⑥运用评分规则使学生清楚地了解完成任务的预期目标，见表 6.5：

表 6.5　科学领域中表现性任务的例子

表现性任务描述	用磁铁鉴别物品有无磁性，然后解释它们之间的区别。
设备/材料	一块磁铁和七种物品（塑料扣子、钢铁垫圈、钢铁的曲别针、铁打、石头、塑料棒和铜钱）。
给幼儿的指导语	用磁铁试试这些物品，然后把它们分成两组。列出两组物品并解释它们之间的不同。
评分构想	把物品进行正确分组即可得分。有四种可能的解释，即一种是由钢或铁制成的，一种是与磁铁相互吸引的，一种是钢铁制成又与磁铁相互吸引的，一种是其他的解释。

在设计表现性任务时，教师除了要恰当地选择表现性任务的类型并具体设计表现性任务的内容之外，还要设计实施表现性任务的条件、情境及观察的次数。“条件”是指表现性任务实施的时间、地点或需要使用的设备用具等。“情境”是指自然情境或者特殊控制的情境。情境的选择与设计要根据表现性任务的特点和表现性评价结果的用途来决定。如果某种表现在活动室中自然发生的频率不是很高，教师就要特别创设一种情境来增加这种表现出现的机会，以便观察。“观察次数”是指教师为了做出可靠的结论而需要观察学生表现的次数。不管评价的目的、任务的性质如何，单独一次的观察结果只能代表学生的一次行为表现，不具有普遍的代表性。因此，要保证评价结论的可靠性，教师必须多次观察，多次收集材料，然后做出综合的分析。如果在不同观察中获得相同的表现结果，就说明这些信息是可靠的；相反，如果每次观察到的表现都不一致，教师就需要再做更多次的观察，收集更多的信息，才能得出比较可靠的结论。表 6.6 提供了表现性任务的一个典型例子。

表 6.6　表现性任务示例

表现性任务描述	以小组合作探究为基础，用火柴搭桥。
指导语	在仔细观察桥的结构、承重、受力等基础上，通过分工合作，用火柴设计制作一个外观精美、可达到任务承重要求的桥，并派一名代表向全班介绍小组的作品。
情境	(1)时间要求：利用常规的集中教学活动时间，限时 30 分钟。 (2)工具要求：…… (3)制作要求：…… ……

3)研制表现性评价量规

评价量规是一个真实性评价工具，它是对学生的作品、成果、成长记录袋或者表现进行评价或等级评定的一套标准。斯廷金斯指出："如果教师对合理的行为表现没有一个清楚的认识——什么是差的和出色的表现——则教师既不可能指导学生如何完成任务，也不可能对他们的行为进行评价。"因此，评价量规的研制是设计与实施学生表现性评价的重要步骤，也是连接教学与评价之间的一个重要桥梁。

评价量规通常以等级量表的形式呈现，每一等级都有一组行为表现的描述语，对不同的行为特质或层面予以操作性定义。量规一般包含清晰、具体的基准和旨在测量学生达成基准状况的等级或熟练水平。基准是对评价内容的规定，并且概括评价内容的维度，规定评什么或不评什么。等级是对达成评价基准程度量的划分，旨在详细描述某一评价基准不同等级的表现特征。

目前流行的评分量规主要有两种：整体式评分量规和分项式评分量规。整体式评分量规指的是对学生完成表现性任务的整体质量进行评价，根据质量的不同赋予一个综合性的分数(表 6.7)。

表 6.7　整体式评分量规的分数和类别范例

评分	分数	类别
7	A^+	优秀
6	A	优秀
5	B^+	佳
4	B	佳
3	C^+	较好
2	C	较好
1	D	需要改进

整体式评分量规建立在对学生的表现或产品的整体印象上，而不是对个别成分的考虑。整体式评分量规通常用于评价扩展性任务(如创编一个故事)，或用于评价艺术表演等。整体式评分量规突出其总结性和概括性，设计起来比较简单，评价所需要的时间也很少。也正因为这个高效率的优点，整体式评分量规被广泛应用于表现性评价的实践中，如美国国家教育进步评价委员会(the National Assessment of Educational Progress，NAEP)便是使用六点整体式评分量规来评价学生的写作水平(表 6.8)。

表 6.8 NAEP 规定的写作的整体式评分量规

分数	分数点的描述
1	“对主题的反应只有非常少的信息是与任务有关的。”
2	“学生开始做出反应，但是没有展开，而是以一种小型、混乱或者毫无联系的方式进行的。”
3	“内容展开得很少：学生对任务的反应是简单的、含糊的，而且有点混乱。”
4	展开的：“反应包含了必要的元素，但是还没有完全展开或者详细叙述。”
5	详尽的：“超出任务基本元素部分的良好的展开，以及详细的反应。”
6	广泛的、详细的描述：“反应表现了对写作的各种元素的高度的控制。”与那些得分为“5”的文章相比，这些得分为“6”的文章内容上相似，但是组织得更好，书写得更清楚，而且错误更少。

显然，运用这样的评分量规，评分者可以很快对学生的写作成果进行评价。在被评价人数多、评价任务重的情况下，能够明显提高评价的效率。

但是，整体式评分量规有一个非常明显的弊端，那就是不能给教师、学生及家长提供具体的、细致的反馈信息，而只是一个概括性的判断。整体式评分量规更适用于评价学生学习的结果，而不太适用于评价学生的学习过程。为此，在客观条件允许的情况下，教师还是应该尽可能地使用分项式评分量规，以便为教师、学生提供有指导性的评价信息。

分项式评价量规指的是针对某项表现性任务的不同侧面，对学生的行为和技能分别进行评价。分项式评分量规的优势在于评价的目标非常明确和集中，评价者不容易偏离评价中心，而且对学生每一方面表现的观察都很细致。最后，由分项结果归纳出的总的评价结论，可以全面反映学生对于整项任务的完成程度和技能表现。

目前，适应学生表现性评价的评价量规主要是等级式量规。等级式量规通常用于评价学生学习的成果、过程和那些难以用“是”或“否”“有”或“无”来评判的内容。依据等级表述的不同，等级式量规可分为数字式等级量规、图表式等级量规和描述性图表量规。此外，为了使等级式量规有较好的应用性，教师不仅要对表现性任务做出维度分析，还应对评分的等级做出明确的规定和说明。

(1)数字式等级量规。

数字式等级量规是用圈画数字的形式来确定学生的表现的等级。学生的表现一般可分3～5 个等级，用 1、2、3、4、5 来表示，并对各个数字等级做简单的文字说明。一般情况下，每一个数字都应有相应的言语描述。有些评价者习惯用最大的数字表示最高的等级，1 表示最低的等级，其他数字代表中间的等级。表 6.9 是数字式等级量规的一个范例，尤其适用于小组合作开展的活动探究类课程的学生评价。

表 6.9 数字式等级量规范例

指导语：圈出一个适当的数字，代表学生在小组问题解决任务中的表现。
数字的含义如下：4——非常恰当而且非常有效；3——适当而且有效；2——需要改进，有点与主题脱离；1——不满意(引起了混乱或跑题)。
1.学生参加小组讨论的程度如何？ 1 2 3 4
2.学生的观点在多大程度上与主题相关？ 1 2 3 4

(2)图表式等级量规。

图表式等级量规是在每个行为项目的下边或右边给出水平横线图尺的等级刻度。一般分为 3～5 个等级，同一项表现性任务中各条目的等级数是相同的。这些等级刻度可以根据被评价的行为特性，按照从低到高、从小到大、从少到多、从弱到强、从差到优的顺序分成若干个等级。例如，分成 5 个等级时，可用“低”“较低”“一般”“较高”“高”或者“差”“较差”“一般”“较好”“好”等一些表示程度大小的词语在水平图尺上加以表示。表 6.10 是图表式等级量规的一个范例。

表 6.10　图表式等级量规范例

指导语：在每一题目的下面，把“X”放在水平线上的某一地方，对学生在一组问题解决任务中的表现进行评价。

1.学生参加小组讨论的程度如何？

从不　很少　偶尔　经常　总是

2.学生的观点在多大程度上与主题相关？

从不　很少　偶尔　经常　总是

教师在利用图表式等级量规评价学生的学习时，应当建立在系统观察和证据充分的基础上。具体操作时，教师可以在连续性图尺刻度的任意适当位置画个记号，而不一定取其等分点。不难看出，图表式等级量规和数字式等级量规之间有许多相同的地方。但数字式等级量规一般只限于整数等级，而图表式等级量规可以在连续的水平图尺线上任意取值。尽管图表式等级量规中的线段使得对中间点进行选择成为可能，但是用一个词作为指标比用数字没有更大的优势。在评价者考虑诸如“很少”“偶尔”“经常”这些术语的意义时，也很少能够达成一致的意见。因此，不少研究人员提出，需要对行为进行更详细的描述，以表明学生在被评价的行为上的不同水平。

(3)描述性图表量规。

描述性图表量规是对图表式等级量规的一种改进，一般是使用描述性的词来鉴别在图尺刻度上的点，描述是对学生处于图尺的不同位置上的简单概述。在一些描述性图表量规中，只有中心和两头的位置是明确的。有些描述性图表量规中，每一点都有描述。表 6.11 是描述性图表量规的一个范例。

相对来说，描述性图表量规是令人比较满意的评价方法。它对学生的表现等级予以明确的解释，这些等级代表了学生在所期望的学习结果上发展的不同程度。在好的等级式量规中，所描述的最高水平是真正期望的学习结果，或者至少明确表示好的学习与发展是怎样的。比较详细的表现描述也使评价更为客观和准确。为了帮助评分，可以把数字加到图尺的各个位置上。

除了等级式量规，还可以运用核查表式量规进行学生的表现性评价。核查表式量规在形式和用途上与等级式量规相似，它们之间基本的区别在于评价结果的类型不同。等级式量规有若干等级，可以表明学生表现的程度或频率，可以按顺序等级加以划分；而用核查表得到的是简单的是(否)或有(无)判断。核查表式量规特别适合于简单的或直接观察到的表现或结果，这种评价多依赖于观察而不是测验，适用于对年龄小、学段低的学生评价，在此不具体展开。

表 6.11 描述性图表量规范例

指导语：在每一题目的下面，把“X”放在水平线上的某一地方，对学生在一组问题解决任务中的表现进行评价。在“其他意见”一栏中，你可以写上你的意见，用以进一步澄清你的评价。

1.学生参加小组讨论的程度如何？

从不参与 非常被动	和小组成员 有同样的参与程度	比小组里其他成员 参与得都多

2.学生的观点在多大程度上与主题相关？

从不相关 非常游离	在组长或教师的 引导下围绕主题	非常相关引导 其他同学的讨论

其他意见：

4) 进行表现性评价

在进行表现性评价时，除了呈现前面设计好的表现性评价任务，用评价量规开展评价外，还要先明确评价条件和评价主体。评价条件包括：①学生完成任务时间。给学生多少时间来计划、修改及完成任务。②参考资料。学生在完成任务时，可以使用何种参考资料(实物材料、图书、电脑软件)。③能否寻求帮助。学生在完成任务的过程中是否能向同伴、老师或其他人求助。④能否借助设备。学生在完成任务时能否使用电脑、计算器，以及其他的辅助设施或材料。⑤评价标准是否提前公布。在课程实施之前是否明确地告诉学生用来评价他们的学习成果或表现的标准是什么。评价主体可以是：①教师。教师是学生表现性评价的首要主体。表现性评价任务的设计、评价量规的制定、评价要求的明确、评价的实施以教师为主。②学生。学生自评可以训练自我反思与控制的能力，养成元认知策略。③集体。针对外显性强的个人表现或作品，可以请班级或小组进行评价。④家长。教师应给家长提供参与评价的机会，让家长表达自己对学生学习与发展的观点。

综上，表现性评价具有以下优点：第一，兼重评价的结果与历程。表现性评价能够弥补传统纸笔测验过于僵化、内容与现实脱节、重视结果忽略过程等不足，表现性评价不仅分析学习结果，也重视学习历程。第二，与真实生活结合。表现性评价内容接近真实生活，使得知识能力能更充分地应用于日常生活。第三，完整反映学习结果。表现性评价可以让教师了解学生对问题的了解程度、投入程度、解决的技能和自我表达的能力，也较能兼容跨领域或学科的知识，能够完整地反映出学生的学习结果。第四，评价高层次认知思考与问题解决能力。表现性评价不仅评价理解能力，更强调评价“做”的历程与结果，评价高层次认知思考及问题解决的能力。第五，促进学生自我决定与负责。表现性评价要求学生将某项学习结果运用于日常生活情境，学生能自由选择应用于何种日常生活，能自由决定完成时间，能自行选取呈现成果方式，这可以促进学生自我决定与负责，让学生成为意义建构的主动参与者。第六，引导高层次认知学习。表现性评价与真实生活较为接近，不仅能评价传统纸笔测验无法评价的高层次认知，更能增进学生学习的动机，提高学生参与和投入的程度，协助学生建构有意义的学习情境，发展解决问题、批判性思考和表达自我的能力，以及增进学生组织、统整和有效表达想法的能力。

但表现性评价实施起来还有不少局限，如表现性任务设计不易、评价信度不高、学生表现的类推性较弱等问题。

针对这些问题，林恩和格朗兰德提出的改善表现性评价的若干建议，对教师准确地使用表现性评价有一定的指导意义。这些建议的基本内容是：①将重心置于复杂认知与学生表现性的学习结果，不应评价简单认知或纯记忆的学习结果；②选择或发展表现性任务应是教材与课程中重要的学习内容与技能，不应评价细枝末节的学习结果；③在设计表现性评价时，要将干扰评价项目的无关紧要的任务困难度降到最低，如要评价学生的数学沟通技巧与结果的能力，应降低题目指导语的语言理解难度，避免语言能力影响评价目标的实现；④提供必要的架构，让学生了解评价的任务与命题者的期望内涵，注意完成任务所需的先备知识与技巧，才能提供挑战性的任务；⑤让学生了解评价标准及期待的表现方式等。

总而言之，学生表现性评价通过学生外在的、可观察的行为或作品判断学生对所学知识和技能的理解与运用，不仅为学生展示和证明自己的成长与发展提供了机会，也为教师通过评价更真实地了解学生、改进校本课程开发和实施提供了一条新途径。

（二）档案袋评价

1. 档案袋评价的内涵

李坤崇认为，档案袋评价是“在一段时间内，以个别学生为单位，有目的地从各种角度和层次收集学生学习参与、努力、进步和成就的证明，并由组织汇整，经由师生合作，根据评分标准评量学生的表现”的评价方式；档案袋评价“包括学生对选取档案内容的参与、档案作品选取标准、档案评价标准及学生自我反省四项重点，此评价乃多次测量的评价办法，具高度内容效度”。中国内地有研究者认为，档案袋评价为“收集学生在某一科目学习过程中的作品，以学生的现实表现作为判定学生学习质量的依据的评价方法”；档案袋评价“是指评价者确定特定的评价目标，收集反映学生个人努力、成长，以及在知识、技能和情感等领域所取得的成就和进步，以此对学生的发展做出评价的质性学生评价模式”；档案袋评价“通常是以一个文件夹的形式，由学生与教师有意识地、系统地收集每一个学生具有代表性的学习成果和反思报告，以反映学生在特定领域的知识、技能与态度的发展，以及学生的努力、进步或成就，集中反映学生向预期目标进步的过程”；档案袋评价“是通过在档案袋中系统地选择和收集学生作品，评价学生在知识、技能、情意态度方面的发展，以展示学生在特定领域内一段时间的进步情况”，等等。李臣之认为，档案袋评价注重学生的自我接受、体验、展现和反思，强调学生参与（制作档案袋），使学生在体验中认真反思他们的作品、知识和理解。同时，档案袋也成为教师、家长及相关社会人士沟通的平台，评价参与者之间的互动交流，在体验中进步，获得成就感。档案袋内容由师生商议决定，没有固定模式，可以包括学生认为能够展示其成就的任何作品。

综上所述，档案袋评价具有一些共同要点：①以学生个体为评价对象；②以档案袋中所收集的学生作品及相关资料为评价依据；③根据一定的评价目标进行；④重视学生的自我评价与反思；⑤关注学生在一段时间内的表现、进步与成长。校本课程开发中的学生档案袋评价是指根据特定的校本课程目标，以学生档案袋中所收集的学生作品及相关资料为依据，对学生个体在该校本课程学习的努力与进步、优势与不足所进行的评价。

2. 档案袋评价的类型与特征

分类角度不同，档案袋的类型也不同。按内容侧重点可以把档案袋分为成果型、过程型和综合型；按结构可把档案袋分为结构型、半结构型和非结构型；按用途可以把档案袋分成评价型、展示型和反思学习型；根据档案袋评价功能的不同，有学者把档案袋分为成果型、过程型和综合型；有研究者将档案袋分为过程型、目标型、展示型和评估型；还有研究者主张把用于班级学生评价的档案袋分为成果档案袋、过程档案袋、评价档案袋和综合档案袋四类。

结合校本课程校本性、灵活性、低利害、低风险的特点，以及学生的认知特点，校本课程开发中的学生档案袋评价以综合评价型档案袋为主，依据课程目标设计评价项目和评价标准，制作学生学习档案袋，收集学生的学习成果、学习表现和学习过程的综合材料进行评价。

校本课程开发中的学生档案袋评价有以下特征：①目的性和计划性。学生档案袋评价应是根据课程目标与计划，教师和学生一起有组织、有目的、有计划地收集一系列学生校本课程学习的作品或表现。档案袋中的资料应包含足以反映学生向预期课程目标进步的信息。②整合性与多元性。档案袋评价要持续一段时间系统、有效地收集各式各样的有代表性的学生学习成果，注重教学与评价的整合，强调评价是教学不可分割的一部分，教师通过评价来实施和改进教学。档案袋收集的内容、内容的呈现方式、评价人员等都是多元的。学生学习档案袋的内容可以是作品样本、观察记录、谈话记录、各种调查、实验和测验的结果等；资料呈现方式也可以各式各样，如纸质材料、照片、录像、录音等。评价人员不仅是教师，也应该包括学生本人、同伴、家长、学校管理人员等。③成长性与表现性。档案袋的建立和使用，是伴随教学的过程动态进行的，其中的作品反映了学生在校本课程学习中的努力与进步。档案袋评价通过大量材料的收集和学生本人对材料的反省，表现了学生在校本课程领域的进步、成就及问题，强调形成性评价，关注学生的学习过程和表现性行为，既注重学生学习的结果，又重视学生学习的过程。④主题性与反思性。档案袋一般都有明确的主题，教师和学生必须围绕主题收集资料。作品收集不是目的，促进学生发展才是档案袋评价的出发点。无论是为展示最佳成果而设计的档案袋，还是为描述学习过程而设计的档案袋，都十分重视学生在档案袋创建和使用过程中的参与，尤其是学生的自我评价和反思。有研究者指出，“反思和评估可以促进学生思考自己到底期望从学习中得到什么，可以提高学生的学习动机，让他们对自己在学习上取得的成绩感到骄傲，并且对自己的弱点有客观的评价……反思本来就是档案袋设计的关键。”没有反思，学生档案袋评价潜在的教育价值也就无法发挥出来。

3. 档案袋评价的设计与实施

1）明确档案袋评价的目的

学生档案袋评价的目的，直接影响到档案袋内容的选择。比如，设计档案袋评价是要考虑用这种评价方法检查学生在哪些方面的表现与进步？从中可以获得什么样的教育教学信息？可以实现评价的哪些功能？林恩等人提出，创建档案袋有两个最基本的目的——学生评价和教学。这两个基本目的相互并不排斥，但侧重点有所不同。例如，当主要目的是通过让学生评价自己的作品来促进学习时，就会较少考虑不同学生所选择作品之间的可比性，而强调指导学生怎样正确地选择作品，并为学生提供一些例子来说明怎样评价作品的质量。但是，如果档案袋的使用目的是为确定学生的成绩提供部分依据，那么，档案袋中所包含作品类型的可比性就相对重要。此时，教师可能会要求所有的学生围绕共同的任务呈交自己完成任务的结果。沙拉维亚和耶赛迪克则认为，档案袋评价主要有五个目的：第一，反映学生在学习过程中做出的努力和成长的经历；第二，记录学生在各个学科中的学习成就；第三，收集教师需要的支持性的教学改进信息；第四，弥补其他学生评价方法在内容上的不足；第五，提供学校教育质量的证明。

在校本课程开发中的学生档案袋评价有三种目的：第一，展示学生的成就。实际上，基础教育课程改革以来，不少教师在教学实践中早已采取了类似的做法。教师们往往会将部分学生的优秀作品在班级或学校里展示，以示表扬并树立榜样。但这种展示一方面人数有限，能够展示作品的学生人数受到限制，观看展示的人也不多；另一方面，很多作品在展示之后得不到妥善的保存与积累。如果教师把每个学生学习与发展过程中取得的成就及反映成就的相关资料收集起来，装进各自的档案袋，就可以有效地拓展展示的内容、时间与空间，扩大展示的教育效果，使每一个学生从中受益。第二，描述学生学习与发展的过程。既重视结果又关注过程，是当前学生评价改革倡导的基本理念。作为一种质性评价方式，档案袋评价非常适用于形成性评价。除了学生的最优作品及表现，学生的所有作品（无论内容、形式与阶段）及相关信息都可以收集进学生发展档案袋，用以反映学生学习与发展过程中的努力和进步。透过这些丰富的信息，教师和家长可以了解学生学习与发展的需要，了解学生学习与发展的优势与不足，从而为合理确定课程目标和实施策略提供依据，促进课程开发实施与评价的有机结合。第三，评价学生的发展水平。校本课程开发实施之后，学生在该课程学习领域的发展水平有没有提升，是否达到了规定或预期的课程目标，存在的优势和不足到底有哪些，这些都需要用科学、合理的方式予以评价。传统学科的学生评价多使用测验的方式，使教师过分关注甄别和评比，只重结果而忽视过程，强调量化而忽视质性资料，通过评价来激励和促进学生发展的作用也就很难实现。而校本课程开发中档案袋的使用，可以将学生学习与发展过程中生成的各种作品和相关资料收集和积累起来，为学生学习态度、学习习惯、学习策略的评价和学习诊断提供全面、丰富、生动的信息。

2）确定档案袋的主要内容

在传统的学生评价中，教师往往是评价的主宰。教师决定评价的目的、方式和内容，学生一般不参与这些方面的决定。在档案袋评价中，这一问题往往是由教师和学生一起讨论和决定的。不同于传统的测验等评价方式，学生发展档案袋评价更多的是对学生学习与发展过程的反映，需要学生对自己的进步、成长及存在的问题进行检查和反思。在设计校本课程评价档案袋的内容架构时，要以校本课程范畴为组织框架，指的是按照校本课程的领域和目标来组织学生评价档案袋的主要内容，注重收集学生的行为表现和发展变化，如作品样本、活动记录、谈话记录、问卷调查和各种测验的结果等。

问卷调查使用起来非常方便、快捷，能够在短时间内获得大量的研究信息。在校本课程的学生评价中，问卷调查法除了可以了解学生对校本课程的学习结果、行为、态度，还可以给教师提供修订完善校本课程的信息和建议。

测验法也可用来收集学生认知发展、学习能力、体能等方面的资料。从不同的角度，测验法可以分为标准化测验和教师自编测验、计时测验和不计时测验、个别测验和团体测验等。教师可以根据评价的内容、时间条件等因素选择适合自己使用的测验类型。

总之，在确定档案袋的内容时，教师要注意联系评价目的、结合评价内容来收集评价内容：①要契合评价目的。档案袋内容的收集应该服务于评价目的，要有利于激励和促进学生的发展。如果档案袋的目的是展示，那么只要收集学生最好的作品与表现即可。如果学生发展档案袋的目的是反映学生发展的过程与取得的进步，那么，就应收集那些能表现学生进步的性质与程度的材料，如作品草稿、轶事记录、谈话记录等。②要对应评价内容。如果评价的内容是表达与交流能力，那么收集的材料就应该是学生的访谈记录、演讲、辩论等作品。如果要评价学生的问题解决能力，就应该收集学生的研究报告，包括研究过程记录等。

档案袋收录的材料应包含作品完成或资料收集的日期、学生反思、教师的批注等材料。如学校在进行“主题探究活动”的课程评价时，可以采用如下档案袋设计。

(1) 确立一个你感兴趣的社区环境建设相关的主题。①说明所选主题对社区环境建设的重要意义；②指导教师对“主题”的评语。

(2) 制订周详的计划，发现关于这个主题的相关信息。①说明如何获取相关信息的途径；②概括相关信息的大致内容、优势与不足；③尝试提出假设；④指导教师对“计划”的评语。

(3) 运用恰当的方法(自然科学或社会科学的方法)进行探究。①探究过程记录表；②教师对研究过程的评语。

(4) 研究成果。①研究报告、建议；②成果的采纳情况。

(5) 评价、反思及体会。

3) 设计档案袋的评价标准

作为评价学生发展的工具，档案袋应该有其清晰明确的评价标准，这样，在作品及相关表现被放入档案袋之前学生就很清楚他们将如何被评价，从而明确自己的学习任务，并以此为依据对自己的作品及表现进行自我评价和反思。

评价标准用来衡量和检查学生的学习行为表现与发展变化，以便对其学习过程和结果所呈现的某些特征进行确切的评价，因此，评价标准本身必须具体、清晰，有非常强的针对性。一般而言，档案袋的评价有两种方式：一是对档案袋中所收集的每份作品及相关资料进行评价，即单项评价；二是对档案袋进行总体评价，即整体评价。具体见表 6.12。

表 6.12 档案袋评价的目的与评价标准的选择

评价目的	整体评价	单项评价
展示成就	不必进行整体评价	在收入之后不必再专门进行单独评价
描述过程	不必进行整体评价	尽量给作品及相关资料单独评价
评价水平	一定要有整体评价	根据具体情况决定是否对作品及相关资料进行单独评价

无论是单项评价还是整体评价，评价标准的制定是一个非常棘手的问题，它必须清楚地鉴定出什么是好作品或表现，什么是差作品或表现，以及介于这两者之间的各个级别。在评价学生的个人作品或活动表现时，应当对每一类内容的评价制定出适合的评分标准，不能只在整体上给出“优秀”“良好”“中等”“合格”等分数，而不去解释学生作品及表现的具体属性和特征。如可参照多彩光谱项目所使用的生日歌的评分标准(表 6.13)，以生日歌为作品表现，将儿童唱歌这一整体评价分为节奏、音高和综合三项内容，从节奏、音高和综合三个方面来评价儿童的歌曲演唱能力。

表 6.13 生日歌评价标准

儿童__________ 年龄__________ 观察者__________
歌曲__________ 日期__________

“是”记 2 分，“否”记 0 分，歌唱得听不见或者不参加活动不计分。

子项目	评分标准	是	否	记分	子项目总分
节奏	儿童所唱的音符数正确				
	能区分长音和短音				
	整首歌都能保持固定而连续的节拍				
	儿童按照节拍唱音符				
音高	儿童对乐句的总体方向是正确的				
	儿童能区别歌曲中不同乐句的差异				
	儿童能连续地从一个音符跳到另一个音符，达到正确的音高				
	儿童能唱出大部分的旋律				
综合	儿童唱得特别好，和调、节奏正确				
	儿童具有表现力，歌词的音调加重，演唱中反映了某种情感				

评注：

这种单项评价标准，对于形成性评价有很大的帮助，能够为教师提供学生学习与发展过程中有价值的信息，并以此为基础提出学生下一步的发展目标与相应的指导策略。

除了单项评价标准之外，教师还应当明确学生档案袋的结构及对整体内容的评分标准。如多彩光谱项目开发出了视觉艺术评价标准(表 6.14)，用以对学生的艺术夹进行整体评价。根据该评分标准，教师从整体上而不是根据个别作品对学生的艺术档案袋进行评价。如果作品的水平缺乏一致性，教师则根据大多数作品所反映的占优势的水平进行评价(虽然作品不一致本身是值得注意的问题)。教师一般在学年中期和学年末对艺术夹进行整体评价(表 6.15)。

表 6.14 学生艺术夹整体评价标准

下面每项反映的是儿童在艺术方面的一般水平和突出水平。

1.线条、图形的运用
一般水平：儿童使用几种不同的线条(如直线、不规则线、曲线)并勾勒出一些不连续的图形(如图形、矩形)；把一些线条和图形相连组成简单的样式和物体。
突出水平：连续使用大量丰富的组合(如不同的线、形、点、交叉影线)；根据设计和描绘目的的不同，可能同时运用，也可能分开运用不同的线、形；各种线、形的组合，能有效地形成更复杂的模式和更有特色的具象表现。

2.色彩的运用
一般水平：儿童对某些颜色有所偏爱，并开始采用混色；色彩的使用在具象性表现方面可能与所描绘的物体没有关系，而只是在描绘时随意使用。

表 6.15 艺术档案袋整体评价表

儿童：________ 评价者：________ 作品的日期：从______ 到______

根据艺术夹整体评分标准，评判儿童的作品在以下各方面是“一般水平”还是“突出水平”，并举例说明。另外，对儿童的艺术作品集写个简要综述，记下你所发现的、印象最深刻的典型特征。

项目	一般水平	突出水平	例子及其描述
1.线条和图形的运用			
2.色彩的运用			
3.布局			
4.细节的运用			
5.表现力			
6.具象性			

注：综述包括观察儿童的涂色和绘画之间任何明显的差异。比如，图画是不是比较注重细节？涂色是不是比较鲜艳？注意观察儿童的三维作品。

此外，有美国学者曾对学生档案袋的整体评价提出了这样几个维度：①学生在完成作品过程中所付出的努力；②在完成具体任务时使用的策略和技巧；③问题解决的能力；④“产品”的综合质量。这对设计校本课程开发中的学生发展档案袋评价的整体评价标准很有启发。

(三)动态评价

1. 动态评价的几种模式

1)“前测-中介-后测”的学习潜能评价模式

1979 年，福尔斯坦及其同事针对部分有认知缺陷的学龄儿童设计了学习潜能评价工具(the learning potential assessment device)，福尔斯坦认为，中介学习是认知发展要件，评价要以诊断儿童认知功能缺陷、评价儿童对教学的反应为目的，以视觉-动作组织作业、高层次认知过程与心智运作作业为题材，采取“前测-中介-后测”程序，评价儿童经过简短中介训练后的表现。福尔斯坦学习潜能评价工具除评价儿童实际发展能力外，还可由教师、父母、重要成人乃至较高能力的同伴协助引导与社会互动，所提供的中介学习经验如果符合规则，则能激发儿童智能最佳发展水准。该评价工具还从信息加工理论出发，通过适切教学介入，分析儿童解题过程所需认知功能及其可塑性，引导儿童运用认知功能去解决问题，进而改变其认知结构。

福尔斯坦学习潜能评价工具应用非常广泛，许多研究者对其进行了改编和发展。如美国学者布多夫（Budoff）等人在此基础上提出了学习潜能评价模式（learning potential assessment），这一模式采用“前测-训练-后测”程序，测量与评价他们从训练中的获益能力，并以此评价儿童学习潜能。模式在教学中的运用一般体现为正向强化方式。即教师协助儿童了解工作或作业的要求，引导儿童思考与选择解决问题的策略，在这个过程中给予赞美、支持与鼓励。该模式计分评价采用“残差获益分数”，依据获益分数将儿童区别为高分者、获益者、无获益者三类。高分者指前测与后测成绩均佳者，获益者指后测成绩显著进步者，无获益者指后测成绩无显著进步者。

学习潜能评价模式以教学介入形式探测儿童取得社会文化与互动的获益能力，以此对儿童进行诊断分类，实施个别化教育干预。相比传统“刺激（S）-个体（O）-反应（R）”行为模式及其传统评价，学习潜能评价模式能更正确地判断儿童学习潜能，从而减少与降低错误的分类，使那些证据不足却又被传统评价误判为智能缺陷的儿童免受精神打击。

2）“任务-测验-训练”极限评价模式

美国学者卡尔森（Carlson）和威尔德（Wield）提出了极限评价模式（testing-the-limits）。他们抛开“前测-训练-后测”的范式，以被试完成初始认知任务为参照，通过变化实验条件而改变任务情境，考察情境重构对学生成绩的改变。也就是说，这一模式并不改变传统测验的内容与架构，而是改变测验情境，采取“测验中训练”的标准化介入模式。卡尔森和威尔德提供的变化的实验条件有标准教学、解决问题中和解决问题后的言语指导、解决问题后的言语指导、简单反馈、精细反馈、精细反馈加解决问题中和解决问题后的言语指导几种。结果发现，精细反馈训练的情境是最理想的评价情境。

极限评价模式的施测情境操作依据以下六个标准化介入步骤进行：第一，标准化施测；第二，指导语说明；第三，说明选择原因；第四，简单反馈对错；第五，详细反馈，说明对错原因，并探讨解决原则；第六，综合指导语说明与详细反馈。通过分析六种情境操作与后测分数，来了解学生实际智力，分析学生人格因素与测验情境交互作用，进而评析不同施测情境介入的最佳表现与介入策略的有效性。

极限评价模式能有效降低评价过程中“非认知”因素的干扰，减弱种族文化、经验背景、人格因素对评价问题的干扰；“测验中训练”的标准化介入模式易于实施与推广。但是，此模式无前测、后测，因此难以评估标准化介入的协助效益。

3）“前测-学习（训练）-迁移-后测”的渐进提示评价模式

德国心理学家坎佩恩（Campione）和布朗（Brown）提出了渐进提示评价模式（graduated prompting assessment）。该模式根据维果茨基社会发展认知论，把其中学习与发展相关观点、最近发展区、支架、社会中介等概念用于教育评价。

坎佩恩和布朗认为，动态评价可以测量与评价儿童过去已有的知识、经验与技能，也可以评估儿童成长、认知改变的可能性和学习迁移的程度。这种模式以数学、阅读、逻辑推理、结构复杂问题解决的作业为题材，事先建构“从一般、抽象到特定、具体”的标准化提示系统，再采用“前测-学习(训练)-迁移-后测”四个阶段了解儿童学习、保留与迁移能力。前测与后测可采用静态评价，以了解前测、后测表现水平的变化，但学习(训练)和迁移阶段则采取动态评价，施加一系列标准化介入。根据儿童认知能力，学习与迁移阶段还可以施以多种层次的教学介入与训练，促进儿童学习迁移，评估儿童迁移成效。一般情况下，迁移阶段可依中介介入学习材料或题型与原学习材料或题型之间的相似关系，把迁移分成保持(零迁移)、近迁移、远迁移和极迁移四个层级或距离层次。极迁移难度最大，迁移距离最远，是“触类旁通”效果的学习迁移。

坎佩恩和布朗渐进提示评价模式具体程序如下：①前测。评价者以中立立场对儿童施以某种团体测验，以了解儿童目前的表现水准。②学习或训练。按照事先设计的提示协助系统，实施平行式的作业训练(零迁移)，以了解儿童如何达到前测表现水准，为何只达到目前的表现水准，以及需要什么和多少协助才能达到较高水准表现。③迁移阶段。向儿童提供与前项平行作业稍做变化的作业(近迁移)或较大幅度变化的作业(远迁移)，甚至大幅度变化的作业(极迁移)，以评估儿童理解程度，运用先前知识、经验及已习得原理原则的能力。④后测。再次实施测验，评估儿童最大可能的表现水准。例如，针对小学生学习数学的渐进提示评价模式，大体可采用如下的评价程序：首先，提供一道数学题作为测验题目或教学问题，请学生思考并尝试解答；然后，因人而异地实施渐进提示，即从不做任何解释和提示，到解释题目中的关键词语，到分析与强调题目中的数量关系，再到另举一道简单且与原测题平行的例题教学，最后，回到原问题教学而告一段落。如此循环，直到评价计划或教学计划完成为止。

李坤崇认为，渐进提示评价模式的优点为：①评分客观。采取标准化提示系统，计分依据提示量多少，评分相当客观。②易于实施与推广。教师可依据标准化提示系统进行评价，教师易做，较易于推广。③精确评估学生的迁移能力。将迁移阶段分成四个层次，可较精确评估儿童的迁移能力，对诊断能力或提出处方有帮助。④强调与学科领域结合。这一模式首先以学科特定领域为评价内容，充分将评价与教学结合。该模式采取标准化的提示系统，相对较为客观，以特定的学科领域为评价内容，充分将评价与教学相结合。但是，渐进提示评价模式在进行量化统计分析时受到了其他研究者的强烈质疑。而且有研究者指出，如果将此模式用于复杂度较高的学科，会因解题与思考历程过于复杂与多元，导致较难建立工作分析、认知分析与提示系统。

4）“前测-训练-再测-训练-后测”的连续评价模式

美国学者鲍恩斯(Burns)等人主张连续评价模式(continuum assessment)。鲍恩斯等人认为，有效学习中介是促进学生认知发展的重要条件，评价应以检视不同教学介入的效果、确认有效介入的成分为目的。该评价模式整合了福尔斯坦的学习潜能评价工具和坎佩恩-布朗的渐进提示评价模式，但设计的比学习潜能评价工具更简洁与标准化，比渐进提示评价模式更依循事先建立的排列程序来协助学生。连续评价模式较前两者更注重对不同程度的学生分阶段实施不同的评价方式，以提高评价学生认知能力的效度。

连续评价模式以教学、阅读、知觉领域作业为题材，采取“前测-训练-再测-训练-后测”评价程序，分两大阶段评价学生的认知能力或认知缺陷。第一阶段分两节，首先采取静态评价来测量和评价儿童的一般能力与现有表现，然后实施“渐进提示”，再测量儿童未经协助的“独立表现”情况。如果前一阶段独立表现没有达到预定的成就标准(如设定75%正确率)，则进行后一阶段的渐进提示或中介训练，并进行一连串的静态评价，以了解学生的保留、迁移能力。中介训练与渐进提示不同。中介训练通常根据学生表现而改变内容，既可以加强，也可以减弱；渐进提示往往是事先设计的动态评价指导程序，一般是按照作业分析和提示明确程度有序地进行。连续评价模式具有三个方面的优点：①评价程序包括多次详细设计的静态评价，使信息收集与介入更为有效；②分阶段采用不同评价方式来诊断儿童的认知缺陷，能更有效地区分儿童的个别差异与预测儿童的未来表现；③重视不同教学介入的效果，促使评价与教学结合。但是，该模式程序复杂，而且中介提示包括标准化与临床式等特点，一定程度上会造成评价设计困难以及难以实施与推广等问题。

上述介绍的四种动态评价模式，基本上都遵循“前测-训练(或教学介入)-后测”的基本程序，主要差异在于介入方式的不同。从介入方式看，除学习潜能评价模式采用非标准化介入外，其余四种均采用标准化介入。非标准化介入可以比较详尽地分析学生学习与思考的历程，可以提供较丰富的诊断性信息，但施测技术较为复杂，评价的信度与效度也容易受到影响。而标准化介入评分客观，可以有效地评估儿童的认知能力与迁移能力，更好地实现教学与评价的结合，教学中嵌入评价，评价中执行教学。但是，标准化介入难以提供丰富的个体认知缺陷诊断性信息，也难以精确分析不同学生个体的学习与思考历程。

2. 动态评价的实施

综合分析动态评价的模式，我们可以发现学生发展动态评价通常要遵循“准备-前测-干预-后测”的程序。

在校本课程开发中的学生动态评价的实施也可参考上述程序。

在准备阶段，教师要向学生说明需要完成的评价项目及如何完成。在确信学生明白了评价要求以后，就进入前测阶段。在前测阶段，学生要独立完成评价任务，教师不提供任何帮助。完成前测后进入校本课程的学习阶段。在校本课程学习阶段，校本课程的学习内容与前测中的评价任务对应。教师首先通过提问了解学生在前测中的思考过程，然后就根据前测中的评价任务所需要的策略、技巧、思路等对学生进行辅导。学习阶段结束后即进入后测阶段。在后测阶段，学生要独立完成另一项任务，这个任务与前测中的任务是平行的，难度相当。一般情况下，学生完成前测和后测的评价任务都不受时间限制。

经过上述程序后，学生发展动态评价通常会提供三种分数：一是前测分数；二是后测分数；三是获益分数，即用后测分数减去前测分数的差。前测分数是学生在没有获得任何帮助的情况下得到的分数，表现水平应该与在传统评价中的表现相同。后测分数体现学生接受了校本课程的学习后最终独立完成任务的表现水平。获益分数越高表示学生学习潜能越大，校本课程的学习效果越好。

学生发展的动态评价适用于持续时间短、知识点集中的学科补充拓展类的校本课程，如数学、物理等竞赛类、培优补差类校本课程的评价。李坤崇提出，与传统静态评价相比，动态评价具有以下优点：①较能了解学生如何表现的学习历程，较能确认学生思考历程与解决策略的缺失，较能觉察学生思考或认知结构的错误类型；②较能顾及学生的个别差异，较能尊重学生独特的思考模式；③较能避免非认知因素对教学与评价的干扰，如施测焦虑、过度紧张、缺乏信心、恐惧失败或缺乏动机等非认知因素；④较能强化学生正向自我概念，较能让学生获得学习成功的喜悦；⑤较能剖析学生连续性的学习历程，较能掌握学生认知改变的连续历程。

李坤崇也认为，动态评价的运用必须克服以下问题：①评价不易执行。动态评价着重互动与教学介入历程，不仅评价过程耗时，评价难以执行解释，且难以适切解释评价结果。②个别评价成本很高。动态评价大多以个别评价为主，而个别评价必须投入大量的经费、人力与时间，成本很高，如果能发展出团体式的动态评价或可降低成本，但也可能很难予以学生个别协助或进行较深入评析学生的认知能力或缺陷。③前测信息未充分运用。动态评价研究设计的基本程序为“前测-教学介入-后测”，现今“前测”仅被用来参照获益成果，而未作为提出受试者介入具体内容、如何介入的依据。④教学介入内容缺乏理论依据。以往的教学理论能否适用动态评价的介入仍有待探讨，如果以往教学理论不适用，何种教学介入模式或理论较佳，尚缺乏系列的实证研究。⑤研究题材仍显不足。动态评价着重教学与评价结合，但颇多动态评价的研究题材与学生实际学习内容不符，因此学科领域的研究题材仍有待积极开发。⑥信度与效度有待加强。动态评价通常较静态，评价主观，较易随评价情境改变而调整评价历程，因此信度通常较低；动态评价着重逐步诱导来协助学生认知发展，如何确认认知历程，确认的理论基础是什么，如何寻找适切效标，这都是动态评价效度必须思考的重点。

第二节　校本课程开发中的课程评价

> 学习目标
>
> 知道校本课程开发中的课程评价的性质、对象和内容，了解课程情境与目标评价的内容，掌握校本课程开发方案评价的主要工具，理解校本课程实施过程和实施效果评价的主要内容。

如何对开发出来的校本课程本身进行合理有效的评价，是教师在校本课程开发实践中最为关心的问题。校本课程开发中的课程评价是由学校自主进行的旨在提高校本课程开发质量的发展性评价，评价贯穿于校本开发的整个过程，具有多元的评价主体和评价标准、多样的评价方式和评价手段，评价的结果将直接体现在校本课程的改进中。校本课程评价所关注的是校本课程的发展过程，“只有关注过程，评价才可能深入学生发展的进程，及时了解学生在发展中遇到的问题、所做出的努力及获得的进步，这样才能对学生的持续发展和提高进行有效指导”，才能调整和改进课程。正如斯塔弗比姆(Stufflebeam)所说，评价“最重要的意图不是为了证明(prove)”，而是为了改进(improve)。

课程评价是根据一定的标准和课程系统的信息，运用科学的方法对校本课程开发与实施的各要素、各环节及校本课程产生的效果做出价值判断的过程。

一、校本课程开发中课程评价的性质

同我国的课程开发、管理政策一样，传统的课程评价主要由专家、教育行政部门来进行。课程评价的活动是教育管理部门或专家的活动。教师更多的是作为课程评价的客体，而不是作为课程评价的主体存在。加上长期以来我国教育教学实践中课程与教学的相互隔离，导致我国的学校、教师绝大部分只有“教学评价”的经验，而缺乏课程评价的实践与经验。校本课程开发要求学校加强课程开发的主体性、责任感、针对性，提升学校课程建设与管理的能力。这就要求关于校本课程开发评价要转变长期以来的外部评价的观念和做法，转向以学校和教师为评价主体的内部评价(表 6.16)。

课程评价

是根据一定的标准和课程系统的信息，运用科学的方法对校本课程开发与实施的各要素、各环节及校本课程产生的效果做出价值判断的过程。

表 6.16　外部评价和内部评价对比表

	外部评价	内部评价
评价主体	学校外部人员	学校内部人员
评价目的	甄别判断	诊断改进
评价时间	短暂、片段	持续、长期、连贯
评价结果运用	作为学生、家长选择学校的依据；为政府教育决策和经费使用提供依据	为课程改进提供依据

注：改编自林一纲《略论校本课程的评价》。

二、校本课程开发中课程评价的对象和内容

校本课程更加关注的是过程而非结果。校本课程不是由教师编写形成教材，再由教师执行的、物化的、静止的、僵化的文本形态，而是师生在教学过程中共同创生的鲜活的、过程性的、发展着的形态，课程开发、课程实施与课程评价是三位一体的。校本课程不是外在于学校，而是学校办学理念、发展定位与家长及学生的需求等发展背景的融合；校本课程不是外在于教学，而是课程与教学统一的融合体。校本课程开发的过程，是教师组织校本课程教学的过程，同时也是教师评价和改进课程的过程，课程的开发、教学与课程的评价是自然统一的。因此，校本课程开发中的课程评价就是对教师自身开发历程进行评价的过程，是对开发过程的一种质量的监控。

基于以上认识，校本课程开发中的课程评价贯穿课程开发实施的全过程，其评价对象即不同阶段校本课程开发的工作内容。斯基尔贝克认为，校本课程开发一般经历五个阶段：学校分析情境，依据情境分析的结果拟订适切性目标，建构适切性的课程方案，进行解释、交付实施，进行追踪与方案的重建(图 6.1)。

图 6.1 校本课程开发的五个阶段

为此，校本课程开发中的课程评价对象和内容主要包括：对校本课程开发的情境与目标定位的评价、对校本课程开发方案的评价、对校本课程实施过程的评价、对校本课程实施效果的评价。评价的意图不是为了证明，而是为了改进。通过评价，保证校本课程的质量，提高校本课程的内涵品质，满足学生多样化的发展需求。

三、校本课程开发中课程评价的实施

（一）对校本课程开发情境与目标的评价

校本课程是基于学校自身的办学理念、教育哲学开设的，每所学校有不同的实际情况，不同的价值追求，学校与教师不是为了开设而开设，不考虑学校自身的价值追求与学生的需求。对课程开发情境的评价可以借鉴 SWOTS 分析的方式。例如，某中学办学时间较短，社会和家长认同度较高。但由于学校办学时间短，师资队伍年轻且流动性强，周边名校、老校林立，这些给学校也带来了压力和挑战。具体情形见表 6.17。

表 6.17 XX 中学 SWOTS 分析简表

优势（strength）	劣势（weakness）
1.优美的校园环境和现代化的教学设施； 2.团结务实的领导班子和管理团队； 3.年轻而富有创新精神的教师队伍； 4.丰富的课程资源； 5.和谐独特的校园文化。	1.教育科研薄弱； 2.教师比较缺乏教学经验，对当地的教育状况和学生情况缺乏准确把握； 3.尚未形成有学校特色的课程体系； 4.优质生源没有保障。
机遇（opportunity）	潜在危机（threats）
1.新改革为学校提供了课程建设的契机； 2.规范化办学评估，学校新建图书馆，并更新一批教学设备； 3.在区发展规划下，学校将进一步扩大办学规模； 4.社区居民对优质教育日益增长的需求。	1.代课教师多给教师队伍带来焦虑感和不稳定因素； 2.周边传统名校和新建学校的办学优势给学校带来压力； 3.生源相对分散，优质生源被进一步分流到其他学校。
应对策略（strategy）	
1.形成教育特色；2.提高管理水平；3.建设师资队伍；4.加强教育科研，以学校课程建设为途径，以课程整合为载体，最终达成学校的优质发展。	

李臣之认为，对校本课程开发的背景评价宜提出相应的问题，通过具体问题的“程度”或“水平”科学、合理地把握，可以判断出课程开发的预设价值和水平。对课程背景的评价重在评价课程开发的情景（条件、现实资源等）、学生学习需求、教师及学校发展基础与需要。具体可分为以下维度来描述：①师生发展现实水平的把握程度；②学生兴趣把握程度；③学生课程需求把握程度；④课程资源分析的合理性；⑤政策限度的领会度；⑥社区课程期望值的把握度；⑦现有课程优势与劣势特征的把握程度；⑧现有教学材料质量的把握程度。

对校本课程目标评价可以分为对校本课程总目标评价与具体一门校本课程的目标评价。总体评价主要考察以下维度：①校本课程总目标与国家教育方针政策的关系；②学校教育哲学、价值追求在校本课程总目标中的体现程度；③校本课程总目标与社区政治、经济、文化发展的协调程度以及对社区资源的利用程度；④校本课程总目标与家长对学生发展期望及学生发展需求与学习兴趣的一致性程度；⑤学校教师、学生对总课程目标的认同；⑥总目标在学段、课程领域的协同度。

对单一校本课程具体的课程目标的评价，主要考虑以下几个维度：①课程目标是否与校本课程总体目标导向一致；②课程目标是否符合学生发展需求与学生学习的兴趣；③课程目标对知识、技能、情感态度的要求；④课程目标是否清晰可行，是否可观测；⑤目标的表述是否有层次性，能适应不同学生不同的学习需求；⑥各项目标之间是否协调统一，形成一个有机的整体。

(二)校本课程开发中的设计方案评价

校本课程方案是教师开发与实施课程的规划和蓝图，方案的主要内容包括课程目标的制定与叙写、课程内容的选择与组织、预期的课程实施方式、课程资源的开发利用、对学生的学业评价等。它是一个概要性的课程说明，总体上反映该课程的目标、内容、性质。对校本课程方案评价的主要目的是诊断其是否成熟可行，从而对校本课程做出鉴别与选择，为课程改进提供信息，为学生的课程选择做出前期的质量监督。对校本课程方案进行评价可以选用以下两种评价量表来进行(表 6.18、表 6.19)。

表 6.18 校本课程设计方案评价表

课程名称	XXX
维度	指标
先进性	1.符合国家课程方案，每学期至多 40 课时
	2.代表素质教育方向(当今社会对学生素质的新要求)
	3.课程设计体现相当的专业性和可推广性
一致性	4.反映学校教育哲学和学生课程需求(必要性)
	5.整合了现场可得到的人力、物力、财力、时间、信息等资源(可能性)
	6.课程纲要的要素(背景、目标、内容、实施和评价)描述完整、规范
	7.课程纲要体现目标、内容、实施、评价的一致性
	8.教案体现目标一评价一教学过程的一致性
技术性	9.目标描述体现三维，清晰、完整、适切、规范
	10.内容或活动的选择针对目标，按单元或模块组织
	11.课时安排合理(第一节有课程简要介绍；过程安排有利于学生学习；最后有评估活动)
	12.教学过程突出活动性、趣味性和问题解决策略，体现学习方式的多样化、适切性
	13.学期评价政策清楚；课时评价活动聚焦目标
原创性	14.课程主题的挖掘体现原创性
	15.课程设计依据充分(学生需求或学校特色或地方特性)
	16.突出过程评价，实施与评价设计有创意
简要评价	

另外一种是检核表的形式，将“课程方案设计得如何”“课程整合设计的方案目标怎样加以选择组织、教材内容先后顺序应如何安排”“学校通过何种方法来引导教师从事方案设计”“课程方案的内容要如何分配到各个年级”等问题转换为课程整合的组织运作、教师专业提升、课程整合嵌入学校发展情境、课程设计适切可行四个方面，通过检核表检核来进行深入分析。检核“符合”记 4 分，“多数符合”记 3 分，“不太符合”记 2 分，“不符合”记 1 分。平均分值等于累计总分除以总人次。如果选这四选项的人次分别为 n_1、n_2、n_3、n_4，则平均分值的计算公式为：平均分值$=(4n_1+3n_2+2n_3+n_4)/(n_1+n_2+n_3+n_4)$。上述平均分值，以 4 分为满分，以满分的 85%、70%、55%(即 3.4 分、2.8 分、2.2 分)作为认定达成度很高、高、一般的标准；如果平均分值小于 2.2 分，则认为达成度比较差。

表 6.19 校本课程开发与设计方案的检核表

项目	评价指标	评价得分				
		符合	多数符合	不太符合	不符合	平均分
组织运作	1.通过“学校课程领导小组”的运作，制订课程开发的程序与步骤					
	2.开发主题由小组成员讨论选定					
	3.小组成员积极参与课程的规划与设计					
专业提升	1.进行相关研习，使教师明了不同课程的含义(如学科课程、活动课程、综合课程等)					
	2.讨论有关课程的具体目标，让师生、家长了解					
嵌入情境	1.符合学校的办学愿景及教育目标					
	2.符合师生的需求及兴趣					
	3.纳入社区家长的期望					
	4.得到学校行政的充分支持					
	5.融入全校的总体课程计划之中					
适切可行	1.教师能进行课程设计资料的收集及内容的编制					
	2.教师能把新课程理念及能力发展要求融入设计之中					
	3.课程的内容组织适当					
	4.课程的内容与各科目知识及学校活动相关联					
	5.各科目的内容能相互补充，衔接连续					
	6.重视学生新旧经验的联结					
	7.教师预先规划设计多元化的学习活动。注重合作学习，拟定多元评价					
	8.预先考虑教学资源及场地					

还可以通过对开发校本课程的教师进行访谈，使其进一步厘清课程开发的思路，及时对课程方案进行调整。访谈提纲可参照以下问题来设计：①设计课程时，主要考虑到哪些因素？②在实施课程前，除了课程设计外，还做了哪些准备？③课程设计是否和所教的科

目相关联？是否考虑到联结其他科目？④如何选择课程内容？根据什么教学目标来选择？⑤教学方法的设计是否考虑到基本能力的培养、学生的个别差异，以及合作学习气氛的营造？⑥如何与其他教师沟通？⑦对校本课程的看法如何(意愿、态度、困难与建议)？有何反思？

(三)校本课程开发中的实施过程评价

课程实施的意义，不只是学校教师将“事前经过规划设计的课程”加以落实，也是课程愿景转化为实践的历程，还是教师和课程不断对话协商的结果。学校如何联结课程规划设计与实施，是课程开发成败的关键因素。目前，学校存在对校本课程重开发轻实施的情况，有些学校投入很大人力物力开发校本课程，但校本课程却流于形式，未得到很好的实施，以致未能发挥其应有的作用。黄甫全教授认为，课程实施实际上就是教学。校本课程的实施涉及学校领导、教师、学生等人员以及教材、场所、设施等物质条件，对校本课程实施的评价可以用观课、访谈(访谈实施课程的教师及选择该课程学习的学生)、教师反思、实地查看资料和设施、现场考查教师和学生等多种方式进行，具体来说可以分为教师对校本课程的自我反思性评价、教师同伴评价及学生评价，也可以检核表的形式获得数量化、综合化的证据。

1. 教师自我反思

反思性评价强调教师对自身已有的与假定的课程理念的质疑与批判。教师应客观正视自己在课程实施过程中对课程内容的组织与处理，对课堂教学的引导与调控，对课程与学生关系的反思。以下为江苏省锡山高级中学一位政治教师对自己开设的《公民与法律》校本课程的自我反思性评价。

我自认为是一个相当有责任感的教师，如果有一堂课上不好，就会一连“痛苦”好几天。自从我开设了《公民与法律》这门校本课程后，这种课堂教学失败所带来的痛苦开始与我相伴，那些天弄得我苦不堪言。说实话那时自己的自信心受到了不小的打击，因为在开设这门校本课程后不久我就发现原来在必修课上的那种看起来“有效”的教学方式在这里行不通了。

比如，在实施《公民与法律》课之前，我认为校本课程实施与政治课实施没有什么本质区别，因此一开始就把《公民与法律》课当作政治课的拓展，讲一些法律的规章与条文。没想到学生并无学习兴趣，接下来上课的学生越来越少，有一部分学生甚至改选了其他的校本课程。在政治作为必修课课程时，教师根本不用担心学生不来上课，而对于校本课程学生就不那么客气了，他们说不来就不来，这对我的打击实在不小。

就在我反思《公民与法律》的课堂教学时，正巧看到了中央电视台的《今日说法》节目，我灵机一动，不如仿照这个模式，在课堂上播放一些法律热门事件，让学生自己讨论，发表见解。接下来的几堂课，学生非常积极主动，课堂气氛相当活跃。但是，我又有了新的困惑：这样的课程教学中我在干什么？一堂课下来我的讲话时间不超过 10 分钟，是不是太不负责任了？学生这样还算不算是学习？作为教师，在这样的课堂上我的权威在哪里？因此，我再次感到困惑。

后来通过向其他开设校本课程的教师的讨教，以及自己对校本课程开发理论的认真学习，我打破了原有的陈旧教育观念，认识到国家开发的课程与校本课程是两种在不同的课程理念支撑下的课程，因此两者在课堂教学模式上也不能等同。理论认识上的突破，使我在课堂教学的实践中放开了手脚。尽管在后来的课程实施过程中也会不断有一些小的困惑，但总体上来说，我越来越自信了。在课程实施中，根据学生的需求兴趣来调整丰富我的课程实施内容与课程实施的模式，使《公民与法律》能够得到不断的改进与提升。更让我高兴的是，我发现我的政治课教学比以前更灵活多变，因而学生的学习兴趣更加浓厚了。

上述这位教师在校本课程实施过程中，面对出现的教学问题，对课程内容的选择、课程内容的组织形式、教学方式方法、师生在教学过程中的关系、校本课程与国家必修课程的关系、教师在校本课程开发实施中的角色定位等内容进行了反思，并在反思后不断对课程进行重构与改进。由此，他开设的校本课程也日趋完善。

2. 教师同伴评价

教师同伴评价主要是通过教学观摩及课后的讨论与交流等形式来对校本课程实施进行评价。教师同伴对校本课程实施的评价需要三个阶段，即召开观摩课的预备会议、进行课堂讨论与交流、进行课后讨论与交流。在预备会议中要确定观察的重点，选择观察方法，使观察双方相互理解。在观课期间，要根据预备会议中达成的步骤来收集信息。观察活动可针对学生或教师，也可以是综合或突出观察某一重点。在观课后交流研讨环节，观课者提供观察信息，肯定成绩，提出建议。

教师也可制订观察表进行校本课程实施的课堂观察，观察大纲可以简单划分为“教师的教”和“学生的学”两部分，可参考以下问题进行设计。

(1) 对教师教学部分。①清晰。引导学生进入教学脉络情境，以获得概念、技能与知识。②多样性。运用不同的教学方法、教学媒体及提问技巧来呈现教学。③关怀。关心每一个学生，创造温馨的教学环境，提供学生充分的学习机会。④沟通技巧。运用良好的口头语言、身体语言来表达教学内容。⑤教室管理与纪律。教室气氛营造与教室规范实施。

(2) 对学生学习部分。①教师对学生的关心是否有差别？（性别、性格、成绩好坏）②师生互动情形。③学生如何思考？如何形成问题？如何解决问题？④学生参与活动类型：独立、小组合作、全班讨论、教师讲述。⑤学生是否主动参与？与他人合作学习情形是什么？

(3) 教学场地的安排。情景布置，设备的使用情况。

3. 学生评价

学生是对教师教学最直接的感受者，是对校本课程最直接的评价者。对校本课程的选择是学生最初的也是最直观有效的评价。之后在学生选择某门校本课程进行学习的过程中，学生对教师教学的评价信息可以通过召开座谈会、访谈和问卷调查等形式来获取。学生问卷可参考如下问题来设计。

分为“非常同意”“同意”“不同意”“非常不同意”4 个等级，分别用 4、3、2、1 来代表。

(1)我了解“××课程”的内容。
(2)我喜欢“××课程”的内容。
(3)老师设计了多样、有趣的活动让我们学习。
(4)进行“××课程”学习时，我能和同学们合作学习。
(5)进行“××课程”学习时，我比以前积极主动学习。
(6)进行“××课程”学习时，班上的学习气氛更好了。
(7)老师设计的评价方式，难易适中，我能按照完成。
(8)我希望老师以后再上这种课。
(9)经过“××课程”的学习，令我印象最深刻的活动是。
(10)经过“××课程”的学习，我的心得和建议是。

4. 评价检核表的运用(表 6.20)

表 6.20　校本课程实施过程中的评价检核表

项目	评价指标	评价得分				
		符合	多数符合	不太符合	不符合	平均分值
教学实施前的准备	1.教学者确定了解课程目标与内涵					
	2.教师团队能协同合作，为课程实施做准备					
	3.课程实施前能共同讨论确定教学重点					
	4.事先规划教学资源与情境设置					
	5.事先联系协调行政支持					
	6.寻求社区人士及家长的支持与参与					
教学实施的观察与反思	1.教学实施依据原先课程设计的目标与架构来进行					
	2.教学方法能达成预先设计的教学目标					
	3.教学资源能配合课程设计					
	4.教学活动引起学生好奇与兴趣，能积极主动参与					
	5.教学过程学生合作学习的情形良好					
	6.教学过程中，师生互动良好，并能整理生活经验并加以运用					
	7.学习过程中，学生能应用知识及技能解决问题					
	8.学生学习过程中，教师对学生的学习表现，如作业表现、行为表现、问题解决策略、同伴互动等进行完善的纪录					
	9.评价方式具体可行					
	10.教学过程中，适时和教师团队讨论与分享					

四、校本课程开发的实施效果评价

对校本课程实施效果进行评价，可以作为该门课程建设行动的总结和回顾。校本课程实施效果评价可以是总体评价，也可以从学生学习成效、教师专业成长、满意程度、负担情况等几个方面来考察评价(表 6.21)。

表 6.21 校本课程实施效果总体检核表

项目	评价指标	评价得分				
		符合	多数符合	不太符合	不符合	平均分值
学生学习成效	1.课程实施之后，能达到课程的预期目标					
	2.学生在认知、情意及技能方面产生良好影响					
	3.提升学生学习意愿与态度					
	4.养成学生合作学习的习惯					
	5.提升学生整体学习表现					
教师专业成长	1.经过课程整合的设计与实施，养成教师协作教学的风气					
	2.激发教师再学习及专业发展的意愿					
	3.增进教师发展校本课程的自信心和课程意识					
	4.提升教师的自我评价能力					
满意程度	1.学生的对课程方案的满意程度高					
	2.教师的满意程度高					
	3.家长的满意程度高					
	4.教师对学校行政支援的满意程度高					
负担情况	1.综合课程给教师的负担适中					
	2.学生的负担适中					
	3.家长的负担适中					
	4.行政的负担适中					

(一)学生的学习成效

包括课程目标的达成、学生学业质量提升及综合素质的提高，参见本章第一节。另外，学生是校本课程开发和实施最直接的感受者，学生对校本课程实施后所产生的看法也是评价和改进校本课程的最具有参考价值的信息，可以通过问卷或调查表的形式来收集信息。问题参考如下。

(1)这门课程达到学生预想目标的状况；

(2)教师为学生提供主动学习、自主参与学习的状况；

(3)教师讲课或安排的活动与学生学习兴趣、学习动机的状况；

(4)教师教学时注重引导学生自主探究、合作交流的状况；

(5)教师协调课程教学、使用、驾驭教学材料的状况；

(6)学校外部人士参与课程开发实施的状况；

(7)对有特殊需求学生的关照状况；

(8)学生对课程的喜爱状况。

(二)教师的专业发展

对于校本课程开发，除了学生发展，教师也应在其中增进课程意识、获得课程理解、提升课程知能。为此对教师专业发展的自我意识与自我反思也应是校本课程实施效果评价的重要组成部分。对教师专业发展的评价用检核表实施，请教师进行回顾反思检核（表 6.22）。

表 6.22 校本课程实施教师专业发展自检表

项目	评价指标	评价得分				
		符合	多数符合	不太符合	不符合	平均分值
教学活动	1.我会与科组教师拟订课程方案与教学计划，依照计划进行课程整合教学					
	2.我会与科组教师通过不断讨论，达成共识并进行协同教学					
	3.我会配合学校活动，将之融入教学活动中					
	4.我会依照教学目标，采用多元评价的方式评价学生学习结果					
	5.我会依据教学目标，配合教学需求作适当的不同情境布置与创设					
行政支援与配合	1.我能与学校行政人员做良好的沟通，对觉得不合理的措施提出建议					
	2.我能配合学校行政措施，积极参与课程整合的改革推动					
	3.我能有效运用行政资源，策划、参与校内外各种教育活动					
专业成长	1.我会积极参加课程研修，将课程理念融入教学中					
	2.我能与人合作从事教育研究，并利用研究结果改进教学					
	3.我经常不断进修，以提升教师专业技能与教学效能					
	4.我会积极参与教研活动					
	5.我与他人沟通良好					

(三)学校的特色发展

校本课程的开发应该能促进学校的特色发展，促进学校个性化、多样化办学。校本课程对于学校发展的效果评价可以从以下角度来考虑。

(1)课程是否反映学校办学理念及文化精神，依托学校核心文化或地域核心文化开设。

(2)课程是否体现学校的培养目标和办学特色的课程体系，满足学生全面发展和个性化发展需求。

(3)课程是否开发利用了学校所在社区及学校本身的丰富的自然、社会、人文等方面的课程资源。

(4)课程是否促进了学校文化的培育、形成或挖掘提炼。

(5)课程是否关注了学生的个性发展需求，培育特长人才、拔尖人才。

(6)课程是否促进了教学方式的转变，引导学生高效学习，促进教师专业成长，最终推动学校成为特色学校乃至品牌学校。

最后，在以上的校本课程开发的各个环节、各个主体的分项评价基础上，再采用“综合评定”的方法，系统评定校本课程开发，获得校本课程开发与实施的总体概况。综合评价表见表 6.23。

表 6.23　校本课程开发综合评价表

评价内容	评价维度	等级评定			提出优劣改进建议	备注
		优良	尚可	改进		
课程背景	学生发展需求评估 学校课程资源把握 家长课程期望评估 ……				优： 劣： 分析： 改进	
课程内容（纲要、教材等）	目标调适 纲要构建 教材组织 ……				优： 劣： 分析： 改进	
实施过程	学生兴趣 实施方式 资源配置				优： 劣： 分析： 改进	
发展过程	学生发展 教师发展 学校发展				优： 劣： 分析： 改进	
总评	汇总概括各项评定结果，提出原则性改进建议 评价者： 时间：					

本章小结

泰勒提出课程评价实质上是一个确定课程与教学实际达到教育目标程度的过程。评价是校本课程开发中的瓶颈问题，校本课程开发实践因为评价问题没有妥善解决至今步履艰难甚至形同虚设。造成这一问题的原因之一是课程开发和实施的教师缺乏课程评价尤其是校本课程评价的技能。本章不求面面俱到，主要围绕校本课程开发中对“学生”和“课程”的评价展开。学生评价是评价校本课程对学生发展的影响；课程评价主要考察校本课程开发方案，以及校本课程实施本身的科学性、合理性。当代一些重要理论思潮如多元智能理论对校本课程开发中的学生评价影响巨大，本书提出的校本课程开发学生评价的适宜方式及其操作实施需要进一步接受实践的检验。而从校本课程开发过程所涉及的情境分析与目标定位、方案设计、课程实施及课程效果四个环节的评价则是校本课程自身进一步合理化、科学化的初步建议，提供给校本课程开发评价实践者借鉴。

体验练习

多项选择题：

1.校本课程评价主体包括(　　)

A.学校课程与教学领导

B.课程开发教师
C.社区及家长
D.学生
E.高校课程专家及教研员

2.下列哪两项不具有校本课程开发中学生评价的特征？（　　）
A.从校外购买试卷来评价
B.根据课程目标选择不同的评价方式
C.根据课程内容选择不同的评价方式
D.聘请外部专家对学生进行评测，学校本身不参与

3.校本课程开发中的课程评价评价什么？（　　）
A.课程开发的背景
B.课程目标的设计
C.课程方案的制订和课程资源的选定
D.课程实施的方式方法
E.课程对学校、教师、学生三者的发展效果

第七章　校本课程领导

本章概述

本章关注校本课程发展中的课程领导问题。首先，本章简要概述了课程领导的背景、概念，以及当前教育领导领域的基本议题。在此基础上，结合我国课程改革的背景，分析三级课程管理体制下，两个不同层面(区域层面、学校层面)的课程领导问题，围绕课程领导的三个基本议题(谁来领导、如何领导及领导效果)问题展开。结合我国部分地区校本课程开发的优秀案例，以及国内外的一些实证研究，试图解答课程领导实践的问题。

学习目标

1. 了解课程领导产生的背景，辨析课程领导与课程管理、教学领导的概念区别，了解课程领导的基本议题；
2. 掌握区域层面教育行政部门的领导功能的具体体现，理解教研员作为课程领导者领导校本课程开发的策略；
3. 理解学校层面课程领导者领导功能发挥的方式，以及可能的成效。

读前反思

田老师是某中学一名语文教师，现担任高一年级两个班的教学工作。他本人非常喜爱戏曲，尤其对京剧颇有研究。高一语文中有一些章节内容与戏曲元素有关，在这些章节教学过程中，他组织班上一群对戏曲感兴趣的学生到当地的戏院听戏、看戏，还组织学生进行模仿表演，受到学生们的好评。田老师希望把高中语文中有关戏曲元素的课程内容筛选出来，将其组合，开发出一门校本课程，以供学生选修。但他以前并没有开设过校本课程，也没有任何有关校本课程的理论基础。

1.田老师的这一想法，是否合理？校本课程开发过程中，需要考虑哪些基本的要素，以保证该课程是符合实际需求的？

2.田老师希望开发这一门课程，他可以向谁寻求帮助？校长的支持是否重要？他应该如何与中层领导(如教研组长)沟通？

第一节　课程领导的背景、概念及基本议题

一、校本课程开发背景下的课程领导

（一）政策背景

学习目标

知道课程领导产生有哪些背景，理解课程领导与教学领导之间的差别，掌握课程领导的概念，理解课程领导涉及的三个基本问题。

2001 年，我国基础教育启动第八次课程改革。至今，课程改革经历十余年，深入我国各层次教育系统，对中国基础教育而言是深刻而广泛的。教育部 2001 年颁布的《基础教育课程改革纲要（试行）》（以下简称《纲要》）提出了三级课程管理体制："为保障和促进课程对不同地区、学校、学生的要求，实行国家、地方和学校三级管理。"《纲要》提出了不同层次的课程管理及其功能（表 7.1）。

表 7.1　我国课程管理的层次及其功能摘要

教育部层次	省级教育行政层次	学校层次
总体规划基础教育课程，制定基础教育课程管理政策，确定国家课程门类课时制定国家课程标准，积极试行新的课程评价制度	依据国家课程管理政策和本地实践情况，制订本省（自治区、直辖市）实施国家课程计划，规划地方课程，报教育部备案并组织实施； 经教育部批准，单独制订本省（自治区、直辖市）范围内使用的课程计划和课程标准	在执行国家课程和地方课程的同时，应视当地社会、经济发展的具体情况，结合本校的传统和优势、学生的兴趣和需要，开发或选用适合本校的课程； 学校有权力和责任反映在实施国家课程和地方课程中所遇到的问题

三级课程管理规定了各类课程的比例：国家课程占 80%左右，地方课程占 5%左右，校本开发课程占 10%～15%。三级课程管理的政策背景，让地方和学校在课程上拥有更多的自主权。校本开发课程作为国家课程和地方课程的重要补充，成为许多中小学尤其是优质学校特色发展的突破口。

（二）理论背景

随后，我国教育理论界和学校实践中都刮起了一股"校本课程开发"的热潮，在这股热潮中，许多学者开始关注"课程领导"议题。钟启泉用"比较陈旧""概念已经消亡"来形容课程管理，取而代之的是美国等国家多用的"课程领导"的概念，并认为课程领导的"新"主要表现为"改变学校接受上级行政部门的指令之后才开始围绕学校的课程展开活动和运作的认识……学校本身要把日常的课堂时间活动作为自身的东西加以自主地、创造性地实施"。虽然教育理论界就"课程领导"的话题展开了持续和激烈的讨论，但基本上认可了"课程领导"这一词，其内涵的民主性、合作性、开放性等特征，回应了当前教育改革的需要。

（三）实践背景

2010年，《国家中长期教育改革和发展规划纲要（2010—2020年）》提出："创造条件开设丰富多彩的选修课，为学生提供更多选择，促进学生全面而有个性的发展……促进办学体制多样化，扩大优质资源。推进培养模式多样化，满足不同潜质学生的发展需要。鼓励普通高中办出特色，探索综合高中发展模式。"学校特色化办学成为当前我国中小学努力的方向。基于学校的校本课程开发，无论是校本的课程开发，还是国家课程与地方课程的校本化，都是学校特色体现的重要方式。我国部分学校在构建或展示学校的课程体系时，纷纷把校本开发课程作为学校课程结构中的一张"名片"，展示学校传统与学校文化、办学理念与特色、资源等。在学校特色建构过程中，如何从宏观上把握课程的整体规划，在实践中保证课程开发的质量，都离不开课程领导的作用。

从政策、理论、实践背景三个层面来看，课程领导问题都是当前学校发展中不可回避的问题。校本课程发展中的课程领导，对校本课程的质量、学校课程文化都有着重要的影响。

二、课程领导的概念

课程领导的概念，可以从课程领导与课程管理、课程领导与教学领导的区分来看。

（一）课程领导与课程管理

对课程领导进行概念界定，首先需要区分"领导"与"管理"的概念。

"领导"是一个复杂的概念，这一概念的界定离不开社会和组织的情境。从管理学的角度来讲，对领导的界定也是非常复杂的，但基本上认可"领导作为一种影响"的基本概念。迪默克（Dimmock）认为，一个典型的领导定义是：对个人形成的组织成员，如工人、雇员的一种影响，这种影响旨在达成共同的价值和目标以及随之而产生的成果。雷斯伍德（Leithwood）与里尔（Riehl）更加注重学校的情境特征，他们把"领导"定义为：为了达成学校的共享目标和任务，对组织成员的一种流动的影响。他们进一步区分了这个概念，认为学校领导至少有五个方面的内涵：①领导存在于社会关系中并有为社会服务的目的，它首要是一系列有关团体的发展方向；②领导与目的、方向有关；③领导是一种影响过程，这种影响可能是直接的，也可能是间接的；④领导是一种功能，除了正式领导者发挥着领导功能，那些没有正式职务的组织成员也可以发挥领导功能；⑤领导具有情境性特征和权变性（contingent）。当前许多有关领导理论的观点都认为，没有一种适用于所有情境的领导方式，适当的领导方式是对组织属性、追求的目标、个人参与等一系列情境特征的回应。

学者认为，领导与管理的区别在于前者是民主式的、分享式的，后者则是依靠权威来实现的，倾向于层级式的，二者在行为上有很大的差别（表7.2）。于泽元认为，管理和领导最大的区别就在于前者更倾向于按照机构的规则实施已有的程序，后者则更注重愿景（vision）的作用。他引述了西方学者对这二者之间的比较，从五个方面比较了两个概念之间的区别：我们认为，领导是在团体中的一方对另一方的影响过程，这种影响围绕共同的目标而展开。

表 7.2 领导与管理的区别

管理	领导
实施一个组织的愿景规划	创造愿景(使命)并建立机构来实现组织目标
确立谁应该受到责难	确定问题并努力发现答案或解决办法
主要关注如何正确地做事情	主要关注远大的前景和共同的目标
对个人的表现进行奖励强化	认同团队或者群体的努力
掌管并告诉人们做什么，以及如何做好	提升合作并展示问题，提供及时帮助

有学者结合美国课程改革的背景分析了国外课程领导这一概念的变化。进入 20 世纪 90 年代后期，在课程领导文献的用词上，出现了两个主要的变化：一方面是在课程领导的前面加各种修饰性前缀，如民主的(democratic)、转型的(transformative)、创造性的(creative)；另一方面出现诸多与课程领导并置的概念，如道德领导(moral leadership)、转变型领导(transformational leadership)、参与式领导(participative leadership)、权变领导(contingent leadership)。用词的改变意味着课程领导内涵的变化。西方一些学者用范式转变(paradigmshift)来说明课程领导内涵与外延的革命性变化。于泽元探讨了转型期课程领导的特征：愿景性(visionary)、民主性(democratic)、合作性(collaborative)、建构性(constructive)和批判反思性(criticallyreflective)。

我国学者引入“课程领导”概念之初，也在理论界引起了一番争论。争论主要围绕“课程领导”与“课程管理”两个概念展开。一种观点认为“课程管理(curriculum management)”正逐渐为“课程领导(curriculum leadership)”所取代，这种“取代”不仅是概念上的变化，也体现了一种课程观念的变化。靳玉乐认为，课程领导的使用不仅是一种术语上的改进，更重要的是体现了一种民主、开放、沟通、合作的管理新理念。另一种观点则认为，这两个概念有内在一致性。季诚钧认为，把这两个概念对立起来并不准确，“课程管理”与“课程领导”是两个相近的概念，其内涵并无本质差异，只是侧重点有所不同，并且在国内理论界，一般认为课程领导是课程管理的一部分，课程领导是随着课程理论、课程管理理论研究的深入才逐渐浮现出来并引起关注的。虽然学者们对这两个概念的范围与层次都存在一些争议，但基本都认可“课程领导”比“课程管理”更加适合当前的改革情境。

课程领导的概念界定之所以复杂，正如“课程”概念本身的复杂性一样，其范围和层次都因研究者关注的侧重点不同而有所变化。因此，要定义课程领导，研究者首先需要明确课程的层次与范围。本书所关注的课程领导，是课程领域与领导领域的交叉概念。从领导的基本概念来看，课程领导是领导者通过对组织成员的影响，以实现课程目标或愿景的过程。

（二）课程领导与教学领导

我国学者通常没有刻意去区分“课程领导”与“教学领导”二者的概念，认为这两个概念在我国情境下可以通用。但通过对西方过去四十余年的教育领导研究可以发现，西方学者较少使用“课程领导”这一概念，与之对应的是教学领导(instructional leadership)一词。教学领导理论与转变型领导理论也是西方教育领导研究中最具影响的两种理论。

西方学者在提出“课程领导”这一概念时，恰好与当时兴盛的教学领导相对应或随之出现，多数学者只是把教学领导的理论借鉴至课程领域之中。在黄显华、朱嘉颖对“课程领导定义”及“课程领导策略”的不同性质和内涵做的分析和总结中，引用的多为教学领导的理论，他们根据这些理论总结出课程领导的定义维度的五个方面：学生学习、教师专业发展、课程与教学、资源提供、学校文化改进。从比较中可以发现，这一维度与教学领导理论或转变型领导理论的维度较为相似。

“课程领导”这一术语为何不经常被西方学者使用？利麦基(Ylimaki)认为，教育领导研究已经开始着手于怎么样(how)领导的问题，但是很少提及教育领导者应该影响什么(what)的教育内容。她引述布迪厄(Bourdieu)的观点，认为教育者应该成为“公共知识分子”，以一种批判性的视角审视教育学。她关注的问题是高效的课程领导者不仅要了解课程理论及文化政治，还要做出关于“教什么”和“教给谁”的批判性决策。换言之，教育者要能够为教师赋权、为社区成员赋权，让学生以一种积极的角色参与政治立场，并反对流行的意识形态。西方课程研究中的“课程”是一个较大的概念，这一概念常常与意识形态、文化再生产等联系起来，直指课程研究的核心问题，即“什么样的课程”的问题，是对课程内容的反思。学者们通常把这种反思作为社会民主的一种途径。相比而言，“教学领导”一词则更为聚焦，它是相对校长的行政领导角色而言，强调校长或其他领导者不仅要关注他们的行政角色与功能，还应该对课程与教学事务有所关注。因此，西方学者更多地使用指向性更为明显的“教学领导”的概念。

虽然我国已经逐渐开始实现课程权利的下放，但仍然属于相对集中的课程管理体制。在这种相对集权的体制下，学校领导者很少能够去探讨课程内容的问题，无法决定选择何种课程内容。但“课程领导”这一概念却在我国的理论和实践中获得认可并被频繁使用。课程领导的概念有其情境性和适用性。课程领导这一术语的“流行”至少有着三个方面的原因：首先，在政策话语上，“课程”逐渐取代了“教学”，被视为更为广泛的概念。其次，从课程理论发展的本身来看，今天探讨的课程范围所涉及的层面更多，如国家层面、地方层面、学校层面、教室层面，不同的主体都会因课程的层次不同而有不同的理解，这也正符合古德莱德所界定的课程不同的层次。“课程”概念的层次性使其在不同的教育系统中更广泛地被接受。最后，实践话语的需求。在实践当中，“课程”这一概念也深入各级教育系统中，“课程标准”取代以往的“教学大纲”，不同层次的教育系统对课程的把握程度不同，有利于课程改革的推进。如校长对学校课程的把握，一般是指从学校整体来审视学校课程建设与发展；而教师使用“课程”概念，则打破原来“课程就是教材”的狭隘观念。从这三个方面来看，“教学”不具备这样的适用性。虽然理论研究上的“课程领导”大都沿袭“教学领导”等理论，我们仍需要清楚地认识到，这两个概念之间并非简单的相等。

从课程领导与课程管理、课程领导与教学领导的比较中可以看出，课程领导的概念是对当前复杂的教育变革问题的回应，体现了课程发展的多元性、民主性、开放性，这一术语适应了当前改革的需要。而在中国情境下，课程领导有其情境适用性和合理性，在政策、理论和实践三个方面都能够有效回应教育改革的需求。

综上所述，本书所指的课程领导，是指在既定的情境中(如学校中)，领导者通过一定的方式来影响组织成员，以期实现组织的课程目标或愿景的过程。这一概念有着丰富的内涵，将在下文结合具体的问题来探讨。

三、课程领导的基本议题

西方教育领导研究已有近 40 年的历史，首先简要梳理一下西方教育领导领域中，关注“课程与教学”的领导研究的发展脉络，以便更好地理解学校领导问题。

在教育领导研究中，校长研究由来已久，但关注校长的教学领导却是近 30 年才发生的事情。一般来说，校长的重要角色可以分为两部分：行政领导与教学领导。也有学者认为，校长承担着三种角色：管理、教学、政治。传统观念认为，校长是领导学校的行政人员，是管理者。许多研究指出，校长用于发展教学及教学计划的时间，远低于管理及处理学生事务的时间；他们将大部分时间放在处理行政事务上，做好人际关系、服务学生。一些调查指出，校长花在教学领导的时间不到其整体的 10%，甚至是更少。

正是在这种背景下，20 世纪 70 年代末，一些研究发现“教学领导”能有效提高学校的效能，许多学者开始关注校长的教学领导角色。许多学者把埃蒙斯(Edmonds)的学校改进研究作为西方教育领导兴起的起点。在他的研究中发现，当学校的领导者(主要是校长)更加关注学校的课程与教学事务，充当一种教学领导者的角色，而非只关注校长的行政角色的时候，学校的成绩表现会有所提升。随后，校长教学领导便风靡于西方教育领导领域。20 世纪 80 年代是教学领导研究的黄金时期。

随后，随着美国学校重构(school restructure)、教师赋权(empowerment)运动的兴起，强调问题解决、关注组织成员能量的转变型领导理论也逐渐兴起。与教学领导不同的是，转变型领导更加关注组织成员(如教师)在组织发展中的作用，领导者往往可以通过改善工作环境、关注教师个人、提供支持等方式来提高教师的责任感和态度，进一步改善教学。转变型领导不再把校长看作是行为的领导者，而是注重如何影响被领导者的心态和想法。这种转变型领导要求的不是行为上的带领，而是如何利用领导的个人魅力为组织的发展带来一种愿景，同时关注组织内的个人的需求，从而取得他们对组织发展的认同，提升他们对组织的承诺，最后给组织内的个人带来思想上的冲击和启发，让他们尽其所能。在这种观念下的转变型领导，所关注的是如何建构校内的能量。

> 分布式领导
>
> 分布式领导是一种关注领导实践的理论观点。具体而言，它是指学校组织中领导者、追随者及情境三要素之间的互动，从而形成分布式领导的实践形态。

教学领导与转变型领导这两类领导理论几乎统治了过去30年教育领导的实证研究。进入21世纪以后，领导领域的术语也呈现多元化的态势。作为传统的两类领导理论的发展，教学领导与转变型领导仍然占据着重要的位置。但其他以“关注学校课程与教学事务”的领导类型也不断凸显。其中，分享型领导(shared leadership)和分布式领导(distributed leadership)都得到许多学者的青睐，并随着实证研究的不断扩充，发展成颇具影响的领导理论。有学者认为，分布式领导与分享型领导的基本理念是西方对民主和个人价值的重视。西方民主的概念，强调个人的权力与义务，重视机构内人员的参与权力。这一理论假设，当员工能参与组织的决定时，他们对最终的决定有更大的认同和承担，从而增加他们的工作动机和责任感，员工的理念、价值与工作行为也因此能与组织的方向取得一致。相反，科层式的领导和管理只会减低员工的主动性，削弱他们对机构的认同感，最终增加员工与管理者甚至是员工之间的冲突与矛盾。

在当代学校复杂的情境下，在探讨领导问题时，贺灵杰(Hallinger)提醒我们，教育领导研究需要关注三类基本问题，即领导的来源、领导的实践和领导的效果。这同样也是我国课程领导需要回答的三个基本问题。

(一)谁是课程领导者(领导的来源)

传统的领导研究主要是指校长个人作为学校领导者对课程与教学事务的关注。20世纪80年代关于教育领导的探讨，基本上把领导等同于校长个人的领导。但近年来教育领导也逐渐发生一种转向，即关注多维的领导者。传统的以校长个人的“英雄式领导”时代已经成为过去，现今的领导者是由多维领导者构成的，他们可以是校长、助理校长、中层管理者、教师等。在我国中小学里，学校组织中的教学副校长、教研主任、备课组长、年级组长、学科带头人等这些非常具有特色的领导者，以及在教师群体中没有正式职务的教师领导者，都值得关注。

当然，即使我们反复强调校长个人领导的弊端，但校长依然是多维领导者中最重要的角色，其他的成员可视为“追随者”，但这并不影响他们发挥领导功能。校长如何进行权力的分布，发挥其他追随者的领导功能，处理领导者与追随者之间的关系，形成健康积极的领导者网络，围绕学校的课程问题，促进教师团队的专业发展，也是亟待研究的问题。

(二)如何领导(领导的实践)

“如何领导”的问题，体现了当前西方领导研究的一种转向，即关注领导功能在实践中如何发生。“如何”领导的问题有两个方面：一方面是领导的策略与方式；另一方面是强调基于具体情境的领导。

传统的领导研究关注领导者的个人特征、个人的行动(action)或行为(behavior)对学校改进的影响，可以看作是一种单向的领导；而现今领导的方式也从传统的领导者个人行为(action)、角色(role)等转移至当下领导者与追随者之间的互动。互动强调的是领导者与被领导者之间一种双向的影响作用，领导能够影响组织的发展，同样组织成员也能够影响领导者的领导方式与策略。另外，强调在具体情境(context)中，教学领导者通过如分布式领导、分享型领导等方式与其他学校人员的互动，选择适当的领导策略。我国中小学各具特色，有自己独特的文化传统，如何有效地分析学校的情境特点(如学校的物质资源、师资、文化传统、发展阶段等)，选择适当的领导方式引领学校课程发展，也是我国中小学领导者面临的一大难题。下文将在学校层面的领导实践中进一步详细说明“情境”“互动”这两个问题。

(三)领导的效果

进入21世纪以后，由于问责制等政策环境的影响，领导研究也更加注重领导与学生成绩之间的联系。总的来说，当前领导效果的研究有个两方面的观点：一方面是强调领导的结果，即关注领导是否有益于组织发展或学生学习；另一方面则强调领导的结果与过程并重，不仅关注领导的积极结果，也允许领导所带来的消极结果。

“为了学习的领导”(leadership for learning)是当前西方领导研究在问责制等政策环境下所体现的一个重要转变，强调通过领导促进学生学习。诚然，无论是研究者还是学校实践者，都期望领导所带来的结果是积极的。但当前领导研究的一个主要观点是承认领导所带来的一些消极结果。领导并不一定与积极的组织结果挂钩，不同的领导行为与途径可能带来多重的效果。因为这取决于领导者与被领导者的互动。这也进一步说明，关注领导的结果与关注领导的过程同样重要。领导结果无论好坏，都有必要对过程进行反思，以更好地促进领导功能的发挥。当领导实践带来消极的后果时，恰恰为我们反思领导行为、策略与过程提供了更好的机会。

这一观点也与课程发展自身的动态性相吻合，尤其是校本课程开发问题上。在校本课程开发中，领导者需要结合学校的文化特点提出一些校本课程的总体方向，规定有关制度以便管理，而具体落实则完全需要教师和学生来完成。对教师而言，校本开发课程是一项新事务，是一项新的挑战，是一个不断尝试的过程。课程内容的选择、实施过程和评价都是在动态中完善的。因此，一些校本课程难免会“失败”，领导者需要接受某一类“失败”的校本课程，鼓励开发者进行改进，这样才能不断完善校本开发课程的质量。

第二节 区域层面的课程领导

> 学习目标
>
> 知道教育行政部门的课程领导的作用，理解区域层面如何进行课程领导，掌握教研员在教学、研究、服务方面的职责。

2001年《基础教育课程改革纲要(试行)》指出，“在教育行政部门的领导下，各中小学教研机构要把基础教育课程改革作为中心工作，充分发挥教学研究、指导和服务等作用，并与基础教育课程研究中心建立联系，共同推进基础教育课程改革。”政策一方面规定了教育行政部门对地区中小学的领导；另一方面也明晰了教研室与中小学之间的紧密联系。

区域层面的课程领导对中小学的课程发展起着重要的作用。从我国当前的情况来看，区域教育部门的课程领导体现在两个层次：一是在区域教育行政部门的领导下的区域课程发展；二是作为与区域内中小学密切相关的部门，各区级教研室的课程领导发挥着重要的功能，而其中，主要是指教研员的课程领导。

一、教育行政部门的课程领导

国外学区(district)的概念与我国各区级(省、市、县)的概念有所不同，但其共同之处在于区域层面的教育行政部门都对学校行使一定的管理权力。国外有关区域领导的研究存在一些争论，虽然研究的方法和结果不尽相同，但这些研究基本上都认可区域领导在学校改革中起着重要作用，尤其是在区域学校文化的建设过程中的作用。区域领导的目标不是关注一所学校的发展，而是关注区域内所有学校的整体改进。

在我国的三级管理体制下，地方教育行政部门作为课程领导的角色，主要体现在四个方面：①确保所属学校严格执行国家课程政策；②组织力量开展相关的专题研究；③指导学校建立和健全相关的课程制度；④建立和健全校际资源共享的机制。在基础教育课程改革中，教育行政部门，尤其是教研室的角色定位应该是“地区课程发展中心”。在新的课程运作系统中，教研室应该成为地区课程发展的中心，承担着至少三个方面的领导功能：参与决策(研究符合地方课程发展需要的各种政策与制度)、专业引领(主要是国家课程的有效实施、地方课程的合理开发、校本课程开发的专业指导)、质量监测(运作基于课程标准的质量监测、实施基于数据分析的报告与建议)等角色(图 7.1)。

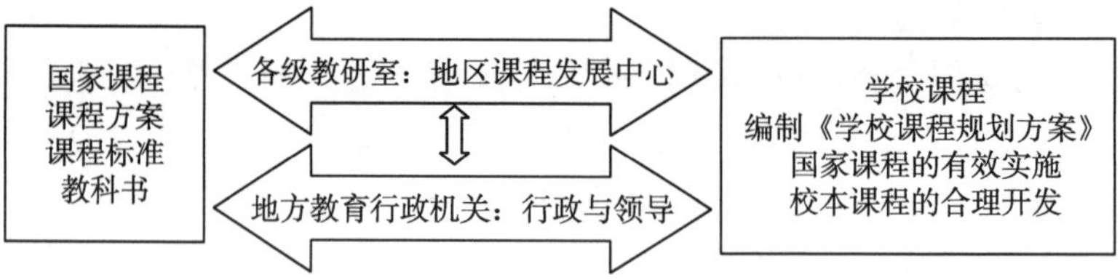

图 7.1 地方教育行政部门在新的课程运作系统中的地位与角色

作为区域行政部门，区域如何成为当地课程发展的中心？一方面，区域教育行政部门为地方学校提供专业的课程指导与资源支持，促进学校发展；另一方面，建立区域内优质资源的共享机制，学校之间形成相互合作、学习、改善的氛围。

目前我国一些地区开始探索建立“大学—教育行政部门—中小学”的协作关系，充分体现了教育行政部门在与中小学合作中的纽带作用，以帮助和指导学校的发展。如东北师范大学与辽宁省鞍山市铁东区教育局的学校改进“大学—教育行政部门—中小学”的三方协作关系，教育行政部门的作用不可忽视。教育行政部门在其中的作用是：把握本区域教育改革的大方向，提出需要研究的问题，对中小学提出改进的要求，对大学提出专业支持的需求，同时给予大学和中小学经费和政策支持，成为连接大学和基础教育学校的纽带。通过 3 年的规划项目，鞍山市铁东区 10 所中小学的改进效果初步显现，区域内学校文化建设也初见成效。又如，北京市石景山区教育委员会与北京师范大学教育学部合作共建“石景山区绿色教育发展实验区”，根据“理论联系实际”的原则，将大学的学术资源和区域教育发展的实践资源相结合，旨在回应绿色社会需要，探索面向未来发展的教育实验行动。在这些探索中，区域教育行政部门起着重要的作用。

在区域层面，教育行政部门通过领导区内学校校际的合作与交流，如建立校本课程的资源交流与共享机制，能够有效地促进区域内更多学校的课程发展。

例如，江苏省太仓市以三级课程管理为契机，确立“县域课程建设与发展”项目。县域课程领导充分发挥课程规划的统整引领作用，创新县域课程建设与发展的政策制度，培育和构建多种形态的课程建设共同体。在该项工程中，县域课程建设部门主要负责县域课程资源平台的构建、优秀县域课程资源库的建立、共建共享的机制研究等工作；学校主要负责校内优秀课程资源库的建立和共享等；教师和学生主要参与共建共享优秀的课程资源，包括学科课程资源的丰富、校本资源的开发等。太仓市坚持“自上而下”和“自下而上”相结合的原则，通过县域整体推动与学校自主开展两种举措，努力创设民主创新的课程建设环境，营造宽松的学术气氛和浓厚的研究氛围，积极构建多样化课程建设共同体。目前，太仓市形成了多种类型、不同层面、各具特色的课程改革共同体，形成了“县域—学校—教师”多层次课程建设合力，如校际管理共同体、教师成长共同体、县域学科共同体、名师发展共同体等。

又如，厦门双十中学开发的“闽南文化”校本课程，课程由“闽南民系与文化”“闽南方言”“闽南习俗”“闽南名胜”“闽南建筑”“闽南先贤”“闽南民间戏曲”“闽南民间信仰”八大专题系列组成，每个专题均分为 20 个单元课目。该校本课程在实施中也深受学校欢迎，成为该校课程体系的一大特色。“闽南文化”是非常具有特色的地域文化，很好地反映了地方特色。教育行政部门可以利用这一优质学校开发的校本课程，在区域内进行推广，为其他学校提供借鉴，在更大程度上推进区域课程发展，真正成为地区课程发展的纽带和中心。

此外，国外一些国家已经开始尝试在州或学区层面建立领导者的标准，强调领导者在不同标准上发挥功能。例如，美国在进入 21 世纪之后，由于问责制等政策的影响，强调学校在标准化测试中的表现，因此也非常重视校长在教学方面的领导及其评价。美国州教育官员理事会(The Council of Chief State School Officer，CCSSO)成立了州际教育领导许可联合会(Interstate School Leaders Licensure Consortium，ISLLC)，并尝试建立第一个国家级教育领导者标准体系。在 1996 年，联合会发布了第一个学校领导者标准，即 ISLLC1996。随着教育领导研究的不断深化，该联合会在 2008 年颁布了新的领导者标准——ISLLC2008。截至 2005 年，这一标准在不同程度上被 46 个州采纳，是美国最广为使用的领导者标准。ISLLC2008 规定的美国学校领导者的六个标准见表 7.3。

我国有近 30 万的中小学校长。从政策视角来看，我国制定的有关校长的制度先后有：校长负责制、岗位培训制，校长聘任制、校长职级制、校长专业标准及校长流动制。2013 年，教育部印发了《义务教育学校校长专业标准》，从六个方面构建了义务教育学校校长的 6 项专业职责：规划学校发展、营造育人文化、领导课程教学、引领教师成长、优化内部管理、调适外部环境。从这些制度建立和推广的时间来看，校长在政策话语中先后经历了标准化、专业化及均衡化过程。随着不断强化的校长培训和校长研究，中国内地中小学校长已经实现了标准化，专业化也持续提升，未来会朝向区域内及地区间的均衡发展。

表 7.3 美国学校领导标准与功能

领导标准	领导功能
为学习建立广泛的共享型愿景	1.合作、建立并实施学校愿景与目标 2.收集有效数据订立目标，评估组织效能及组织学习 3.建立实施计划以达到目标 4.督促持续的改进 5.监督、评估进步与计划改进
发展学校文化，建立教学发展项目致力于学生学习与教师专业发展	1.造就并维持一种合作、信任、学习与高期待的文化 2.创设综合的、有活力的、内在一致的课程项目 3.为学生提供人性化的学习环境 4.监督教学 5.发展评估与问责机制，监督学生的进步 6.发展教师的教学与领导能力 7.最大限度的有效教学实践 8.提供有效适当的技术来支持教与学 9.监控与评价教学项目的影响
保证组织、操控、资源、效率、有效学习环境的管理	1.监督与评估学校管理系统 2.有效地获取、分配、划分人力、财政与技术资源 3.保证学生和教师的安全与福利 4.发展分布式领导的能力 5.保证教师和组织实践能够集中于有效教学和学生学习
与教师、社区展开合作，回应社区的多元化兴趣与需要，利用社区资源	1.收集与分析数据信息，适切于教育环境 2.加强理解、鉴赏和利用社区的多元文化、社会与知识资源 3.与社区、家庭建立一种积极的关系 4.与社区的合作者建立并维持一种有效的关系
采取一种正当、公正、道德的行为方式	1.保证问责制系统，关注每位学生的学业与社会成就 2.树立在自我意识、反思实践、公开透明、道德行为方面的模范作用 3.保卫民主、公平、多元的价值观 4.评估合法与合乎道德的决策制定 5.促进社会公正，重视保障学生的个人需求
理解、回应、影响正式、文化、法律以及文化环境	1.拥护孩子、家庭与监护人 2.在地区、学区、州、国家层面有关学生学习规范的制定中有所行动 3.评价、分析、关注教育发展趋势，以调适领导策略

二、教研员的课程领导

2009 年原教育部副部长在“全国基础教育教学研究工作研讨会”的讲话中对教研员的工作提出期望：教研部门要发挥支撑和服务的作用，在考试方案制定、评价制度建设、课程资源建设等方面，既是参与者，也是建议咨询和方案提供者；各级教研部门要落实好国家课程，高质量地开发地方课程；与此同时，教研部门要指导和参与教育教学改革和实验，应重视实证研究。教研室与教研员，这“独一无二”的中国特色教研体系，已经很好地实现了本土化，是本地学校教学改善的重要因素。在校本课程发展的背景下，教研室与教研员的领导作用也进一步保证了校本课程发展的质量。

课程专家认为，在课程改革中，教研员的角色定位是专业的课程领导者，具体地说，他们是：①政策执行者，协助教育行政部门，整合多方专业力量，认真贯彻落实国家课程政策，培育高效的课程政策执行文化；②课程设计者，根据本地的实际和需求，与相关人士一起，共同研究国家课程方案的设计、推广以及地方课程的设计；③发展服务者，理解教学专业，建立合作共同体，尊重教师的专业自主，为教师的专业成长提供平台支持和服务；④专业指导者，指导学校做好课程规划方案，指导教师开展基于课程标准的教学与评价，指导教师开发综合实践活动课程与校本课程；⑤质量促进者，配合教育行政部门，加强统考管理，研制地方统一测试框架，明确分工与责任，提倡谁统考，谁提供科学的数据与分析报告，让统考成为促进教与学的重要手段，以促进本地教学质量的持续提升。

然而，这种“学院派”的观点遭到了实践工作者的质疑，一些前线教研员认为，教研员这种理想的角色，与实践存在较大的差距。小规模的调查表明，教师对教研员的角色期待主要是“教学专业指导者(86.77%)”和“教师发展服务者(60.29%)”，而期盼教师成为“专业的课程领导者”的比例为50%，低于前两项。一线工作者认为，教研员应该尽可能多地研究学生、服务学生，“走进课程，走进学生，研究学生，服务学生”，在这种互动中帮助和指导教师。

从“学院派”与实践工作者的争论中也可以发现，纵使专家对教研员的角色期待与教研员队伍的现状有所区别，但对教研员共同的角色期待仍然非常注重教研员的两种功能：一是以教师发展为对象，即围绕“教学”与“教师专业发展”这两项事务上的领导和帮助；二是以学生发展为目的的角色，帮助教师研究学生，更好地服务学生。

从这个角度上讲，把教研员定位为区域的课程领导者有其合理性。首先，当前的课程开发中强调教师作为课程的主体，教师的参与至关重要。而教师在校本课程开发过程中，从开发技术层面来看，课程目标制定、课程组织与实施、课程的评价等环节，都可以直接寻求教学专家的意见，以更好地完善校本课程。教研员在其中可以发挥重要的作用。教研员多是具有丰富教学经验的优秀教师，对教学内容、教学组织、课程实施等都有着适切的把握，无论是国家课程校本化，还是新门类的校本课程开发，教研员都可以围绕“教学”为教师提供建议。

其次，校本课程开发过程中，课程目标与课程内容的选择要考虑学生的需要与兴趣。教研员的丰富经验，也可以为教师在课程开发中提供适当的建议，以期课程能更好地回应学生的需要。教研的核心之一是“研究学生，服务学生”，因此，教研员与教师在课程开发上的互动也是一个动态的过程。学生的需要是不断变化的，一些教研员可能有一段时间没有亲身参与课堂，指导一线教师的过程是教研员进一步认识学生的过程，也是不断更新对学生认识的过程。

三、区域层面如何进行课程领导

相关文件明确规定了教研员的三类主要角色与功能：教学研究、指导和服务。教研员需要围绕这三类核心角色，在校本课程发展中发挥领导功能。

(一)以“教学”为核心：互动、平等的指导

有学者对上海21所不同类型的学校(高中、初中、小学)的1275名教师进行调查，询问教师“教研员现有的指导方式”及他们“希望教研员采取的指导方式”，并归纳了五个主要教研员的行为，结果如图7.2所示。

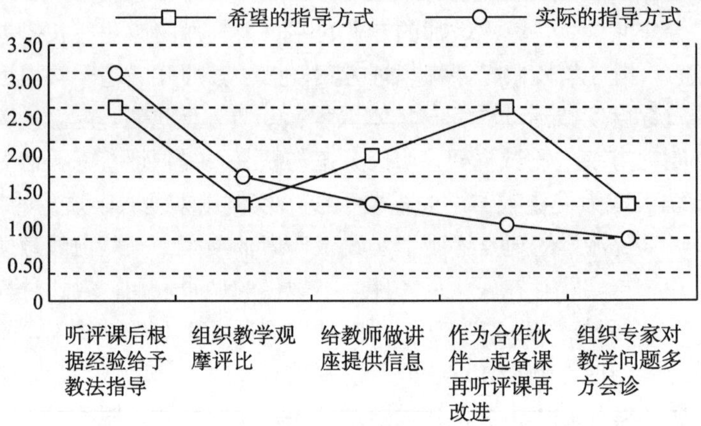

图 7.2 教师希望的指导方式与实际采用的指导方式调查

从图 7.2 可以看出，教研员的五类主要行为中，“听评课后依据经验给予教法指导”是与课程教学实际直接相关的，也是教研员目前对学校进行指导所采取的主要方式，但这一项的得分与教师希望的指导方式之间存在差异。“作为合作伙伴一起备课听课评课再改进”是一种有深度的指导，是和教师教学行为的不断跟进联系在一起的，也是教师希望的指导方式，但是现实中教研员采用得不多。

从这一调查中可以看出，“教学”是教研员与教师关系的核心，其既是教研员在实践中最常采取的方式，也是教师期待的指导方式。教研员在观评课中，可以依据自己的教学经验，对学生的反馈等提出自己的意见与看法，对校本课程内容的选择与实施提出自己的指导意见，帮助教师完善校本课程，以切实保障该课程符合学生的需要及学生的发展规律。

但同时也应看到，教师非常期望与教研员作为合作伙伴一起备课，与教研员建立一种平等的合作关系，而教研员在实际中却很少这样做。其中一个可能的原因是，教研员承担着一定的行政角色，如对教师进行评价等，这容易导致一些教研员的“行政”功能大于“专业”指导功能角色。事实上，当代领导研究中非常强调领导者与被领导者之间的互动，虽然领导者与被领导者在职位上有所区别，但这种互动是基于课程与教学事务问题的互动。这种互动中，教学的专业性更加重要。教研员在指导教师校本课程开发中，也需要注重这种平等的互动。一位教研员谈到自身的教研之路，一次风波让他开始更好地认识到教研员应该摆正的姿态。在一次给教师的培训中，该教研员被质疑“有能耐，你拿一节像样的课来。”“打铁还需自身硬”，如果认识不到课程理念与实践之间的差距，教研员何以作为一线教师的指导者？因此，作为教研员，不是把自己当成专家，而是“用海纳百川的开放心态去学习，去吸收，去包容”。教研员也应该意识到，“没有一种教学方法可以包打天下，没有一种教学方法完全没有局限性”。教研员的指导作用不是一种专业权威，而是一种双方不断学习、提高，以帮助教师实现提升的过程。

(二)以“研究”为核心：理论与实践联结

教研员除了与教师在“课堂教学”这一核心上的互动之外，另一大职责是与教帅一起参与教研活动。教研活动是围绕“教学”的研究。虽然不同的学者对教研员的角色定位有所不同，但有两个共同的特征是“专业”和“领导”。一方面，作为领导者，教研员与学校领导、教育行政主管最突出的区别在于其专业性，教研员实际肩负着诸多专业引领、支持的责任，而行政管理是一个相对附属的功能；另一方面，作为专业者，教研员与普通教师最突出的区别在于其领导力，其并不需要从事一线教学，而要从研究、理论等更高层次去指导教师的专业活动和专业发展。教研员不是一线教师，虽然很多教研员曾经是一线的优秀教师；教研员也不是研究者，虽然很多教研员具有很强的研究能力。这两个特点决定了教研员要成为行走于理论与实践断层之间的人，需要在理论与实践之间发挥中介作用。这些观点都体现出教研员需要以专业为基础，在中小学老师的研究中发挥领导作用。在中学，学科的特征更为明显，相关学科的教研员的作用更突出学科性。

从研究的角度来看，教研员在研究问题、研究方法、研究理论、研究结果各个环节都大有可为。教师进行校本课程开发也可视为一项研究活动。教研活动研究的问题大都源于真实情境的课堂教学，因此，教研员保持对课堂的敏感度很有必要。教研员虽然担当一定的行政角色，但也需要保持与课堂的密切联系，理解教师的问题，了解学生的发展，使得自身的“专业性”更加接地气。在研究方法或理论方面，教师对教研员有一定的期许，教师认为教研员有比较宽广的眼界和专业素养，也有着比一线教师更为扎实的研究功底，因此教师期望教研员能够为他们提出专业的研究建议。例如，在行动研究中，虽然提倡教师自身作为研究者，但这也离不开外部的专业支持与建议，在这个过程中，教研员可以成为教师的合作伙伴，在研究中帮助教师。教研员的领导依托于教师而展开，教研员的研究也多依托于教师的教学，这是一个互惠互利的过程。

（三）以“服务”为核心：教师专业发展

教研员所带的教师队伍是一支情感、态度、价值观各异，专业水平参差不齐，个体差异较大的复杂群体。教研员的另一主要领导功能是做好教师专业发展的领导者和服务者。教师专业发展是长期而复杂的，教师个体之间的差别性也较大，教研员需要充分照顾到师资队伍的整体发展与个别差异。卓平围绕教研员在教师专业发展中的作用，认为教研员可以从三个方面努力：①做教师专业发展的设计者；②做教师专业发展的促进者；③做教师专业发展的服务者。具体而言，教研员可以与教师结成学习伙伴，做教育理论的实践者，与教师形成研究的共同体。

最后，一位一线教师总结了对教研员的“十盼十怕”，既发出一些值得警惕的信号，又为广大的教研员提供一些诚挚的建议。这些一线教师的心声，或许有助于教研员在教学研究、指导、服务三个方面，更好地发挥领导的职责与功能。

“十盼十怕”具体内容为：一盼教研员成为好教员，送教上门；二盼教研员成为身边看得见的研究员，引导大家走科研之路；三盼教研员成为传播教改动态的信息员；四盼教研员成为教师发展的服务员；五盼教研员成为教师校际交流的联络员；六盼教研员成为教师校本研究的辅导员；七盼教研员成为倾听大家声音的录音员；八盼教研员成为学校教科研规划的设计员；九盼教研员成为教师专业展示的编导员；十盼教研员成为教师专业成长的见证员。一怕教研员成了居高临下的准官员；二怕教研员成了指手画脚的仲裁员；三怕教研员成了教参和教辅的推销员；四怕教研员成了学生课外的补习员；五怕教研员成了浑浑噩噩的烟酒员；六怕教研员成了游山玩水的旅游员；七怕教研员成了随从领导下访的陪同员；八怕教研员成了只收集资料的统计员；九怕教研员成了只做几场报告的宣读员；十怕教研员成了无所事事的闲杂员。

第三节 学校层面的课程领导

课程的问题，最重要的发生场所在学校。学校层面的课程领导是校本课程发展中的重要议题。从领导理论发展的视角来看，可以三个基本议题去审视当前我国中小学的课程领导问题。即在学校层面，谁是课程领导者？如何进行课程领导？课程领导的成效如何？

学习目标

知道学校层面谁领导课程，掌握学校课程领导者领导校本课程开发的领域，理解判断学校课程领导成效的三个基本问题。

一、谁是课程领导者

对于课程领导的主体，也存在很多种不同的看法，部分学者把校长、中层领导、教师作为课程领导者，部分学者以课程领导者为代称。前文提到，校长仍然是学校中最关键的领导者；在校长之外，其他的领导者在组织的发展中同样发挥着领导功能。

(一)校长作为课程领导者

课程领导者

指在学校中发挥领导功能的统称，不仅仅包括校长，同时包括其他的具有正式职位的领导者，如副校长、教研主任、学科组长等，还包括一些不具备行政职称的教师领导者，如具有专业权威的特级教师等。

校长，是学校领导研究中最为核心的要素之一。21世纪之前的教学领导基本上就是指校长个人的领导。教学领导、转变型领导是教育领导。在两类最主要的理论中，主要也是指校长的领导。进入21世纪之后，在多元化的环境中，在关注课程与教学事务的领导术语中，分享型领导颇具有影响力。分享型领导，以一种综合的视角看待转变型领导与教学领导的关系，在一定程度上结合了教学领导与转变型领导的主要特征。转变型领导研究被一些学者认为是当下分享型领导的理念基础。普林迪(Printy)等人认为，转变型领导为分享型领导提供了先行条件，但分享型领导在当前的背景下更加强调校长与教师在课程与教学事务上的合作。西方学者将校长领导行为进行了以下归纳，比较了学校领导中三种主要的校长领导行为的理论框架及其维度。

表7.4 不同类型校长领导行为的理论框架

核心领导行为	转变型领导	教学领导	分享型领导
愿景沟通	激发动机，理想化的影响，建立学校愿景和目标，高要求与期待	清楚阐述并沟通学校目标，建立高标准	校长支持与导向
促进专业成长	关注个人，知识刺激，提供个性化帮助	促进教师专业发展	提供教师专业发展机会

续表

核心领导行为	转变型领导	教学领导	分享型领导
建立共同体	智力刺激，奖赏，促进教师参与学校决策，关注专业化群体的文化建设	透明的群体文化，为教师提供动力，提供学习机会	校长和教师讨论教学实践，探索有效路径
教学项目协作		课程与教学协作，监督学生进步，保证教学时间	维持教育项目的内在一致性
与教师分享教学领导			教师为改变负责，教师有领导者的角色

从以上三种领导理论的比较中可以看出，校长领导的行为可以分为五个维度：①学校愿景的沟通；②促进(学校成员的)专业成长；③建立共同体；④协调教学有关项目；⑤与教师分享权力，实现教学领导功能。

虽然在术语上，我国学者多用“课程领导”这一概念，学者们把领导理论引入课程领域，继而出现了有关的术语，如分享型课程领导、转变型课程领导等。把校长领导行为的五个维度应用于课程发展中，可以概括出校长作为课程领导者的五个核心领导行为：①学校课程愿景的沟通与制定，结合学校的文化特色、学生特点、师资队伍、发展阶段、资源等实际情况，制定符合学校情境的课程发展目标，在这个过程中积极与学校的教师、学生进行沟通，制定分享型的课程愿景；②促进教师的专业成长，始终关注师资队伍的建设，关注教师个人的成长，为教师的专业发展提供多种多样的支持；③建立不同层面、不同学科的学习共同体，引领一种民主的组织文化，在学校群体之间引领一种积极、合作性的学习文化，总结反思不同学科课程的特点；④课程体系的内在一致性，保障课程目标的实现，把“课程教学”看作是学校发展的核心，规划学校课程体系，发展学校课程结构，与课程目标、学校资源等保持内在一致性；⑤与教师分享课程权利，尊重教师的专业性，对教师进行赋权，让教师参与课程决策，让教师承担领导功能。

(二)其他的课程领导者

虽然过去十年教育领导领域逐渐淡化了校长的个人领导，批评校长“英雄式”个人领导的弊端，更加关注教师、中层领导者在学校领导中的作用。但校长仍然是学校系统中最重要的领导者。课程领导者的类型丰富，可以按照正式与非正式来划分。正式的领导者是指在学校中具有正式职务的教师，非正式的领导者则是不具备特定的职务，但在学校中也发挥着领导功能的教师，如学校中声望较高的特级教师。

在学校中，除校长以外，还有许多具有正式职务的教师，如副校长、教研主任、学年组长等，这些教师也可以是学校课程的领导者。在中国内地，学校教育系统中还存在一些个人或团体，如学年组长、学科组长等。

中国香港地区在进入 21 世纪以后，也进行了大范围的课程改革。在这个过程中，也出现了一些新的课程领导者。有学者把香港地区学校的中层领导分为两类：一类是功能型的(functional)，如训育主任、课外活动主任等；另一类是学科型的(subject-based)，包括各科的科目主任。两类中层领导者除负责有关的行政管理工作外，还需要担当一定分量的教学工作，所以他们兼具行政与教学的双重角色。另一个典型的中层是课程主任。香港特别行政区行政长官在2001年发表的施政报告中表明，为了支持小学制定课程发展策略和推行课程改革工作，各小学从2002～2003年度开始，可连续三个学年分期增设一名教师，以担任课程统筹主任一职，为期五年。课程主任以推动学校课程改革为目的，其主要职责包括：①协助校长领导和统筹全校的课程策划工作；②辅助校长策划和统筹评估政策；③领导教师/专业人员改善学与教的策略和评估工作；④推广专业交流的文化，并与其他学校联系。虽然中层教师或领导者在学校中面临着诸多挑战和困难，但其在学校课程发展中的重要作用不容忽视，尤其是在建立合作的教师文化、发展教师学习共同体、建立双向的沟通机会与机制上，起着重要的作用。

教育领导领域研究中，近年来“教师领导”研究颇受重视，教师在学校中的领导作用也受到重视。与校长领导相对应，教师领导者中既有正式的教师领导者，如上述的中层领导者；也有一些非正式的领导者，这些教师领导者因其专业水平而受到同事们的尊敬，如特级教师。非正式的教师领导者并不具有正式的领导职务，但也在教师群体中发挥着领导的功能。关于“谁是教师领导者”的问题，国外研究者也存在一些争论，但基本上达成共识的是：教师领导者既是教师，有着丰富的教学经验，是被认可的优秀教师；也是领导者，他们能够影响同事们的教学实践，他们在课堂实践中的成果被其他教师尊重并且信任，从而让他们有“领导”其他教师的机会。约克-巴尔(York-Barr)和杜克(Duke)总结了西方一系列关于教师领导的研究，综合了作为教师领导者的特征(表7.5)。

表7.5 教师领导者的角色特征

作为教师	作为领导者
①经验丰富，具有优秀的教学技能 ②对教与学、课程、学科内容领域都有广泛的认识 ③个人清晰的教育哲学(价值观) ④创造性、革新性地去寻找专业成长的挑战，愿意承担风险，是终身学习者，对教学始终有热情 ⑤对教学行为承担个人责任 ⑥被同事们尊重和重视，被认为能力突出 ⑦对他人的想法和感情敏感并且能够理解接受 ⑧认知与情绪的灵活性 ⑨认真工作，能够承受工作压力，有较强的行政和组织技巧	①与同事建立信任、密切的关系，能与他们一起合作并影响学校文化的形成 ②支持同事，并且督促他们的专业成长 ③有效的交流，包括良好的倾听技巧 ④通过协商、调理等方式处理冲突 ⑤处理组织的进展技巧，有效促进项目进展 ⑥评价、解释、择优教师们的需求和关注的能力 ⑦理解、诊断组织的宏观问题，对行政领导和教师们的决策有深远的认识

塞佩达(Zepeda)认为，教师的课程领导是以教师作为课程发展的领导者，教师的课程领导并不是要教导、指导教师，而是更重视教师教学经验的分享、教师群体间的互动、生命经验的相互述说，以及经验的连接。其主要任务是作为教师的亲密伙伴，由教师帮助教师，改善教师的处境，并作为教师群体与学校领导之间的联系者与转化者，同时也是教师群体间的知识管理者与协助转化者。在此过程中，更重视彼此的关系与相互信任，期待借助教学的实践与叙说，激发并延续教师对教育的热情，使彼此更能承担责任。教师课程领导肩负了师资的改善、计划或课程的改善及学校系统性的改善与变革。郑东辉根据布拉德利(Bradley)对课程领导者扮演的五种形态——指导者(instructor)、纷争调解者(troubleshooter)、倡导者(advocator)、服务者(servitor)和激励者(facilitator)，结合我国课程改革的特点，认为我国中小学教师应该是课程意识的主动生成者、课程实施与开发的引

领者、学生自主学习与教师专业发展的促进者、同侪教师的帮助者、学习共同体的营造者。

二、如何进行课程领导

课程领导者类型的多样化，决定了课程开发中领导的形式也具有多样性。上文已经分析了不同层次的学校课程领导者，在后文中将其统称为“课程领导者”。就学校课程开发问题而言，“如何”进行课程领导这一问题，可以分为两个方面：一是理论上“如何”领导问题的研究进展；二是在实践中，领导者如何在学校情境中领导学校课程发展，关注校本课程的具体问题。

（一）如何进行校本课程领导

本章第一节在讨论教育领导的基本议题中，已经对西方教育领导研究中“如何”领导这一问题进行解释。当前更加关注的问题是领导的功能在实践中如何发挥。理论研究提醒我们，一是注重在学校情境（situation）中进行领导策略的选择；二是领导者与被领导者之间以一种互动（interaction）的方式形成领导实践。

何为学校情境，如何在情境中领导？这是教育领导中极具挑战性的问题。学校情境的重要性不言而喻，而每所学校的情境也存在较大差别，这无疑是领导研究中的一个难点。在尤里克（Urick）和鲍尔斯（Bowers）最近的一项研究中，其情境变量包括区域的问责制程度、城乡背景、学校规模、生源质量、教师结构、师生比等。斯皮兰（Spillane）及其团队在研究了美国 15 所学校之后，提出学校情境主要包括：①人员与学科。如某些人适合做教学领导者，而有些人则适合做学校的管理工作；在不同的学科中，分布式领导策略也不同。②学校的类型。城市或农村的学校，领导的分布方式会有所不同。③学校规模。主要是指学校的师生规模或物质条件等。④学校发展阶段。适当的时机对领导力分布来说非常关键，领导者应该审时度势，准确地把握学校当前的状况来进行领导力的分布。

这些研究可以为学校校本课程领导提供一些参考。首先，在校本课程开发中，领导者从宏观上把握校本课程建设的方向，需要考虑学校的文化传统、可利用的资源、教师队伍的情况。如我国有些发达地区的学校校本开发课程数量达到上百种门类，具有完善的制度，并且保持着较高的质量；而在农村地区的学校校本开发课程却处于空无或起步阶段。另外，中层领导者作为连接校长与一线教师的纽带，在了解教师需求的同时，也需要了解校长个人的性情、特点、领导风格，这种“上传下达”的方式往往能影响校长和教师之间的关系。例如，美国学者分析了 7650 名美国名公立学校的校长的领导类型及学校的情境因素对校长领导的影响。他们归纳了三种类型的校长领导风格：综合型领导（integrated leadership），即校长运用多种方式与教师建立一种协同关系，以实现组织目标；集中控制型领导，校长比较频繁地实施领导行为；割据型领导（balkanizing leadership），即校长赋予教师较大领导权力，而且教师有着较大的领导空间。其中，综合型领导所占比例达到 53.93%，集中控制型领导占 24.07%，割据型领导占 22.0%。综合型领导的主要特点就是校长们能够在领导实践中分享教师领导。研究发现，采用综合型领导的主要是女性校长，而且与区域性的问责制显著相关。割据型领导主要是男性校长，所在学校通常为农村学校，规模较小，较少有少数民族学生，因为这些小规模的农村学校校长往往因为教师人数较少而难以把权力下放给教师。集权型的校长往往是男性，而且所在学校较难达成区域或国家的问责标准。

另一个领导实践的观点强调领导者与被领导者之间的互动。学校领导由多位领导者组成，领导的方式也从传统的校长个人行为（action）、角色（role）等转移至当下领导者与追随者之间的互动（interaction），甚至是深度互动。正是这种互动形成了领导的实践，在实践中，学者们更加强调的是领导功能的发挥，而不是领导知识、技能。ISLLC2008作为美国国家层面的领导标准，规定了六个层面的教育领导者领导功能的维度，需要特别强调的是，虽然ISLLC2008与ISLLC1996在维度上相似，但其不同之处在于，领导的“功能”指标取代了原有的领导“知识、技能、性情”。对领导者而言，其个人特质、领导知识与技能很重要，更重要的是这些如何在实践中发挥功效。

（二）两类校本课程领导

在实践中，课程领导者如何基于学校情境围绕课程发展与被领导者进行互动，是亟待解决的问题。以校长为例，一些研究显示，我国中小学校长日常时间主要被行政事务与非教学事务占领，校长面临较大的工作负荷，出现职业倦怠等。如北京教育学院校长研修院对北京市普通高中校长的调查显示，最耗费校长精力的活动前四位依次是：参加会议、应对各种检查评比、学校常规管理、外部事务或非教学性事务。与之对比，校长期望较多的工作前四位依次是：自己从事教科研、学校常规管理、参加各类学习培训、学校战略管理，但能做到把精力主要消耗在“自己从事教科研”的校长不到1/10。

课程领导从理论到实践存在很多问题。欧用生认为，当前课程领导存在以下六大困境：①校长以行政领导代替课程领导，把学校课程发展当作一件简单的行政工作来处理；②校长的课程领导都依据默认的课程假设；③校长课程观念偏颇，课程领导流于保守；④学生被排斥于课程决策之外；⑤课程领导呈孤立状态，缺少伙伴关系；⑥控制和管理是课程领导的重要策略。

在中国内地，不少学者采用调查、访谈、个案等实证研究的方法来讨论和分析当前内地课程领导存在的问题，并提出相应的策略。钟启泉认为，导致我国课程领导的不和谐因素有“告状文化”的破坏性、应试体制的竞争性、功利追逐的劣根性、政策推进的断续性、权力分配的模糊性，因此对“课程领导”的再认识显得非常重要。王怡通过调查228名校长及访谈，也发现类似的问题，即校长课程领导意识欠缺，中学校长课程领导制度不完善，面临应试之压力，相关培训工作缺乏。董小平认为，在传统的学校课程运作中，教师与校长相互防范、教师与教师相互疏远、教师对学生独断专行，这三类关系严重地阻碍了教师课程领导功能的发挥。阳红认为，在学校层面，不同个体之间、不同团体之间存在价值观、目标、利益、角色定位等方面的不一致会产生学校课程领导的冲突。

这些都是课程实践的具体问题。结合当前的学校情境，我国中小学的校本课程领导实践问题可以根据不同的课程分类来看。课程具有多种分类方式：根据课程的显隐性，课程领导可以分为显性课程和潜在课程的领导；根据课程的不同范围，可以分为国家课程、地方课程、校本课程的领导。课程领导者可以根据自己对课程的理解及分类，从不同的视角来看待学校课程领导的实践问题。本书借鉴第一种课程分类方法，即显性校本课程与潜在校本课程的分类方法，探讨这两类课程的领导实践问题；同时本书会结合其他的课程分类，尽量全面地阐释学校课程领导实践。

1. 显性校本课程的领导

所谓显性课程，是与潜在课程相对应的概念，是指学校教育中有计划有组织地实施的课程，也可称之为“正式课程”。从当前我国中小学的实际情况来看，学校中的显性课程主要是国家课程、地方课程和学校课程，这三类课程构成了校本课程的主要部分，也是学校教育的核心内容。为了便于区分，这里把学校有权自主进行开发的课程称为“校本开发课程”，指与国家课程、地方课程相对应的，学校有权自主开发的课程门类；“校本课程”不同于“校本开发课程”，它强调以学校为本的、以学校为范围的、学校实施的所有课程，包括国家课程、地方课程和校本开发课程。在显性校本课程的领导中，着眼于不同范围的校本课程，课程领导在两个主要问题上发挥重要作用：一是整体上学校课程的规划与实施；二是校本开发课程的技术性领导。

从学校课程的整体出发，校本课程领导在两个问题上至关重要：对学校课程的规划，以及领导校本化课程的实施。崔允漷认为，三级课程管理体制的确立，为学校课程规划提供了制度保障；课程民主化理念的兴盛，为学校课程规划提供了观念基础；同时，学校课程规划也是保障新课程有效实施的重要途径。他认为，学校课程规划，就是学校对本校的课程设计、实施、评价进行全面的规划，是植根于学校，服务于学校的。学校课程规划的实践是指从提高课程适应性和资源整合角度出发，对国家课程、地方课程和校本课程进行通盘的设计和安排。也有学者根据具体学校的实践，提出了学校课程规划的步骤。第一，在学校分析的基础之上提出学校发展愿景，这一分析要着力解决三个基本问题：①我们的优势与劣势是什么？学校之外存在着的发展机会与威胁是什么？②哪些人和事有助于发展？哪些人和事可能滞后？如教师的经验、利益相关者的承诺、资源供应等。③什么人或事是最重要的、最急需改变的？第二，为学校制定教育政策。第三，为学校提供适切的课程，包括课程类型的多样化、具体科目比重均衡等。第四，学校课程方案的编制。第五，制定具体的行动方案，行动方案需具体、量化、各方认同、真实且联系学校实际。第六，监控与评价。

虽然不同的学校有不同的规划方式，但是课程领导者在课程规划中的作用是显而易见的。学校发展愿景的制定，是领导者与学校教师共同讨论的结果，是一种分享型的目标；具体的规划方案需要靠教师去落实。因此，领导者需要更多地把教师纳入学校远景规划和方案制定中来，在课程规划的领导中引领一种民主、合作与共享的学校课程文化的形成。

在学校课程规划中，许多学校把学校课程结构视为学校整体课程的特色展现，这也是学校课程体系建构的重要环节。赵文平认为学校课程结构变革的根本目的是实现课程在每一所学校的适应性和适切性，使学校自己能够开设促进本校学生发展的课程结构体系，实现学校的特色化发展和学生的个性化发展。如在上海格致中学的课程结构图中，学校建构了立体化的课程结构，充分体现了“格物致知”“科学”“爱国”的学校文化，形成了基础型、拓展型、研究型三型结构课程。课程结构能够立于学校课程整体的视角，使各学科教师也可以从整体上把握学校的课程，冲破传统分科课程的边界。

此外，课程领导的作用体现在校本课程的实施中。校本开发课程虽然被许多中小学视为学校特色建构的主要部分，但这部分课程内容在学校总体课程中所占比例仍然比较小。作为学校课程的主要部分，国家课程在学校整体课程中占据着较大比重，但较少的自主权并不意味着学校在国家课程实施中无可作为。校本课程的范围应该是以学校为“本”的，这意味着校本课程不仅是这一小部分特色内容的开发，更意味着学校课程(包括国家课程和地方课程)的校本化实施。领导校本化课程实施的途径非常多样，领导者可以从学科出发，领导学校各科教研组反思并提炼本学科的特色，在学科教师中发现教师领导者，尊重并支持教师的专业自主等。例如，北京市某中学以教研组为单位，分别反思与总结了该校各个学科的特色，如语文是“以人为本、集体合作、丰富多彩”，数学是“严、实、活、清、高”等，并且被有关媒体所报道。

从学校课程的局部来看，主要关注校本开发课程的领导，许多学者把这种领导作用称为课程开发的技术性领导。我国学者在借鉴国外课程领导理论之时，多引用布拉德利1985年的《课程领导与发展手册》(*Curriculum Leadership and Development Handbook*)、格拉松(Glatthorn)1987年《课程领导》(*Curriculum Leadership*)等专著，这一时期的课程领导文献大都围绕如何“有效”进行课程开发，即制定课程目标、选择课程内容、组织与评价课程等技术性问题。我国中小学在2001年以后掀起了一股“校本课程开发”热潮，但与此同时也引起了一些学者的警惕。课程开发作为一种新事物，学校、教师在探索过程中难免遇到一些问题。部分发达地区的校本课程开发存在很多误区，如把校本课程开发误作为“编教材”、课程开发盲目混乱、重“量”而不重“质”等问题。面对这些问题，课程领导者需要关注校本课程开发的技术性问题，保证校本课程开发的质量。

有关校本课程开发的技术领导，从经典课程编制理论来看，主要是课程开发需要经过完整的四个方面：课程目标的制定、课程内容的选择、课程的组织与实施、课程的评价。本书有关章节主要围绕课程开发的四个维度进行了详细的探讨，此处不再赘述。在提升校本课程开发的技术性领导上，课程领导者可以分别从这四个方面去审视课程开发的基本要求，逐渐实现校本课程开发的规范化，从而逐渐建立校本课程开发的管理制度，在动态发展中逐渐完善校本课程开发的质量。

如湖北省宜昌市第一中学(又称葛洲坝中学)，在校本课程开发与实施过程中，以校本课程价值为基准点，该校完善了9个步骤的实施机制：①教师自主选定课题。②教师根据选题拟定“讲义框架”及“课程推介”，“讲义框架”包含目录及课程内容提纲，“课程推介”是教师向学生推广及介绍这门课程的“广告词”。③报学校一审。学校一审一般有“三看”：一看是否具有符合学校要求的明确且正确的价值取向；二看讲义的目录和基本内容是否符合教育方针，是否与该校引领学生实现自我优化的办学理念相一致；三看讲义的结构、内容是否自成体系，以及与课程的主题是否相一致。④讲义撰写。⑤送学校二审。学校二审一看讲义的“质”，二看讲义的“量”，主要是看讲义的内容是否能够达到学校所规定的授课18课时以上的量。⑥学生选课。每学年学校平均有70门左右的校本课程，教务处根据学生选修的人数由多至少排序，再公布列于前30位的课程供学生进行第二次选课，根据学生第二次选课的情况，每个年级每期校本课程开课一般在15～20门。一般选修人数超过20人的校本课程才可能被准予开设。⑦开课及巡查学生对授课情况进行评价。⑧教师再进行课程的完善或二次开发。⑨为提高教师开发校本课程的积极性，对优秀的校本课程教材择优公开出版。

又如，2004 年南京师范大学第二附属高级中学启动了“校本课程建设”。相应建立了四类制度：①制度化的管理程序。通过立项选择，一方面针对学校开展较早，有着多年积累的选修课与活动课，使之更加科学、规范，成为校本课程；另一方面，教师申报的课程全套通过“教科室预审、课程负责人答辩、专家评审”的程序。通过严格的中期考核，结项验收，课程负责人提交“在建校本课程验收报告”“课程立项协议书”。对已授予“精品校本课程”的，按照一定程序进行复查。②校本课程选择与评价标准。课程选择和评价制度，在课程定位、知识体系和内容、教学理念和模式、教学条件、主讲教师等方面提出了具体标准。课程建设期满时，学校要组织课程验收。确立了课程验收应达到的验收的八项标准。③基于项目的协议管理，凡立项的课程，课程负责人与学校都要签订立项协议书（一式三份），包括校本课程的名称、课程建设的基本内容、阶段目标、课程主要参加人员，中期检查时拟完成的主要内容、主要验收指标，后期建设内容和验收指标。④校本课程开发建设滚动式资助制度。中期考核中，考核合格者“继续给予资助”；考核优秀者给予“升级资助”；考核不合格者下半期将“不再给予资助”或“降档资助”。

上述两个案例都体现了一些优质学校在校本课程开发中建立的完善制度，以保障校本课程开发的质量。我国学校的情境背景千差万别，保障校本课程开发的质量问题，仍然是当前许多学校在校本课程开发中的首要问题。课程开发的理论较为完善，学校需要做的是，根据本校的具体情况，使校本课程开发的过程和结果都规范化、有效化。课程领导者在其中的作用至关重要。不同的课程领导者在其中扮演不同的角色。领导具有情境性，不同的学校因其资源、传统、发展阶段不同，来选择不同的领导策略。但校本课程开发的技术领导都有着重要的基础作用。例如，对于优质学校而言，高质量的校本课程开发也是进一步形成课程文化的基础，如果学校只是盲目地追求校本课程门类的数量，教师们只是盲目地编教材，那么，这种校本课程开发的氛围对于学校文化有害无益；而对于一些薄弱学校而言，如何利用好有限的资源，保证好校本课程开发的质量，则是领导者首要考虑的问题。

无论是学校整体的课程规划与实施，还是校本开发课程，课程领导者都起着关键的作用；反之，有效进行课程规划与实施，保障校本开发课程的质量，也能够提升领导者的课程领导力。

2. 潜在校本课程的领导

潜在课程，又称“隐性课程”，是美国教育社会学家杰克逊于 1968 年首次提出的概念，他认为，在校学生不仅要接受读、写、算等文化知识，而且要获得态度、动机、价值和其他心理的成长，后者是经由非学术途径，以潜移默化的形式间接地传递给学生的。需要注意区别的是，潜在课程不同于活动课程。活动课程是有形的、计划性的，活动课程在影响方式、计划性、涉及范围广度、存在状态都区别于潜在课程。广义上的“潜在课程”实际上重视在学校环境中学生的教育性经验获得的过程。

瓦兰斯（Vallance）将潜在课程分成三个层次：①师生交互作用，教室结构、教育制度的组织模式等学校教育的结构；②价值的学习，社会化、阶级结构的维持等作用于学校的历程；③从课程措施的偶然的、后意识的副产物到包含在教育的历史的、社会的功能中的各个结果等种种的“意图性”或“隐蔽性”。从这三个层次来看，潜在课程贯穿在学校教育的整个过程中。

需要强调的是，虽然显性课程与潜在课程被区分开来，但在学校情境中，很难把二者独立分割开来探讨某一种课程的影响。例如，前文提到的学校课程规划，许多学者也强调学校课程规划是学校理念的体现，是学校组织文化的展示，课程规划中也存在一种潜在的影响。再如校本课程开发强调教师的主体参与，发挥其决策作用，是促成教师文化形成的重要途径。因此，领导者需要注意，显性课程与潜在课程这两类课程的影响和作用是相辅相成的。潜在校本课程的领导主要应关注以下三个具体问题：①课程规划与实施中课程理念、价值的渗透；②教师文化领导；③其他潜在课程的领导。

显性课程的规划，从技术层面(如学校课程结构建构、国家课程校本化实施等)也体现出学校理念与价值在课程中的渗透，也可视为一种潜在课程。如有学者对上海市200多所中小课程规划文本进行分析发现，自新课程改革以来，“学生为本”的课程观念渗透到许多中小学中，改革呈现出多种课程话语表达，但实际上是“以儿童为中心”的一元取向。但学者也注意到，有些学校只是“跟风”，在口号上提倡“学生为本”，学校相应的课程目标、课程设置却没有与这些“口号”相匹配。这说明，许多学校并未理清课程改革的理念，也没能很好地把课程改革与本校实际结合起来，合理进行课程规划。课程规划在技术层面，如撰写课程规划文本、制定相关制度、细化行动方案与评价体系，相对容易完成，但在这些技术层面之后，课程领导者需要更加深入地考量隐藏在这些课程背后的价值取向，判断其是否符合本校的实际，是否是学生发展、教师发展、学校发展所需要的。例如，学校课程结构的建构，是一所学校课程内容的展现，也是其学校价值观的体现，但应判断这一结构是否能够直接反映学校办学理念、育人目标、文化特色。在学校课程规划与实施中，只有符合学校为“本”，才能使之在显性与潜在层面形成一种积极的动力，促进学校课程的校本发展。

校本开发课程，是国家课程、地方课程的重要补充，也是学校可以根据自身特点进行自主开发的课程。我国学者把与技术性课程开发相对应的，称为课程开发的文化取向。有效的校本开发课程，是学校文化的集中体现，既能够体现学校的文化传统、资源特点以及学生和教师能力，也能够展现学校整体课程的特色。例如，东北师大附中明珠学校在倡导生命教育特色的过程中，以崇高的生命责任和前瞻的教育理性，在学校课程改革实践中融入了生命教育理念。

前文提到的湖北省宜昌市第一中学，简称“葛中”，该校认为校本课程开发是学校依据本校的办学理念及学校和学生发展的实际需要，自主确定学校课程的价值取向，自主开发相应教材或其他形式的授课内容并组织实施的全过程。校本课程“价值”体现了该校校本课程的整体特色及机制。葛中把本校校本课程的价值定位为四个方面：①培养学生实践能力和创新精神。在这一取向下着重开发三类课程：一是脑体类课程。这类课程以培养学生手脑并用的能力为目的，同步锻炼学生的脑力与体力。例如，“机器人设计”“实用小发明”等就属于这类课程。二是生活类课程。“生活”就其本质而言是指向实践的，实践能力的培养包括生活自理能力的培养与生活常识的学习。葛中教师开设“饮茶与健康”等生活类课程，是对校本课程培养学生实践能力价值取向的认同与遵循。三是生存类课程，实践能力应该包含生存知识技能的学习与培训。如该校一位教师是超级“驴友”，以其亲身经历为基础开发的校本课程“带着梦想上路”同样吸引了许多学生。②拓展国际视野。葛中一位教师开设“国际金融常识”的校本课程，明确地以国际金融现状为背景，其课程具有明确的“拓展学生国际视野”的价值取向。该教师具有很强的鼓动性和感染力，学生异常青睐，自2010年下学期开设以来几次创造选修人数之最。③凸显地域(学校)特色。对于每一届入校的高一新生，葛中的校本课程第一课就是“葛洲坝中学系列校本教材之一”——《学校文化解读》，该教材中有诠释学校办学理念与学校文化内核的内容，有历届校友回忆在母校学习、生活的内容，也有学校的相关制度文化的内容等。此课程的开设，对于帮助学生加深对葛洲坝中学学校文化的理解与认识，更快融入新学校均具有重要价值。④养成健康和谐人格等方面。学校开设“人文启思讲堂”系列校本课程，给学生讲授“学校文化解读”“哲人哲思”“逻辑初步”等内容。此外，鼓励教师开发学生喜爱的，以修养学生情趣为价值取向的校本课程。诸如“吉他演奏”“摄影入门”“桥牌入门并不难”“趣味人物漫画像”等校本课程受到许多学生的青睐。从中可以看出，有效的校本开发课程，是学校价值、理念的渗透与体现。

第二类领导是教师文化的领导。领导者对组织的文化领导是教育领导研究中的重要主题。从教育领导的发展脉络来看，领导者从对课程教学事务的关注转向对学校组织文化、组织成员(主要指教师)的个人关怀与支持，主要是由于20世纪90年代领导理论中转变型领导理论的兴起，这一理论强调对组织成员的关注与支持，注重组织成员的能力，学校领导过程中愈加关注教师的“能量”。

哈格里夫斯(Hargreaves)分析了四种教师文化：①个人主义文化(individualistic culture)，特征是相互隔离，各自埋头于自己的课堂事务；②分化的文化(balkanized culture)，特征是工作分立，互相竞争；③合作的文化(collaborative culture)，特征是开放及相互支持；④硬造的合作文化(contrived collegiality)，特征是教师按上级的意图及兴趣进行合作。在这四种教师文化中，个人主义的教师文化与分化的教师文化仍然是一般学校最为常见的教师文化。

校本开发课程为课程领导者提供一种很好的途径，以促进学校中合作的教师文化的形成。统观十年校本课程的开发，就开发主体而言主要有三类：教师个人开发、教师集体开发和校社集体开发(由校内教师与校外社会人士共同合作开发)。从总体上讲，几位教师合作开发校本课程应占多数，但教师独立开发也占据一定比例。独立开发的教师往往具有某方面的特长或学术专长，这原本是件好事，但由于学校往往缺乏规范的课程开发制度，缺乏良好的课程开发氛围，缺乏对课程开发意义的正当理解，招致一些误解，“既然你能，你就自己做好了”，成为教师们看笑话的口头禅。校本课程开发，本质上应当是一项合作的事业，是由全校教师一起合作的事业，绝非某一个或某几个教师自己的事情。

合作的教师群体文化，是高效的专业学习社群的基本特征之一，能有效地促进群体内教师的学习，改善教师的工作态度、情绪等，也是教师积极改变的一个重要动力。而一种批判的群体成员间的对话，往往能起到更好的效果，但这种批判性的对话很难在群体中发生。此时，课程领导者的领导作用就显得非常重要。无论是学科带头人还是中层领导，在了解特定的教师群体的文化之后，可以根据该群体固有的特征进行引导，如鼓励教师之间的经验交流，鼓励教师共同进行校本课程开发、实施与评价，鼓励教师之间开展批判性的对话等。合作的教师文化，也是许多学者认为学校校本课程开发应该达到的目标，从而达到促进学校课程文化生成的目的。

此外，学校的其他潜在课程也值得引起课程领导者的重视。如果把潜在课程广泛地理解为一种对学生的“教育经验”的潜在影响的话，那么在踏入校园的那一刻，学生所处的环境都会或多或少地对其有所影响。如学校的布局、宣传栏，教室中课桌椅的摆放、黑板报、卫生情况，都可以视为学校潜在课程对学生的影响。潜在课程虽然一开始被视为一种无计划的潜移默化的影响，但如今都强调把“无意”变为“有意”，从而能够有计划地、积极地影响学生。因此，对于课程领导者而言，关注这些容易被忽视的潜在课程显得很有必要。

综上而言，无论是整体上的课程规划与实施，还是局部的校本开发课程，抑或是学校环境中的细节，学校课程的不同层次都体现出学校课程在显性与隐性两个方面的作用。课程领导者在这几个方面都面临着诸多挑战与机遇。校本课程核心在于以校为“本”，以学生为“本”。在校本课程发展中，领导者需要抓住这两个核心出发点来考量学校课程问题，在保障显性课程的质量同时，关注课程的隐性力量，积极引领学校课程文化、教师文化的形成。

三、课程领导的成效

领导的实效，是近年来教育领导研究的核心问题。雷斯伍德等人在关于领导研究的七大声明中指出，学校领导是仅次于课堂教学的，是对学生学习产生影响的第二大因素。贺灵杰近来把领导与学生学习之间的关联的研究取向称为“为了学习的领导”。这一术语融合了教学型领导、转变型领导及分享型领导的特征，是一个综合的概念。它阐述了领导者如何发挥领导功能，不同的类型的领导研究如何联系并作用于学生学习或组织发展。同样的，校本课程领导对学生学习或组织发展是否有实际效果，也是课程领导者们面临的直接挑战。

教学领导与转变型领导的许多实证研究都表明，领导者对学生学习的影响是显著的、间接的，这种影响的作用是通过教师责任、学校文化、工作满意度，以及其他的一些因素对学生间接产生影响。雷斯伍德等人在一项为期五年的纵向研究中，前后调查来自加拿大某省的 1200 名校长和 72 所学校，以及 199 所学校的 1445 位教师。他们归纳了领导影响学生学习的四种途径：①理性路径(rational path)，即通过作用于学校教育的“技术核心”——教师的课程、教学、学习的知识与技能及他们的问题解决能力——来影响学生学习，包括教师和学校两个层面。②情绪路径，主要指领导者通过影响教师的情感、情绪状态等来影响学生学习，包括个人的和集体的情绪，其中后者包含两个维度：教师的集体效能感(Collective teacher efficacy)，以及同事、学生及家长之间的信任。③组织路径，主要是指通过作用于学校结构、文化、政策及标准的操作程序这些组织特征来影响学生学习，包括教学时间以及专业学习社群两个变量。④家庭路径，指家庭中与学生学习有关的影响，包括学生在家中使用计算机情况和家长说明两个变量。结果表明，四种路径与学生学习的相关性不同。其中组织路径与学生成绩之间无关，现性路径与情绪路径具有非常显著的相关性。并且略高于家庭路径的相关性。

实证研究是当前教育领导研究的主流方法，许多作者运用不同的实证方法来探讨领导与学生学习、组织发展之间的联系。大规模的量化研究可以揭示不同的领导类型与学生成绩之间的联系。而质化的研究可以深度结合学校的背景和现状，揭示领导者与被领导者之间的互动过程。这些研究都有借鉴意义。而我国学者目前在这方面的研究仍然比较缺乏。

对校本课程领导的成效，可以从课程开发的三个基本问题来看：为谁开发，谁来开发，怎样开发。

(1)为谁开发。校本课程是否真的符合学生的需要，课程的开设是否真的促进学生的发展，是否真的是让学生有所获得？这不仅仅是校本课程的评价问题，也关乎学校定位课程开发的理念与目标。“特色”不是故意而为之，而是围绕本校学生的特点，依据教师的能力而展开，逐渐形成具有校本特色的课程。例如，重庆巴蜀中学“131”校本课程体系，把校本课程定位于“学校生成的，既能体现各校办学宗旨、学生特殊需求和本校的资源优势，又与国家课程、地方课程紧密结合的一种具有多样性和可选择性的课程”。校本课程分为三个层面：第一个层面，体现学校总体办学特色的校本必修课程 1 门；第二个层面，保障学生全面发展的校本限定性选修课程 3 门；第三个层面，引领学生个性化成长的校本自主选修课程 1 门。这三个层面的统筹兼顾与有机统整，在实施中本着“限定十自选”“供大于求”的原则，提出必要的“限定”要求，留给学生足够的“自主”选择的空间。

(2)谁来开发。校本课程开发的领导者，究竟是校长、中层领导者，还是教师？领导者与教师之间的关系是否有所改进？对我国中小学校长而言，行政事务与学校日常管理仍然占据了校长大量的时间，而实际花费在学校课程事务上的时间相对较少，但这与校长的课程领导者的角色并不是绝对的矛盾。例如，校长可以通过分布领导权力，把权力下放给中层领导或教师，让他们行使一定的领导权力；通过教师赋权，尊重并信任教师的专业性，给教师提供尽可能多的资源支持，这些都是课程领导者可以努力的方向。国外近年来颇为关注领导者的“领导能量”(leadership capacity)，具有领导能力的学校一般有以下特征：①校长、教师、家长和学生是学校各种活动的相互学习者和参与者；②具有共同的愿景，组织内部有效融合；③以探究的方式收集信息并解决实际问题，即重视不同组织成员在决策中的作用；④不同的角色成员之间的行动都体现出一种参与、合作和集体的责任；⑤反思实践，并共同致力于学校改进；⑥学生成绩稳步提升。从这个视角出发，校本课程开发的成效之一可以定位为建立学校课程能量。作为课程开发的主体，教师是否从校本课程开发中受益，是否促进了教师的专业发展，教师的合作文化是否有所改善？校本课程开发是教师学科专业能力、研究能力等的综合体现，是一种动态的研究过程。在此过程中，教师通过校本课程开发，是否实现了专业的发展，是教师在校本课程开发中需要反思的问题；同时，在与其他教师进行合作开发的过程中，教师群体之间的合作文化是否有所改进，也是课程领导者们需要关注的问题。

(3)怎么开发？学校如何定位校本开发课程？校本开发课程与国家课程、地方课程关系如何？在领导中，要注意三类课程之间的转化，既保障国家课程的有效实施，又发挥校本课程的补充作用。无论是校本课程的技术性开发，还是以校本课程促进学校课程能力的发展，都值得不同的学校在不同的发展阶段考虑。概言之，没有哪一种领导模型或理论是万能的，适用于所有的领导者或学校。学校课程发展中的领导，需要领导者根据学校自身的特征，清晰定位，正确理解课程的含义，围绕学校课科发展，与中层领导者或教师进行沟通，在互动中不断完善学校课程，以实现学校课程更好地为学生、教师服务。

对这三个基本问题的回答，没有统一的答案。但重要的是，课程领导者在领导校本课程发展中，需要对这三个问题不断进行探索、反思，以逐步改进和完善学校课程体系，实现校本课程促进学生发展、教师成长、学校提升的目的。

本章小结

从课程领导的政策、理论与实践静景看，在我国课程改革背景下校本领导十分重要。课程领导不同于课程管理、教学领导，课程领导需要关注三个基本议题，即谁是课程领导者、如何进行课程领导及课程领导效果如何。区域层面课程领导需要教育行政部门在当前中小学发展中发挥重要的领导作用，尤其是在区域内学校间资源交流与共享问题上。教研室是区域课程发展的中心，教研员担当地区课程领导者的角色。教研员的课程领导围绕教研员的三重角色展开，即在“教学”上的专业指导者、在“研究”上的平等合作者、在“教师发展”上的服务者。学校层面的课程领导者中校长是关键，其他如中层领导、教师领导者也发挥着领导功能。学校层面课程领导需要关注显性校本课程和潜在校本课程的领导。这两类领导着力点不同，作用却相辅相成。我国以校本课程开发的三个基本问题(即为谁开发、谁来开发、怎样开发)来考量中小学校本课程领导的效果。

第八章 校本课程实施的知识管理

本章概述

本章主要从知识管理的角度阐述校本课程实施。主要阐述以下五个主要问题：①什么是知识及知识管理？②关于校本课程实施的取向有哪些显性知识和隐性知识？③关于校本课程实施的影响因素有哪些显性知识和隐性知识？④如何运用知识管理理论在学校层面进行改进，推动校本课程的发展？⑤如何运用知识管理理论在教师个体层面实施管理，推动校本课程的发展？

校本课程实施依靠学校和教师的协同合作，如何从知识管理角度来理解校本课程的实施是重点。本章也会从具体策略方面阐述如何从学校环境的建构和教师个体专业发展角度推动校本课程的实施与完善。

学习目标

1.理解教师知识的概念；
2.了解课程实施的取向；
3.理解关于课程实施取向和影响要素的相关知识；
4.掌握如何从知识管理的角度改善教师知识。

读前反思

阅读本章之前，请思考：很多学者指出在校本课程实施中需要教师具备大量的知识，你觉得想要实施一个成功的校本课程，教师需要哪些方面的知识呢？你又会从哪些方面完善、管理自己的知识，从而更好地实施校本课程呢？为什么？

第一节 知识管理与校本课程的实施

当校本课程设计逐步成型之后，紧随其后来的重要问题就是如何实施校本课程。在知识社会拥有学习的能力是一项重要的基本技能。个体应该首先了解自己的学习能力，并且能够将外部的信息内化为自己的学习。在教育改革背景下，教师不仅要指导学生学会学习，同时自己也应该成为自我调节的学习者，掌握知识管理的能力。因此，本章基于这两个出发点，从知识管理的角度讨论如何进行校本课程的实施。

学习目标

理解教师知识的概念，并能够在校本课程范畴内分析教师知识包括的内容。了解课程实施取向的分类。理解并分析影响校本课程实施的要素。

一、知识与知识管理的含义

（一）如何理解知识

在了解知识管理之前，需要首先辨别显性知识和隐性知识这两个关键概念（表 8.1）。这个分类基于波兰尼（Polanyi）理论。波兰尼首先提出了“隐性知识”的概念并对此进行了较为深入的研究。波兰尼指出：“我们可以知道的比我们可以讲述的更多。”例如，我们可以迅速从茫茫人海中辨识出自己的某个朋友，但是却很难清晰地讲述我们是如何分辨的。或者，很多人能够骑自行车，却未必能够清晰地讲述自己是如何在骑行过程中保持自行车的平衡的。换句话说，即便有些人了解骑自行车的原理，却未必能够熟练地骑自行车，因为他们可能并未掌握骑自行车的隐性知识（如了解如何保持平衡等）。

表 8.1　显性知识和隐性知识的比较

显性知识（explicit knowledge）	隐性知识（tacit knowledge）
• 宣告式知识（declarative knowledge） • 客观和正规的知识 • 明确的（tangible）资讯 • 能够被编码（codified） • 有意识地获得（accessible） • 能够容易以网络方式进行联系 • 能够容易以信件、电邮、互联网等传递和转移给他人	• 程序式知识（procedural knowledge） • 社会建构的知识 • 包括两类：技术性知识（知识如何）及认知性知识 • 包含民间的传说（folklore） • 储存在人们的脑海 • 可以作为掌握某一技能的知识 • 包含价值观、觉察、预感、偏见、感受、意象、符号和信念 • 混乱（chaotic） • 难于编码和储存在资料库和内联网内 • 通常难于沟通和分享 • 富有价值，是经验和学习的一种丰富来源

一般而言，显性知识和隐性知识两者互为补充，并通过多种类型的互动，从一类知识转化为另一类知识。王如哲引用野中郁次郎（Nonaka）和竹内弘高（Takeuchi）的观点，指出四种知识转换（knowledge conversion）方式，以发展校本课程为例，其一，社会化——从个人的隐性知识转化为团体的隐性知识。例如，校长可能首先产生发展校本课程的想法，然后就其背后的理念与哲学和校内教师进行分享，当一线老师也能够积极加入这种分享时，在不断地讨论中就有可能产生一些新的理念或共通的想法，从而存在于团体之中，成为大家的共识。其二，外部化——从隐性知识转化为显性知识。例如，当一位发展校本课程的教师在将自己课程发展的心路历程或经验撰写出来时，他们常常会探究自己的某些做法背后的理念或根据，在这个过程中，教师可以不断地将自己在实践过程中运用的隐性知识通过自我反思的方式逐步外显出来。其三，组合——从离散的显性知识变为统整的显性知识。例如，当学校组织编撰校本课程的经验反思集时，各位参与的教师可能会将自己的经验与知识进行再次沟通，在不断分享的过程中，教师之间可能会对某些理念达成整体性的认同，从而逐步形成了校本层面的显性知识。其四，内化——从显性知识到隐性知识。这

个过程较为困难，它需要从具体的参与中领会、感悟。举例来说，当校本课程的方案进入实施阶段会出现很多未曾预料的问题或情况，教师在互相沟通中既逐步丰富了自己的隐性知识，也可能在不断解决问题的过程中形成了校本课程发展背后的教育哲学。另外，从具体的实践操作中教师也可能将原本了解的理论知识和具体教学实例结合，从而真切地理解这些理论的意涵和其对于校本课程发展的意义(图 8.1)。以校本课程发展为例，社会化过程可能产生校内不同教师的“共鸣性知识”(如教师对校本课程的理解)；外部化过程可能产生“概念性知识”(如建立校本课程统整的设计原则和特征)；组合过程可能产生“系统性知识”(如分享校本课程统整的评估结果及学习成果)；内化过程可能产生“操作性知识”(如引入课程统整的革新研究或新评价方式)。需要指出的是，这种转化的过程并非按照某种顺序循序渐进，逐一完成。在实际的教学环境中，这些转化很多是交叉往复及同时发生的。因此在这种错综复杂的关系中，教师如何对这些知识进行分类、管理就显得尤为重要。

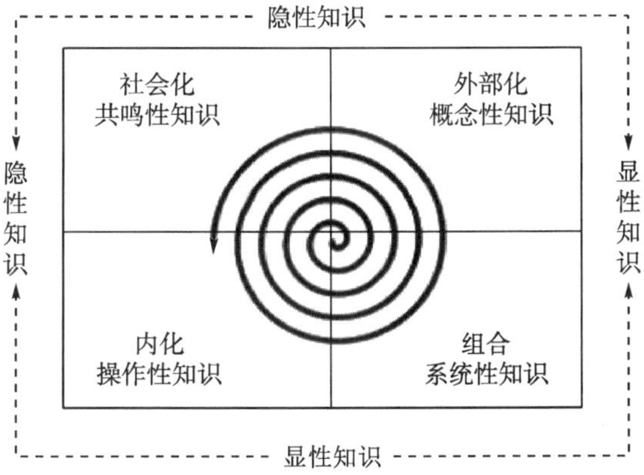

图 8.1 四种知识转化的方式

(二)如何理解教师的知识

一般而言，作为一名前线教师需要掌握多种类别的知识，舒尔曼(Shulman)曾经将教师知识分为以下几类：①学科知识(content knowledge)；②一般教学法知识(general pedagogical knowledge)；③课程知识(curriculun knowledge)；④学科教学知识(pedagogical content knowledge)；⑤学生知识(knowledge of learners and their characteristics)；⑥教育环境的知识(knowledge of educational context)；⑦有关教育宗旨、目的等知识(knowledge of educational ends，purposes，and values，and their philosophical and historical grounds)。

在这些不同类别的知识中，从公共和个人的角度又可以将其进行重组。例如，学科知识、课程知识等更倾向于公共知识，它有一套较为系统的知识体系，同时经过诸多学者在不同时期、脉络中进行建构、推演及论证。而学生知识、学科教学知识则偏向于个人知识。它主要在教师解决问题 、适应环境、思考与反省等方面逐步建构形成。这些知识富含教师的实践智慧。与此同时教师个人知识体现出高度的主体性和特殊性。因此胡素(Husu)用“多元知识论”(an epistemology of pluralism)这一概念凸显教师个人知识的多元性、暂定性和动态特征。在校本课程的发展中，教师的个人知识更是典型地体现了这些特征。例如，怎样理解开发校本课程的脉络，如何搭建校本课程的共享平台，怎样分析具体、多元的学生需要等，这些都是教师在具体脉络中逐步觉知的。它缺乏明确概念或科学的理论体系，同时也常常难以用正式的语言与他人进行完整的沟通。但是这些知识是在教师的专业工作中经过深思熟虑发展出来的，同时也是面对学校、课堂种种挑战中最为有效的原则。尽管教师的个人知识缺乏自然科学所关注的“绝对客观性”，但是对教师个人的主观生活世界而言，其却有着实际的解释效力与应用价值，因此表现出高度的“客观的主观性”(objective subjectivity)。

由于教师的个人知识相对处于一个松散的结构中，不同概念之间缺乏严密的逻辑关系，同时这些知识和具体的脉络高度相关，因此这些知识难以用简单、清晰的词句进行条理清晰的表述，多数处于隐性知识状态。研究者建议在探讨教师的这一部分知识时可以使用叙述的方式，透过故事、自传、传记、隐喻、意象等方法来表达难以言传的内容，探寻教师在日常教学中逐步建构的隐性知识。近年来，除了一些学者不断在这一领域进行探讨之外，研究者还倡导教师对自己的隐性知识进行反省与修正，使原本处于分散的、零碎的、脉络化的知识逐步整合，从而进一步提升教师的有效性。

(三)教师的知识管理

在上文中指出了教师个体知识的复杂性和动态性，这一部分主要探讨如何对教师个体知识进行有效的管理。首先，需要界定什么是教师的知识管理。在学者眼中，这一概念并没有一个放之四海而皆准的定义，但是，在不同定义之间能够发现一些共同的特征：首先，知识管理是一个过程——它是一种确认、组织、转化及运用咨询的专门的才能；其次，知识管理是一个系统——它能够帮助个体更快地学习、适应环境，与外界更快、更有效地进行知识的交流沟通；再次，知识管理是一种技术——它能够将知识统整成为模块，并能够在不同模块间建立互动；最后，知识管理是一种功能——它能够对知识辨别及主动管理，这种管理包括外显知识和隐性知识。萨里斯(Sallis)与琼斯(Jones)则从涵盖内容的角度来理解知识管理这一概念，他们认为知识管理是“学习会让我们去知道我们认识的内容”(learning to know what we know)，以及“知道哪些是应该了解但尚未了解的内容”(know what they do not know but should know)。基于不同的理解与定义，可以认为知识管理与知识建立、知识分享、知识创造互为关联。它是一种收集、分类、储存、查找和检索知识的过程，它可以为个体创造价值，亦可以帮助建立一种机构文化。陈美玉提出“教师个人知识管理”的概念，她认为教师的个人知识管理是一个确定、组织、利用资讯和教师个人知识及智慧的综合过程。教师个人知识管理基于教师的个人知识，帮助教师去学习相关理论、沟通实践知识，从而将理论知识及实践知识不断整合成系统以保存与传承。在这个过程中，教师能更好地适应知识社会的环境，能够不断提升应用知识和学习的能力。通过个人的知识管理，教师能够有意识地在学习上采取更为主动的策略，加速知识转化的运作，从而在知识的吸收、储存、创新及应用上会呈现更好的效果。

在教师知识管理的结构方面，可以适当借鉴、参考企业对知识管理的模式运用。本章主要以美国生产力与品质中心(American Productivity & Quality Center，APQC)与亚瑟•安德森(Arthur Andersen)顾问公司于1995年联合发展的“知识管理架构”为蓝本，修正为适用于教师的知识管理架构(图8.2)。

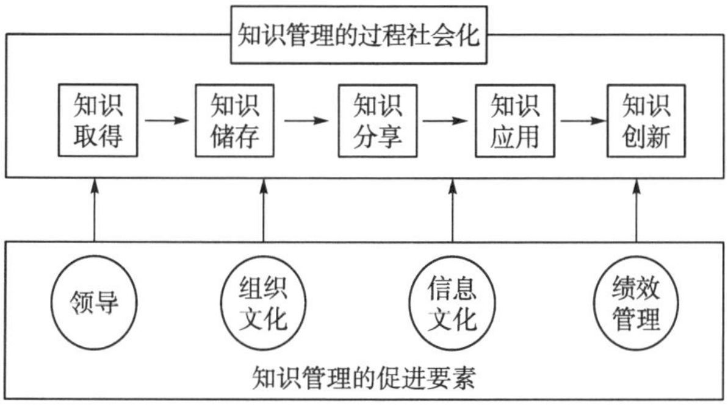

图8.2　教师知识管理架构

在图8.2的结构中首先将知识管理分为两个部分，即知识管理的过程和知识管理的促进要素。知识管理的过程主要包括五个方面的内容：其一，通过不同渠道获取相关的知识；其二，能够运用有效的方式筛选并储存有价值的知识；其三，能够将知识进行不同程度的分享；其四，能够将知识运用于实际情境中；其五，在应用的基础之上，能够对知识进行一定程度的创新。促进要素则涵盖了学校领导、组织脉络的文化、网络资讯的影响、对于绩效的管理四个范畴。这一框架既说明了知识管理是一个由浅入深、循序渐进的过程，也十分形象地指出教师的知识管理始终处于动态的变化之中，与此同时这些变化因不同的脉络要素可能会有所不同。在校本课程的发展中，由于每一所学校的脉络不同，使得身处不同脉络中的教师的知识管理千差万别。下面针对校本课程的实施领域中教师需要具备的知识进行简单梳理。

二、在知识管理视域中的校本课程实施

从知识管理的角度来看，教师需要首先理解、掌握课程实施的相关知识，同时能够将其与具体的校本情境相结合，从而对其进行调整与完善。课程实施(curriculum implementation)是指一个设计好的课程计划被教师执行的过程。从知识管理的角度来看，教师不仅需要掌握相关的显性知识(如课程实施的取向、课程实施的影响因素框架)，还需要对自己已有的隐性知识有较为敏锐的觉知。这里针对这两个方面进行重点讨论。

(一)知识管理与课程实施取向

正如上文所述，一般客观、明确的知识多被视为显性知识。从显性知识的视角来看，在课程实施的取向方面西方研究者总结了三种类型：忠实取向(fidelity orientation)、相互调适取向(mutual adaptation orientation)、课程缔造取向(curriculum enactment orientation)。所谓忠实取向即认为教师实施课程应该忠实地按照最初的计划施行。在抱持忠实取向的学者眼中，衡量课程实施成功与否的重要标准是所实施的课程与预定的课程计划之间的符合程度，符合程度越高则课程实施越成功。这种取向提倡以量化研究作为基本方法论，认为

问卷调查、访谈、观察及文献分析等是进行此类研究的有效方法。所谓相互调适取向即承认课程实施无法忠实地按照原定课程计划进行，它必然要受到学校实际情境的制约和影响。教师可以在具体实施的过程中根据实际需要进行调适或改变。这种课程实施取向可以运用量化或质化的方法来收集数据。在具体方法上，个案研究、参与式观察、访谈、问卷调查及文献分析等都是较为有效的方式。而所谓课程缔造取向则认为课程是教师和学生共同缔造的产物。真正的课程是在具体的情境中不断茁生出来的，而预设的课程计划不过是这个经验缔造过程中的一个媒介而已。课程实施的缔造取向更为关注教师如何通过经验的提供和分享与学生进行互动，帮助学生完成知识的建构。在数据收集方面，缔造取向强调运用质化的研究方法，采用个案研究、深度访谈及行动研究等。

当然与上文所简述的关于课程实施的显性知识相比，教师个体亦需要觉知自己在这一方面的隐性知识。即所有教师在开展教学活动时，并没有明确地自我觉知采用了哪一种实施取向，但事实上，教师在隐性知识方面已经有意或无意地形成了自己的课程实施取向，并深刻影响着教师的教学决策。教师可以从以下一些问题尝试觉知、反思自己的课程实施取向：①在设计校本课程时，我更愿意细致地设计每一个环节的教学流程还是设定一个教学框架就足够？②在实施校本课程时，如果课堂教学没有按照原定计划实施，我会感到不安吗？我一般会如何处理这类问题？③在实施校本课程时，我愿意给学生提供多大的空间任由他们来发挥？

通过对这些问题的自我审视，教师就可以反思自己在校本课程的实施方面到底采用了哪种取向，当然结合显性知识，教师可以再进一步提出这样的问题：这种取向是否是自己认为理想的课程实施取向？如果不是，那么应该怎样改进？当然对这些后续的问题的解答，教师需要不断地将显性知识内化，以及将自己的隐性知识外化，在两者的互动中不断地进行改进与提升。

（二）知识管理与课程实施的影响因素

对于课程实施的影响因素，很多学者对不同脉络中的课程进行过详细探讨，从而逐步形成了相关议题的显性知识。针对校本课程，马殊(Marsh)等人提出的框架具有较高的参考价值(图 8.3)。图 8.3 的中间部分是影响校本课程发展的三个主要内部要素，这是整个校本课程的核心部分，而环绕其周围的六个要素则是与校本课程互动的脉络要素。下面对这九个要素进行详细解释。

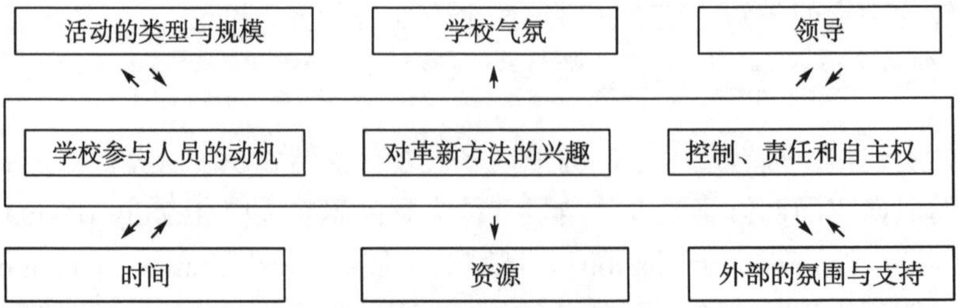

图 8.3　学校本位课程发展的概念图

1)学校参与人员的动机

任何一所学校在推行校本课程时，多数是有一个或几个积极改革的核心成员，这些成员多数是学校的资深教师或校长。而改革的缘起往往从两方面出发：其一，教师不满足于已有的教学内容或教学模式，从而尝试寻找更好的替代方式让学生学得更好；其二，从学校的长远发展出发，希望校本课程的改革能够配合、推动甚至带动整个学校的教学革新。这些参与人员的改革热情往往是校本课程发展最初的动力所在。

2)对革新方法的兴趣

一般而言，当教师或校长对于当前状况不甚满意时，他们会尝试选择其他方式以解决问题，改善学生学习，这可能直接推动校本课程的设计与发展。另外，也有可能是教师对教学效果不甚满意，希望能够有所提升，从而推动校本课程的发展。此外，一些外部的舆论或影响也可能成为校本课程的发展动力，如政府的政策、社会舆论等都可能促使校长或教师愿意尝试通过校本课程来为学校发展注入持续的动力。

3)控制、责任和自主权

马殊指出，在校本课程的实施过程中，让参与者在整个过程中始终有一种拥有感、控制感和自主权是尤为重要的。只有教师真正被赋权，能够在校本课程的设计和实施中扮演重要角色，他们才能够将自己的才智投入教学之中，也更可能在教学这个即时的场域中灵活应变。若非如此，校本课程就只能沦为校长控制教师的另一种途径或工具。

4)活动的类型与规模

一般而言，校本课程的设计所包含的教学活动应该根据具体的情况而定(如场地大小、资金预算、人员数目)。因此如何配合教学目标选择具体的教学活动类型与规模，都可能给校本课程带来截然不同的影响。

5)学校气氛

在校本课程的实施中，学校氛围是一个重要因素。在这个维度中，校长的支持度、教师之间的关系、学校凝聚力、学校文化等都是影响学校氛围的重要因素。如果校长对不同的革新观点抱持开放、鼓励的态度，教师之间能够开诚布公、精诚合作，那么校本课程的开展就会较为顺利。反之，在一所控制严格、层级分明、教师缺乏沟通的学校，想要开展成功的校本课程往往事倍功半。

6)领导

许多实证研究都显示，校长是校本课程发展过程中一个关键性的领导者，其必须指引全校迈向共同愿景，同时校长还要能够寻求支援和资源使得改革方案得以进行，并随时监控整个过程，协助发展人际间和组织内所需要的各种技能。因此，一个好的校长对于校本课程的成功实施至关重要。

7)时间

实施校本课程的活动通常需耗费许多时间，这在日程表原本就很拥挤的学校里实施起来是相当困难的。即使整个过程很有效率，也很难允许教师有足够的时间自我反省或相互讨论；对于个别教师而言，将时间花在非教学以外的活动是一种非常昂贵的付出，也会增加许多负担。

8）资源

校本课程的资源类型有许多种，包含教材、校外专家、以往的校本课程的材料、社区支持、家长支持、网络资料等，当然，这些资料必须要配合有效的校本课程发展计划进行统筹安排。

9）外部的氛围与支持

一般而言，尽管校本课程遵循由下至上的课程发展模式，但是实际情况却是学校难以避免外界力量的介入。而且从以往很多个案研究的结果来看，很多课程改革，包括校本课程常常是由外部机构发起的。因此政府的支持或外界的舆论对学校校本课程的发展也是至关重要的。

需要注意的是，根据以往的研究结果，某些因素往往在现实中限制了校本课程的发展，这些因素尤其需要设计者在最初阶段予以更多关注。例如，OECD 指出校本课程发展遇到多种限制，主要可以分为三类：①立法、行政和财政的限制；②学校内部的限制；③来自其他学校的外部的限制。克瑞格（Craig）具体指出校本课程的限制主要存在于以下八个方面：①外部因素，如家长、考试、教育当局及参与人员；②计划和共同合作发展课程时所增加的额外工作；③缺乏经验和具有资格的教师；④缺乏指引和课程计划、方案和课程方面较低的标准；⑤成员的负面信念和态度；⑥缺乏资金、资源；⑦成员或学生的变动；⑧学校中的意见分歧和挫折。

马殊指出校本课程的主要制约因素是缺乏足够的时间、缺乏相关的专家指导与专业知识、缺乏配套的资金、外部的限制与压力，以及有害的、不合作的学校文化。斯基尔贝克则认为一般进行校本课程时需要面对的困难是：参与者的专业能力、教师的教学态度、教育哲学与价值观、变革动机、组织管理与资源等问题。

总而言之，在不同的环境中发展校本课程可能会遇到种种困难。上文主要梳理了一些中西方关于影响校本课程因素的研究结论。这些研究结论固然具有一定的普适意义和借鉴价值，但是放置在任何一所具体的学校中，这个框架都不能够足以准确地解释影响校本课程的相关要素。在一所学校中，开展怎样的校本课程及如何开展等问题并没有一套标准答案。这主要是因为每一所学校都有着独特的情境和脉络，对于这些情境和脉络的理解与把握属于教师的隐性知识范畴。对一位了解学校脉络的老师而言，开展校本课程的时间、科目、教学方式等都是具体考量了多种影响要素之后的折中选择。因此在这一部分，教师可以利用上文所提供的影响课程实施要素的显性知识作为初步梳理的框架，而对每一个维度具体的描述和理解要依赖教师对学校脉络的隐性知识。

第二节　如何运用知识管理发展校本课程

教师资格考试大纲《教育知识与能力》（中学）中指出，教师要能够掌握资源管理策略。因此在初步了解知识管理的概念及课程实施所需要的知识之后，本节将主要从学校层面和教师个体层面介绍如何在校本课程中进行知识管理的操作。

一、学校层面

学习目标

掌握从知识管理的角度在学校层面和教师个体层面改善教师知识的具体方式。

学校为校本课程提供具体的场所。在知识管理方面，学校层面的特征至关重要。哈格里夫斯曾经建议应该将学校发展成为创造知识(knowledge-creating)的学校，这种学校应该具备四种基本特征：①能够客观审核校内的知识，了解、发展教师所具有的知识以及技能；②学校应该管理并提供创造新的专业的场域；③学校应该推动教师将专业知识有效化，即通过分享和专业成长增加知识的有效性；其四，学校要能够将知识进行传播，这包括将知识在不同的情境中进行迁移，也包括将知识转化为具体的行动。由此可见，在校本课程中，学校应该成为有关知识的孕育、推动、交流、转化、传播的核心场所。只有在这样的学校环境中，校本课程的知识才能够得到不断的转化与提升。萨里斯与琼斯指出在一个有效的知识管理的组织中，领导应该具有如下的特征：①能够培养知识工作者(knowledge workers)，明确认识到知识是在社会中被不断建构的，同时有效的知识工作者应该是自我激励的；②领导应该能够促进、培养教师之间的相互信任和合作，鼓励教师之间分享、沟通知识；③学校领导要培养中层管理者作为有效的沟通桥梁，从而从总体上发展团体的知识社群。当然这些是学者从成功案例分析中总结概括出的有效知识管理的组织特征。那么运用哪些策略可以让学校逐步具备这些特征呢？

从根本上来说，一所学校想要实施有效的校本课程，必须要对知识管理系统进行更为系统的规划，对教学知识进行丰富、充实与提升，从而帮助教师更好地设计、实施及发展校本课程。具体来看，学校可以从以下几个方面着手发展校本课程的知识系统。

其一，设立教学资源中心。校本课程对教师知识的要求远远超过了传统课程。因此在最初阶段，学校应该建立恰当的教学资源中心，为教师设计或讨论校本课程提供帮助。这种教学资源可以是书籍、期刊、报纸等大众传播媒介，同时一些视听媒体对教师获取知识也有积极的作用。当然，学校还需要提供必要的信息科技资源服务，如一些数据包的购买或数据平台的权限等，这些资源可以帮助教师最大可能地获取与校本课程相关的资讯。当然教学资源中心并不仅仅承担资源提供的角色，还应该能够获取最新资讯，对各类资讯进行分类整理，在相关资讯之间建立连接，以及有针对性地为教师提供恰当的指导和服务，如如何制作教学课件等。总体来看，一个有效的教学资源中心不是被动的储存资料的“图书馆”，与教学成割裂状态，而应该是一个开放的场所，为教师获取相关知识提供便利，同时帮助学生进行独立探究或自我钻研。

从知识管理的角度而言，教学资源中心主要承担教学、学习、服务及咨询四个部分，并且发挥整合性的效能。学校的资源中心不仅能够在数据检索或关联中为教师提供支持，还应该提供对教师的辅导和培训，帮助教师更有效地获取相关知识。另外，校本课程强调学校与社区的紧密相连，因此学校的资源中心还应该与社区的资源中心建立紧密联系。将学校的知识网络逐步拓展到社区的知识网络，从而将教师、学校与社区紧密相连。例如，学校可以考虑跨校联合或与社区建立知识资源共享。

需要指出的是，上述资源中心的设置，是一种外在的、互相之间紧密互动的关系。这种设置最重要的目的是协助并促进教师针对校本课程的发展进行知识管理。在这一过程中，硬件的配备固然重要，但是如果想要资源中心真正尽展所长，必须依靠教师不断地尝试和运用。如何将教师的个体兴趣和建构教学资源中心整合在一起，是学校需要全盘思考的。

其二，建立校本课程教学知识库。如果说教学资源中心的目的是更好地整合外部资源，那么建立学校的教学知识库就是更好地梳理、保存学校内部教师已经发展的校本课程的知识。学校可以通过规律化的材料收集或知识整理将已有的关于校本课程的材料、案例、课堂实录、学生作业范本、甚至评估方式等进行分档归类。这种方式可以让教师在实施校本课程之后有一个契机进行反思与总结，帮助他们回顾在校本课程实施过程中遇到的问题与解决策略，从而在下一轮的校本课程发展中进行调整。另外，这些材料的共享既可以帮助那些尚未进行校本课程开发或缺乏课程开发经验的老师，使他们免于在驳杂的资讯或数据中迷失方向，从而更为真实地了解或体验校本课程开发的具体过程，又为他们探索新的校本课程提供了讨论、参考甚至批判的蓝本。一般而言，在多数学校，负责设计开发与实施的教师对校本课程最为了解，寥寥几次的分享很难将校本课程的具体情况进行展示，那么其他未参与的老师始终对校本课程缺乏深刻的认识和了解。教学知识库的建立就是针对这种现象而提出的。教师可以将其教学知识及实际经验(包括结构的及非结构的资料)放入这个教学知识库。在不断地运转中，教师的知识逐步拓展、更新。需要注意的是，教学知识库的功能是将教师的知识以数据、语言、文字、图像或符号的形式表达出来，因此如何让这些知识能够被更多的教师所理解，以及如何让这些知识能够不断地被传播、交流与分享是至关重要的。

其三，打造校本的教学地图。舒尔曼指出教师应该具备六个类别的基本知识：学科基本知识、一般教学法的知识、关于课程的知识、学科教学的知识、学习者特征的知识、教育价值方面的知识。在这些知识类别中，学科教学知识应是其中最重要的内容，因为教师具备良好的学科教学的基本知识，才能够进行有效的教学，这直接体现出教师对本门课程的专业性与娴熟性。此外，特勒·比赛特(Turner Bisset)在《专家教师的知识基础》中提出教师的教学知识主要包括专门学科知识、综合学科知识、学科信念、课程知识、一般教学知识、教学方法知识、学习者的认知知识、学习者的实证知识、自我知识、教育脉络知识、教育目的知识十一个类别。尽管学者们对于教师知识的看法略有差异，但是他们都赞成将教师的知识进行不同程度的分类。孙志麟对此提出了知识地图的概念。其中“地图”是指运用归类的方式将大量知识进行总结并划分为一个个能够显示其分布位置，便于按图索骥寻找知识来源的集合。这类似于地图中所显示的建筑、街道或山脉的地理方位。另外，“知识”主要指教师的知识。在发展校本课程过程中，教师需要动用不同范畴的知识，如果学校能够建立本校共享的知识地图，教师就更容易在资源中心或知识库里根据地图中的不同分类获得所需，或者通过不同的分类拓展、充实相关的教师知识来发展校本课程。当然，每一所学校的知识分类都有可能不同，其需要和学校文化、具体的教育环境具体结合，学校和教师应该在平等的关系中对此进行充分、开放的讨论。一旦这种分类被大家所承认，建基于此的知识与资讯整理会更为有效，而提升教师专业知识的培训也更能够有的放矢。

其四，建构开放、专业的学习社群。教育需要互相学习和交流。学校应该通过建构开放、专业的教师学习社群推动知识管理，加强高质量的校本课程的建设。所谓教师的学习社群是指教师之间秉持开放互利、平等交流的原则针对某些教学问题进行专业的沟通和批判的反思，在这个过程中逐步改进教学。

在传统教学中，教师多数被视为知识的给予者，学生则是知识的接受者。但是在建构主义理论的影响下，知识已经不再是象牙塔中被朝拜的对象，而是成为个体和环境不断互动的结果。这样，教师应该对自己的观念持批判性思考的态度，同时积极聆听、吸收他人的观念，在开放多元的讨论中形成知识的碰撞，加深对教育教学的理解，从而更好地实施校本课程。当然这种学习社群并不局限于学校内部。由于网络平台日渐发达，教师还可以通过不同的媒介与更多教师进行资讯的分享和传递。在众多的教学论坛和学习网站中多设有供教师讨论的平台或工具，教师们可以针对校本课程中所遇到的问题展开探讨，这种多角度的讨论可以帮助教师在显性知识和隐性知识之间不断转化，从而建立更为扎实的知识基础。

其五，建立知识分享机制。知识分享作为一种沟通的经历，不仅是一种由咨询服务媒体所进行的知识互动，也是一种深入的交流历程。在知识分享机制中有两个重要的角色：首先是知识发布者，其必须愿意以某种外在的表现的方式（如演讲或写作）与他人进行知识的分享；其次是知识的接受者，其必须愿意通过某种方式来接收这些信息。当然在知识的分享机制中，这种知识的分享与接收绝不是单向的，而是多向互动的。对于知识的掌握者而言，知识分享与传递是一种循序向前推进的过程，知识分享的意愿要根据选择的内容和对象来决定。另外，对于知识的接受者而言，知识分享是一个推力作用，可以成为个人基础知识不断发展的动力。

一般来说，教师的专业知识素养大部分属于隐性知识。这种知识在个体方面具体表现为一种主观的独特性，且与个别实际的情境和经验有很大关系，难以被具体描述出来。如果学校能够建立相应的互动沟通平台，帮助教师将隐性知识转化为显性知识，那么这种分享一方面可以使教师知识更加快速、有效的传播；另一方面也可能使问题得到更有效率的解决。

当然，建立有效的对话机制并不容易，需要教师之间的信任和长时间的经营。学校应该将这种活动视为一种责任，主动提供对话的平台，推动知识分享者和接受者之间的互动。在这一过程中，教师的学习社群也可以自然而然地得到巩固和加强。

其六，形成学习型校际文化。学校是创造知识的重要场所，而教师是这个场所最主要的工作人员。为了培养更具有创新知识能力的人才，学校可以沿着学术型和知识运用型组织的方向深入发展。知识管理从深层次的含义来说，主要在于形成一个良好的文化氛围，通过成员之间的交流学习，使得整个组织的知识持续产出，并能根据时代的要求实时更新。一般而言，学习型校际文化具体包括心智模式、自我超越、建立共同愿景、团队学习与系统思考等几个重要的要素。其作用在于培养教师终身学习的能力，促使学校整体化进入知识循环及更新的大潮中。学校是组织学习的重要媒介，应该尽可能地从各个角度、各个部分来整合和建构知识。同时积极推动教师的个人发展和专业合作，才能真正推动学校课程的有效建构。

总体来看，以上的方法可以归结为两种策略，其中建立资源中心、校内知识库及构建知识地图是系统化策略，这些方法主要是推动教师知识的获取、储存、分类、使用或流通；建构开放的学习社群、确立知识分享机制及建立学习型的校际文化则属于组织型策略，从整体上推动了知识的分享、更新及运用的进程。学校领导应该因地制宜，根据具体的学校环境和课程建设的要求对这些策略进行恰当的组合和运用。

最后，本书引述萨里斯与琼斯的研究结果，为从学校层面加强知识管理提供不同的视角和方法，这些方法可以作为上述策略的补充内容。萨里斯与琼斯指出以下六种方式可以帮助学校加强知识管理：第一，运用多元智能及创意，发挥学校组织内不同人士的才能，借由他们的创意和创新促进组织内知识的创造和转化；第二，关注情绪智能——透过发展良好的人际关系，促进团队学习和知识社群的建立以及隐性知识的分享和转化；第三，关于困难的交谈——交谈由困难的问题开始，透过对话和了解双方的情绪和观点，形成学习式交谈；第四，行动学习——从做中学，并透过创意地解决问题来推动改革，把隐性知识外显化；第五，电子学习——学会学习，通过资讯及通信科技提供互动式学习的媒介；其六，社团式大学(corporate universities)——发展组织内(in-house)知识创造的取向，形成学习型组织。

二、教师层面

(一)个人知识管理的能力

费兰德(Frand)和希柯森(Hixon)曾经将个人知识管理的技巧分为检索、分类、区分、评价和综合技能。多西(Dorsey)进一步提出个体的知识管理可以分为七种能力——检索、评价、组织、协同、分析、表达和资讯安全。

(1)检索能力。个体能够从相关的图书馆、数据库、网络资源等处查找相关资讯的能力。这种资讯的检索不仅包括从已出版的书籍、报纸等渠道收集资料，也包括通过访谈、调查或实验来搜集资料。个体需要具有一些检索的技巧(如发问、聆听的技巧)，同时个体也应具有阅读、记录相关资料的技巧。

(2)评价能力。个体能够对错综复杂的资讯的质量与关联性进行判断。能够通过不同的评价标准对资讯进行准确评价。个体需要掌握一定的评价资讯的工具。

(3)组织能力。个体能够将已有的信息和新的资讯进行整合。个体需要利用相关的网站或管理软件来组织大量的信息并为自己所用。

(4)协同能力。个体能够聆听、理解他人的想法，并且能够分享自己的观念从而共同发展，建立合作共赢的关系。在这个过程中，个体掌握有效的工具进行信息沟通、小组分享及问题的解决等。

(5)分析能力。能够从驳杂的数据中提取有意义的内容并转化为知识。学习者要能够了解资讯的性质，运用已有的知识或有效的工具从这些看似无关的信息中寻找并建立潜在而又富有意义的关联。

(6)表达能力。个体能够了解与听众有效沟通的技巧和能力，能够将所要分享的内容与听众建立有效的联系，并且能够通过不同的媒介准确传递所要表述的信息。

(7)资讯安全能力。在网络日益发达的社会中，如何保持信息安全，如何对信息进行备份、储存，以及有意识地保护著作权和知识产权也是十分重要的。

郑志强根据这一基本能力框架进行实证研究，结果表明对师范生而言，个人知识管理的技能是其掌握教学知识的一个重要预测指标。其中检索、组织、分析和协同四个方面的能力尤其对师范生掌握教学知识的情况有显著的预测能力。换言之，在拓展师范生教学知识的过程中，应该首先重视教师的个人知识管理能力。下一部分将进一步聚焦到教师知识管理层面，讨论教师如何在校本课程的脉络中发展、完善知识管理。

(二)在校本课程中发展教师个人知识管理能力的方法

一般而言，教师加强个人知识管理能力的一个有效途径是开展行动研究。哈格里夫斯研究表明，知识生产的模式是第一种模式不断向第二种模式改变的过程。教育领域亦是如此。所谓模式一，即强调知识产出具有理论、同质、专家引领与供应导向等基本特征，而模式二更加强调跨学科、混合、需求导向等特征。由此可知，尽管在传统教育中知识生产主要以模式一的方式存在，但伴随着全球经济一体化及网络的日渐普及，学校教育的知识正在逐步迈向模式二。换句话说，学校教育正在逐步强调以学校为本、以学生为本的知识。因此教师更应该从前线的教学经验中不断总结、提炼相关知识，从而不断提升个人的专业成长。在这个过程中，行动研究无疑是一个行之有效的方式。作为一种扎根于课堂的研究方式，行动研究需要教师持续不断地关注在真实情境下存在的特定问题，有系统地搜集资料，分析问题的症结所在，提出改革方案，并付诸实践，同时检视改革方案的影响。此种强调在研究中采取改革行动，在行动中实施研究的研究取向可以让教师经由反思与行动增进教学实践能力、拓展教学知识、储备研究能量，并不断改善教学的质量。与此同时，在行动研究过程中，教师的专业发展得以改善，从而不断拓展乃至推动学校教育的改造和革新。

为什么校本课程为行动研究提供了合适的场域？在传统的教学中，教师可能会发现一些难以解决的教学问题，但是相对紧凑的教学时间常常成为教师进一步探索这些问题的主要障碍。而在校本课程的设计中，教师多数拥有弹性的时间安排，可以在课程设计中结合行动研究。同时行动研究的取向目标是为了解决实际的教学问题，因此将两者相结合也可以直接提升校本课程的质量。简单来说，教师进行行动研究可以从下几个方面依次开展。

第一阶段是确认焦点领域。这个阶段主要由两部分构成：其一是叙述和观察，即教师要厘清教学情境，能够清晰准确地观察并讲述在教学情境中发生了什么；其二是提出问题，即基于前一阶段的叙述和观察，有针对性地提出问题。当然，这个问题的提出要注意结合下述标准：①这个问题是关系到教与学的吗？②这个问题是在自己行动的影响范围内吗？③这个问题是自己热切关注的吗？④这个问题是自己急于去改变的吗？

在这一阶段，教师需要反思在焦点领域自己已经掌握了哪些知识，还有哪些知识可能与这个问题有关，而自己并不了解。在初步明确了自己的问题之后，进入第二阶段，即资料的搜集和整理。

在第二阶段，教师可以借助与同事的讨论、向大专院校的学者咨询或在网络上查阅相关的专业性书籍。在这一阶段，教师要尽可能通过不同途径围绕自己的焦点领域搜集材料，了解他人在这一问题上的见解、研究结论或相关理论。《国家教师资格考试大纲(综合素质·中学)》也指出教师应该具有“工具书检索信息、资料的能力”“运用网络检索、交流信息的能力”“对信息进行筛选、分类、管理和应用的能力”等。在教育文献检索部分，ERIC(Educational Resource Information Center)是一个具有代表性的网上资讯中心。它是美国国家图书馆在1966年设立的，作为美国教育部教育研究与改进中心的隶属部门，它包含了从幼儿园教育到成人继续教育等不同阶段的相关文献供查阅。另外大学图书馆、专业委员会等都是可以让教师获取相关资源的有效途径。在这一阶段，教师大量收集、整理关于焦点领域的外显知识。在查阅了相关资料、获取丰富的理论和研究结论之后，接下来将会进行第三阶段，即撰写研究计划。

在第三阶段，教师将根据已经掌握的知识开始撰写研究计划。在研究计划中应该包括以下九个步骤：①明确焦点领域、确定行动研究的目标；②界定定义；③发展研究问题；④描述干预行为；⑤描述行动研究成员；⑥描述相关的协商；⑦确定行动研究时间表；⑧确定可用资源；⑨制定搜集资料的方式。

在这一阶段，教师要整合关于焦点领域及日常教学的相关知识，制订出切实可行的行动研究计划。第一，教师要明确行动研究的目标，并对此进行准确的表述。第二，基于已有的文献，教师要确定如何界定问题中的核心概念。第三，教师将根据这个核心概念发展出明确的研究问题。第四，教师要基于理论和自己的教学知识确定自己将会在哪些方面进行干预。当然，在这个过程中，教师要明确在整个行动研究过程中是否有其他教师的参与，是否需要家长的支持，是否要获得相关学者的帮助等。与此同时，教师还应该和这个研究的利益相关者(如学生、家长等)进行有效的协商，以期获得最大范围的支持。接下来，教师将会根据具体情况明确行动研究可以获得的资源及施行的时间。第五，教师要知道运用何种方法来搜集相关的材料以备日后的反思。

接下来就是正式实施行动研究。在实施行动研究过程中，教师要保持开放态度，不断验证、修改或反思自己已有的教学知识，将知识与实践紧密结合。一般而言，在行动研究的过程中教师需要不断扩充自己的知识，同时在具体的实践中，通过具体的教学促进知识的转化与生成。这种行动研究较好地将教师对自我的知识管理和具体的教学实践统整在一起。由于行动研究相对较为复杂，本章在最后的案例部分中特别摘引了一位教师的行动研究过程，希望能够在具体描述过程中，体现出教师怎样通过开展行动研究、带动个人知识管理从而推动了校本课程的完善。与行动研究相比，其他的教师自我知识管理方法相对简便易懂。下面对这些方法进行简单介绍。

(1)合作自传法。校本课程的开发常常需要教师共同设计、合作完成。因此教师的自我理解、教师间的相互了解就变得分外重要。合作自传法就是希望所有参与校本课程设计的教师能够针对“个人的学习经历和家庭背景”“目前的工作环境和特征”“教育理念及日常教学中常用的教学方法”“反省过去的生活经验对自我知识建构的影响”这些核心性问题进行反思与自我分析。在完成自我梳理后，教师能够更为深入地互相理解，这在校本课程的设计过程中至关重要。如何整合教师的知识，发挥不同教师的特征，理解不同教师的设计理念等都是建立在有效的沟通之上，而这些沟通常常能够在合作自传法中逐步达成。

(2)札记反省法。教师可以将教学实践和理念互相对应，不断反省两者之间的辩证关系。教师在校本课程开发中具有较大的自主权，因此可以尝试将教学理念付诸实践。这种尝试方式往往会带来另一种结果，即教师发现自己的教学理念和教学实践总是存在难以逾越的差距。那么教师可以针对这些差距，反思两者之间的关系，拓展自己的教学知识。

(3)经验学习法。这种方法是选择在具体教学过程中发生的案例进行展示并让教师就教学经验进行描述，进而让教师进一步诠释他们的意见或建议，并收集这些观点形成一个集体的反思资料。这种方法的优点在于既可以协助教师厘清自己对待某种教学实践的观点，又可以建立团体合作之间的相互信任。

(4)档案搜集法。教师可以将关于教学或课程发展的相关资料(如文字记录、相片、录影、录音等)加以注释和反思，使内隐知识转化为外显知识，形成档案。这样教师就可以基于这些材料与其他教师进行分享与交流。制作教学档案过程中要着重思考以下几个重要问题：我做什么？我怎么做？我要怎么改变教学方式？学生学习的达标程度是什么？学生的评价如何？同事对我的评价如何？

(5)教学档案的制作内容主要包括以下几个方面：其一，一个综合的整体说明，其中包括了教学理念和目标；其二，教师作品(如教案、教具)；其三，学生作品(如作业、项目报告书等)；其四，每个作品的基本标题以及注释；其五，作品反思(包括教师反思和学生反思)。当然在制作档案过程中，首先，教师要明确确立档案的目的是解决教学问题还是记录学生发展。针对不同的目的教师可能会搜集不同的材料。其次，教师最好通过合作的方式发展共同的教学档案，这一方面可以促进教师合作，增加知识的共享，另一方面也可以帮助教师在制作档案时互相对话，推动教师的反思。最后，教师应该避免墨守成规的方式，根据具体的教学情境选择不同的资料存档。

(6)个人理论建构法。这种方法首先需要教师能够梳理自身的教育经验并对其进行有效的整理，其次教师要不断进行合作与反思，把这种自身的经验式理论与外部的实践相结合，落实于行动进行研究，不断丰富其中的专业实践理论，从而完成体系化的知识建构。这种方式要求教师个体不仅要有丰富的教学经验，而且要具有较高的自我总结及自我反思的能力。

(7)进行网上学习。由于资讯技术的日益发展，网络已经深入个体生活之中。网络所具有的不断更新、实时互动、信息共享等特色使得学习者不仅可以使用网络来收集多元化的资讯，还可以跨越地域与他人进行实时互动和分享，这种便捷、快速的信息分享方式无疑可以提高教师工作效率。另外，从科技发展态势来看，网络学习逐渐冲击传统学习方式，这就要求教师不断创新学习方法。例如，教师可以利用不同的网站资源、应用程序等进一步将课程多元化、趣味化或拓展化，更为有效地进行校本课程的开发与设计。

本章小结

在发展校本课程的过程中，从理论转化为具体的教学实践需要教师丰富的教学知识和教学智慧。本章首先梳理了教师知识及教师知识管理的定义，并在这一框架下探讨了课程实施的取向和影响因素两个议题。其后，本章第二节主要从学校及教师两个层面给出改善校本课程知识管理的具体操作建议。当然，这些方法和建议来自一线宝贵的经验，同时也应该被不断丰富。针对教师学习、教师的课程开发意识等方面，在下一章会更有针对性地进行阐述和讲解。

体验练习

多项选择题

1.面对一个设计完整的校本课程方案，您更倾向于以(　　)方式来实施？

A. 按照计划，原原本本地进行教学

B. 根据计划，但是也会根据学生情况进行调整

C. 基本不根据计划，主要根据学生反馈进行教学，教学方向与进度弹性很大

2.哪些因素会影响校本课程的实施？(　　)

A. 政府的课程文件　　B. 学校文化　　C. 学生的能力与兴趣　　D. 教师的专长

3.从学校层面来看，哪两项不是建构有效知识管理体系的学校的特征？(　　)

A. 校长具有独特的个人魅力，能够与学生有良好的沟通

B. 学校建立了开放的信息共享平台，推动教师交流与对话

C. 学校设立了教学资源库，为教师获取不同类型的资讯提供帮助

D. 学校成立家长联盟，加强和家长的合作与交流

4.下列哪几项是个人知识管理所涵盖的能力？(　　)

A. 搜索信息的能力　　B. 分析信息的能力

C. 组织信息的能力　　D. 评价信息的能力

5.教师可以从哪些方面加强对自己的知识进行管理？(　　)

A. 行动研究　　B.教师讨论与分享

C. 文献阅读　　D. 札记反省

第九章　校本课程实施的动力保障

本章概述

本章关注校本课程实施的影响因素，主要从课程的主要实施者——教师方面进行论述。木章第一节聚焦教师的课程意识、信念与能力，梳理教师课程意识的定义和构成，分析教师课程信念的特点和功能，剖析教师课程能力的基本结构，在此基础上，提出“专门培训”和“自我研修”是提升教师课程意识、信念与能力的主要策略。第二节关注学习共同体建设对校本课程实施的保障作用，分别介绍了建设学研整合的共同体、复合型学习共同体及“新手-专家”学习共同体的具体策略与案例。

学习目标

1.知道什么是教师的课程意识，其构成部分有哪些；
2.了解什么是教师的课程信念，其特点和功能有哪些；
3.熟悉教师应具备哪些基本的课程能力；
4.知道运用哪些策略可以提升教师课程意识、信念与能力；
5.了解什么是学习共同体，教师学习共同体的基本特点有哪些；
6.学会构建学研整合的学习共同体、复合型学习共同体和“新手—专家”学习共同体。

读前反思

林校长任职于重庆市某农村高中。考虑到高考对学生非常重要，而高考志愿填报合理与否，又是决定学生能否顺利升学的关键因素，林校长决定开发一门“高考志愿填写指南”的校本课程。在课程开设之前，林校长专门在学生和教师中进行了调查，以了解师生对这门课的看法。做好准备工作之后，林校长组织学校几位骨干教师对这门课的目标、内容、实施、评价做了详细的安排，并将课程安排给高三各班班主任。该课程在学生自习时段进行，每节课二十分钟，每周一节。实施了不到半学期，就有不少教师开始抱怨“学生上课不积极，上起课来也觉得没劲”“有的学生上课的时候都睡着了”。有的教师甚至提出“填报志愿是学生自己的事，用不着去教他们，积极的学生会自己去查找资料的”“这门课没有必要开设，高三这么忙，哪里有时间？”林校长听后决定对其中的原因进行深入调查。

究竟哪些因素可能影响了该校的校本课程实施？如果希望该校本课程顺利实施，林校长需要从哪些方面入手？如果该校的教师想要顺利实施这门校本课程，需要在哪些方面予以加强？

第一节 教师的课程意识、信念与能力

> 学习目标
>
> 知道什么是教师的课程意识，其构成部分有哪些；了解什么是教师的课程信念，其特点和功能有哪些；熟悉教师应具备哪些基本的课程能力，知道运用哪些策略可以提升教师课程意识、信念与能力。

教师历来就是教育改革的最大主力和阻力。任何教育改革仅靠政策或命令是无法完成的，它需要教师有新的信念、能力、热情和动机，课程改革更是如此。在这个意义上，课程改革是人的改革，课程发展是人的发展，没有教师的发展就没有课程的发展，发展课程就是发展教师。因此，提升教师的课程意识和能力，使教师真正成为课程改革的主力，必然成为推动校本课程开发首要而艰巨的任务。

一、教师课程意识的定义和构成

没有明确课程意识的教师，总是把课程视为一种“法定的教育要素”“法定的知识”或“不可变更的系统”，从而在课程系统面前无所作为。在校本课程开发领域，教师课程意识淡薄已经成为很大的阻力。落实校本课程开发，要求实现一系列改变，如新型学校管理文化和教学新文化的确立、学校人力资源的重组、课程操作与监督等，但最为基础和迫切的莫过于教师课程意识的树立。唤醒教师正确的课程意识，确立合理的课程观念，已经成为我国校本课程开发的基础性工作。

（一）教师课程意识的定义

关于教师的课程意识，人们有不同的界定，归纳起来大致有以下三类看法：①认识说，认为课程意识是对课程或其某一方面的认识。比如，课程意识是教师基于自身已有的课程理论与课程教学实践经验，在长期的课程教学实践中形成的一种对课程本质的认识与理解。②课程哲学说，认为课程意识的核心是课程观或课程哲学。如教师的课程意识是以课程观为核心形成的，是对教育活动体系中课程系统的一种整体认识，是教师的“课程哲学”，是课程实施过程中的课程观与方法论。③整合说，认为课程意识是认识、体悟和价值等多维度的整合。比如，课程意识是教师在思考和处理课程问题时，对课程价值及如何实施课程的基本认识，是教师对实然课程的反映和对应然课程的追索。再如，教师课程意识是教师在履行专业职责、完成专业工作任务的过程中，基于一定的教育理论与职业理想，通过与周围环境特别是与职业工作环境相互作用的过程中所形成的能够指导自身课程实践的关于课程的本质、功能及特征的认识；是教师自觉地将课程目标与教学目标、课程资源与教学内容、课程评价与学生成长有机统整，进而追求真正教育意义上的有效课程实施，走向理性课程实践的具有目的性、计划性、自觉性和敏感性等特征的实践性专业智慧的集合。

综合而言，课程意识是教师对课程发展中种种事物和问题的基本认识和反映，是教师对课程活动的自觉与敏感。具体来说，教师的课程意识具有主体性、自觉性、通约性、开放性和时代性。主体性，指课程意识总是一定教师主体所拥有的意识；自觉性，指拥有课程意识的教师会对课程活动保持敏感性和洞察力，产生通过课程开发和改进来解决课程问题的责任感；通约性，指在相同的制度与文化背景及共同的价值体系影响下，不同教师的课程意识具有一定程度的共通性，进而成为教师群体所共同接受并奉行的公共意识；开放性，指伴随课程改革的推进和教师的专业发展，教师的课程意识会不断革新和完善；时代性，指教师的课程意识不可避免地带有深刻的时代烙印。

（二）教师课程意识的构成

人们对课程意识的不同界定，导致了对其构成要素的看法存在差异。有人提出教师的课程意识涵盖两大基本要素，即教育信念和教育智慧。有人提出教师应该具有课程决策意识、课程目的意识、课程内容意识、课程实施意识、课程评价意识、课程管理意识和课程创新意识。有人提出最基本的三种课程意识是课程主体参与意识、课程重建意识及课程评价意识。结合我国校本课程开发的实际情况，教师须树立三个方面的课程意识，即主体意识、生成意识和资源意识。

1. 课程的主体意识

从课程实施的角度来看，课程在实质上是一种“反思性实践”。“反思性实践”是师生共同参与的创造意义过程，是在特定的社会环境和文化环境下重建意义结构的过程。离开了师生对课程意义的重建与创造，离开了主体意识的发挥，课程对人的发展价值便无从体现。课程的主体意识主要体现为：①学生是课程的主体。即学生的现实生活和可能生活是课程的依据，需要发挥学生在课程实施中的能动性，为学生提供创造课程的机会。②教师是课程的主体。即教师是课程实施的主体，是课程的创造者和开发者。在这个意义上，教师即课程。教师在课程实施过程中，需要时刻用自己独有的眼光去理解和体验课程，时刻将自己独特的人生履历和人生体验渗透在课程实施过程之中，并创造出鲜活的课程经验。

例如，北京市杨镇一中陈老师开设的女生体育技巧课从设计到实施均体现出教师的课程主体意识。阳镇一中是一所农村中学，学生大多来自农村，受传统小农意识的影响，性格相对比较内向，较为缺乏信心，日常生活中坐立行的姿态缺少积极向上、乐观进取的美感。而且，部分学生认为体育课只属于那些“头脑简单，四肢发达”的人，在体育课上表现不积极。针对这种现象，陈老师利用自己在大学专修体操的特长，开发了该课程。通过精心设计课程目标、课程内容、教学方法、单元计划、课时计划和课程评价等，该课程的实施取得了明显的成效，学生的自信心逐渐养成，基本姿态日趋优美，对美的认识也发生了很大的改变。

2. 课程的生成意识

课程是可以预设的，但课程的价值并不能完全通过预设实现。师生只有在课程实施过程中，在与特定的自然环境、社会环境和文化环境的能动作用中才能充分实现课程的价值。课程的生成意识主要体现为：①对预设课程的批判与创造。教师会在理解和把握预设课程要求的基础上，在课程实施过程中进行再创造，即对预设课程进行再开发，包括对课程目标加以具体化，对课程内容进行增删取舍，对学习方式进行创造性设计，甚至对预设课程中不合理的方面进行批判，在批判的基础上重建课程等。②课程意义的动态生成与重建。教师在具体的课程实施情境中，与学生一道实现课程的创生。在创生过程中，预定的课程方案仅仅是师生进行或实现“创生”的材料或背景，是一种课程资源，借助于这种资源，师生不断地得以变化和发展，课程本身的意义也不断得以生成。

例如，北京市十一学校黄老师开发的“生活小区设计”校本课程，最初确定了以下三个课程目标：①学生通过查阅资料、调查咨询、参观比较，了解北京市居民住房的变化、状况及需求，了解北京市的发展方向、建筑水平和特征；②学生积极参与，全面周到地考虑居民生活需求，大胆设计出生活小区；③学生在活动中学会团结协作和调查分析，提升与人交往的能力和动手实践的能力。在课程实施之后，学生们谈到了很多收获：①接触了社会，开阔了眼界，感受到首都的飞速发展和变化。②增长了知识，提高了能力。在小区设计中遇到的很多问题是课堂上没有学过的，或虽学过相关知识但未曾加以运用的，如水源、交通状况、房间容量和采光、小区生活配套设施等。许多学生感触较深的是提高了人际交往能力，提高了写作能力、动手能力、空间想象能力和语言表达能力。③通过参与该课程，认识到了团结协作的重要性，学会了尊重不同意见的人，增强了集体观念等。以上这些效果，有一部分是教师最初设计课程的时候并未想到的，是师生在课程实施的过程中生成的。

3. 课程的资源意识

任何课程实施都需要利用和开发大量的课程资源。课程的资源意识主要体现为：①创造性地利用教材。如果具有强烈的课程资源意识，教师将善于联系学生经验和社会实际，“用”教材教而不是“教”教材。②多样化地开发与利用课程资源。一方面体现为“全方位”地开发对象观，避免开发对象的“狭窄化”。校内课程资源和校外课程资源，文字性课程资源和非文字性课程资源，素材性课程资源和条件性课程资源等大量鲜活的资源都会进入教师的开发视野，成为课程设计、实施和评价的有机组成部分。另一方面体现为“多元化”的开发主体观，避免开发对象的“单一化”。比如，就英语课程资源的开发与利用而言，除学生课堂用书、教师用书、练习册、活动册、挂图、卡片、音像带和多媒体光盘等教材编写专家提供的现成资源外，教师自己可以积极开发和利用广播电视节目、报纸杂志和网络平台中的课程资源，还可以鼓励和支持学生参与课程资源的开发，建立班级图书角或图书柜，制作班级小报、墙报，鼓励学生交流学习资源等。

例如，内蒙古某中学在保证开足国家规定的课程门类，开够课时的前提下，针对学生的兴趣和发展需要，利用蒙古族的传统文化资源，开发了以蒙古族传统文化为主要内容的校本课程。课程内容主要有蒙古象棋、蒙古搏克、马头琴、蒙古族民歌(蒙古长调和呼麦)、蒙古族舞蹈(安代舞、顶碗舞)、蒙古族传统美术(蒙古剪纸和蒙古图案)等，学生可以根据兴趣爱好自主选择活动内容。

又如，地处毛泽东家乡的韶山实验中学，立足于社会、学校和学生的发展实际，用实际行动参与“旅游兴市，共创和谐韶山”的主题建设活动，以开发“走近毛泽东、构建红色文化”为切入点，以培养学生综合能力和家园意识为重点，以全面提升学生人文素养为核心，成功打造了“红色学校”的品牌，构建了符合本校教育哲学和教育逻辑的校本课程。通过一系列精心的组织与安排，该校编辑了“走近毛泽东、构建红色文化”系列校本教材：《毛泽东故事》《毛泽东诗词书法欣赏》《毛泽东故乡——韶山导游》和《韶山旅游英语》。在实施过程中，通过学分制对学生在该课程中的表现进行评价。

二、教师课程信念的定义、特点和功能

教师的课程信念是保障课程有效实施的一个重要条件，为了课程改革的成功，必须有效改变与发展教师的课程信念。

> 教师的课程信念
>
> 教师的课程信念是指教师基于个人特质及经验、价值观、专业背景与外在环境的互动，对课程概念、课程性质、课程目标、课程内容、课程组织、课程评价、教师角色、师生互动、学校和社会环境等，所秉持的一种信以为真的心理倾向。

（一）教师课程信念的定义

“信念”有多种界定。有人认为，信念是人们对某一事件信以为真的态度，一般通过深思而形成。也有学者指出，信念是认知、情感和行为等要素的复合体，是由知识、情感及行动促成的。尽管界定信念的角度及术语不同，但人们基本认同信念是一种坚定的态度，这种态度对人的行为起指导作用。

教师的课程信念是开展课程行动的内心向导，是教师课程行为的隐性导引，教师的课程行为是内在信念的外化过程。

（二）教师课程信念的特点

教师的课程信念主要具有文化性、固着性和独特性等特点。①文化性。即教师课程信念的形成，是一个社会化的过程，是教师在实际的课程实践(如校本课程开发)过程中形成的。教师在学生时期所获取的经验对其课程信念的形成影响很大。②固着性。教师早期的课程信念逐渐联合而成的信念系统，很难改变，而且越早形成的课程信念越不容易改变，这就是课程信念的固着性。当其受到异质的课程信念冲击时，不易产生改变。但是，固着性并非意味着课程信念不可改变，课程信念也会随着教师思想的发展、经验的增长及所在环境的变迁而改变。③独特性。教师个体的特质及社会经历等的不同，决定了其课程信念存在一定的差异性。

（三）教师课程信念的功能

由于校本课程开发涉及的事务繁多，教师的任务可能经常杂乱而无序，课程信念可以帮助教师化繁为简，以个人化的方式处理任务。具体而言，教师的课程信念主要有确定课程任务、选择教学方略和解决教学问题等功能。①确定课程任务。教师不可避免地会根据

> 教师的课程能力
>
> 指教师自身所拥有并运用于课程活动中，直接影响课程活动的实施、决定课程活动成效的能动力量。

其持有的课程信念及其所处的特定环境来确定课程任务，进而选择可能的、恰当的课程行为。②选择教学方略。教师需要选择恰当的教学方略进行教学。有研究者将教师课程信念分为“进步取向”和“传统取向”。进步取向的教师，在设计课程内容、选择教学策略与检讨教学成效时，都会采用多元方式进行，能够包容和接纳学生的差异性观念与想法，进行良好的师生互动。传统取向的教师，主要是执行上级的规定，在一定程度上会忽略学生的个别差异，师生互动不频繁，对教学工作热情偏低。③解决教学问题。在校本课程的实际教学中，教师可能会面临许多非预期的突发问题。迅速合理地做出判断与决定，恰当地处理教学中的突发事件，都要求教师形成系统的、明确的课程信念。这个信念系统不仅应该包括解释“是什么”的陈述性知识，还应该包括回答“应该怎么做、会产生何种结果”等程序性知识。

三、课程能力的基本结构

总体来讲，当前教师的课程能力的现状不容乐观。有调查显示，占调查样本40.1%的教师认为自己课程能力有限。在有的项目中，尽管安排了“课程发展旅行”，为教师参与课程发展提供素材，但多数参与的教师都没能按计划设计出教学单元，原因在于参与课程发展的技能不足，不知道如何把旅行中的经验和资料变成“课程材料”。因而，提升教师的课程能力已经成为推进校本课程开发的当务之急。就校本课程开发而言，教师的课程能力主要包括以下成分。

(一)理解课程开发过程的能力

教师要熟悉课程开发的基本过程，课程开发一般包括八个步骤：①成立学校课程开发委员会；②理解国家和地方课程发展纲要；③明确表述学校教育哲学或办学宗旨；④分析课程需求(包括学生、社区和学校需求)；⑤课程资源评估(包括人力、财力、物力)；⑥确立校本课程目标；⑦设计校本课程结构；⑧编写课程方案。在熟悉这些过程的基础上，要能完成各个步骤的具体任务。

(二)课程资源的开发和利用能力

校本课程开发所需要的资源有时间资源、自然资源、人物资源、物质资源、财力资源等。对我国教师而言，参与课程发展即使在法律政策上得到鼓励，也还缺少社会文化的支持。加之学校班级规模普遍较大，教学作息时间安排得很满，教师开发和利用课程资源的机会受到来自不同方面不同程度的影响，困难还是很大的。因此，每一项资源的开发和利用都需要教师具有合作和沟通的能力，能够融洽人际关系，开展广泛交流，进而获得相应的支持。

（三）对课程纲要的解读和对教材的变通能力

校本课程开发需要教师准确解读国家和地方课程纲要，基于纲要基本精神，立足学生、学校、社区实际，根据教师教学文化特征，对不同版本的教材进行变通和利用。然而，我国教师长期以来习惯于一套教学计划、教学大纲、一套教材，基本属于“忠实”型课程实施，大多数教师将教材奉为圣经，或由于“考试指挥棒”的存在不得不忠实于教材，“变通”绝非易事。

（四）课程评价和研究能力

对于新开发的课程，教师在实施过程中要注意相关资料的收集和归类，要能够及时发现和梳理存在的问题，进而对课程设计和实施不断做出反馈和调节，以完善和革新课程。这就需要教师有一定的课程理论基础，具备一定的课程评价和课程研究能力。

四、提升教师课程意识、信念与能力的策略

教师的课程意识与能力对校本课程开发尤其重要，却是我国大多数中学教师最薄弱的地方。就此，人们提出了一系列策略。有人从教师培养的角度考虑而提出：①要实行开放式的教师人才培养体制，夯实教师校本课程开发的专业素养；②改变传统的师资培训方式，发展教师校本课程开发的能力；③制定科学可行的工作目标，提升教师校本课程开发的主体意识；④实施发展性教师评价，培养教师校本课程开发的专业意愿。有人根据校本课程开发涉及的要素提出以下几点：①培养教师的课程开发意识；②掌握必要的课程开发理论知识；③培养教师一定的环境分析能力；④提高校本课程资源整合能力；⑤依托课程行动研究进一步提升教师校本课程开发的能力。择要而言，开展专门培训和教师自我研修，是必不可少的两条基本途径。

（一）开展专门培训

师范大学及综合性大学在职前教师教育过程中很少开设“课程论”的相关课程，师范生的课程意识和能力没有得到相应的培养，职后教师教育对课程开发的关注往往也不够，在职教师对不能帮助其提升学生考试成绩的培训课程多不感兴趣。鉴于此，非常有必要在教师教育中开设专门课程，培训教师的课程意识和能力。而且，专门研究已经发现，已有的教师教育培训课程存在以下问题：①集中培训，方式单一，难以反映不同教师专业成长的需要；②培训课程需及时改革，以满足教师专业成长的需求；③记忆性教学不适合成人特点；④重在“管”不在“理”的管理方式，容易引发教师的对抗心理；⑤选修课程避重就轻，很少有分享经验的可能；⑥培训者素质难以让受训教师诚服。所以，开设专门培训课程意识和能力的课程，还需要有针对性地进行一些创新，进而保证课程的实效。综合考虑以上多种情况，人们借鉴国外实验教学的理念，着眼于祛除教师教育重理论知识传授、轻实践能力培养的“痼疾”，创生了课程开发实验课程。

具体而言，在教师教育过程中，将课程开发培训课分为“理论课”和“实践课”两种类型。理论课主要是专家向教师介绍校本课程开发的相关知识。比如，校本课程选题设计、

目标设计、内容设计、教材设计、实施设计、评价设计等知识。实践课与理论课配套实施，在学完一个理论专题后，教师在专家指导下及时进行实践训练。比如，学完校本课程选题设计的理论知识之后，教师就立即在专家指导下实际进行校本课程选题设计的操作，经过多次点评和修改，直至每一位教师都设计出合适的校本课程选题。其后每一专题的学习亦是如此。简言之，理论课主要解决“知不知”的问题，促使教师知道校本课程开发的相关理论；实践课则重点解决“会不会”的问题，促使教师真正学会开发校本课程。两者的配合，既弥补了传统培训带来的“听讲座时想法良多”而“临实践时手足无措”的不足，也给教师以更加真实的引领、冲击和感染。

（二）开展自我研修

站在教师自我研修的立场，可以考虑从“不断学习”“深入研究”和“坚持写作”这三方面入手，为自己开辟专业发展之路。

优秀教师无一不是勤于学习、敏于学习、善于学习的人，在学习中积淀，在实践中沉淀，在带教中提升。作为教师，可以通过广泛阅读介绍课程理论进展和反映课程实践经验的文献，进而加以深入思考与践行，来提升自己的课程意识和能力。在阅读经典《课程论》书籍的基础上，中学教师还应随时关注有关的杂志和报纸，跟踪课程理论与实践的最新前沿，及时阅读如《教育研究》《课程·教材·教法》《人民教育》等综合类教育杂志。身处课程国际化的滚滚潮流之中，中学教师在熟悉我国本土成果的基础上，尤其需要有意识地利用多种途径获悉国外课程改革的相关进展。比如，可以浏览联合国教科文组织教育专题网站（http：//www. unesco.org/en/education）、美国教师联盟（American Federation of Teachers，AFT）网站（http：//www.aft.org）、美国数学教师协会（National Council of Teachers of Mathematics，NCTM）网站（http：//www.nctm.org）、英国教师频道（http：//www.teachers.tv）及北爱尔兰课程网（http：//www.nicurriculum.org.uk）等。

苏霍姆林斯基有一句名言：“如果你想让教师的劳动能够给教师一些乐趣，使每天上课不致变成一种单调乏味的义务，那你就应当引导每一位教师走上从事一些研究的这条幸福的道路上来。”教师可以通过开展课程行动研究来提升自己的课程意识和能力。

在学习和研究的基础上，教师要通过写作来“促进思考”和“寻求分享”。专门研究发现，教师的写作是一种自我存在的彰显、一种思维的训练、一种个人知识的管理、一种反思习惯的养成。当教师把自己关于课程理论和实践的思考和体会记录下来时，不仅可以以写作促进课程思考，以思考促进课程实践，而且可以与他人分享自己的课程主张与做法，进而获得他人的反馈。他人的肯定，是激励自己前进的动力；他人的批评，是自己完善的可能；他人的建议，是改进自己的资源。

第二节　学习共同体建设

长期以来，人们总结了许多促进教师专业发展以保障课程实施成效的途径，如自我研修和校本培训等。在校本课程实施过程中，还需要注意建设学习共同体，以便于教师在共同体中获得相应的支持。近年来，人们对此进行了深入探索，提出了学研整合共同体、复合共同体和“专家-新手”共同体等一系列新策略，给学习共同体的建设开拓了广阔的空间。

> 学习目标
>
> 了解什么是学习共同体、教师学习共同体的基本特点，学会构建学研整合的学习共同体、复合型学习共同体和“新手–专家”学习共同体。

一、学习共同体概述

“共同体”(community)最初是一个社会学概念，源于德国学者滕尼斯(Tonnies)于1887年在《共同体与社会》一书中采用的德文“gemeinschaft”，原义指共同的生活。其核心是“忠诚的关系”和“稳定的社会结构”。滕尼斯发现个人在共同体中会形成更强有力的、结合更紧密的关系。当代意义上的共同体，是指由有限数量的人组成的社会群体，其中的成员“在同一种社会关系中形成自己的信念和价值观，以某种群体的活动显示其存在”。即一群人相互交往，相处时间较长，并形成了一套共有的习惯和习俗，互相依赖共同完成某些目的，就构成了共同体。

20世纪90年代，美国卡内基教学促进基金会(The Carnegie Foundation for the Advancement of Teaching)前主席博耶(Boyer)提出了将基础学校建设成为学习共同体(learning community)的构想。自此，“学习共同体”的概念开始在教育界兴起。人们从不同的角度对其有不同的界定，但有学者研究发现，凡是以社会协商的方法建构知识的团体都可称为“学习共同体”。学习共同体既是一种学习者群体，也是一个系统的学习环境。对于一个学习共同体的成员而言，其周围的成员及其共同的实践活动、共同的话语、共同的工具资源等，就构成了一个学习的环境。在这样的学习环境中，学习者面对一个真实或虚拟真实的、富有挑战性的任务，有机会获得来自环境的给予，包括教师、同伴甚至校外专家的帮助和支持，有机会通过适应性的学习方式(包括模仿、接受、自主探究等)达成重要的学习目标，也有机会通过支持他人的学习而逐步形成自己的主体身份，从而促进个人智慧和自我的健康成长。

圣吉(Senge)在《第五项修炼》一书中提出了建设学习型组织的五项技术，即系统思考(systems thinking)、自我超越(personal mastery)、心智模式(mental models)、共同愿景(shared vision)和团队学习(team learning)。在校本课程开发过程中，教师组建成的学习共同体，主要有以下特点。

第一，拥有共同愿景。“如果说有一种关于领导力的理念，数千年来一直给予组织机构以激励和启迪，那就是要有能力不断地分享我们所追求的未来图景。如果组织中没有全体成员深度分享的共同目标、价值观和使命感，很难想象这个组织能够保持其在某种程度上的伟大称谓。”创造性地实施校本课程，提升校本课程的实施成效，应当成为教师学习共同体的共同愿景。这一愿景，可以激发共同体成员不甘平庸、用心学习、精心实践、积极上进的信念和行动意愿，使大家乐于投入其中，进而无论在何等困难的条件下都能尽可能地追求最高境界。在建构共同愿景的过程中，还可以注意明确近期、中期和长期的共同愿景。这样明确、切实、具体的共同愿景，能够对共同体成员的课程实施更好地起到导向、凝聚和激励的作用。

第二，激励团队学习。“团队学习之所以重要，是因为团队而非个人才是现代组织的基本学习单位。这才是要“动真格”的地方。除非团队能够学习，否则，组织是不能学习的。”换言之，学习共同体不排斥个体学习，但更强调团队学习。圣吉提出的“深度会谈”(dialogue)方法，对引领和激发团队学习有显著作用。“深度会谈”是团队成员“悬置”(即暂时忘掉)假设和成见而进入真正的“共同思考”的过程。希腊文 dia-logos 是指意义(思想)在群体里的自由流动和沟通，这使集体获得个人无法完成的洞悉和领悟。“深度会谈”不同于一般的讨论(discussion)，“讨论”一词的词根是“撞击”(percussion)和“震荡”(concussion)，实际就是来回抛出既成想法，就像一场比赛一样，赢家会获得全部荣誉。比如在校本课程实施遭遇难题时，可以组织一个团队共同研究该课题，团队成员暂时遗忘已有的偏见和成见，放弃习惯性的自我防卫式的思考模式，尝试进行心灵共鸣式的深层沟通，进而廓清难题的现状，厘清难题的成因，找出相应的解决策略及超越现状的路径，并制订出具体的行动计划予以周密实施和完成。

第三，鼓励自我超越。“在自我超越方面修养水平高的人，能够始终如一地为实现他们内心深处最关心的成果而努力，实际上，他们对待自己的生活，就像艺术家对待一件艺术品一样。他们之所以能这么做，是因为他们对自己的终身学习过程有全身心的投入。学习共同体鼓励成员树立自我超越的精神追求，使每个成员在这种文化的影响下，建立起个人愿景，敏锐地认识到自己的现有水平与校本课程实施要求之间的差异，进而全身心投入，不断学习和超越。教师在工作中学习，在学习的状态下工作，就可以将每一项课程实施工作视为一个学习的机会，从工作中不断学习新技能、新方法并实现专业知识的增长。

目前，一些中学教师已经从学习共同体中获得校本课程开发的动力和支持。一位教师描述了参加跨校学习共同体进行课程开发的经历，主要分为五个阶段：①组织建构、分配任务。建立学习共同体，拟定本次校本课程开发课题；成立项目组，明确了负责人；建立课程开发纲要、章节模块、体例及编写要求；项目组召集筛选课程开发人员并进行分组，安排模块任务，指定开发小组负责人。②分组创编、网络交流。小组负责人为本组组员分配任务，领导组员开展具体的开发工作；在两个月内，所有编写人员根据纲要和课程要求，独立进行教材创编；开发小组负责人通过 QQ、邮件群组等定期组织组内讨论；项目组后期组织所有开发人员进行定期网络交流，包括小组前期准备的要求，小组进展和经验分享，小组长在对组员创编内容进行审核编修后汇报。③中期汇报、实地研训。所有开发人员实地集中讨论、通过专家讲座、小组汇报、分组讨论、活动体验、试点学校考察及实验学校试讲评析等，面对面研讨课程创编过程中遇到的问题。④完成创编。在实地研讨之后，开发人员根据中期研讨所形成的方案，在 1 个月内组织人员进行教材改编并汇总由组长审核，同时建立资源库。⑤试用教材。在实验学校进行教材第一轮试用。本次课程开发的成果包括：课题学生用书、教师用书、资源包、教学案例(含课件)集锦等一系列成果，还促进了团队及参与者的专业成长。特别是根据第二稿教材进行的教学实践在学生中反响良好。

二、建设学研整合的共同体

“学习”并不只是“适应型学习”或“维持型学习”，不是仅仅去学习一些理论，或通过学习维持一些课程实施活动的顺利运作，而是“产生型学习”或“变革型学习”，是通过学习产生新的革新型课程实施行动的学习。在实践过程中，人们发现，促进课程实施的学习共同体不能仅以确立目标、制订计划、过程检查、评估督导和实施奖惩等为基本流程，而要强调以解决某一个课程实施的问题为切入点，以具体的学习和研究任务为聚焦点，支持教师的行动体验、学习反思、思考探究、改革提升、创新发展。鉴于此，人们提出了建设学研整合模式的学习共同体，旨在将行动学习和行动研究有机整合，包括问题界定和需求分析、成立行动学研小组、制订行动学研计划、专家研讨会、开展行动学研、总结行动学研、准备汇报行动学研成果及汇报行动学研成果八个步骤(图 9.1)。

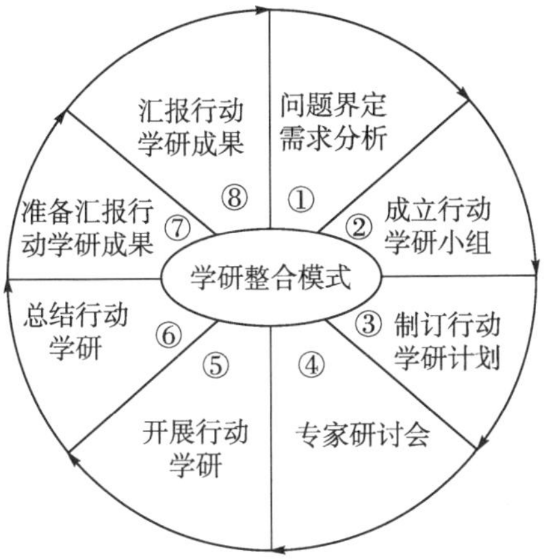

图 9.1　学研整合模式图

客观地说，没有课程问题就不需要课程开发，即使存在课程问题，如果教师没有课程问题意识，往往也注意不到课程问题。发现课程问题是教师从事课程开发活动的起始环节。学研整合的第一个关键步骤就是要界定问题，分析需求。比如，一所学校物理科组的教师提出，现有的校本课程内容与国家课程内容存在割裂，应该如何增强校本课程和国家课程之间的联系？

在提出问题并界定清楚问题之后，就需要成立行动学研小组，制订行动学研计划。特别需要注意的是，行动学研强调既要通过行动研究去解决问题，又要针对需要解决的问题系统地学习一些文献，即关注“学”与“研”整合。因此，在制订学研计划时，既要设计学习计划，又要设计研究计划，而且要将两者加以有机整合。

设计出相应的行动学研计划后，需要召开专家研讨会，对计划进行论证，进而保证计划的可行性和有效性等。根据研讨会的建议，修改和完善学研计划之后，就可以开展行动学研，致力于在学习文献中已有经验的基础上，结合本校实际，解决面临的课程问题。在解决问题的过程中，小组成员相互支持，同时在解决问题的过程中不断学习，实现专业发展。

> 复合型学习共同体
>
> 指为了适应外部环境变化和提高个体或组织的创新能力，而承载着多种具体任务和要求，赋予了多元价值得共同体。

完成一轮行动学研过程后，就要加以总结，准备汇报学研成果，并在一定范围内进行公开汇报，听取各方意见和建议，从而为下一轮行动学研奠定基础。在总结过程中，特别要注意提炼出本轮学研过程中取得的成果，以及面临的具体问题。比如，提出如何增强校本课程和国家课程之间联系这一问题的教师，通过行动学研，设立了“物理学史”和“生活中的物理”两门校本课程。“物理学史”主要以专题形式补充介绍国家物理课程中学生特别感兴趣的科学家和历史上重要的理论论战。“生活中的物理”则是以人类的衣食住行为线索，配合国家物理课程，带领学生学习一些特别有趣的与生活密切相关的现象、器件及其原理。如学生学习完必修课的《圆周运动快慢的描述》后，两门校本课程围绕学生熟悉的自行车分别安排学习《自行车发展史》和《自行车的力学原理》。但是，如何结合国家物理课程，选择出丰富的适宜校本课程内容，创新出脉络清晰、功能互促、浑然一体的学校物理课程体系，又成为他们面临的新问题。

围绕以上八个关键步骤，确立学习共同体的学习和研究过程，调动相关资源，有利于教师有效开展产生型学习和变革型学习。通过行动学研，教师可以拓展创新能力，去做从前不能做的事，解决以前不能解决的问题，体会课程实施中生命力的涌动和生命的成长。

三、建设复合型学习共同体

在长期的探索过程中，人们提出了建设“复合型学习共同体”以促进校本课程实施的策略。复合型学习共同体，指为了适应外部环境变化和提高个体或组织的创新能力，而承载着多种具体任务和要求，赋予了多元价值的共同体。从教师专业发展及课程实施的需求两方面出发，可将复合型学习共同体具体分解为教研共同体、学习共同体、课程建设共同体、社区共同体。有研究者以综合实践活动课程实施为例，总结出以下四条共同体建设策略。

第一，专家培训、指导，构建教研共同体，促进教师与专家及教师间的对话交流。在一些学校，教师无论对综合实践活动的认识，还是对综合实践活动的实施都存在着一些问题。由专家及各班任课教师组建的教研共同体(图 9.2)正好解决这一问题。比如，有的学校在课程实施前一周，请专家对担任综合实践活动课程的教师进行两次集中培训。一次以综合实践活动的课程理念和教学方法为主，一次主要通过观看先前的课堂实录片段，运用微格教学的方式让教师亲身体验如何有效组织综合实践活动。

在课程实施的过程中，教研共同体可以定期(如每周一次)进行集中研讨。首先，专家对教师在本周教学过程中存在的一些问题进行指导，对一些好的教学方法和教学方式给予肯定及鼓励。其次，教师自我反思并相互讨论。最后，专家与任课教师共同讨论、协商下一阶段的教学安排。定期开展的教研活动，为每位任课教师提供了与专家、同伴进行对话、交流的机会，进而分享知识，相互激励，共同提高。

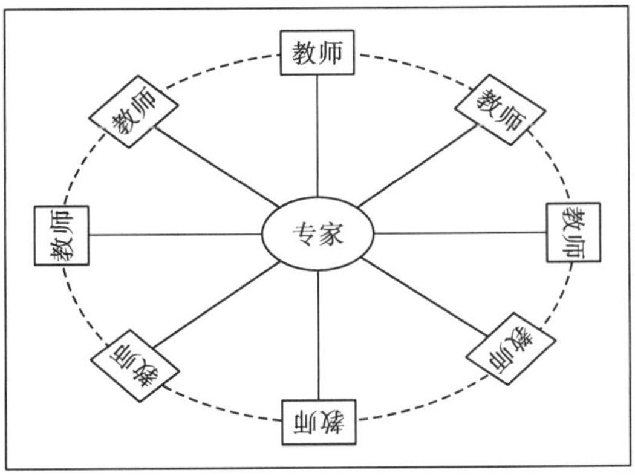

图 9.2　教研共同体示意图

第二，拓展学习共同体，有效利用资源。尽管教师是课程实施的主体，但是综合实践活动课程倡导的是以学生为中心，学生的活动方式表现为自主选择和主动探究，教师的活动方式表现为参与合作与提供指导和帮助。由此，人们提出拓展原有的学习共同体形式，有效利用资源来促进课程实施。有的学校在实施综合实践过程中构建了多种学习共同体（图 9.3）。如图 9.3 所示，由于两班任课教师分别为政治教师和语文教师，在资料搜索及研究方法方面不熟悉，为此学校请本校数字图书馆管理员专门为两班学生开设资料搜索专题讲座，并请高校心理系研究生为学生讲解如何设计问卷和统计数据。

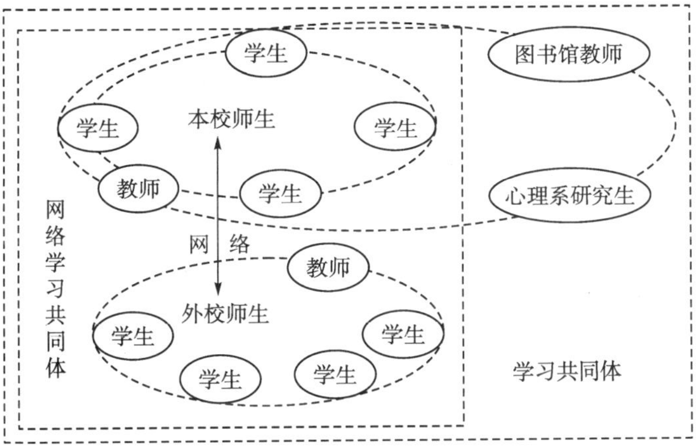

图 9.3　学习共同体示意图

第三，创建课程建设共同体，保证课程的顺利实施。课程建设共同体具体包括：校领导、年级主任、学科带头人、任课教师、信息技术教师、图书馆管理员（图 9.4）。比如，在一所学校里，副校长重视并极力支持该门课程的实施，在精神上给予教师极大的鼓励与肯定；年级主任主要协调课程进展及时间安排，并督促信息技术中心及图书馆给予积极配合；信息技术教师主要工作是协助拍摄课堂录像及外出调查摄像；图书馆则为学生查找资料提供帮助。

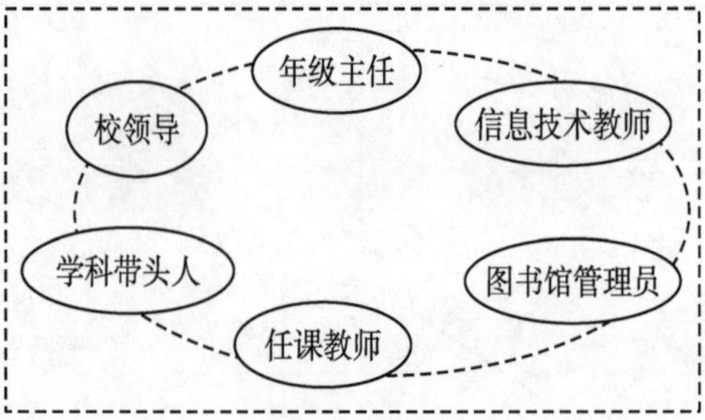

图 9.4 课程建设共同体示意图

第四，构建社区共同体，促进学生实践活动的开展。综合实践活动课程的实施过程中，学校、家长及社会各界人士之间可形成社区共同体(图 9.5)，帮助学生开展社会调查、社区服务。比如，一所学校的学生，访谈了学校所在辖区城管大队的负责人，搜集了关于“走鬼”(流动摊贩)带来的污染问题、偷漏税问题及如何解决“走鬼”问题等资料，明白“走鬼”问题的严重性，学会从“走鬼”的角度以及社会人士、执法部门等角度考虑问题。

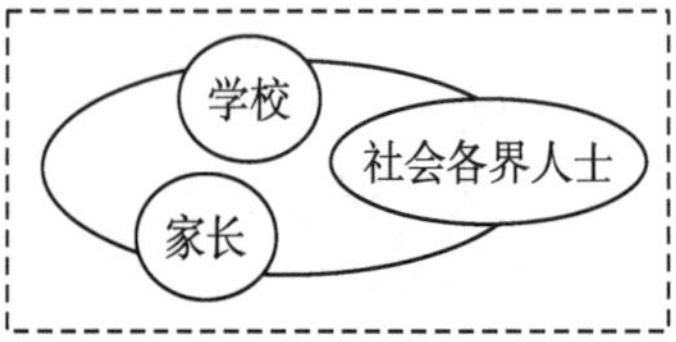

图 9.5 社区共同体示意图

在校本课程实施过程中，突破单一的教师学习共同体形态，创建复合型共同体，进而根据不同阶段、不同层面形成多元化共同体，各个子共同体之间的成员相互交叉，可以进一步提升校本课程的成效。

四、建设“专家-新手”学习共同体

在教师教育一体化的思潮影响下，为了促进职前教师和职后教师课程实施能力的共同提升，人们探索和建立了“专家-新手”学习共同体模式，主要运用于推进课语整合课程的实施(图 9.6)。“专家-新手”型系统遵循基于行动研究和探究学习的教师教育组织逻辑。教师圈依照行动研究的“计划—实施—搜集和分析数据—得出结论—修改最初计划—实施新一轮行动研究”流程，探求在职教师培养问题；师范生圈体现该模式的探究式学习方式，也就是培养师范生通过探究和批判其课程实践来学习，而不是在规定时间内接受传统的依据内容分类学进行组织的教师教育课程。其实质是“新手教师学会教学，大学教师和一线教师则共同研究教与学的问题”。

> “专家—新手”学习共同体模式
>
> 以实践共同体理论和理论—实践差距弥合论作为理论基础，由来自数学、英语、自然科学和社会科学领域的大学教师和学校督导（school mentors），合作生成课语整合教师培养双圈循环。

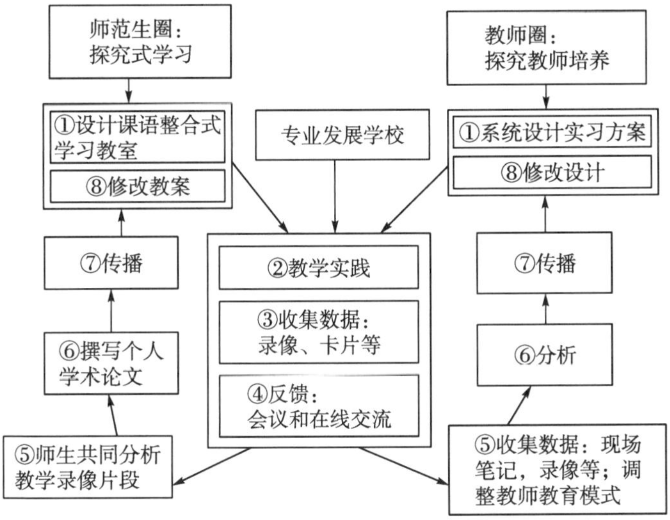

图 9.6　“专家—新手”共同体架构

该模式是参与各方协作设计、现场实验和反复讨论的产物。大学教师、学校督导和师范生三个群体在该系统运行中，不但充分发挥各自的主体性，而且通力合作，促进模式的完善和课语整合教师的培养。大学教师基于实践共同体和行动研究理念，在教师培养中彰显系统规划和实践指导的功能和作用，并和学校督导、师范生通过临床教学及其他活动，促进不同群体主体性的发展和保证师生主体地位。师范生则借助信息与通信技术弘扬、培育和实现自身的主体性。该共同体建设主要体现出以下特色。

第一，细致规划，注重实践。在“专家-新手”共同体中，大学在实习时间、环节、形式和内容等方面进行系统设计和统筹考虑。整个培养历时八个月，共分五步进行：①策划实习方案。指导师范生掌握数据搜集和反思工具，组织他们观察学校督导的课堂教学及布置他们完成返校后的课堂录像制作，作为下一轮实习的预演。②带领师范生完成第一轮实习。包括熟悉实习学校、熟悉课程信息、进行课堂观察、参与教学并制作录像。③引导师范生反思第一轮实习，并准备第二轮实习。教师会从每名师范生挑选的三个教学片段中至少选出一个，并在课堂上进行展示、分享与评论。在此基础上，辅导和检查师范生为实施第二轮实习设计的课语整合课程方案，并为他们争取学校督导的支持。④带领师范生进行第二轮实习，帮助他们迅速进入教师角色并承担完成正式教师应负责的事务，关注他们组织课语整合学习的状况并批阅他们的实习日志。⑤督促师范生填写自我观察研究报告、制作实习档案袋和撰写硕士论文，进而升华实习效果。

第二，多元策略，交互反馈。“专家-新手”共同体建设不是一种静态模式，而是一种动态过程。大学教师和学校督导与师范生通过活动，实现自身的专业发展。这些培养活动以诊断实习问题、提供及时反馈、解决现实难题进而加快师范生专业成长为旨归，选择传统和现代的手段，以大学和实习学校为基地，提供实时与事后、短期与长期相结合的不同类型反馈。首先，采用照相、录音、录像、日志、学生作业、现场笔记、片段卡片、报告卡片和自我观察研究报告等多种策略，清晰地记录和剖析师范生的实践过程，为举行反馈会议搜集真实丰富的资料。其次，在不同时间举行长时或短时、正式或非正式、面对面或在线的反馈会议。在第一轮实习和对其进行反思并筹备第二轮实习的第二步骤和第三步骤中，分别在大学里召开一次会议，师生共同讨论第一轮实习过程中出现的问题。为了提高师范生第二轮实习的自信心，加快相应技能的习得，学校督导每天放学后都会举行简短的、非正式的反馈会议，每周至少举行一次较长、较正式的分析会议，师范生借此发表自己的实习观点，反映阻碍自身发展的因素并主动争取大学和实习学校在情感和技术上的支持，同时加强专业发展自主性。会议有时也在非正式的情境以非正式的方式出现，比如师生在咖啡屋里聊天。

第三，片段型反思，丰盈式体验。课语整合教师的培养，还需要师范生自主、深入地反思自己的实践。师范生不仅制作并甄选课堂录像作为分析案例，还在第三步骤中开发使用“课堂录像片段反思分析卡片(vignette card)”。该卡片主要用于师范生详细记录课堂录像片段的基本信息(包括督导姓名、录像时长和具体时间、所教班级和学生年龄、课目名称以及课室类型)、主要内容、选择这一课堂片段的缘由和待解决问题(图 9.7)。其价值主要有二：一是规范师范生的录像选择流程，培育师范生的自主调控反思学习能力；二是提高大学教师对问题分析的针对性和有效性。其根本目的是训练师范生在课程实践中灵活运用并转化专业知识，高效生成课语整合课程的教学技能。

课堂录像片段___________反思分析卡片

实习督导：___________	录像时长：___________	班级/年龄：___________
课目/语言：___________	录像时间：___________	课室类型：___________

1.片段里有哪些学习活动？

2.片段里出现了哪些状况？

3.我为什么选择此片段？(我想讨论什么问题？)

4.我想了解什么？(我如何解决以上问题？)

图 9.7　课堂录像片段反思分析卡片示例

本章小结

校本课程实施的动力保障来自教师个体发展和教师学习共同体建设。个体发展涉及教师的课程意识、课程信念和课程能力。课程意识包括课程的主体意识、生成意识和资源意识；课程信念是教师秉持的一种信以为真的心理倾向；教师课程能力包括理解课程开发过程的能力、课程资源的开发和利用能力、对课程纲要的解读和对教材的变通能力，以及课程评价和研究能力。最后，提出了提升教师课程意识、信念与能力的两条主要策略，即开展专门培训和教师自我研修。教师学习共同体具备拥有共同愿景、激励团队学习、鼓励自我超越等特点。教师学习共同体建设包括学研整合的共同体、复合型学习共同体、“专家—新手型”学习共同体，这些共同体的建设有相应的配套策略。

体验练习

1.在校本课程的实施过程中，教师的课程信念有哪些具体的作用？

2.除专门培训和自我研修外，还有哪些策略有助于提升教师的课程意识、信念与能力？

3.作为校长，在校本课程开发与实施的过程中，应如何营造一个气氛良好的教师学习共同体？

4.高中生物校本课程设计依据是什么？

5.高中生物校本教材编写基本原则是什么？怎样选择高中生物校本教材的内容？

第十章　高中生物校本课程开发实践

本章概述

研究高中生物教学资源，是对现有生物教育理论体系格局的突破、发展和补充。高中生物校本资源平台的开发不仅是对生物教育教学理论的运用，还涉及多媒体技术、信息技术、现代教育技术和其他学科的理论，这在某种意义上也说明了研究高中生物教学资源平台体现了当代生物教育理论和技术研究的一种发展趋势。许多研究者和教育主管部门都一再强调整合教学资源的重要性，肯定了教学资源在教育中的价值，并且积极推进数字化教学资源的研究与实践。为了抓住教育发展的制高点，实现教育的信息化，在高中生物新课程参与中已经开展了各方面校本资源的研究，但仍然缺乏资源整合理念及有效整合，使现有的资源没有得到充分利用，高质量的生物教学资源的应用仍存在不足，具有校本特色的生物教学资源没有得到共享，这些制约着信息技术在生物教学中的应用。

利用文献研究法、实地调查研究法和行动研究法等调查方法，对重庆市 6 所市重点高中和 5 所教育发达地区的高中名校进行调查，了解高中生物教学资源平台的建设和利用情况，从而分析目前本地高中生物校本教学资源平台存在的不足之处，了解外地高中特别是教育发达地区的生物教学资源平台建设的方法和成功经验，为高中生物校本教学资源平台的开发提供参考。

高中生物校本教学资源平台的建设是一个长期的系统工程，需要学校领导的支持，要求每位生物教师都具有网络操作能力及一定的电脑技术水平，让更多的教师参与设计、制作、长期维护，不断丰富原有的生物教学资源，为平台的建设提供可行性。发达的互联网给予网络教学资源特殊的共享功能、浏览功能、重构开发、检索导向、双向传输等功能。高中生物校本教学资源平台的建设，为核心素养下的学科教学提供新的教学模式和丰富的教学资源。本章在研究大量的资料和对现成资源平台调查的基础上，总结出高中生物校本教学资源平台的几个功能：应用于教师备课、课堂教学、创设学习情景、开通在线学习和即时评价、个别化学习、合作学习、探究学习、远距离教学和提高学生的信息素养等功能。为了实现这些功能，“建构主义学习理论”为高中生物校本教学资源平台建设提供了理论支撑和技术指导，教学模式发生了巨大的变化，从传统的注重知识的传播到注重知识的构建，让学生从被动地接受知识到主动参与知识的获取，教师在课堂中的主导作用变成指引作用。“后现代学习理论”提出在高中生物校本教学资源平台的开发中要充分考虑学生群体的多样性，要满足大部分学生的实际需要，突出开放性，强调活动化，注重校本化。“对话理论”提出，高中生物校本教学资源平台的开发，在教学中让师生平等地交流，激发教师教学的积极性和学生的学习热情，使教与学共赢。“知识管理理论”强调在知识经济时代，要用现代技术、工具、程序、方法来获取、储存、应用、分享知识智慧与经验。

在高中生物校本教学资源平台建设过程中，尊重课程标准的要求，体现科学探究、科学思维、生命观念、社会责任等理念，将作为评价高中生物校本教学资源平台质量优劣的标准和评价利用高中生物校本教学资源平台进行学科教学质量高低的标准。资源开发过程中应注意范例的作用，目前市场上有一些网络教学资源库可以被用作高中生物校本教学资源平台开发的参考及引用来源，这样避免了重复开发，也避免了人力、财力、物力的浪费。此外，高中生物校本资源平台开发阶段在运用过程中遇到的情况不同，学生的知识水平存在差异，因此需要对高中生物校本教学资源平台进行调整。

在科学设计高中生物校本教学资源平台开发的组织过程当中，首先是资源的获取，其源于现有资源库中资源的再开发、标准化处理和数字化改造、教师自主制作、学生的电子产品、从厂商处购买和专业人员开发制作等；然后是进行科学、合理地分类，使得知识的内在联系更加密切，实现更好的共享。在本章的后部分，提出了高中生物校本教学资源平台初步开发的功能模块设计，包括用户注册和认证模块、后台管理模块、课程概要模块、课程动态模块、课程学习模块、素材资源模块、在线测评模块、课程在线交流模块、课程论坛模块、个人社区模块、网站友情链接等。充分、合理、有效地整合学校的和网络的教学资源，构建高中生物校本资源平台，让学校在网络时代形成自己的教育特色和优势。

学习目标

1.掌握高中生物校本教材的开发过程；
2.理解构建开发高中生物校本课程的学习共同体的必要性；
3.掌握构建生物学习共同体开发高中生物校本课程基本方法；
4.了解高中生物校本教学资源平台开发的背景、意义；
5.掌握高中生物校本教学资源平台开发的基本方法；
6.理解高中生物校本教学资源平台设计的理论基础和设计导向；
7.掌握高中生物校本教学资源平台开发的过程。

第一节 高中生物校本教材的开发实践

一、国家课程的校本化实施

学习目标

了解高中生物校本课程开发的主要工作，倡导校内合作和校外合作开发高中生物校本课程，实现教育教学资源共享。

新课程实施以来，在国家实施统一的课程标准之下，各地学校可根据对课程标准确的解读为学生选择模块学习的教材，打破了过去国家统编教材的高度统一性的限制。但是不同的学校以及教师、学生都具有差异性，所以各类学校都在进行国家课程的校本化改造，包括对国家课程标准的解读、模块教材的选择、一个地区或者学校内相对统一教材的“校本化”和“生本化”改造与实施等。笔者在2007～2018年参与了本校高中生物新课程三个必修模块和两个选修模块的国家课程的校本化实施的实践。

(一)开发的主要工作

1. 教研组层面

(1)组织所有参与高中新课程的老师接受市普教室组织的培训，学习国家课程标准。

(2)制定各个模块在各个年级的开设计划。

(3)选用人民教育出版社的《分子与细胞》《遗传与进化》《稳态与环境》为必修教材，《生物技术与实践》《现代生物科技》为选修教材。

(4)对实验设备进行更新配备。

(5)安排主要研究课题。

2. 备课组层面

(1)具体制定教学目标，包括学年、学期、单元和课时教学目标。

(2)拟定进度安排，包括模块总课时安排、实验课的安排、模块考试时间等。

(3)教材内容整合，根据课标对教材内容进行取舍，创造性地编排和使用课程资源。新课程的教材知识编排方面不同模块在同一知识点上有所重复，有些模块在知识线索上有些零乱，编写顺序对学生的认知不利，对教材结构进行系统调整，使之更加符合学生的认知特点。

(4)对学生进行学习活动的规划，提供学习方案、学习方法的指导，让学生从学会“学教材”到学会“用教材”，统筹学生认知、情境和技能的发展。

(5)除教材之外的配套的学习材料的选用、编制，包含练习与试卷的编制等。

(6)创设资源库，包含多媒体课件、教案、教学案例与反思等。

(7)研究的工作方式与基本步骤：首先是教师在接受各级各类的培训、学习新课程理念并内化为自我认知的基础上，完成个性化的教案、教学案例。其次是课组定期集体理论学习、主题研讨、案例分析、分享各自的创见等，特别是主备教师简要介绍讲课内容的整体构想、教学目标、重点和难点、训练内容及评价标准。另外，备课组内还协调互相听课、评课、公开课观摩交流等，每人每学期听课不少于 20 节，通过实际的案例剖析与研讨，理论联系实际，探讨在备课过程中和教学实践中遇到的问题，对前期的工作进行反馈，并对下一步的教学实践的各个环节形成基本统一的原则并做出相应的安排。

(二)开发的主要成果

(1)通过实践确定了需要 45 个课时才能基本完成一个必修的所有的教学任务，包括常态课、实验课、练习与考试等环节。

(2)确定了每节课的核心、重难点和基本内容。

(3)模块考试的试卷编制的基本原则。

(4)模块成绩的认定的实施细则，包括过程性评价与终结评价等综合评价体系的建立。

(5)完成所有必修实验的开设以及改良，为进一步的开发提供依据。

(6)初高中的教材衔接，特别是实验部分的衔接的专题分析报告。

(7)初步形成了新课程教学资源库(每堂课的课件、微课视频、题库)，以网络硬盘的形式校内共享，为下一步的动态开发提供了必要的条件。

(8)以人教版教材的章节为单位，对课标要求、考试大纲、考试说明、考题情况、复习策略与方法做了细致的研究和分析，并对近十年来全国各省市高考题按教材章节做了汇编与详解。

(9)初步完成了《分子与细胞》《遗传与进化》《稳态与环境》《生物技术与实践》《现代生物科技》五本校本教材及对应的课时训练、单元检测的编写，制作了配套的教学课件(PPT、Flash 动画、实验视频)，并使用了四轮，同时完成了一部生物高考复习备考校本教材的编写。这部高中生物校本教材 2017 年荣获重庆市渝北区一等奖，2018 年 4 月被评为重庆市精品选修课程。

(三)收获与反思

国家课程校本化实施的主要过程就是备课组内每位教师把自己的经验与学到的新知识、新技能充分表达出来的过程，更是享受团队的经验、资源和智慧的过程。这样，多数学校都具有集体备课组，实际上就符合了“学习共同体”的基本要素、共同的目标和愿景，从而得以交流、共享，互相影响，共同进步。

特别是“资源共享化与个性化发展相结合”集体研讨式教研，让教师在资源共享的基础上，根据学生的实际情况和教师个人教学风格创造性地设计教学，使得备课研讨不流于形式，在尊重教师个性发展的基础上集思广益形成合力，极大地提高了教师相互学习、共同提高的积极性和生动性，推动了团队工作的效率，将新课程的理念内化为团体共同的工作愿景，并且符合新课程鼓励教师从事教学实践的理念。

但在常态的国家课程校本化实施过程中，仍然发现不少老师受“应试教育”的影响较深，比如，对教材还停留在“教教材”，而不是“用教材”，偏重于知识的教授而忽视了能力的培养和情感、态度、价值观的提升。

二、校内合作的高中生物校本课程开发

(一)校内合作开发的过程和成果

在进行国家课程的校本化实施的同时，在教研组的组织下，我们以专题小组集体合作开发的模式，在短时间内就开发了《应用生物之动物与微生物》与《应用生物之植物》两个校本课程。

开发的主要过程与形式如下：每个课题原开发方向由教研组讨论拟定，每个课题组由教研组组织协调安排组内 5 位老师合作开发。每个人根据自己的知识储备和兴趣方向，参与不同的课题研究，每个人编写所负责的模块和章节的教材内容，并开发相应的课件。在具体的教学实践中，该章节和模块的教学任务也由该老师负责执行。

笔者参与了《应用生物之动物与微生物》的编撰工作，独立编写第四章“观鸟(watchbird)——关注我们身边的朋友”，撰写一万多字，开发了配套课件，编制了试卷，并独立承担了这门校本课程 6 个课时的授课任务，共完成两轮教学实践。

对学生评价的方式是以过程性的作业和作品、上课表现和终结性的考试评价(笔试)

相结合的方式进行。

经 2006～2008 学年两次面向高一年级的两轮实践及观摩教学后，我们发现这两门课程都能够使学生产生兴趣，能使学生在学习生物学基本知识后动手实践，增强生活技能，提升生活情趣，培养了其团队协作的精神，弥补了统编教材某些教育功能的不足，很好地体现了生物学科的特点。

总而言之，高中生物教师在生物学校本课程的开发中，不仅是传统意义上的课程的执行者，更是课程开发的积极创造者、实践者、发展者和评价者，希望通过持续的生物校本课程的开发与实践，能在一定程度上探究生物校本课程的开发思路和基本途径。但在实践中也发现了不少新问题，于是有了进一步的思考与探讨。

(二)校内合作开发的反思

1. 校本课程的实质是“生本”课程

通过学校组织的海报发布(纸质和电子版两种)的形式对课程内容、要求、授课对象以及授课老师的情况进行介绍。但仅靠这样平面的宣传还远远不够，有些感兴趣的同学还不知道有这门课或者对课程的具体内容与要求有疑问，在不能得到相关老师及时说明的情况下就选报了其他课程。特别是新旧课程交替过渡的特殊时期，校本课程开设的对象主要是没有开设生物课的高一年级同学，而授课老师是高二、高三的老师，师生之间彼此陌生，老师还无法利用生物课堂进行主动宣传和说明。

第一次开课还没有经验，今后除了保留海报发布的形式外，还可以采取教师到年级或班级主动宣传，结合学校广播、校园网站、教研组专题网站宣传(如把相关课程的活动过程通过录像与照片的形式做专题介绍)等方式推介课程，包括对课程的内容、要求与对象等方面的宣传。

在课程推介过程中，特别是用集体合作的模式开发时，在开发成员对其他教师负责开发的具体内容并不是十分了解的情况下，更要由专人(比如主编)负责归纳“我们能提供给学生什么样的知识”“能帮助学生获得什么样的体验”“能在什么方面提升学生的素质”等方面的问题，即首先要明确课程的目标，然后再以“主编”为主推介课程，而其他的开发者对以上问题也要了然于胸，并积极投入课程的推介中去。总之，经过新旧课程的过渡期后，老师也积累了实践经验，课程的推介不成问题。

其实，更深层次的问题在于是否真正落实校本课程开发的理念——以学生为主体。校本课程是我国基础教育课程改革的产物，应更多地给学生留出一点自由发展的空间和时间，体现出学生本位的课程价值取向。这就意味着校本课程不仅要求课程开发的主体是学校，更要注意课程的多样性与差异性，以满足学生的发展需求。也就是说，校本课程的实质是“生本”课程，所开发的课程应该是学生有兴趣的、能力能得到提升的课程，而从本次(也是第一次)校本课程开发的过程来看，其课题来源完全是老师们根据以往的教学实践的经验，并没有事先进行学生调查，参考学生意见。在实际上课的过程中，发现不少学生对课程的具体内容期望值与实际有较大的出入，到第二年学生选学的数量就很少了，所以，第三年就没有开课了。

2. 小组合作开发与授课模式的弊端

本次采取 4～5 名老师合作开发一个课程的形式。每个教师按照课程目标与内容的要求，结合自己的兴趣与特长，分别承担不同章节的开发任务，在教材编写完成后，再各自将所开发的内容编写成教案或制作出演示文稿并承担授课任务。这种模式任务较轻，完成速度快，利于调动更多教师的积极性并充分发挥个人的分布式的优势，特别是对于正常教学任务已经比较重，还没有开发经验的老师来说，处于初级阶段的校本课程开发还是比较适合的。

但是在实践过程中这种实质以“分工”为主，“合作”为辅的模式也暴露出以下弊端。

(1)分工合作的漏洞。由于教师的编撰能力有差异，所形成的教材的编排形式也有一定的差异，一般只能对于文章的字体字号、行距、各章节的字数等做出粗略规定，对插图的大小和数量以及问题的设置等就无法一一规定。而一个老师对其他老师所编撰和授课的内容又不尽了解，在教材的编写、授课环节的前后衔接上就容易出现脱节，这就需要课程的“主编”职能非常明确，并在实践中起到很好的统一指挥和协调作用。

(2)师生关系的陌生。在 10 个学时的课程内，每个老师基本上 2 个学时的课，按教材的章节顺序依次教学。学生和老师的关系不是原来行政班的关系，彼此是陌生、新鲜的，学生往往刚适应又要换个老师。在课堂上不善于调动学生积极性的老师的课堂上就更容易出现学生消极应对的现象。他们最初在个人兴趣的支撑下，大多认真听课，敢于动手，“乐”在其中，但学生手上如果没有学习材料，就无法预习，不爱记笔记，到后面就会出现学习目的不明确，无法始终保持热情的现象，很多同学到考试的时候对所学的内容都基本忘记了，甚至个别学生出现了把校本课程当成是可有可无的“休闲课”的错误认知。

(3)过程评价的困难。由于课堂中始终陌生的师生关系，虽然每个班级学生人数不多(一般控制在 30 人以内)，但依然容易导致课堂管理的缺位。每次上课的老师就一个人，特别是活动实践课需要对学生进行一对一指导时，授课老师就心有余而力不足，很难照应周全。本次两个课程的评价方式分别采取了“作品+考试成绩”的形式。考试和作品容易进行传统的评价，但在分段的课堂教学过程中，对每个学生、每节课或某一阶段课堂的综合表现，老师很难做到及时给出客观的、有引导性和过程性的评价，这就出现了课堂评价的客观困难。

3. 开发主体与授课形式的应当灵活化

在选好课题、整合资源后，接下来面临的是谁去开发、如何开发的问题，开发与授课有以下形式可供选择。

(1)自己开发自己授课。一个老师单独开发一个课题并承担授课任务，这种形式的任务比较重，对老师的编写能力要求比较高，但不容易出现教材和课堂的脱节，也有利于师生关系的稳定。

(2)他人开发自己授课。由他人开发形成教材并明确课程的目标、内容和要求，授课老师根据自己对课程目标与要求的理解，创造性地编写教案、开发演示文稿，并发挥个人的优势，用自己的风格完成授课任务。这种形式可以发挥课程创作群体与授课群体多方面的积极性，形成优势互补。

(3)共同开发共同授课。如同前述的集体合作开发、共同授课的模式。不同的学校、不同的地区、不同的课程可以结合实际，灵活采用或创设不同的开发模式，这本身就是新课程理念的体现。但无论是哪种开发模式，都要明确课程的名称、目标、内容、要求和教材的体例以及学习(成绩)认定的具体办法，特别是要在开发时就明确“主编”的职责，如果是共同授课的，要明确每位授课教师在授课与评价两个环节上的职责。最好还要编印出提供学生学习的“学材”，可以是完整的学生用书，也可以是“学习纲要”，以提高学生的学习效率，更有效地实现课程目标。

4. 开发环节的不完善

任何一门课程都应当具备一定的体系，其开发也应具备相对科学完整的环节链条，校本课程也不例外。校本课程的开发应包含几个必要的环节：第一，环境分析，即分析学校所处的内外环境，明确校本课程开发的资源；第二，目标设置，在考虑特定学生群体在未来社会的角色定位和发展方向的基础上，设定具体目标；第三，课程组织，选择并确定校本课程的构成要素、课程内容及其呈现方式，如课程标准、教材、教师用书、练习册和辅导材料等，即通常意义上的资源包；第四，课程实施，包括校本课程的评价、试验、传播、采纳、推广的过程和具体教与学的过程；第五，课程反馈，既包括对学生学业的评价，也包括对课程本身的评价。

此次校本课程开发在目标定位、评价手段、开发程序上都存在着不少的问题，环境分析、目标设置等缺失，课程评价薄弱，课程组织被大大简化，较为明显地突出成果——教材，校本课程开发几乎等同于校本教材的编写。的确，“简化”的校本课程开发，大大降低了课程开发的难度，却使教师对校本课程的开发更多走入“编教材”的误区，教师自编教材看似发挥了教师的主体性，实则增加了教师在日常教学之外的工作负担。而且校内合作开发者的同质性以及没有接受必要的开发培训，使得产出的教材文本缺乏格式和目标上的统一性，以及前后知识的连贯性和整体性。并且也违背了校本课程开发的“动态开发”的理念，比如学生的参与，过程性的发展与完善等，其实可以采用课程纲要、教学简案、专题提纲等灵活形式来整合各种静态和动态的资源。总之，可以根据新课程理念和学生发展的需要，在明确课程目标的基础上，通过多种途径筛选汇总可供编写校本课程的素材、信息，在进行系统归纳、补充、完善的基础上，组织编写生物校本课程的教材，并在实践中动态完善和发展。

5. 专题合作小组是“学习共同体”的形式之一

专题合作小组就某个具体的学习内容或者研究项目，事先进行合作小组的分组。分组的主要依据是教研组内教师不同的研究兴趣和研究方向。专题合作小组的成员在经过事先充分的准备后，合作研究一个真实问题，并在教研组内开展交流和相互学习。就此次校本课程的开发来看，开发小组基本具备了学习共同体的基本要素，共同目标、开发人员既是工作人员又是主体的学习者，在教研组和开发小组内分工协作、交流研讨，为了共同的目标——开发校本课程的产品而协调活动。但从开发实践的反思中也可以看出，本次学习共同体在“助学者”上有所缺失，所有参与者虽然具有平等的关系，相互之间的沟通中也能在一定程度上取长补短，但校内学习者的同质化使得教师们在课程开发能力难以突破，比如教材编写能力方面容易遇到相同的瓶颈制约，这时候，助学者的作用就尤其重要，比如课程理念的专家或者教材编撰的专家等专业人员，他们对于初级阶段的校本课程开发小组的工作指导意义尤为重要。

三、校外合作的校本教材开发

2015 年，笔者通过社会途径加入重庆市创新学院“雏鹰计划”，参与了重庆市松树桥中学创新课堂《生物技术实践》的校本课程的教材主编工作。

该工作组的成员大多数是中学一线的骨干教师(23 人)，还有少数的西南大学教师(4 人)、学者专家(3 人)、青年志愿者(2 人)和工作人员(2 人)构成。撰写校本教材一本 46994 字，制作课件 10 余个，实验操作微课视频 8 个，参与学生 56 人，教学效果好，社会反响大，2017 年 9 月获重庆市渝北区精品校本课程一等奖，2018 年 4 月被评为重庆市精品选修课程(图 10.1～图 10.6)。

图 10.1　西南大学专家引领

图 10.2　专家—教师—学生共同研讨

图 10.3　学生实验操作

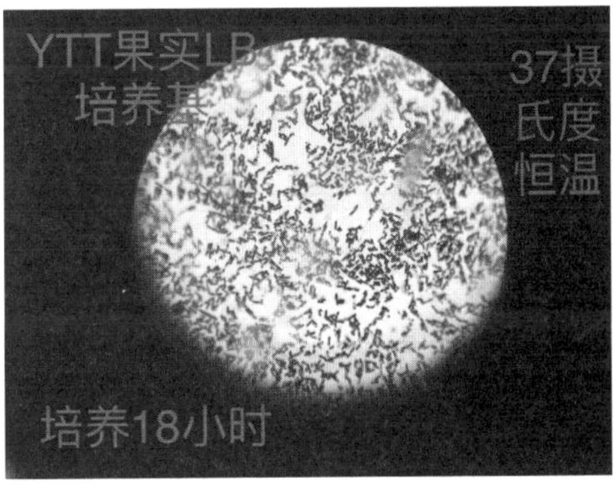

图 10.4　学生实验成果显微照片

图 10.5　生物技术实践班留影

图 10.6　《生物技术实践》获奖证书

(一)高中校本教材《生物技术实践》开发基本过程

1. 组织建构、分配任务

(1)首先由学校教科处拟定本次校本课程开发课题《生物技术实践》。
(2)成立《生物技术实践》项目组，明确负责人。
(3)建立课程开发纲要、拟定模块、体例以及编写要求。
(4)项目组召集筛选课程开发人员并进行分组，安排模块任务，指定开发小组负责人。

2. 分组创编、网络交流

(1)小组负责人给本组组员进行具体任务分配，领导小组组员进行具体开发工作。
(2)在 2 个月内，所有编写人员根据纲要和课程要求独立进行教材的创编。
(3)开发小组负责人通过 QQ、邮件群组等网络平台定期组织组内讨论。
(4)项目组后期组织所有开发人员进行定期网络交流。
(5)2015 年 3 月 18 日晚上 20:30 全体小组成员调整前期准备的要求。
(6)2015 年 3 月 25 日晚上 20:30，了解小组进展，经验分享。
(7)2015 年 4 月 1 日晚上 20:30 小组长在对组员创编内容进行审核编修后汇报。

小组的工作主要成果：各单元教学案例，基本理念、教学方法，对教材修改的建议，拟定各种教学实践方案，拟定教师用书的规范和进度表，达成共识的网络交流方案，初稿给专家审核，初步形成高效的合作团队。

3. 中期汇报、实地研训

2015 年 4 月 8 日～4 月 12 日，所有开发人员实地集中讨论、通过专家讲座、小组汇报、分组讨论、活动体验、学校考察以及学校试讲评析等活动环节，面对面地对课程创编过程的问题进行研讨。

成果：明确了整本教材的体例细节、各个章节的具体教学目标、教师用书的标准以及资源库建设方案。

4. 完成创编

在实地研讨之后，开发人员根据中期研讨所形成的方案，开发人员在 1 个月内进行教材改编、汇总和审核，同时建立资源库。

5. 试用教材

2015 年 9 月在重庆市松树桥中学校进行教材第一轮试用。

6. 开发成果

《生物技术实践》学生用书、教师用书、资源包、教学案例(含课件)集锦等系列外显成果以及内隐的团队、参与者的个人成长等成果。特别是根据第二稿教材进行实地教学实践在学生中反响良好。

(二)校外合作开发校本教材的总结和反思

本次开发实践与以往的不同之处(也是成功之处)在于其架构了完整的学习共同体的开发与实践形式，特别是突破了校本课程的开发拘泥于一校之内的误区和瓶颈。

1. 完整的组织架构是开发的保障

从课程开发的前期工作及教材编写来看，有这样的组织架构：专家库—重庆市创新学院—雏鹰计划项目组—开发小组—创编者。

从课程开发与实践的全部过程来看，组织架构其实还可以表述为：专家库—重庆市创新学院—雏鹰计划项目组—开发小组—创编者—实验学校—授课教师—学生。

完整的组织架构为完备的开发程序的实施提供了组织保障，也为合乎课改理念的科学的校本课程产品的产出提供了组织保障。比如前期的目标拟定、项目分工、人员分组、网络交流平台的建立和中期研讨的组织都要有专门的人来组织提供“物化”设备的条件。

完整的组织架构还提供了不同成员之间跨区域、跨学科的话语体系，特别是构建了一线教师与校外专家之间的话语体系。这恰恰是一般意义上的合作难以做到的。

2. 开发主体明确、特征显著

本次校本课程的开发成员的构成具有广泛性、代表性和差异性。

成员有着强烈的共同愿景，都是自愿参加此次开发活动，于是就有了开发实践的自觉行动，特别是前期的活动都是通过“不见面”的定期和不定期的网络交流来实现的，如果没有共同的目标，很难实现这样的过程。

而且成员大多数来自教学一线，70%以上是中学教师，且 2/3 以上具有多年校本课程、选修课、指导学生研究性学习和编撰校本教材或者教辅材料的经验，但各自的地域、学校、学科有着显著的差异性。成员中既有学习者，也有助学者(专家、出版社编辑、项目组的学者等)，集合了各自的分布式的优势，主体明确、特征显著。

3. 开发过程体现生物学习共同体的“活动方式”和“表现方式”

本次开发实践特别是中期研训体现了以下的理念：平等参与、共同合作；尊重多元、形式多样；利用已有的经验，主动建构知识；重视过程、促成变动；理论联系实际、具体与抽象相结合。本次活动充分体现了合作性学习的要素特征(表 10.1)

表 10.1 合作性学习的五个要素

要素	具体表现
积极的互助	每个人负责不同的学习主题；有责任彼此分享信息和互相学习
面对面的交流	定期会议
个人的义务	做研究，向团队提交报告
合作的技巧	共同回顾研究报告、共享资源互相修改作业、头脑风暴
团队的配合	学习担任不同的角色，学会齐心协力做事

这种方式对接受研训的学员重新定义：有能力的人已经具备了课程开发的基本能力和一定的经验，具有了初步成效。对助人者与学习者的关系重新定义——平等的互动。对研训过程重新定义——共同创造知识和产品。在研修和开发实践的过程中所有的参与者被赋权、授权、增权、充权，即在参与的过程中获得增权与能力的提升，符合新课程的理念。

这完全符合学习共同体的“活动方式”和“表现方式”，在这个学习共同体中：每个人具有较好的专业理论知识或者实践经验；人与人之间关系平等，包括助学者和学习者之间有分工但没有高下之分；每个人都有价值，每个人的经验都有意义；在尊重的氛围里，活动具有平等、尊重、信任、人文关怀精神；参与者具有开放的心态与宽阔的胸襟；以群体共享的争论而不是竞争来推进成员的认知，争论是成员拓展彼此想法的动力，知识的构建应该经历合作创造、综融整合的过程，在这个过程中参与者勇于面对挑战，每个人都可能通过不断的学习与成长而变得有能力。

附件：重庆市松树桥中学校校本选修课《生物技术实践》课程标准

一、课程基本信息

课程归口：重庆市松树桥中学校教科处

课程性质：校级选修课

适用范围：高二年级

学时数：20 学时(含考试)

学分：2 学分

二、课程简介

《生物技术实践》校本课程建设以生本教育为指导思想，围绕培养学生生物学科核心素养展开。整个课程以培养学生完善人格和终身学习为宗旨，指导学生从更高的视野和境界去认识高中生物学，促进自身的发展。《生物技术实践》从学科发展的视度和培养学生生物学科素养、生物信息素养、生物能力素养、生物思维素养等视角出发，分模块建设，促进学生综合能力的发展。

《生物技术实践》校本课程是对现行高中生物教材的补充和拓展，是帮助学生正确理解教材重难点的辅助性课程。本课程的学习能够培养学生的辩证思维能力、学科思想和学科方法、信息获取能力、解决问题的能力。该课程既可以作为学生第二课堂的选修课，也可以作为学生培优、辅中的专题教学课程。

本课程作为现行高中生物课程(即国家课程)的补充和拓展,其内容主要针对高考命题中的热点、难点或常考点进行研究、突破，形成具有一定深度和借鉴价值、推广价值的解题策略和学法或教法指导。课程内容以现行人教版《高中生物必修 1》(元素与化合物、细胞结构与功能、物质跨膜运输、酶、细胞呼吸)、“选修模块 1”(生物技术实践)、《高中有机化学》(蒸馏、压榨、萃取)为蓝本，整合这几册教材的内容，形成该校本课程的三个组成部分，即专题 1“生物技术在食品加工方面的应用”、专题 2“微生物的利用”、专题 3“植物有效成分的提取”等，每一个专题又根据需要确立了几个不同的课题。各个专题之间相互独立，自成体系。

考虑到学生的生活体验、学习基础和现有水平，该课程可选择在高二下学期开设。一学期开设周数为 10～12 周，每周 2 课时，共计 20～24 课时。教师可以根据学生的实际情况和教学进度自主选择课程中的部分内容作为选课的讲授内容。

三、课程教学目标

《生物技术实践》校本选修课程建设以生本教育为指导思想，从教与学的关系上对校本课程进行建设，重在培养学生的生物学科核心素养。

高中生物学科核心素养是以培养学生完美人格和终身学习能力为宗旨,指导学生在更高的视野和境界方面的自我发展；培养学生的生物学科科学素养、生物信息素养、生物能力、合作能力和语言素养、生物思维素养、跨学科综合创新素养，以及正确的情感、态度和价值观。本校本选修课程的建设正是建立在培养学生生物学科核心素养的基础上，让学生通过趣味实验主动探究获取各种能力,并通过深入的思考和主动参与来学会解决生物问题。帮助学生提升生物学习兴趣，学会发现、总结并运用生物知识，掌握扎实的生物实验探究技能，实现学生实践能力、综合素质和创新精神的增强。

具体地讲，本课程需要达到的建设目标如下。

(1)通过本课程的学习，使学生的基本知识和基本技能更加扎实；能够合理运用守恒思想、对立统一思想、控制变量思想等学科思想解决生物中的实际问题；能够选择合理的方法建构新概念、新理论等。

(2)通过本课程的学习，使学生对图表信息的获取、加工、处理能力，以及获取新信息、及时解决新问题的能力得到不同程度的增强。如能够通过题中所给的新信息、新情境获取有用信息，迅速解决相关的图表题、实验制备题、化合物推断与合成题等。

(3)通过本课程的学习，使学生研究问题的思路和视角更加广泛。学生能够掌握更多更有效的学习策略，并能根据各种学习策略的适用范围合理选择学习方法。

(4)通过本课程的学习，进一步培养学生的生物逻辑思维、批判性思维、创新思维，以完善学生的思维素养。如能够针对不同的实验方案做出合理性评价；能够熟练掌握有机合成的分析策略等。

(5)通过本课程中的学习，转变教师的教学方式和学生的学习方式。

本课程是偏重实践类的课程，其中涉及的生物技术是指广义的生物技术，而不限于现代生物技术。内容包括基因工程、细胞工程、发酵工程、生物技术安全与伦理等。生物学知识是生物工程的设计基础，而生物工程应在法律和伦理的约束下，以人类需求为目标进行产品的开发，进而推动生物学的不断进步，提高人类生活质量。

本模块包括4个较为具体的概念，这些概念既是对必修内容的扩展和应用，又是对生物工程和技术的认识和理解。实践的环节是帮助学生达成教学目标的关键。这些实验有的使学生了解基本原理或获得基本知识，有的偏重于实际应用。

教师要充分利用学校的现有条件，为学生提供实践的机会。

四、内容标准

(1)获得纯净的微生物培养物是发酵工程的基础。

(2)阐明在发酵工程中灭菌是获得纯净的微生物培养物的前提。

(3)阐明无菌技术是在操作过程中保持无菌物品与无菌区域不被微生物污染的技术。

(4)举例说明通过调整培养基的配方可有目的地培养某种微生物。

(5)概述平板划线法和稀释涂布平板法是实验室中进行微生物分离和纯化的常用方法。

(6)概述稀释涂布平板法和显微镜计数法是测定微生物数量的常用方法。

(7)发酵工程为人类提供多样的生物产品。

(8)举例说明日常生活中的某些食品是运用传统发酵技术生产的。

(9)阐明发酵工程利用现代工程技术及微生物的特定功能，工业化生产人类所需产品。

(10)举例说明发酵工程在医药、食品及其他工农业生产上有重要的应用价值。

五、教学内容与学时分配

专题1　生物技术在食品加工方面的应用

课题1　果酒和果醋的制作

课题2　腐乳的制作

课题3　制作泡菜并检测亚硝酸盐含量

专题1检测

专题2微生物的利用

课题1　微生物的实验室培养

课题2　土壤中分解尿素的细菌的分离与计数

课题3　分解纤维素的微生物的分离

专题2检测

专题3　植物有效成分的提取

课题1　植物芳香油的提取

课题2　胡萝卜素的提取

专题3　检测

生物技术实践评估检测试题

六、教学资源

(一)教材与参考资料

①张基林参编学案《第三章　生物的新陈代谢》2007年9月编入羊城晚报出版社出版的《生物名校学案　高二上册》。

②张基林论文《尊重生命　尊重情感》2009 年 9 月在《素质教育大参考》杂志上以卷首形式发表。

③张基林论文《生物课也能上得生动感人》2010 年 9 月在《教育文汇》杂志上发表。

④张基林论文《高中生物选择题巧解(一)》2011 年 1 月在《中学生理科应试》杂志上发表。

⑤张基林论文《高中生物选择题巧解(二)》2011 年 3 月在《中学生理科应试》杂志上发表;

⑥张基林参编学案《第七章　生物的进化》《第五章　微生物与发酵工程》2007 年 12 月编入羊城晚报出版社出版的《生物名校学案 · 高二下册》。

⑦张基林参编学案《第三章　生物的新陈代谢》2009 年 4 月编入湖北科学技术出版社出版的《生物名校学案 · 高二上册》。

⑧郭绍秀论文《浅谈创新性教学如何在高中生物课堂中优化应用》2013 年 8 月在《软件教育现代化》上发表。

⑨郭绍秀论文《如何提高高中生物的教学质量》2014 年 40 月在《中学生报教研周刊》报刊上发表。

⑩樊云开论文《有关高中生物中高效课堂教学模式的构建》2012 年在《读写算》杂志第 42 期上发表。

⑪樊云开论文《高中生物课堂小组合作学习的探讨》2002 年 7 月在《大观周刊》杂志上发表。周刊》报刊上发表。

⑫张基林参编学案《第六章　遗传和变异》《第五章　微生物与发酵工程》2009 年 9 月编入湖北科学技术出版社出版的《生物名校学案 · 高二下册》。

⑬论文《高中生物课堂小组合作学习的探讨》2002 年 7 月在《大观周刊》杂志上发表。

⑭《中国腐乳酿造》，王瑞芝著，北京：中国轻工业出版社，1998。

⑮《食品发酵与酿造工艺学》，何国庆著，北京：中国农业出版社，2001。

⑯《酱腌菜加工工艺与配方》，牟增荣著，北京：科学技术文献出版社，2002。

⑰《微生物实验》，沈萍编著，北京：高等教育出版社，1991.

⑱《微生物学基础知识与实验指导》，钱碧虹著，北京：科学出版社，1979。

⑲《生物技术实践教师用书》，朱正威、孙万良、赵占良主编，北京：人民教育出版社，2007。

⑳《5 年高考 3 年模拟 · 生物技术实践》，赵新辉主编，北京：教育科学出版社，1999。

(二)教学建议

(1) 开设《生物技术实践》的指导思想。以培养学生生物学科核心素养为宗旨，落实国家课程标准。通过本课程的学习，学生的学科素养、信息素养、能力素养、跨学科跨情境的创新素养等得到不同程度的提升。能够本课程的学习，能够熟练掌握各种解题技能和解题策略，提升自己的应变能力和学习能力。

(2) 开课内容的选取。本课程作为现行高中生物课程(即国家课程)的补充和拓展，其内容主要针对高考命题中的热点、难点或常考点进行研究、突破，形成具有一定深度和借鉴价值、推广价值的解题策略和学法(或教法)指导。课程内容以现行人教版《高中生物必修1》(元素与化合物、细胞结构与功能、物质跨膜运输、酶、细胞呼吸)、“选修模块1”(生物技术实践)、《高中有机化学》(蒸馏、压榨、萃取)为蓝本，整合这几册教材的内容，形成该校本课程的三个组成部分，即专题1“生物技术在食品加工方面的应用”、专题2“微生物的利用”、专题3“植物有效成分的提取”等，每一个专题又根据需要确立了几个不同的课题。每个主题的内容主要针对教材教学的重点、难点进行突破。

(3)授课方式：以师生实验为主，适当采取探究性学习。

(4)开课时间安排：利用每周星期三下午第3、4节第二课堂时间。

(5)进行《生物技术实践》资源库的建设。

七、课程对实训室设备的要求

多媒体教室、微生物实验室、网络平台等。

八、教学方法和手段的建议

(1)教学方法：如实验法、讲授法、讨论法、任务驱动法等。

(2)教学手段：如板书、多媒体、视频、网络等。

九、考核要求

本课程考核分常规考核和结果评价考核两部分。常规考核占70%，包括学生出勤、学生平时的作业完成情况。出勤情况占常规考核的20%，作业完成情况占常规考核的80%。每次作业按得分情况分为A、B、C、D、E五个等级，得分在90分以上记为A，75~90分(不含90分)记为B，60~75分(不含75分)记为C，45~60分(不含60分)记为D，45分以为记为E。最后根据学生历次作业的等级数按一定的记分方式折算成常规考核分数。

结果评价考核以学期纸笔测验为主，占30%。最终的评价结果由常规考核和结果评价考核合成，分数达到60分以上者，记学分2分；60分以下者不记学分。

2014年9月15日

第二节　生物学习共同体与高中生物校本课程开发

一、构建开发高中生物校本课程的学习共同体的必要性

(一)构建生物学习共同体是合作开发的需要

合作是教师教学实践中的工作常态。首先，教研组和备课组的组织形式在广大学校中普遍存在，在教学实践和研究特别是国家课程的校本化、生本化改造等方面的合作已经广泛存在，甚至是制度化的常态，而且在实践中效果明显，得到了基层教师的广泛认可。

其次，据笔者前述的调查显示，在已经参与过高中生物校本课程开发实践的老师中有超过 80%的老师参加过校级(含校级)以上的课题研究，其中独立承担课题研究的不足30%。在没有参与过高中生物校本课程开发实践的老师中也有超过70%的老师参加过校级(含校级)以上的课题研究，独立承担课题研究的也不足30%。

学习目标

1.理解构建开发高中生物校本课程的学习共同体的必要性；
2.掌握构建学习共同体开发高中生物校本课程基本方法。

从调查中可以看出，课题研究在各地各类学校存在着普遍性，学校把各级各类课题研究作为校本课程开发的主要途径。课题研究与校本课程的开发实践有着紧密联系，起到互相促进的作用。课题研究一般也是以教师群体（课题组、研究小组）的形式合作进行的，所以，不论是校本课程还是课题研究基本的形式都是合作，而合作就是学习共同体的基本要素之一。

另外，合作开发是推进校本课程开发的常见途径，它包括校内合作开发、校际联合的校本课程开发，甚至包括与社区、高校、教科研机构、专家学者等共同合作开发校本课程的活动。校际联合往往是区域性学校的联合，也有跨地区学校的联合。如温州地区开发的“温州精神”校本课程，就是以校际联合的方式来进行，温州瑞安市有50多所中小学校参与该项校本课程开发，通过国家与地方课程校本化实施、学校自主开发课程等方式，以当代温州人艰苦创业的先进人物为榜样，让学生领略温州精神的强大力量，感受温州人的创业魅力。

虽然合作开发是推进校本课程开发的常见途径，但在实践过程中依然存在不少的在问题：①实践工作者与研究者之间缺乏一种沟通合作的通道，理论工作者常以一种指导者的身份出现，而学校和教师往往是被指导者。②社区、家长与学校的合作程度十分有限，社区与家长往往以资源提供者的身份而不是参与课程决策者的身份出现。③在学校内部，由于各种组织、机构都是按纵向分工，少有横向的联系，不同的学科与部门之间，不同学科的教师之间实践活动往往与其他教师的实践活动相互隔离而不是相互依赖，他们之间的交流相当有限，还缺乏一种合作的集体氛围与工作关系。④初级阶段的校本课程开发的“合作”，就如笔者前文所述，往往是以明确的“分工”为主，以简单的“合作”为辅，这种模式也存在不少弊端。

据前述的问卷调查显示，70%以上的教师选择与校内同事交流专业问题，超过10%的教师会通过网络工具与校外的同行交流教学实践中遇到的问题，另外有近10%的教师会通过专门网站或者专业论坛与人交流。这种交流的惯性以及现代社会条件的改善大大提升了群体交流的便利，网站论坛、博客、邮件群组、QQ等工具为不同层次和形式的学习共同体的构建提供了丰富的交流沟通的方式与平台，也从一定程度上克服了“物化条件”的制约，打破了空间条件和交流对象的限制，突破了传统的校内交流和通过专业学习培训进行短期有限交流的屏障。学习共同体的构建既可以为校外理论研究者和学校内部的实践者建立起交流与合作的话语体系，也可以为社区及家长参与学校决策提供机会，当然还能鼓励校内外的教师群体突破原有常态合作的模式，拓展合作的范围，改进合作的方式，从而构建整体精神，优化合作的成果。

（二）构建生物学习共同体是高中生物校本课程开发的需求

在前述的调查中，参与过高中生物校本课程的教师认同校本课程开发在丰富校园文化生活、促进学生掌握一技之长、提升创新思维与综合素养、带动学科竞赛以及促进教师成长等方面都有积极的意义。作为高中生物教师，他们愿意在青春期健康教育、教材实验创新、生物科学发展史等方面进行高中生物校本课程的开发实践。而目前高中生物的教学内容只有三个必修模块和三个选修模块，每所学校的生物教师的总数相对于其他学科是比较小的，属于人力资源相对薄弱的“小学科”。一线的高中生物教师虽然对高中生物校本课程的开发的必要性有着高度的认同，他们之中也存在不少的优秀个体，但他们平时承担着繁重的教学、德育以及教科研的任务，在参与校本课程开发过程中就普遍遇到了高考的压力和因必修课程而产生的时间与精力上的不足，难以有效投入校本课程的开发与实践。而且，教师们愿意在校本课程的开发中接受校外机构的支持与合作，但目前还缺乏相关的资源，特别是农村的一线教师寻求帮助的意愿尤为迫切。构建不同形式的共同体就可以整合多方面的资源，建立不同形式的沟通渠道，突破传统意义上时间和空间条件的制约，有效集合了参与者分布式的优势，从而形成开发实践的合力，促进了高中生物校本课程的有效开发。

（三）构建生物学习共同体是教师发展的需要

构建高中生物校本课程学习共同体不仅是课程改革的需要和发展校本文化的需求，更是教师个体与群体交流发展、能力提升的需求。

新课程的实施赋予教师一定的课程开发权利的同时，也对他们在理念、知识、技能以及情感态度价值观上的专业素养提出了更多更高的要求。这就促使教师群体加强学习，真正的学习通常不是来自正规教学，而往往来自个体的体验和思考，通过个体的自我发现和自我发展而产生。真正的学习是学习者积极主动地探究，在学习知识的同时习得学习的策略和方法，不断增加自尊、自信和自立的过程。真正的学习从来就不只是纯粹的智力增长，只有当学习者获得的知识和技能与其自身的成长相联系时才是真正的学习。

其次，在学习的方式的建构上已经从个体建构向群体建构发展，群体学习已经成为一种重要形式。在群体学习中，学习主体之间民主参与是非常重要的，相信每位成员都有自给自足的能力，保证每个成员都有表达和对话的权利，最大限度地发挥每个人的智慧以及群体互动学习的潜能。“参与群体学习”不应该是被动的、被给予的、被要求的或受条件驱使的，而应该是学习者主动发起的、自愿的、平等互动的行为。

另外，根据心理学的观点，人的需要可分为外在性需要和内在性需要。外在性需要所瞄准和指向的目标或诱激物是当事者本身无法控制，而被外界环境所支配的。内在性需要的满足和激励动力则来自当事者所从事的工作和学习本身。当事者可从工作或学习活动本身，或者从完成任务时所呈现的某些因素而得到满足。

当外在激励强而内在激励弱时，工作或学习变得枯燥无味。当事者将自己的工作或学习看作外在激励的推动。当外在激励弱而内在激励强时，工作或学习变得有趣、有意义和有挑战性。当内在激励和外在激励都弱时，工作或学习变得无趣，并缺乏具有诱激力的回报补偿。当内在激励和外在激励都强时，工作或学习具有诱激力的回报补偿。

学习共同体能够加强个体的内在激励，有利于提高参与者的学习自觉性和积极性。由于内在激励来自学习的趣味、意义和挑战性，学习者便能克服困难，从学习中获得乐趣和满足。

教育实践不仅是个体性的实践，更是教师群体性的实践，所以，将学习共同体与教师发展联系起来，共同体存在的价值理应指向置身其中的教师，它不仅应作为一种学习共同体或者教学共同体而存在，更是作为一种精神共同体而存在。前者增进知识和技能，后者提升个体的智慧与生命，成为一种更高意义上的精神共同体，向着更高远、更宽厚的生命境界的提升。如何使教师生命境界的提升走向高远，走向深厚？个体的自我超越自然必需，但仅此还不足以达到高远和深厚——个体生命必须融入群体中。正是在这一意义上，共同体的构建成为一种必要。

二、构建生物学习共同体开发高中生物校本课程的基本方法

（一）根据校本课程开发活动的类型选择建立不同类型的生物学习共同体

校本课程的开发活动由于所持理解方法不同而形成一个多层次、全方位的立体网络结构，实际的校本开发实践中不同的学校、教师群体可以根据各自的实际情况确立校本课程开发活动的类型，然后着手进行不同层次的学习共同体的组建。

在校本开发实践中不同的学校、教师群体可以根据各自的实际情况进行不同层次、不同类型的学习共同体的构建。

(1)构建国家课程的校本化开发的生物学习共同体。已经在各个学校有着普遍的组织基础，主要是学科内的教师以教研组或者备课组的组织形式进行国家课程的校本化改造，可以在现有的基础上改进活动方式和表现方式以更加符合学习共同体的内涵，促进开发成果更有效产出。

(2)构建校内校本课程开发的专题生物学习共同体。要根据学校的目标定位，整合校内教师资源，鼓励教师在学科内部合作或者跨学科合作，构建具有校本特色的校本课程开发与实践模式，产出符合学生发展和校园独特性文化建构的课程产品。

(3)跨校的校本课程开发的生物学习共同体。一方面可以邀请校外专家以“助学者”的身份参与每个学校的学习共同体的构建，并且建立起有效、灵活的沟通渠道。另一方面，可以通过教育学院、普教室、名师工作室等部门组织区域教师学习的机会来组建跨校的学习共同体。这种方式要有专门的“助学者”，对有效的沟通渠道与平台的建立要求较高，比如网络邮件组、网络在线交流、网络资源库的建设以及必要的当面研讨等。

（二）把握生物学习共同体的关键点

1. 共同的目标是构建生物学习共同体的前提

校本课程开发的目标至少包括两个相互联系的工作，一个是针对学生发展的课程目标，另一个是针对教师群体的发展和课程独特文化的目标，即校本课程开发既要促进学生的个性发展，也要促进教师的专业发展和学校的文化发展。

校本课程开发的目标确立之后，学习共同体所有参与者才具有目标上的一致性，才会对组织以及开发活动有着自觉、强烈的归属感与认同感。

2. 生物学习共同体的组织建构

学习共同体的成员应该具有广泛的代表性，除了一线教师(地域、学校、学科可以不

同)之外，还可以有学生、专家、专业技术人员、家长等。他们选择和集结是在相同的目标指引下完成的，所以具有明显的主体特征。

学习共同体成员的选择应当具备成功的协作者所具有的一般特质，如认识自己，接纳自己，拥有自信、自爱、敏锐的自觉，自我的肯定，投入并参与，个人的协调和表里如一，愿意做典范，愿意接触和面对学生的需要，清楚了解个人价值观，协作者自己不断成长、更新。

构建学习共同体，为整个校本课程开发提供必要的组织保证——组织分工、交流方式与渠道、平台的建设、工作阶段的划分、物化条件的支持等。

3. 生物学习共同体的运作

学习共同体运作过程中学习者与学习者、学习者与助学者、助学者与助学者之间通过对话、沟通和交流学习，赞扬或批评强化动机，互相支持和帮助来认识与解决问题，实现共同进步。学习共同体运作过程中应当体现民主、开放、科学和合作共享的精神，提供支持和服务，增进交流、对话和理解，增强凝聚力和归属感的过程，主要的活动形式是分工开发、定期交流、案例研讨等。每次的研讨应当完成主题、记录、总结、分析、实施、寻找资源、质疑、争论、提出意见等环节。

特别是学习共同体“活动方式”和“表现方式”，是以公开的、(有时是喧闹的)群体共享的争论(而不是竞争)来推进成员的认知，争论是成员拓展彼此想法的动力，因为知识的构建应该经历合作创造、综融整合的过程。通过学习共同体的活动，最终使参与者勇于面对挑战，每个人都能通过互惠式、共享式的学习变得更有能力。

(三)生物学习共同体开发高中生物校本课程的一般程序

完整、科学合理的开发程序是校本课程成功开发和实践的程序保障，其能使开发者有效规避“盲目形式化”“学科附庸化”“单纯教材化”等误区，有利于真正落实新课程理念，从而实现课程循环有效开发、科学实践和良好的动态发展。

1. 调研分析

校本课程开发者首先应当对学校与社区的资源、师资情况进行调查分析和研究，特别是对学生需求进行评估，对学生的发展需求、家长的期望、社会的要求以及学校差异性等因素做出针对性的判断，从而确定校本课程开发的基本取向和目标。调研分析包括两个方面：一是学校的外部区域性的环境因素；二是学校的内部环境，包括物化的环境与人文环境。物化的环境指学校的场地、教室、装备、设施等；人文的因素包括校风、教风、学风以及师资力量，学生情况等组成的校园文化。

2. 整合资源

在选定了课程样本后，应当鼓励“原创式”的课程开发，但也提倡教师群体积极挖掘、整合周边的资源要素，发挥生物学科的特色，创编成校本课程实验样本。具体包括：①教师特长。教师本身经验和兴趣爱好的积累，如有些女教师的个人爱好——插花。②科研基地。如利用重庆市花卉园的百合基地进行百合栽培方面的课程开发。③校本特色。如笔者所在学校一直有《水仙花雕刻》这门选修课，颇受学生的欢迎，单独编为一门课容易受到季节的限制，可以考虑与其他资源进行整合编排。④区域特色。如重庆市綦江县山区的食用菌栽培等。⑤教材拓展。开设专门针对高中教材试验内容进行拓展创新或改进的创新实验课；大学教材中从开设的选修课程中截取编排，比如性教育与生理健康。⑥学生需求。从对学生的调查与以往指导的研究性学习中提炼课题。

3. 方案编制

根据上述的研究与分析，目标确定后，就可以考虑编写整个课程设计方案了，这是校本课程开发的中心环节。校本课程方案的编制应当符合国家课程标准要求，根据知识和能力、过程和方法、情感态度和价值观这三个维度进行校本化的设计。既要重视课程方向的建构，又要重视过程性建构；既要重视预成性课程，又要重视生成性课程；要兼顾课程表层的趣味性和课程深层的科学性。课程设计方案内包括课程目标、课程名称、学习对象、评价方式、课时分配、实施计划以及学校硬件要求等项目，如果有教材或者“学材”(如学习纲要)的话，还应该对教材和学材的体例做出相应的要求和说明。这样校本课程才能与学生成长的需求相一致，才能切实有效地实施，避免开发过程与实践过程的脱节。

4. 课程审议

课程开发完成之后，要向开设单位(比如学校的课程委员会)就课程目标、主要内容、评价方式、开设条件等方面进行申报，通过审批后才能付之于课程实践。

5. 实施、反馈与动态发展

根据课程开设单位的安排进入课程实施程序后，要通过不同的方式和渠道跟踪调查学校、教师、学生甚至家长等各方面对课程的反馈。认真分析不同的个性化实践之后形成对课程的反馈，从而为课程的继续完善、动态发展提供有效的信息，促进课程的循环开发与实践。

第三节 高中生物校本教学资源平台开发的背景、意义和方法

一、研究背景

> 学习目标
>
> 1. 了解高中生物校本教学资源平台开发的背景、意义；
> 2. 高中生物校本教学资源平台的功能
> 3. 掌握高中生物校本教学资源平台开发的基本方法。

自从20世纪30年代视听教育兴起以来，起初媒体只起到单向地把教师的信息源传输给学生，学生只是被动地接受。后来出现越来越多的媒体类型，媒体的应用越来越广泛，各方各面的教育观念也发生了巨大的改变。到了20世纪70年代，人们更加清楚地认识到学生才是学习活动的主体，教师只是起到指导的作用，教师和学生应该有更多的沟通，媒体则逐渐开始成为老师和学生之间沟通的重

要媒介。到了20世纪80年代，随着学习心理学的发展以及教育技术的进一步发展，人们更加关注媒体给予的环境，媒体不再只是传递信息的媒介，更是认知的实践平台。到20世纪90年代，教学资源理论快速发展，互联网上的教学资源也被提到非常重要的位置，信息时代的教学资源建设的研究和认识进一步得到了重视，而教育技术更加强调学习过程中对资源的开发、设计、管理和运用。21世纪以后，欧美国家的教育界更是纷纷倡导探究性学习和自主性学习，这些更需要生物校本教学资源平台加强开发，从而为教师的“教”和学生的“学”更好地服务。在实际中，美国这方面做得更好，很多学校通过互联网把自己的资源向全社会开放，从而开启了影响深远的“开放教育资源运动”，此外，在21世纪最初10年的美国发展教育的“O研究”（开放源码，开放资源，开放课程，开放系统）等，真正地践行了打破时间和地点的限制，让人们更方便地享受教育的权利，充分实现了教育的公平性。

英国多媒体技术课程的发展基于开放学校和学习支持服务体系的基础，不仅促进了网络学习环境的发展，也促进了网上资源内容创作、生产、分配，让开放的网络促进开放自由的学习，逐步构建学习社区，改变学习方式，推进教育的研究和方式。基于网络的视频点播与传播技术进入实用阶段，加上数字视频技术和设备，记录和传播的视频资源的成本大大降低，国际互联网宽带的扩展，直接促进海外教育教学视频资源建设规模的扩大。

国外著名学校在信息化教学资源观方面，越来越熟练地使用教学视频和音频资源，文本、图片和其他传统形式的基础教学资源、教学视频资源越来越多。在各种媒体的立体化教学方面，多种形式、多种功能、多种层次的教学资源的数据包为内容多样的教学服务。其主要包括电子教材、实验教材、教学辅导材料、课件和试题库，提供了完整的教学解决方案，以形成一个方便的，可以让学生自主学习的环境。从静态的“你教我学”到“网络上的三维教学资源”的研究向“动态发展”的方向去发展，重点建设网络技术和资源共享，大大促进了网络教育的发展空间。

同时，校本资源特色也越来越受到全世界的关注，首先是教师在课堂上对各种教学资源应用的相对自由得到了基本的支持，特别是美国、英国、德国、法国等国家，让教师可以根据自己主观的需要进行选择和使用教材，而且在教学过程中老师可以加入其选择的内部和外部资源、自然资源和社会资源。同时，国外也十分注重对学生资源的开发，在课堂上让学生自己去收集资源，让学生有很多动手选择的机会，然后在资源的开发和加工过程中让学生感知，激发其兴趣爱好，表现出他们之间的差异，这也是一个学习的过程。所以这些国家的教育发展一直走在世界前列，取得了令人瞩目的成绩，特别是在线教育和资源分享平台的开发方面得到了快速发展，进而转变了教育的思维，获得全社会的支持。

国内各学校对校本特色和信息化高度重视，2000年以来，为了抓住教育发展的制高点，实现教育的信息化，每个学校都配备了多媒体微机室、校园网、宽带上网。此外，通过组织培训、新课程参与等，教师在视听教学材料以及制作课件资源建设方面，往往积累了大量的生物教学资源，为高中生物学科独立设计开发学校的教学实际的学习资源奠定了坚实的基础。对高中生物学科学习资源的开发、设计和研究，可以为学生提供自主学习、合作学习的良好平台，促进了高中生物新课程改革中的探究性学习，解决了部分高中生物新课程存在的问题，教学模式由以“教”为本转变为以“学”为本，把学科核心素养的培养落到实处，积极培养学生的信息素养，提升学生的动手实践能力和创新意识。建立当地主要的共享资源库，通过高中生物学科对学习资源的设计与开发，支持农村学校现代远程教育，丰富了农村学校现代远程教育资源，实现了教育均衡发展，全面提高了教学质量，为缩小城乡差距提供了保障。

总之，在网络知识经济时代，信息技术的发展已经在各方各面改变了生活，同时也推动了教育方式的改革，通过丰富的学习资源和教育技术，使人们的学习过程更具有参与化和自主化，把握学习方法，达成学习目标，掌握学习内容，参与学习过程，实现学习的意义，从而使教育信息化和教学资源化形成非常良好的双向互动，为教育的改革和发展提供强大的动力支持。

二、研究意义

多媒体和网络正在以惊人的速度改变人们的生活方式和研究方式，在信息时代，只在传统的课堂交流已经远远不能满足学生学习的需要和速度。互联网技术提供了一个非常好的机会，扩大了交流，打破了传统的课堂，把教师和学生的教学设施和网络快速整合，充分利用网络和不同的教学资源已经是提高学校竞争力的重要手段。

（一）理论意义

生命科学是自然科学发展得最快的学科之一，21 世纪是生物科学的世纪。新课程标准下，高中生物教学一方面继承了现行的生物学科优势，另一方面拓展了对科技人文、社会情感、生活经验等的深度结合，更加强调学生自主学习能力的培养，其中也包括信息分析利用能力的培养。对普通高中新课程来说，要面向大多数的学生，要培养他们的生物素养，要倡导探究性学习，要让学生把学习与生活经验联系起来，就需要教师和学生在教学过程中都必须拥有大量的教学资源。

高中生物校本教学资源平台的开发可以为教师实现教学职能的转变。信息技术的崛起为教学资源的发展提供了非常难得的机遇，信息量大增和知识的更新改变了人们对“教学”的认识，很多教学设计从以知识为中心逐渐转变为知识与资源整合双核心，学生在占有知识的基础之上强化自己的学习能力，教师在提供教学资源方面发挥自己的教学优势，这样既能让学生成为学习的主体，又能让教师成为教学的组织者和指导者。

高中生物校本教学资源平台的开发可以为学生的自主学习服务。目前，我国的高中生自行上网的时间非常少，在网络中搜取有效的信息简直是大海捞针，加上自身认知的局限，对资源筛选就更加盲目。建立校本教学资源分享平台，整合一线教师特别是本校教师在课堂中应用过的、在平时搜集积累过的、面对本校学生自创的、具有针对性的资源，包括多媒体教学课件、各种教学软件、网络视频图片、网上的精品课程、试题库等教学资源，按章按节进行梳理，体现了一切以学生发展为中心的新课改理念。

高中生物校本教学资源平台的开发可以提高本校生物教师的科研和教学能力。在开发和设计平台的过程中，在千挑万选各种教学资源的过程中，在对教学资源的整理过程中，每个环节都进一步深化教师对新课标理念的认识，熟悉生物科学的概念和对教学大纲的把握，熟悉教学内容，提高业务能力，而且该平台的建立能够让学科组内的教师资源共享，可以与外校资源进行广泛交流，把团队合作精神推到更高的高度，进一步加快生物教学的发展。这是当前学校教学的发展趋势，让学校在网络时代形成自身的教育特色和优势。

(二)现实意义

目前，国内的教育资源组织建设工作主要体现为教学资源的建设，尤其是在基础教育领域中已经涌现出一批成品，各地、各单位纷纷建设网站以分教学资源开发链条的“一杯羹”。但在长期数据中的应用基础上发现存在很多问题，如重数量、轻质量、相关性不强、没有分类管理、缺乏交流的平台、限制使用、商业化、价格高等。因此，在目前的情况下，研究网络资源建设的基本思路、基本框架和方法，以设计学校的生物资源，服务教学和课程建设明显很有必要。

三、高中生物校本教学资源平台的功能

在新课程标准、课程目标的导向下，高中生物校本教学资源平台要积极注入教育新观念，积累更丰富的教学资源，实际运用到开发教学新模式当中。在互联网的共享、浏览、检索、互动等功能的基础上，高中生物校本资源平台的建设，主要有以下几个功能。

1. 有助于教师备课

实现资源的极大共享，是互联网的最大优势，这样就可以实现同样的资源供不同的使用者不限时间和空间的浏览和下载，不受时空和人员的限制，网络资源在教师的教研领域发挥越来越重要的作用，传统的备课只有一本课本和教参，思路狭窄，难以突破，难以满足师生的需求，难以高效地完成教学任务。在校本教学资源平台上，可以利用搜索获得各种媒体素材，可以用工具来整合和制作各种教学流程，上传到平台，补充校本教学资源平台的内容，这些在任意的互联网客户端都可以完成，体现了校本网络资源平台双向传输的优势，一方面有效地储存，另一方面方便资源有效补充，为教师优化教学设计提供了有利的条件，让教学资源平台真正成为教师自我发展需要的一个平台，从而改变自身，改变课堂，改变学生。

2. 有助于教学课堂创设生动的情景

新课程标准下的高中生物，融入了大量的社会、生活、科技的相关内容，要激起学生主动参与学习的情感，方便他们理解相关的知识点，就要创设合理、生动的认知环境，教学资源平台整合声、图、文为一体，操作简便、自由快速浏览，吻合学生的心理和认知，让学生身临其境，创造一个更加真实、有趣、广阔的知识平台，打破传统教育时空，创造多维的学习空间，达到更好的学习效果。

3. 有助于学生自主探究学习

在知识经济时代，学生的发展水平取决于其自主学习能力的高低，高中生物教学资源

平台体现灵活性学习的特点，提供同步和课堂教学的指导信息，学生们可以自主选择学习起点，自动调取资源，自主讨论和评价，其自主学习能力能够得以充分的提升。其次，生物科学是注重探究性学习的实验型学科，探究过程包括发现问题、提出问题、做出假设、实验验证，最后进行分析，得出结论，这就需要数据处理、表达交流等，高中生物校本教学资源平台可以结合学生的特点提供各种各样可供教师和学生探究的问题，促进学生探究能力的发展。在这种学习方式下，学生依据自主学习学有所得，会产生很大的成就感，看到自身强大的学习潜力，激发创新意识，满足自我发展意识。

4. 有助于合作学习和交流

高中生物校本资源平台为学生的合作和交流提供了非常好的平台，合作学习可以让学生达到很好的学习效果，学生对平台上的资料和观点进行分享，对不同的观点进行讨论和沟通，分享有效的资源，达成一些共识，促进了学习，培养了合作交流能力。

5. 有助于在线学习和即时评价

在线学习有利于继续教育和终身教育，教学资源平台可以创造课堂教学环境，提供教学内容，相应的练习和指导信息尽可能为非实时远程教学中学习者自主学习。目前，具有教育经费不足和自控能力差等问题的学生，要求其在自己的家中访问互联网做生物试题不太现实。学校在现有条件下先要为学生提供尽可能大的帮助，积极引导学生们有效利用高中生物校本资源平台，方便他们利用平台上的资源进行远距离在线学习，浏览课程内容，让学生在平台上系统地了解知识内容，补充课堂教学的不足，同时，为了提高学习效率，可以通过教学资源平台将检测和评价即时反馈给学生，使其学习内容得以即时的强化。

6. 有助于提高学生的信息素养

网络上的资源多而杂，又有很多不良信息，要让学生有效学习，就要提供高中生物校本教学资源这样的精品平台。高中生物教学资源平台的建立，可以实现信息技术与高中生物课程相结合，把信息素养的培养融入课程与教学，在运用资源库各项模块功能的同时，使学生直接而且有意识地运用信息技术，从而培养学生的信息素养。通过各个模块的搭建，学生对选择出的信息和资料进行查询、整合、加工、应用、交流、共享，在这个过程中提高学生的计算机技术水平和互联网利用能力，提高学生的信息素养，为学生自身的可持续发展服务。

四、生物校本教学资源平台的开发现状

(一)国内校园资源平台概况

随着网络和信息技术的大力发展以及新课程改革的需要，很多学习网站蜂拥而至，生物专题的学习网站也大量出现，“学习资源”建设应运而生。但是大多数课程资源网站汇集了一些无序的素材，堆积了很多重复的教学课件，其资源一般不是按学习主题形式构

建。所以大多数的网络教育网站汇集一些教材和教学课件只是简单的堆砌，而忽视了教学思想和教学方法在其中的引导，有些课件甚至只是教科书的简单搬运，网络只是一个简单的知识展示媒体，而不是创造一个教学环境。这几年来，“校校通”工程强力发展，中小学的教育信息环境发生了巨大的变化，生物技术也随着潮流和电子信息技术紧密结合起来，但是由于缺少科学的知识，优质的生物教学资源还是非常匮乏，制约着信息技术在生物教学中的应用。为了实现教师教学方法、学生学习方式的改革与互动方式的改变，提供强大的平台与丰富多彩的学习和教学环境，必须要有大量的生物教学资源作为支持，目前生物教学资源主要有电教教材征订和教师制作，但是认购的教学资源和教师零星的制作都没有有机地组织起来充分利用，不利于学生的自主学习，不方便实际教学，有很多不足制约着资源的利用效率。

目前国内市场上主流的资源库主要的类型为：有明确的学科分类，资源类型和资源格式都比较规范，按照教学主题组织线索，这种方式得到了较大的发展，获得了比较广泛的认可，方便用户的使用。同时，实行一定的激励机制，付出一些电子货币，上传自己的作品以获得一些下载券，或者搜集高质量的资源，这样就有效解决了资源的更新问题，但是，这样的资源平台也有非常明显的缺点，即缺乏系统性的整理，所以大大降低了资源的应用价值。

在信息大爆炸和教学资源建设高速发展的今天，经过调查，生物资源共享平台特别是高中校本生物资源平台，目前几乎处于空白状态，在长期教学工作中的老师，积累了大量教学课件、试卷和相关资源无处共享，自然博物馆、科学馆等有大量的生物资源(如样品)和数字资源(如图像和视频)，这些资源也没有有效地利用起来。虽然这些资源的建设还处于初级阶段，没有形成教学资源库，许多资源尚未完成数字化，但它们也为数字生物学教学资源库的建立提供了宝贵的原料，为建立高中生物校本资源平台提供了现实基础。

(二)重庆市高中生物校本教学资源平台开发现状

重庆市高中网络教学资源现状调查的学校有：重庆市江津第二中学校、重庆市綦江中学、重庆市江津第四中学校、重庆市松树桥中学校、重庆市合川中学、重庆市实验中学。浏览统计 6 所学校官方网站，涉及的教学资源情况统计如表 10.2 所示。

表 10.2　重庆市部分高中官网教学资源状况

学校	资源类型	校本资源情况
重庆市江津二中	北京四中资源网(校内访问) 校内 FTP 资源(视频、图片、软件等) 中学学科网(校园内网访问)	主要是校外资源链接、校本资源平台有初步的框架，但是资源很少
重庆市合川中学	生物组(211) 校本研究(16) 课题研究(15) 生物试卷(25) 生物奥赛(54) 教师成果(0) 兴趣生物(48) 学生获奖(11)	有初步的资源分类、有一定的校本资源积累和分享

续表

学校	资源类型	校本资源情况
重庆市松树桥中学校	资源网链接 高考网链接 图书馆链接 中学学科网 高中生物校本教材(6 册) 高中生物校本教材课时训练(6 册) 高中生物配套课件(PPT、Flash、实验视频、素材 1000 多个)	校外资源链接、图书馆资源平台初步建立却未填充内容
重庆市江津第四中学校	无相关资源平台链接	几乎无校本资源分享
重庆市綦江中学	图书馆链接 校校通链接 特级教师工作坊	校外资源链接、本校图书馆资源未数字化
重庆市实验中学	城区综合系统链接 资源库系统链接 数字题库系统链接	皆是校外资源链接

从表 10.2 中的数据可以看出，从网络校本教学资源建设的现状调查来看，重庆市各高中的网络教学资源的数量非常少，在官网上发布出来链接的都是其他大型的资源网站，几乎都是购买而来的。从建设的情况看，学校开始有了建立资源平台的意识，却没有专人负责管理和更新，没有老师和学生进行校本资源的收集和开发，没有学校独特的资源，也没有满足学校需求的隐性的资源，很多资源部不贴近实际教学，资源分类也存在问题。

这些学校的官网或者图书馆链接的资源有为数不多的试卷和课件，有的还有少量的音频和视频，一方面因为数量少，资源分类特别不合理，另一方面资源的分布也不方便用户使用，所以从用户的浏览次数可以看出，教师和学生访问次数并不多，资源使用的情况并不乐观。

(三)国内教育发达地区高中生物校本资源平台开发现状

为了了解外地高级中学网络教学资源建设的方法和成功经验，为本地高中生物教学资源平台的初步开发提供依据和参考，特地对外地发达地区的高中进行调研，调研方法主要是查看其官网以及在线咨询。外地高中调研的对象为三所高级中学名校：上海中学、华东师范大学第二附属中学和麻城一中。

上海中学在全国率先建构了基于统一数据平台的数字化校园信息管理系统。“数字化校园信息系统”是一定范围内的构建学校网络信息门户，要整合学校教学和管理，使用统一认证，为师生提供各方面服务和信息资源的信息系统。

信息应用系统中采用了大量的软件开发，在保证数据完整性、安全性的前提下，实现沟通、综合管理、规范管理，局域，广域，异构的操作系统和数据库环境下的信息集成，实施标准化管理，信息共享和综合数据的综合查询，为统计分析、数据挖掘等功能提供全方位的服务。

上海中学数字化校园信息管理系统分交流、服务、资源、生活四大模块，着力构建信息服务、教师、招生、学生、教学、图书信息、资产、学校档案八大系统，随着应用系统的一体化进程的逐步实现，建立一个面向服务的需求架构。

华东师范大学第二附属中学为实现“大力提升学生素养，发现、培养具有国际视野和国际竞争力的未来精英，为国家未来的高素质人才在中学打下扎实的基础”的目标，努力构建“满足学生发展需要的课程体系”。目前有由国家基础课程、校本改革后的大文化课程、STS 课程、活动课程、德育课程、荣誉课程六个板块构成的校本资源体系，校本课程开发模式建设已超过 300 个，在数学、物理、化学、语文、外语等基础课程开展自编教材出版。

通过观摩麻城一中网络教学资源建设情况，发现他们学校自主开发了一些辅助工具，直接整合到资源平台上，在平台提供特殊的小软件，给教师提供了一些工具和模板，为教师尽可能提供方便，让教师方便地制作各种课件或者编制试题，吸引教师参与资源的建设当中，关注用户的需求，并采取各种激励措施让大家参与其中。为了教师的发展，在详细调查和分析教师的需求基础上，为教师提供特殊的工具，或根据嵌入式平台的需求为教师提供一些小工具。

在对三所学校的教师在线交流咨询中，三所名校的教师都指出一些共同点：第一，在资源建设中要充分考虑资源本身，但不限于其本身，要重视资源的管理和分类；第二，要正确处理资源利用和资源丰富性之间的关系，视野要放大，内涵要丰富；第三，资源建设要有很多的互动，要符合师生的需要，要有及时反馈的机制；第四，围绕学科专业进行资源的规划和建设，要对教师和学生的参与提供一些激励措施。通过调查还了解到，充分利用现有条件，紧紧围绕教学的实际需要建设校园网络的教学资源，创建多种类型的资源，创建多种播放方式的具有学校特色的网络教学资源。

在资源建设过程中可以采取的措施如下：①学校要充分重视校本资源平台的建设。一方面提供政策支持，另一方面要加大宣传力度，提高教师与学生的重视程度，从而提高师生参与资源建设的积极性。②加强对各种媒体资源的整合。学校需要自主制作一系列与符合实际需求和特色的资源。比如邀请专家讲座，比如录制具体课堂视频上传到资源平台，专门制作课件，丰富试题库，提供学生问题咨询模块等，提高教师和学生对资源的关注和兴趣。③学校的相关部门还需要对教师进行资源平台建设和使用的相关培训，让教师们充分了解并且有效利用平台，亲自参与其中，体现学习培训与多媒体培训。④学校各职能部门引起重视，分工合作，保证资源平台建设的工作效率，鼓励教师参与制作学校特色教育教学资源。

五、目前高中生物校本教学资源平台存在的问题

(一) 资源的需求与获取之间存在矛盾

通过翻阅大量文献，对任课老师和学生进行访谈以及对各学校官网进行调查，了解到当前校本网络资源平台的现状普遍存在以下问题。

1. 互联网并不能满足师生对教学资源的需求

目前的小学和中学教育资源在互联网上信息很多，为师生的查询提供了非常便利的条

件。但在调查中发现，很多师生反应网络上的资源库使用非常不方便，资源的利用率极低，各种教学资源库并没有发挥应有的作用。

互联网资源的内容丰富，搜索方便，访问快速，往往能找到教学所需要的资源，所以最初使用的感觉是非常好的。但是随着对互联网的使用不断增加，人们会逐渐发现以下问题：网络资源库很大，但是很多资源重复率非常高，有些信息非常不权威，很多信息已经过时，这样的“无限资源网”往往让人眼花缭乱，寻找有用的资源犹如大海捞针，花费了大量的时间和精力也未必有所得。

2. 各级资源网站的资源不能满足需求

目前的互联网飞速发展，资源建设取得了巨大的进步。很多资源网站如同雨后春笋般纷纷出现，商业资源库网站数量和库容都越来越大，比如清华同方思科、K12、高考资源网、中学学科网等，这些网络资源的针对性也比普通的搜索引擎搜索出来的强，但是否就能满足师生们的需求呢？进一步了解这些网站后发现，问题依然存在，比如很多资源在不同的网站重复，每个资源网站大同小异；有的资源网只追求数量，实用性不强；各资源网无法在检索之间相互合作，为了寻找合适的资源，往往要不断地在几个资源网之间注册和登陆；各资源网缺乏统一的建设标准和规范，搜索、格式、分类、流程等差异很大；面对种种问题，为了获得合适的资源，往往要重复检索，效率非常低下，很多资源网还需要使用券和积分券等电子货币，使得师生们利用各种网站的积极性大打折扣。

3. 现有的某些学校的校本资源网站不能满足需求

浏览各地各高中的校本资源平台，发现存在以下问题。

(1) 资源库形式单一。许多学校的资源数据库罗列太多，如政策法规、新闻、摘要、课件资源等，很少有个性化信息服务。这种“大而空，大而泛”、遵循相同的模式和缺失个性化的特点成为各个学校校本资源平台的共性。这对于资源的使用者来说，要根据自己的情况选择是很有限的。

(2) 资源库功能简单。很多学校把资源平台当作各种素材的存储仓库，不断地加入基础资源，而忽视了资源使用者(教师，学生)的想法。对教师和学生的教育目标个性化服务功能缺失，导致资源内容不能满足教师和学生的需求。

(3) 资源库使用率低。很多资源库没有分类，也不加入资源描述，不提供需要的搜索工具，给用户造成负担，用户必须花费大量的时间和精力去识别和筛选资源，从而减少了资源库的使用效率。

(4) 资源库内容陈旧。每个学校往往都有特色的教学资源，长期的教学实践积累了大量的适合本校使用的教学资源，具有教学特色的品牌效用慢慢沉淀形成最具价值最实用的资源，并且随着计算机技术和网络知识的普及，学校的研究成果和各种资源已经能实现数字化，资源库的建设应体现有效性，信息、内容要不断更新，确保用户觉得新颖、感兴趣。但是目前很多学校的教学资源平台的建设时间太长，没有专人管理，更新周期长，内容不新颖，无法体现时效性，这需要学校教学资源库更新观念，重新定位。

(二)校本资源的如何存储与管理遇到困难

凭借学校自身的教育平台获取以及多年来存储的各种教育资源，最能代表学校的教育教学文化与特色。年复一年，校本资源积累的数量越来越大，可是如何储存并且科学、高效地管理资源，让资源优势发挥作用，成为教学资源平台建设人员必须思考的大问题。如何对教师开放和共享这些累积的各种教学、科研、文化成果，也是一个需要解决的问题。

六、开发高中生物校本教学资源平台的必要性

(一)校本教学资源平台的开发是信息时代大势所趋

国家领导人在全国教育工作会议上强调："面对世界科技飞速发展的挑战，我们必须把增强民族创新精神提到关系中华民族兴衰存亡的高度来认识。"这就要求把培养创新精神和实践能力作为教育改革和推进素质教育的核心，要求我们引导学生自觉使用丰富的知识资源，筛选、比较、分析、综合、加工和学习知识。必须打破过去的"教授式"的教育方法，利用信息技术这个得天独厚的条件，为学科教学的探索提供载体和工具，转变观念，加快学习和教学实践，发展教师的主导作用，建立学生自主学习、网络辅助课堂的教学模式。现代信息技术的飞速发展，拓展了人们获取信息的渠道，对教育发展的影响是非常深刻的，促进了教学思想、教学模式、教学内容等方面的深刻改革，也取得了很大的进步。然而，由于技术、设备、思维的局限性，尽管经过多年的努力，对于校本网络资源平台的了解和应用还是比较肤浅。

(二)计算机辅助教学促进校本教学资源平台的开发

从 20 世纪 70 年代开始，计算机大力发展并且和教育结合，从而发展了计算机辅助教学这种特殊的教学方式。计算机的多媒体课件用多种方式突破重点和难点，用图片声音视频等多方位展示吸引学生的注意力，视听体验的增加扩大了学生的视野，大大激发了学生学习的主动性，促进学生对知识的理解，多媒体课件在教学中具有不可替代的优势。生物学科也紧随大潮，与计算机的功能与优势联系越来越紧密，对于很难用语言文字来表达的复杂代谢过程、显微结构等抽象内容，可以通过动态模拟等方式来表现，取得了很好的教学效果。

但是在使用课件的过程中也出现了一些问题，如硬件设备上的不足，还有部分教室还没有配备多媒体，或者现有的多媒体维修状况不乐观，这样会影响教师的备课，教师需要两份备课教案，一份用课件上课，一份不用，这无疑会加大教师的工作量，所以要重视课件的建设和具体教学之间的联系。此外，还存在一个日益突出的矛盾，就是师生数量的快速增长与教育资源的短缺之间的矛盾。要提高整体的教育教学水平，必须利用好现代的先进的教育信息技术，让更多的学生享受到更优质的教学资源，让多媒体在教学过程中得到更广泛的应用。但是，网络资源建设的落后成为提高教学效率的瓶颈，主要表现在多媒体教学资源的数量和质量不能满足教师备课和学生学习的需求，网络利用效率低，现代教学设施跟不上时代的步伐，现有的教学资源利用率不高等。要解决这些问题，在高层设计上

要强调国家、地区、学校三个层次的教学资源保障体系，保证网络基础设施建设、资源建设这个核心，保证应用的管理服务，以实现教学应用的目的。

这就要求教学资源结构必须高效化、流通化、高质量化，要对现有教学资源进行整合，让所有想分享这些资源的师生甚至社会人员都能方便地查询，以获得可靠且权威的信息及咨询服务，让教学资源成为信息时代的教学和科研核心之一，进而大力推动教育信息化的发展。

（三）新课程改革下的教学要求开发校本教学资源平台

《普通高中生物课程标准》第四部分《课程资源的利用与开发建议》中明确课程资源既包括教材、教具、仪器设备等有形的物质资源，也包括学生已有的知识和经验、家长的支持态度和能力等无形的资源。课程资源是决定课程目标能否有效达成的重要因素。充分利用现有的课程资源，积极开发新的课程资源，是深化课程改革、提高教学效益的重要途径。其中，《普通高中生物课程标准》里的第一点为“充分利用学校的课程资源，在各种课程资源中，学校提供的课程资源是首位的。”第六点为“参与开发生物课程的信息技术资源，信息技术方面的课程资源主要包括网络资源和多媒体课件两个方面，网络资源又包括互联网资源和校园网资源等。”

教学资源平台具有强大的性能，也具有良好的互动性优势，还有信息量大等特点。但是从市场上购买的生物教学资源难以完全满足教学需要，教师应适当参与校本教学资源的开发。新课程改革让生物教学理念不断创新发展，也为生物教学资源的开发带来了前所未有的机遇。然而，在以往的教育中，生物学教师和生物学工作者从来没有真正接触“生物学教学资源”，更别说使用和研究，虽然在教学中已经有意无意地使用资源，但仍然没有一个明确的“生物教学资源”概念，导致了盲目使用。新课程改革从 2001 到现在已经有近 20 年了，虽然资源的概念已逐渐成为生物教育的核心，但在发展的过程中还是会出现很多问题。

（四）校本资源平台为教学提供方便

校本资源平台为教学提供方便是关键，是核心。如果每一节课都每个老师都需重新制作课件，这将是一个非常浩大的工程，耗时耗力。为了避免资源浪费，避免重复性的工作，必须进行一些改革，即积极建设校本资源平台，积累具有本校特色的资源，实现教学现代化，为老师和学生们节约时间，带来方便，这样就能有效解决这一实际问题，实现资源共享，与“校校通工程”精密地联系起来。

建设校本资源平台是一种创造性的教学建设，面向未来，不再强调灌输式学习，而是帮助学生掌握学习方法。要使学生作为教学的主体不受时间和场地的限制，就要建设一个符合学生认知规律的教学资源平台，成为学生掌握知识、探索问题的工具，为培养创造型人才提供工具，满足不同层次的学生进行不同形式的学习，培养学生的高度创新能力和信息利用能力，使学生成为全面发展的人才。

(五)校本教学资源已经有比较好的基础

学校的教育专家团队在教育的最前沿录制的示范课视频、编著的教辅资料、举办的专家讲座、在研讨会的发言等，都是有价值的校本资源来源。

显然，课堂教学中的教师是教学资源的直接组织者和实施者，教学资源意识的高低和敏感性的强弱，直接决定着教学智慧的高低、教学效率的大小、教学水平的高低和教学质量的优劣。教师对教学资源的利用和开发现状，采用实证研究，课堂学习、社区学习、组织展览围观学习，为教学资源的调查提供第一手鲜活的资料。

在平时的工作中，大多数教师都有一个好习惯，就是看到优秀的资源都会复制、下载、甚至购买，再经过进一步筛选、修改，这样的资源就很适合本校、本班的教学。例如，在近几年中，重庆市松树桥中学校生物组就积累了大量的教学资源，表 10.3 是重庆市松树桥中学校生物组 2014～2018 年教学教研及资源情况调查表。

表 10.3 重庆市松树桥中学校生物组近几年的教研调查表

生物组教师课件数			
2014～2015 学年	2015～2016 学年	2016～2017 学年	2017～2018 学年
约 1120 件	约 1125 件	约 1327 件	约 1510 件
生物组教师教学设计数			
2014～2015 学年	2015～2016 学年	2016～2017 学年	2017～2018 学年
约 1190 篇	约 1315 篇	约 1316 篇	约 1408 篇
生物组教师论文(论著)数			
2014～2015 学年	2015～2016 学年	2016～2017 学年	2017～2018 学年
论文 2 篇	校本教材 5 套	论著 1 部	论著 1 部
生物组公开课节数			
2014～2015 学年	2015～2016 学年	2016～2017 学年	2017～2018 学年
约 40 节	约 60 节	约 80 节	约 80 节
教学实况录像节数			
2014～2015 学年	2015～2016 学年	2016～2017 学年	2017～2018 学年
约 10 节	约 10 节	约 12 节	约 10 节
教研活动记录篇数			
2014～2015 学年	2015～2016 学年	2016～2017 学年	2017～2018 学年
约 160 篇	约 160 篇	约 160 篇	约 160 篇
专家到访人次			
2014～2015 学年	2015～2016 学年	2016～2017 学年	2017～2018 学年
约 20 人次	约 30 人次	约 60 人次	约 80 人次

从表 10.3 中可以总结出如下几点。

(1)学校老师积累的教学素材数量非常多。每个老师都有意识地收集各项教学过程中的资料，从表 10.3 中可以看到，2014～2015 学年约有资源 2542 件，2015～2016 学年约有资源 2705 件，2016～2017 学年约有资源 2956 件，2017～2018 学年约有资源 3249 件。这说明，学校在教学过程及教学活动当中均可获得大量的资源，该学校有充分的资源意识，随着时间推移，教学和研究成果逐年增加，其资源量增加速度将会更快，有效的校本资源数量呈逐年上升趋势。

(2) 资源质量有保证。每一份资源都有任课老师或者专家的重重把关，都有教研组的同事认真挑选和修改，形成良好的学习和研究氛围，逐步形成具有较大影响力的学校品牌，再经过专家指导、科研组促进、教学资源和信息中心多重检查把关，资源的质量得到保证。

(3) 目前资源的储存管理方式非常不当。各类资源有的在教研组的计算机里，有的在教室的计算机，有的存在光盘里，有的甚至出现在老师的邮箱里……这些资源储存时间、储存地点的随意性太大，没办法有效共享，虽然优质资源非常多，但往往没有发挥到应有的作用，教师使用起来总觉得非常不容易，所以一些资源并没有被充分利用。如何有效获取资源，让优秀资源从资源堆里筛选出来，这是一个急需解决的问题。

教师和学生们最需要什么样的资源？从任课的一线教师和学生的多次访谈中能够得到一些启示，最需要的资源是那些最方便的，可以迅速参考的，有助于专业成长和学习的资源。把平时收集、积累、创作的所有有用的资料、素材收录到一个平台上，创建一个“校本资源平台”供教师和学生随时调用，并且连接局域网和互联网，让师生们获得最新的资源信息，提供各种呈现方式和机会，让教师教学有内容，让学生充分发挥学习主体作用，互助学习，达到最好的教与学的效果。所以校本资源库在统一的平台上组合和开放，这样就不限时间，不限空间，随时调用自己所需要的素材、资料，使老师和学生随心所欲地调取有用的教学资源，有助于提高师生自我学习的效率和质量。这样，与传统课堂相比，校本教学资源平台精品化、有针对性，成为更加综合的教与学的方式，因此校本资源平台的价值在培养学生创新精神和创造性思维、提高教学效率方面具有非常大的优势。

七、高中生物校本教学资源平台开发的可行性分析

网络源生物教学基地的建设是一个长期的系统工程，需要学校领导的不懈支持，要求每位生物教师具有一定的网络操作能力及电脑技术水平，让更多的教师参与设计、制作、长期维护，不断丰富原有的生物教学资源平台。因此提高生物教学资源的质量将会提高重庆高中生物教学的整体水平，从而推动重庆市生物教育更上一层楼，创建一个教育的新时代。

在某种程度上，宏观层面的教学资源和教育资源是有共性的，包括对教学文本资源的开发现状、相关教学活动的专业水准、学科教学的实物资源和储备、现代化教学媒体的投放水平，从教学设计学习资源中观测对教学资源的基本认识现状，从不同时期不同学科的学校基本的教学资源的现状，最大限度地研究学生的兴趣类型和活动方式，准确把握学生的认知方式，引进最新的研究结果，借助于教育心理学和教学心理学，为普查和摸底教学资源提供理论支持。

对设施资源的建设和使用状况、整个社会信息资源对于教学活动的影响、社会变革背

景下的师生关系的总体状况等做出大范围调查，对整个社会信息资源在宏观层面上的资源普查可采用解析法，根据全国基本的教学资源，结合教学资源的现状和教学资源储备不同地区抽样研究。从校内和校外、学科的干预、研究期的特点、学生的教学资源的意识和能力、学生的认知取向和其他许多方面进行普查，开展教学资源建设。在这个过程中，在上级组织、学校、各位老师等的大力支持下，高中生物校本资源库平台才能顺利建立。

1. 资金条件的保障

当地政府和学校应有提供的配套资金规定的能力，平台的开发需要大量的人力物力，需要合理分配、给予支持，课题研究经费最好由学校按照财务管理章程予以保障。

2. 需要丰富的科研硬件配套

学校领导高度重视教育和科学研究，为高中生物校本教学资源平台开发的顺利发展提供保障；教师队伍有较强的科研意识，具有多年的科研和教学实践，为高中生物校本教学资源平台开发奠定了坚实的基础；具有自然资源和人力资源的质量保障，这为高中生物校本教学资源平台建设提供了宝贵的材料。

3. 科研工作有坚实的基础

高中生物校本教学资源平台建设，需要有比较坚实的生物学科研究基础的建设团队，团队由一定年龄结构及学历结构的具有非常丰富的教学经验的高水平教师参与，从而保证高中生物教学资源平台开发高质量地进行。

4. 学术交流广泛

高中生物校本教学资源平台建设需要建立内部和外部之间广泛的学术交流，邀请国内外知名生物学方面的专家、学者进行学术交流活动，本校生物学教师也要多次走出去交换学校生物教学成果，扩大在同一领域的影响。

八、研究方法

1. 文献研究法

笔者搜集、整理国内外的与教学资源及网络资源库开发的相关的各种理论资料和技术指导，将其与高中生物资源库建设联系起来，参考其研究方法和实践总结，为本章内容的研究提供有力的理论支撑和技术依据。

2. 调查研究法

本章用调查研究方法，浏览大量学校的官网及国内大型的教学资源网站，重点调查了目前重庆市内 6 所高中和教育发达地区的 3 所高中，分析目前高中资源的建设状况，从调查研究中找出目前高中生物资源建设中的不足，分析解决问题的对策，同时寻找开发高中生物校本教学资源平台的成功经验，为本章内容研究的顺利进行提供重要的参考依据。

3. 行动研究法

实践是真理发展的唯一标准，知识和实践密不可分，通过研究，应用调查到的方法和措施，设计出高中生物校本教学资源平台的一般组织过程和建设模块，进一步加强或者调整方法和内容。

第四节　高中生物校本教学资源平台设计的理论基础和设计导向

一、高中生物校本教学资源平台开发的相关概念介绍

（一）教学资源

1. 教学资源的概念

学习目标

1. 了解高中生物校本教学资源平台开发的相关概念；
2. 掌握高中生物校本教学资源平台设计的理论基础和设计导向。

教学资源是指支持教学活动的各种资源，包括人、财、物、信息等。在学校教学活动的开展中，总需要各种教学要素参与，才能实现教学目标、完成教学内容、提高教学质量，这些教学要素的总和称为教学资源。教师利用教学资源能力的提高，有助于教学效率的提高，有助于体现教学特色和教学智慧，也有助于启发学生的思维，培养他们自主学习的能力，让教师和学生都能选择合适的教学方式和学习方式。教学资源的具体组成要素如表 10.4 所示。

表 10.4　教学资源的组成要素

教学资源种类	说明	例子
人员	参与教学活动的人员	教师、学生、专家、学者等
资本	教学活动相关的费用	工资、学费、建设资金等
设备	接收、传递加工信息的硬件	电脑、投影仪、相机、摄像机等
信息	主要指教学内容	概念、公式、原理等
材料	教学相关的软件	课件、试题、视频、音频等
场所	教学所处的环境	教室、实验室、语音室等

2. 教学资源的分类

1）按教学资源的来源划分

按教学资源的来源可把教学资源划分为两大类：设计的资源和可利用的教学资源。设计资源是专门为教学资源的目的编写的，如教室、教材、教学软件。可利用的教学资源是指支持教学活动的各种资源，包括人、财、物、信息等。现有的资源是那些不是专用于学习，还可用于服务软件的教学资源，如不同的工具、网络信息资源百科全书等。例如，作

为教师指导学生学习有用的一种材料，教师必须先进行处理，必须结合学生的特点科学合理地利用。又如作为教学中的媒体要素，将计算机的资源与新课程整合，充分利用现代信息技术支持教师对新课程的认识，不仅反映了教师认识的能力，也反映了其信息技术管理能力，学习环境是靠教师的创新创造的教学要素，一个好的学习环境能够帮助学生取得事半功倍的学习效果。

2)按教学资源的表现形态划分

根据教学资源的表现形态可把教学资源分为硬件资源和软件资源两种。硬件资源指的是所需的教学设施，在教学过程中需要的有形资产，如仪器、设备、教室等。软件资源是指支持教学的材料和教学活动所需要的各种媒体工具、如幻灯片、电子书籍、CAI课件制作工具等。

3)按人物与教学资源的操作对象的关系划分

按人物与教学资源的操作对象的关系划分，可以把教学资源分为人力资源和非人力资源。其中，人力资源包括教育者、学习者、家长、社会成员等。非人力资源则包括各种媒体资源和各种教学用的基础设施。传统的教学媒体有黑板、粉笔、教室、模型、挂图等。现代教学媒体有投影仪、电视、电脑、光盘、多媒体计算机系统等，甚至还包括博物馆、图书馆、视听中心等。

在新课程标准改革中，教学要求和达到的教学目标都发生了很大的变化，新课程的要求有与之相适应的课程资源，而且研究性学习和综合实践活动也被提到了前所未有的高度。所以，要满足现代课程的需要，课程资源应该是大量且非常丰富的，可以给学生非常多的信息，让学生在学习的过程中通过新媒体新信息的使用获得愉快的体验，对很多教学知识点的了解有身临其境的感觉，从而让他们提高学习兴趣、增长知识、培养能力，这与传统的课程资源观是不同的。新课程改革的目的是培养学生的创新精神和自主学习能力，改变教师的教学组织形式，从而让学生拥有良好的学习品质和健康的人格，所以新课程改革的一个特点就是动态生成，让传统的教学模式发生改变，加强与现代社会、科学技术和实际生活的联系，要让学生动手了解，主动去参与探索和发现。这样，传统的图书馆、数据中心的学习资源和环境已不能适应信息时代的变化，与传统课程相比，如果没有广泛的、丰富的课程资源作为基础，新课程就难以反映其动态的形成，这就要求必须开发利用一切课程资源，让网络技术和互联网的发展提供最丰富的教学资源，了解这些资源的分类和应用，实现教学内容的交流与合作，让师生在实际教学和学习过程中获得更多的优势。

(二)校本资源

1. 校本资源的概念

校本资源，顾名思义，就是一个学校具有特色的资源。每个不同地区、不同领域的学校都有非常显著的地域独特性，每个学校都是独特的、不可替代的，每个学校的复杂性都不能用理论来完全解释和验证，是其他学校的经验所不能说明的，他们有不同的学校氛围和文化背景，还有各种不同的条件和设施，所以每个学校的办学宗旨、学生素质和师资力量都有非常明显的区别，这样就形成了具有独特性的校本资源。在新课程推出课程资源的概念之前，很多教育者和教育组织对课程资源的概念还是非常陌生的，主要的研究是整个学校的文化特色方面，很少与具体的学科联系起来，也很少与具体的教学联系起来，这样就局限了校本资源概念的范围。要大力发展校本资源，就应该深入学校具体的教学活动、课堂现场，了解各种运行机制、管理制度、教学规范等，每个学科都应和校本资源联系起来，每个学科都建设校本资源，形成自己的学科优势。在某种程度上，让老师和学生们在信息技术的帮助下，加深知识的理解、记忆和巩固，培养他们的能力。因此就要利用现代信息技术，充分利用网络进行互动学习，启动第二课堂的学习模式，改革校本课程的方式，把校本资源真正落到实处，释放出特色。

信息技术是校本课程盛开的花朵，具是现代教育的基本要求，在今后的教育教学工作中还有一段很长的路要走，应不断发展和继续完善各种工作。作为一名教师，应该建立一个坚定的信念，相信每一个学生都是“天才”，让校本资源成为学生探究性学习的良好素材，让学生在学习过程中产生各种灵感，拓宽学生创新资源的来源，让学生在利用校本资源的过程中提高自主学习的能力。

2. 数字化的校本资源

数字化的校本资源是将资源进行数字化处理，使之能在电脑或新媒体条件下进行分享与展示。数字教育资源的建设与应用研究是“十三五”全国教育技术研究规划课题中非常重要的问题。教学资源对教学的影响是直接的，再好的课程理想都需要教学资源的支持才能带来良好的效果。教学资源平台的开发是现代教育理论和教育技术的整合，教学资源平台开发的核心问题是通过资源平台中的资源不仅要把知识传授给学生，还要让学生学会学习，更要促进学生的身心和谐发展和核心素养的提升。教学资源平台是现代教育理论和教育技术的发展，生物学是一门实验性科学，几乎涵盖所有类型的实验或演示，教师应根据学生的知识储备，结合各种教学资源的应用，展示宏伟的生物世界，激发学生探索世界的精神。许多省份的生物学教科书已经出版，其紧密结合了一些物理资源和数字资源，但没有与课程整合。本章提出的构建生物教学资源平台的一般组织流程可以应用于教学实践，形成一套比较有效的模式，为师生的教与学服务。

教学资源平台是现代科学技术发展的产物，其出现与信息技术手段促进教学资源平台的发展密切相关，其最终目的是服务于教学；教学资源平台提供了大量的优质资源，为教师的教学和学生的学习服务；在教学资源平台上储存有大量的资源，包括各种资料、课件、案例，也包括各种文本、图片、视频等，要让这些资源真正被方便使用，还需要按照一定的规范和标准将其进行分类和整合，构建学校的科研服务共享平台。

校本教学资源平台由学校组织和策划，由学校教师和学生共同建设和维护，满足学校教师的工作和学生的学习。将所有可用的教育资源建设改造成支持教学的系统就可以应用到学校的教育教学活动中，成为一个众所周知的、每个人都可以使用和参与的教育教学资源平台。对校本资源平台的建设，不仅加速了信息软件和硬件建设的发展，还协调了学校教育过程中的各种工作环节。

把校本资源和信息技术整合起来，把新型的视觉和听觉优势整合起来，通过物联网，让师生获得大量的学科信息，利用信息技术让学生愉快地掌握知识，提高教学的有效性，成为学校的教育教学策略。资源与信息技术的整合点，激发学生兴趣，优化教学过程，开发学生潜能，去激发学生创造的欲望，创造让他们成功的条件，通过教育和教学的实践，促进学生的发展，让学生在兴奋的状态中获得持续的进步，增强教师和学生的主人翁意识和爱校的积极性，使学校教育质量得以大幅度的提升。

(三)数字化生物学教学资源

“数字化生物学教学资源”是指数字资源形式的生物材料，例如电子教学、课件、多媒体生物资源(声音、图像、视频等)在互联网上以参考资料的形式存在。与之相反的是真实的“生物教学资源”，如书籍、传统教具纸介质、实验设备和模型等。

随着计算机电子和通信技术的快速发展以及互联网的广泛使用，21 世纪的教育教学质量将会取决于信息的掌握和利用程度。其能够把生物教学资源数字化并且开发教学资源平台，利用电子信息技术和网络技术快速查找和访问有效信息，让电子信息技术和教育相辅相成，让教学资源获得最大的共享，提高教学工作的效率，避免不必要的浪费，生成高质量的教学成果。因此，构建高中生物教育资源分享平台具有重要意义。

二、高中生物校本教学资源平台设计的理论基础

(一)建构主义学习理论

建构主义学习理论强调教学要注重以学生为中心、注重实际情境教学、注重协作学习、注重提供充分的资源”。

建构主义学习理论为高中生物教学资源平台建设提供理论支持：学生不是知识的被动接受者和被填鸭式灌输的对象，学生应该是主动寻求各种外界信息并且主动接纳和加工的主体，是学习的主动建构者。而教师应该为学生的主动建构提供各种条件和协作，教师应是他们的帮助者和促进者。

传统课堂注重教师的主导和权威性，而建构主义注重学生的主动参与，让教师与学生平等地进行对话与交流，从而抛弃死记硬背的填鸭式教学。在高中生物教学资源平台的开发中，建构主义学习理论要求在开发时就要充分考虑学生的实际需要，利用教学资源平台更为开放的知识组织优势，让有不同需求的学生各取所需，引导他们主动参与学习过程。其次，利用教学资源平台，建立一个“学习社区”，在这个模块中进行充分的探讨交流，实现学生之间的协作学习及师生之间的互动教学。在这个教学资源平台上，基本上能在信息方面为学生自主构建知识体系提供更多的条件和服务。

(二)后现代主义课程理论

信息技术推动社会各方面的发展越来越快，后现代主义课程理论随之得到广泛的传播，其在教育领域的影响也越来越大。后现代主义课程理论主张开放性和创新性，通过赋予知识正确的理解，培养学生的批判意识和创新精神，所有参与者都是课程的开发者和创造者，创造一个教育过程，使课程文化创新，从而强调开放性，让课程组织和课程开发过程中的不确定性成为一种文化和创意，让探究氛围促进课堂气氛的自主机制形成，培养学

生的批判意识和创新精神。其次，在重点探索和创新的过程中培养开放性精神，为教师和学生探索新知识、新材料和课程背景知识提供多样性，启发学生学会怀疑和探究，从而发现问题，解决问题，让学生主动建构内心的解释和理解。此外，注重差异性和多样性，关注学生的差异和个性发展，追求知识的多种方式，探索设计多种方法以使学生用自己的方式来解释每一个问题，给予学生和教师公平的环境和平等的地位，从而丰富知识的内涵。

后现代课程理论对高中生物校本资源平台开发和建设的启示是：在开发过程中充分考虑事物特征的多样性，考虑不同用户角色的追求，以满足更多学生的需求，给学习者一个探究的氛围，激发学生的创造性，引导学生积极主动地参与学习。

（三）对话理论

探索创新和建构知识生成的过程，是一个思想碰撞、知识交流、精神融合的过程。不同的人思想不同，眼界高低不同，情操和价值取向不同，通过对话，让双方有效沟通，从而产生的共鸣，激发出“智慧的火花”，加速教育发展。在对话的过程中，教师和学生都抱着开放的态度，诚恳地沟通思想和交流经验，实现思想碰撞、知识交流、精神融合。所以，狄尔泰认为，对知识的理解是一种对话交流的过程。学生通过对话交流的过程，对知识有了自己的理解，使自己成为课程实施的主体。对话是师生交流的桥梁，改变教师传统的定位，让学生在获取知识的过程当中实现自我建设。因此对高中生物学教学资源平台的建设，应从对话理论的角度出发，给各种用户一个能提高自身水平的平台，在开发校本教学资源平台的过程中充分考虑到用户之间平等地交流对话，建立一个“在线交流”模块，在使用平台的过程中，遇到的问题和想到的创造性建议都可以在平台上进行讨论，使师生积极参与平台的建设和使用，最终为教师的“教”与学生的“学”服务，发挥平台的最大效益。

（四）知识管理理论

知识管理理论是一个时代的综合产物，随着知识经济和信息时代的到来，对知识管理的发展的需要更为迫切。

运用现代技术工具、程序来处理信息化的教育领域的知识、经验与智慧，并可在网络环境下传播、共享，这种形式被称作知识管理。知识管理其实是一个信息管理过程，是一个庞大的系统工程，涉及计算机技术、互联网技术、人工智能、知识工程等，用系统的方法提供支持和服务，形成一个统一的有机整体，在这个过程中，系统论、传播法、操作知识等共同为其服务，实现知识的分享和创造。知识管理理论对高中生物教学资源平台开发的启示为：充分运用现代信息和网络技术工具，程序化、数字化、信息化地处理各种知识、经验、智慧等资源，让这些资源在网络环境下快速传播、充分共享，让求知者快速、有效地查询和获取。

在“建构主义学习理论”“后现代主义课程理论”“对话理论”和“知识管理理论”的基础上，设计具体指导高中生物校本教学资源平台的理论，具体可以表现为：按照学生需要设计网络教学资源平台，对学习内容的设计进行合理安排，为学生提供合理的知识结构，为学生创造适合的“建构主义”学习环境，教师在线答疑和进行学法指导，安排在线测试和建立测试题库，把课堂学习模式与在线学习模式有机相结合，形成系统、立体、开放的学习平台。

三、高中生物校本教学资源平台设计的导向

在“建构主义学习理论”“后现代主义课程理论”“对话理论”和“知识管理理论”的指导下，高中生物教学资源平台开发在设计过程中还需要一定的原则导向，本章主要结合前人的研究成果，针对高中生物教学资源建立一个高中生物教学资源平台供学习者参考使用，在今后的实践中继续发展和完善。

（一）合乎新课程标准

国家课程标准是国家教学的基本规范和基础教育的准则，新课程强调建设、开发信息化的教学资源，利用信息化教学资源来创设情境、激发兴趣。如课件、图片、视频等具有容量大、智能化、共享化特点的资源，可以延伸师生的感官，使教学内容形象、直观、生动、具体，教学效率高，具有其他资源不可替代的效果。而为了实现为教学服务，帮助学生进行探究学习，提高学生的创新能力，提升学生的核心素养，信息化教学资源必然要建立在合乎新课程标准的要求之上。所以建设生物校本资源平台时，首先要详细分析和解读新课程标准和教科书，联系国家基础教育改革中对学生必备知识、关键能力、核心素养、社会责任等方面的要求，让教学资源平台上的资源反映出教学内容的要求，服务于高中生物的教学体系，并对教材中插图、练习等有所拓展和延伸。因此，新课程标准是高中生物校本教学资源平台开发中首先要考虑的准则，并且应将新课程标准融入教学资源平台开发过程中，做到校本化、生本化。

（二）符合课程目标

高中生物新课程标准提出了关注知识和技能的应用，提高探索科学的兴趣，树立创新的意识，增强社会责任感和爱国主义情感，形成正确的世界观和价值观，掌握探究式的学习方法，了解生物学科应用领域等总体目标。高中生物新课程标准也对具体目标提出了要求：能认识到生物学在促进科技发展、社会进步和提高人类生活质量等方面的重要贡献；树立生命观念，能够运用这些观念认识生命现象，探索生命规律；形成理性思维的习惯，能够运用已有的知识、证据和逻辑对生物学议题进行思考或展开论证；掌握科学探究的思路和方法，形成合作精神，善于从实践的层面探讨或尝试解决现实生活中的生物学问题；具有开展生物学实践活动的意愿和社会责任感，在面对现实世界的挑战时，能主动宣传生物学知识，愿意承担抵制毒品和不良生活习惯等社会责任，为继续学习和走向社会打下必要的基础。在新课程标本下，高中生物教学资源平台应该把课程目标作为可信的指导因素，才可以为教学资源平台的内容和开发提供基本的依据，为课程、教学、学习服务，让高中生物教学资源平台的开发从课程目标出发，从而使课程目标作为资源选取和资源组织的依据。

符合课程目标的高中生物教学资源库建设才能促进学科发展，符合教师、学生的需求，这是课程本身要实现的结果，而教学资源库是一个辅助工具，所以构建这个工具的蓝图时

必须以课程目标为指导，分析课程标准和教材，利用“建构主义理论”综合分析，考虑各种因素的综合作用，决定教学资源平台的蓝图。因此，教学资源平台与课程目标的契合度是评价高中生物教学资源平台作为学科教学辅助工具的质量高低的一个标准，也是教学资源平台质量优劣的评判标准。

（三）充分利用有资源的导向作用

高中生物校本教学资源平台开发是一个工作量巨大的工程，在开发过程中需要不断进行科学化和系统化的反思，需要各种各样的手段，集中各种各样的资源。目前网络上和市场上有很多教学资源库，可以将其当作高中生物校本资源平台开发的范例，充分利用可避免重复开发，浪费人力、物力、财力。例如，网络上一些优秀的教学资源，有些可以在尊重其知识产权的基础上直接使用，有些可以经过修改之后再利用，这样就充分利用了现有资源，通过本校平台建设人员的筛选和修改过的资源更符合本校的学情，符合实际需要。但是范例的使用也可能带来一些新的问题，比如会引起一些高中生物校本教学资源平台原创性的不足，影响到高中生物校本教学资源平台创新的建设。

（四）按照教学需要不断调整

高中生物校本教学资源平台开发阶段一定要注意资源是否满足教师和学生的需求。而在以前的设计和开发理论中，高中生物校本教学资源平台开发是由学科教师和技术人员协作完成的，资源开发人员要对资源的适用度进行测量，使其符合学生的需要，还要对这些资源进行加工和组织，所以，资源开发阶段开发出高中生物校本教学资源平台在运用过程中存在学生个体知识水平差异的问题，需要对高中生物校本教学资源平台的资源进行调整。

所有开发阶段的工作完成后，一个高中生物校本教学资源平台就初步形成了，要将这些教学资源应用到实际教学中，要让这个平台成为用户使用的有效教学资源，并整合到用户自身需要的特色教学资源中。所以，教学资源平台上还应提供对教学资源进行有效处理的工具或者可以使用的工具，最终使各个用户可以顺利地使用教学资源，也可以把他们觉得有用的资源上传到教学资源平台上来，展现在用户界面上，既能使教学资源平台上的展示简易明了，又能使用户们感到满意。

第五节　高中生物校本教学资源平台开发的过程

一、教学资源的获取

根据高中生物学科实际的具体情况，高中生物校本教学资源主要的获得途径有以下几个方面。

1. 对现有资源进行数字化改造和再开发

现有的图书馆有很多有用的材料，生物学科组本身也积累和收集了较多的纸质资料，

学习目标

1. 了解高中生物校本教学资源获取的方法；
2. 了解高中生物校本教学资源的分类；
3. 掌握高中生物校本教学资源平台开发的功能模块设计；
4. 总结反思高中生物校本教学资源平台开发实践中存在的问题。

可以通过数字化处理，比如用数码相机和扫描仪把它们变为数字化的教学资源，然后上传到校本资源平台上供用户选用。

同时，调查和浏览发现很多学校的资源链接都是直接从厂家购买的，不规范，可用性差，不一定符合具体实际的需要，导致利用率差，效果不好，所以对这些资源进行再开发和规范化加工是校本资源获取的重要途径。当然对于符合实际需要的资源，可以直接购买，直接使用，用于增加资源总量。

2. 互联网上获取

有条件的学校有专门的资源管理人员，可以从网络上搜索大量的资源来丰富学校的教学资源平台，一方面可以利用搜索引擎搜索各大门户网站，如新浪高考、搜狐高考、21CN等；另一方面可以有专门的教学资源下载网站下载课件、习题、试卷等，如高考资源网、中学学科网、学科网、中学生物网等。还可以利用社交软件分享最新的学科领域。

3. 教师创作的教学资源

一线教师在日常教学过程中积累和创作了大量的第一手教学资源，比如自己制作的电子课件、精品教学设计、检测用的试卷、学生作业中的易错题和高频考点等，通过动员和宣传，鼓励教师把这些资源共享出来，把隐性的资源显性化，为学科组的课程建设和学生的在线自主学习、探究、交流服务，对其他的教师和学生有非常有效的帮助，所以这部分资源是高中生物校本资源平台的主要来源之一。

4. 学生的资源作品

学生是非常有创造性的群体，往往也会有不错的作品，虽然不够标准化和规范化，但是非常有现实意义，在高中生物校本资源平台上提供给学生作品展示的平台，能激发学生创作的动力，这方面的优势是其他资源所不具备的，当然由于各种原因，这部分资源不多，还有的学生并不愿意把自己的作品与他人分享，所以需要采取一些措施，比如给予一定的物质和精神奖励，或者用积分等方式对创作者进行激励。

5. 专业人员开发制作资源

有些资源，如视频、音频素材的加工和制作，需要专业技术的支撑，需要专业的人员、技术、设备等，需要生物学科教师和电教人员相互配合，案例的设计和策划由教学实施者完成，但是拍摄、加工、作品合成等需要电教技术人员辅助完成，这样由专业人员根据需要和校本特点合作式地自主开发教学资源，实用性非常高。

二、高中生物校本教学资源的分类

（一）资源分类的标准

笔者浏览过一些学校官网上的课程资源模块后发现，当前很多高中学校教学资源主要是按学科和材料进行分类。按学科分类，如中文、数学、英语、物理、化学、生物等；按学校的材料类型分类，如课件、视频、图片、文本等，但目前各个校本网站上的资源类型有些混乱，不符合教育资源规范分类的有关规定。

在校本教学资源的整理组织中，需要科学合理地分类，这样可以更好地反映知识的特点，对高中生物校本教学资源分类和的组织不仅要考虑实际情况、学校现有资源、用户使用习惯和思维习惯等问题，还要考虑未来如何方便把更多的资源添加到平台等问题，同时还必须遵守相关的标准和规范。网络教学资源的分类体系应尽可能涵盖当今各领域知识，分类体系结构要清晰，保持一个合理的水平。《教育资源建设技术规范》中提供的分类体系中，每个资源有三个主要属性，即学科类型、素材材料、适用对象，按照要求进行统一的分类标准可以使资源更方便被浏览和共享，这三个属性相关的分类可以作为校本教学资源平台组建的基础。

（二）生物学科资源分类体系的确定

《教育资源建设技术规范》及很多正在使用中的网络教学资源网站中都具体应用了三种资源分类方法：一是按学科课分类，如语文、数学、英语、化学、物理、生物；二是按照资源类型分类，如视频、文本、图片、试卷、课件等；三是按适用对象分类，如高一学生、高二学生、高三学生。三种分类方法往往按照具体的情况进行不同的排列组合，例如把学科分类作为第一层次分类，然后把适用对象作为第二层次分类，把资源类型作为第三层次分类。也可以在适用对象下根据学科类型再按照资源类型分类。三种分类方法可以有九种排列组合，如图 10.2 所示。

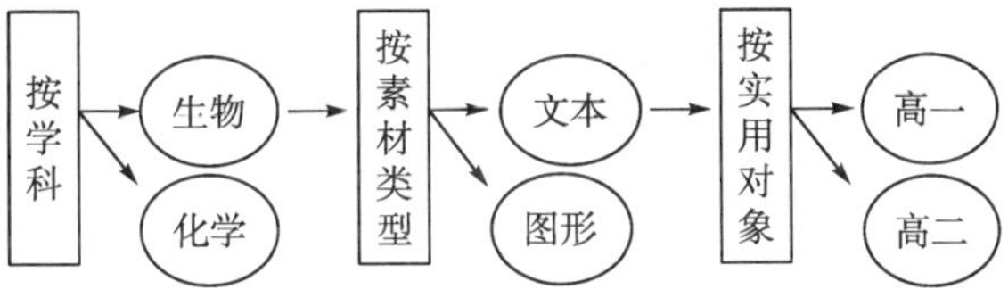

图 10.2　资源分类组合

《教育资源建设技术规范》中按资源类型将资源分为以下几大类：音频类、视频类、动画类、文本类、图像类、课件、案例、试题、试卷、文献资料、常见问题解答、资源目录索引等。《教育资源建设技术规范》中按适用对象的分类对于高中来说，适用对象一般有以下三种：高中一年级、高中二年级、高中三年级。

一个科学而且符合分类标准规范的资源分类可以使教学资源平台上的列表清晰易懂，方便用户快速准确地定位并找到自己所需的资源，从而有愉悦的使用感，对教学资源平台产生好感，这将促使用户再次访问资源。所以，明确而又规范的分类是有效地组建高中生物校本教学资源平台的重要组成部分。

在学科分类、资源类型、适用对象的分类体系下，针对教学的特点，教师可以依据不同课程内容的特点，按照不同的教学要求进行子分类的划分，以课程类型作为资源的子分类，或者以课程中的章节或知识点作为子分类，在系统中设立分类管理，当然在资源的具体分类过程当中，也不一定局限于这两种方式。图 10.3 是以知识点作为子分类的模式图，而图 10.4 是以章节作为子分类的模式图。

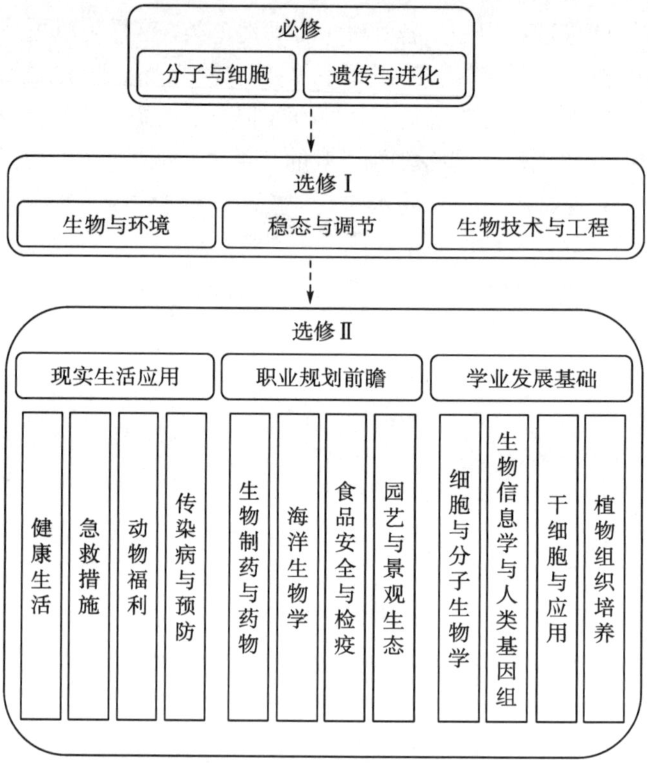

图 10.3　知识点分类示意图

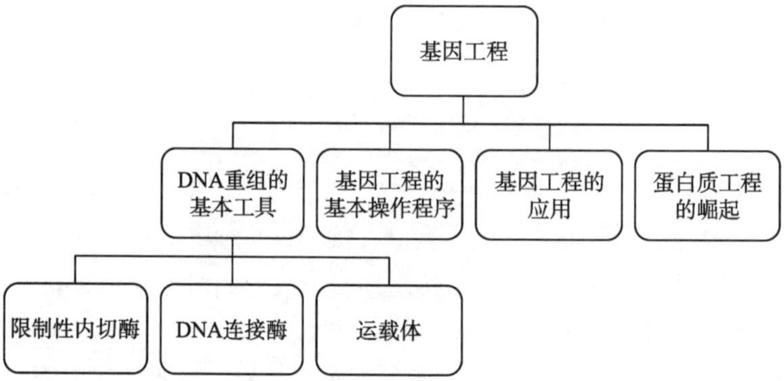

图 10.4　章节分类示意图

三、高中生物校本教学资源平台开发的功能模块设计

笔者通过阅读大量的资料文献，浏览大量的网络教学资源平台后，发现互联网的教学资源平台一般都有两个子系统：管理系统和资源系统。管理系统是为了更好地对资源平台进行科学的管理和维护，同时更好地整理和组织资源；而资源系统是教学资源平台的核心内容，资源的构建和组织是整个平台的重中之重。科学的资源优化加上科学的管理和储存在校本资源平台上实现整合，这样就有利于学科教学，有利于学生的学习和发展，有利于使用者之间的沟通交流，让高中生物校本教学资源平台的优势得到发挥。高中生物校本教学资源平台的整体结构如图 10.5 所示。

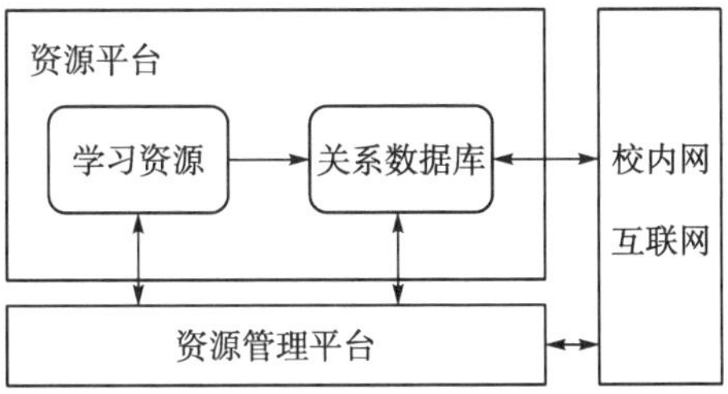

图 10.5　网络教学资源库系统结构图

资源和平台之间的关系就如同灵魂和躯壳之间的关系，没有灵魂的躯壳只是一个空壳，要发挥高中生物校本资源平台的优势，需要不断地往平台里补充注入有效的资源，当然这些资源不是简单的堆积，而是按照上述要求科学地分类和规范后，再按照以下的一些模块线索进行数据加工和管理，这样才符合老师和学生的实际需要，在大量资料的整合和研究基础上，高中生物校本资源平台的系统各个功能模块设计如下。

（一）管理功能模块

高中生物校本教学资源平台的管理系统应该吻合基本的管理需要，主要的管理模块由 5～8 个部分组成，从完成任务的角度来说，它应包括资源的储存、编辑、检索、上传、下载等，此外应该能满足对不同的资源和用户进行审核、添加、修改、删除等功能，后台可以进行用户认证、设计和管理功能模块、发布公告、网络安全检查和解决问题等，让管理员快速简便地管理。具体模块的重组拆分和增减按照不同学校的实际需要来进行适当地调整和设计，以利于保障用户所需。

高中生物校本资源平台的后台管理模块应具有下面几个功能：①进行用户管理；②上传、储存、发布教学资源；③修改和添加功能模块；④网络安全保证和帮助。

（二）用户注册和认证模块

用户注册和认证模块很有必要，如果没有认证，会出现一些不符合用户认证系统的规范数据，而且用户认证系统可以有效地对用户信息进行组织管理，所以用户注册和认证模块是几乎所有的网络平台必须有的模块，已广泛应用于各大网站和论坛。一方面，在信息发布平台，建立一个用户认证系统，通过注册的用户可以方便地使用和维护平台，减少了

管理员的工作，规范了有效的信息发布流程，减少了垃圾信息量；另一方面，高中生物课程资源平台使用会员认证的方法，建立了成员自己的社区平台，提供责任、义务、权利、安全和其他条款。学生可以在论坛上参与讨论，参与学习管理和资源管理。教师注册后，通过发送和接收消息进行课程资源共享活动，讨论回答学生的问题并与其在线交流。因此，通过用户注册和认证模块可以针对用户的某些信息为他们提供个性化服务。

（三）课程概要模块

为了扩充学生知识的深度和广度，为其提供更有效的学习辅助资源，针对信息学科的快速发展以及新技术不断被应用于实际的特点，现阶段专门成立了一个课程概要模块。课程概要模块主要是对专业建设进行介绍，包括学科、培训目标、教学改革的介绍，让用户快速了解专业建设的情况。课程概要模块的关键是课程动态方面的建设，这是由于高中生物课程和最新的生物学研究联系密切，应该更新最新的生物学研究以及与生物有关的报告等，让用户了解生物课程的发展趋势，为用户提供更广阔的视野。高中生物课程概要模块主要分为两个部分，一部分是课程相关的学术活动、新闻等；另一部分是教学课程资源的动态平台，包括最新上传新的资源、老师布置的最新工作、发布的最新公告等。课程概述部分是根据培养目标对高中生物课程的一般性描述，按照学校课程的特征和设计开发人的社会需求来制定。

课程概要模块主要设置以下栏目：①课程动态。新闻、最新的生物学研究和生物学报告。②教学大纲。高中生物的教学计划、内容、方式。③教学日历。使学习时间跟上学习的步伐。④学习指导。大部分学生希望得到学习方法的指导，即指导学生按照一定的学习方法去学习高中生物这门课程，使学生更加全面有效地掌握高中生物学的必备知识，形成关键能力，提升生物学科核心素养。因此，课程概要模块的建立也是为了满足学生学习的需求。

（四）课程学习模块

建立高中生物教学资源平台是为了更好的教和学，要充分发挥平台的优势，课程学习模块最为重要。充分发挥各种网络的优势，通过 web 页面的方式呈现知识点和案例展示，规划课程主题，实施教学过程，设计探究性学习，进行学习评价等。教师在该模块要进行教学资源的上传和更新教学内容，要对学生的学习进行管理，要有作业展示、学法指导等内容。学生则通过该模块实施自主学习，完成课后练习，及时做学习笔记，进行课程复习、检索所需资源和其他活动。所以课程学习模块是学习系统的主要空间，该模块具有以下主要功能。

(1)资源的上传，下载功能。这是最实用的功能，为教师和学生不限时间和空间地提供学习交流的资源，上传和下载功能还便于用户对资源进行利用、组织、添加和完善。

(2)进行学习笔记功能。能将在线笔记功能加入系统中，在每个学员学习的界面上保留一个空间，使其能够随时笔记，在以后回顾的时候点击笔记能返回到之前的知识点和课程内容上。

(3)资源检索功能。教学资源平台上的资源量是比较丰富的，要让用户快捷方便地寻找到所需的资源，应该提供必要的检索机制，让校本教学资源平台更好地为教师和学生服务。

(4)在线作业和测评功能。在线作业和测评功能给师生提供方便的学习评价和反馈系统，教师应该针对某个知识点设计好作业和模拟试题，建立完善的作业练习库和试题库，并且及时更新，不仅要追求数量，还要追求质量，让学生在线学习后能及时巩固知识、自我检测，也可以利用这个平台进行知识竞赛、模拟考试等，学生可以自我检测学习效果，教师可以通过查看记录了解学生学习情况，进行良性循环地反馈。

(五)素材资源模块

学生对物质资源的需求是非常高的，所以在此设立了素材资源模块。包括文本、图形图像、音频、视频、动画、题库、网络课件、论文、文件和常见问题解答。从教学实际出发，数字化教学资源主要包括的类型如表10.6所示。

表10.6 教学资源的素材类型

媒体类型	扩展名或者格式	说明	意义
1.文本	txt、doc、rt、pdf等扩展名，纯文本或者word文件	文本素材注重正确规范使用，数字用法要符合《标点符号用法》(GB/T 15834—1995)标准的要求，标点符号的用法符合《出版物上数字用法的规定》(GB/T 15835—1995)标准的要求，汉字使用GB码统一编码，英文字符符合使用ASCll编码。	文本是最基本的素材类型，在校本教学资源平台上占有相当大的比例，适合于对概念和知识点的描述。
2.音频	aSⅠ、Wav或mp3	配音要采用标准普通话，英语配音则使用标准的美式或英式英语。	音频素材容易被听觉型的学习者所接受和使用。
3.图形图像	gif、jpeg和bmp	图形图像材料应遵守技术标准，以保证图像质量。图像的颜色数不少于256色，灰度图像的灰度级不低于128，对得到的扫描图像，扫描分辨率不小于73dpi，应该提供的图形图像的gif或jpeg格式的缩略图。	图形图像资料直观形象，更容易表达教学内容，激发学生的兴趣，提高教学效果。图像质量会为用户创造一个愉快的视觉效果，否则会让用户感到不舒服。
4.动画	swf、gif、avi或(Flash、FLI / FLC、MOV等)	除了avi和gif格式的文件，其他格式的动画数据(Flash、FLI / FLC、MOV等)往往需要提交一份转换为gif格式的文件，供在线预览。	动画素材直观、形象，在条件不允的情况下，通过动画模拟表现内容。对于表现围观的生物生理过程具有很好的效果。
5.视频	avi、mpg、wmv、asf/ram、rm	视频素材中可能要涉及文本、图像和音频等，技术要求较高，通常为windows视频文件，MPEG视频文件，Real Audio和Real Video流媒体文件等。	视频素材为直观性和形象性最高的素材，视频教学材料可以有效地吸引学习者的兴趣和关注，把教学内容通过真实情境表达出来，学生更容易接受和记住。
6.题库	doc、pdf	题库应具备对试题的查询、单个录入、批量录入、删除、修改、组卷、统计分析、自动属性值校正等功能。	题库建设可以让学生自我检测学习效果，扩展题型认识和分析。
7.课件	swf、ppt	静态网页的课件是交互式课件，能够通过标准的W船浏览器访问，开发和提交产品的过程一定要完整。	课件展示教学内容具体的知识点、重点、难点、突破点，具有非常好的教学效果。
8.文献资料	txt、doc	教育资源建设技术规范中对于文献资源开发的技术要求主要包括要符合文本素材最低的技术要求、有正式发布的文件的机构和具有实际的参考价值。	帮助师生了解生物学科最前沿的研究和学术成果，扩展师生的知识面和视野，有助于师生自主性的学习和探究。
9.常见问题	txt、doc	常见问题素材的问题要具有典型性、普遍性和实际参考价值，包括问题正文、解答、参考资料和关键词等内容。	

（六）课程在线交流模块

答疑和解惑是教学活动中必不可少的环节，在线交流模块可以实现使用者间非实时的互动，实施有效的沟通、反馈和交流。有了这样的系统，辅导答疑就可以在网上进行，不受时间和地点的限制。学生在学习过程中遇到或发现的问题，可以通过留言的方式在线向同学或教师寻求帮助，然后得到在线回答，讨论出来的结果还可以让其他学员作为借鉴，提高了高中生物校本教学资源平台的使用效率。教师可以根据学生提出的普遍问题及时进行答疑，调整教学内容，改善教学的效果，对课件予以补充和纠正。教师可以通过创建班级，按照在线信息的统计，了解学生的基本学习信息，监控课程学习效果，了解学生的思维和缺漏，评价学生的学习情况。学生还可以建立讨论组或者通信组，在学习过程中产生的问题以及教师的解答经过一定时间的积累还能够成为可重复利用的宝贵资源。

因此，课程在线交流模块具有以下主要功能：①创建班级和讨论组功能。实现师生非实时的互动。②保存聊天记录功能。问题及解答能够积累且可以重复利用。③用户状态显示功能。方便在线信息统计，及时进行交流。④常见问题解答帮助功能。就算教师不在线，学生也可以得到答案，减少无效提问。

（七）课程论坛模块

论坛是进行异步讨论、分享、交流的不可缺少的信息服务系统之一，所有的用户都可以发表评论，深受网民们的喜欢。但在论坛上发表评论时要注意文明用语，遵守国家法律制度，讨论与课程相关的话题。生物资源论坛主题除了相关知识的内容，还可以找到生活中的生物相关信息，如新闻事件等问题，这样可以增加论坛内涵，让学生学到课本上没有的知识，从而提高学生的学习兴趣。同时，教师应在论坛中做出与话题无关的声明，引导学生积极向上，传播正能量，创造积极的舆论论坛。

（八）个人社区模块

在互联网上有个人网上空间是一种时尚，个人社区是校本教学资源共享的扩展，是记载教师和学生个人信息、上传和下载学习资源、浏览教学和学习进度、发起活动、管理评论、学习资源状态的空间，对教育教学信息交流和反馈具有重要作用。

(1)个人信息管理功能。注册后的用户可以对自己的个人信息进行添加和修改，用于用户登录、积分获取以及一些简单的消息处理。

(2)上传和下载学习资源。注册用户能借助该系统对资源发布的增加、修改和删除等功能，显示每天的最新消息的标题、发表的文章、详细内容等。

(3)发出的学习状态。查看学习进度、管理作业完成情况和在线测试的结果。

(4)查看学友学习资源的状态。所有用户可以浏览其他用户的学习状态，保持教学资源平台的使用热度，形成相互学习和竞争的空间。

（九）网站友情链接

一个好的教学资源平台，应该有好的“友情链接”，一方面可以让用户直接从链接进入其他学校的优质精品教学资源的数据库，拓宽资源的来源，有利于教师和学生的发展；

另一方面可以把友情链接作为推广自身的基本手段，促使校本资源平台上的资源利用率提高，增加平台的访问量和知名度。

（十）常见问题解答

在用户使用高中生物校本资源平台的过程中可能遇到一些技术性的问题，如登录注册过程遇到困难、媒体素材不符合规范、下载和上传资料过程遇到问题等，应设置一些对应问题的关键词进行问题解答，便于用户使用高中生物校本教学资源平台。

四、高中生物校本教学资源平台开发实践中存在的问题

1. 高中生物校本教学资源平台设计的模块整合有待于优化

高中生物教学资源平台是一个综合性教育平台，包括很多模块，如何让设置的模块系统结构更加合理、科学，需要进一步进行探讨。本章所述的几个模块是资源平台一般性的需求，在具体的开发过程中，不同学校的校本资源平台可以按照实际需要进行增减。由于时间的限制，对高中生物校本教学资源平台的调查没有进行地区差异分析，而是按照统一的分析进行平台的部分模块设置，这样就具有一定的局限性，如何从不同的角度思考模块的设置，仍然是可以继续探讨的问题，一些有争议性的模块仍需要进一步调查其必要性和可行性。

2. 校本资源平台的建设需要网络设计人员的专业指导和评价

高中生物校本资源平台的开发涉及网页开发、布局、优化，需要专业人士的编码和建设，由于缺少专业知识，本章只是提出一般性的建设过程和模块设置，在具体的实践过程中，需要专业人员进行指导和修改。学科教师和信息开发人员的合作是高中生物校本资源平台开发的基本保障。

3. 高中生物校本教学资源平台维护和管理存在的问题

平台普遍存在着各种各样的维护与管理问题。学科教学的数字化能够给学校的教育教学带来效益，充分提升学校的竞争力，但是平台的管理需要大量的人力和物力，这就需要学校投入一大笔资金进行相应平台的管理和系统维护，提高平台的管理意识，发挥平台应有的效益。而且，高中生物校本教学资源平台是一种动态交互性很强的网站，要让其持续地运作下去，需要定期更新网站资源，及时发布课程、教学信息，必须有相应的管理制度和专门的维护人员，这些都需要巨大的人力物力作保障。

4. 高中生物校本教学资源平台的实际需求仍有待于时间的检验

虽然高中生物校本教学资源平台开发的组织框架已初步建立，但是由于网络技术方面的问题，平台尚未启动。校本资源平台上的独特资源是否能够实现其优势和意义，目前可以预测，但是还需要更多实例验证这些资源本身是否完善，还需要哪些改进，还有待于网站长时间正式使用后才能知道。所以，具体的使用情况尚未有反馈结果，需要时间来验证。

五、高中生物校本教学资源平台开发实践的反思

高中生物校本教学资源平台开发实践中存在很多问题和困惑，面对这些问题和困惑，在以后的教学资源平台的开发中要从以下几方面继续努力。

1. 继续深化中学生物教学研究

新的教育形势对教师的核心素养和能力提出了新的要求，新教材、新理念要和信息化环境联系起来，教师的知识结构也应作相应的调整，要培养和构建符合新课改要求的中学生物教师的知识结构体系，积极引导教师改变教学理念和教学方式，逐渐改变教学行为，促进课堂教学变革，积极构建校本生物教学资源，从而促进中学生物教师专业自主发展，满足信息环境下教师成才的需求。高中生物校本教学资源平台具有交互性、共享性的特点，能克服时空限制，实现师生的自主交流和师生合作交互教学。因此，把高中生物校本资源平台上的资源和学习作为教师培训的一种补充，促进生物教育教学研究，缩短教师成长的周期，让更多的人成为学者型教师、专家型教师。

2. 多方衡量资源需求状况

高中生物校本教学资源平台是服务于学生和教师发展的平台，不同的教师和学生对资源的需求具有差异性，应该着手分析产生差异的原因，尽可能满足各方需求的平衡，即平台上的资源要以学校实际教学需求为主，以资源服务于实际教学并提高教学效率为标准，建设既有学校特色又服务到位的校本网络资源平台。

3. 加强网站的维护和管理

为了让整个校本资源平台系统稳定、高效地支持数字化教学，必须加强和维护平台。一是在技术层面让系统轻便、易于维护、减少风险；二是广泛发动教师和学生参与系统平台的维护，可以用一定的奖励机制激励对论坛贡献大的网友，发挥所有力量一起维护网站；三是人力资源合理分配，分工明确，责任到人，使平台运转顺畅，保证维护、开发、管理等工作高效运作，让生物校本资源平台在教育教学中发挥更大的作用。

主要参考文献

白春章, 2006. 新课标下资源建设与应用的新思考[J]. 中小学信息技术教育, 6: 65-66.

蔡春, 易凌云, 2006. 论教师的生活体验写作与教师专业发展[J]. 教育研究, 9.

蔡敏, 2006. 当代学生课业评价[M]. 上海: 上海教育出版社.

蔡清田, 2007. 学校本位课程发展的新猷与教务课程领导[M]. 台北: 五南图书出版公司.

陈朝珠, 廖惠敏, 2012. 开放教育资源 0ER 运动背景下的开放大学教学资源建设探讨[J]. 中国科教创新导刊, 11: 85.

陈立立, 余岩, 2014. 数字化生物教学资源库建设方法与讨论[J]. 科技资讯, 2: 25-26

陈美玉, 2002. 教师个人知识管理与专业发展[M]. 台北: 学富文化事业有限公司.

陈思宇, 黄甫全, 2014. 提升教师的教学专业文化素养——论课语整合式学习教师的专业发展[J]. 教育发展研究, 6.

成星萍, 欧晓玲, 2006. 走近毛泽东 构建红色文化——韶山实验中学校本课程开发与探索[J]. 当代教育论坛, 14.

崔允漷, 2000. 校本课程开发, 理论与实践[M]. 北京: 教育科学出版社.

丁念金, 2000. 校本课程发展与课程决策机制的转变[J]. 教育理论与实践, 8.

封红旗, 2011. 数字化网络教学资源应用[M]. 北京: 清华大学出版社.

冯铁山, 田云伏, 2004. 试论教师专业发展与校本课程开发的问题与策略[J]. 继续教育研究, 4.

高孝传, 杨宝山, 刘明才, 2001. 课程目标研究[M]. 北京: 教育科学出版社.

高新健, 2008. 学校本位课发展领导与评鉴[M]. 台北: 台湾师范大学.

郭元祥, 2003. 教师的课程意识及其生成[J]. 教育研究, 6.

韩绍鑫, 2008. 计算机辅助教学 CAI 课件的开发应用在实际教学中的作用[J]. 中国科教创新导刊, 14: 25.

洪秋如, 2005. 台北县国民小学教师教学信念、班级经营策略与教师满意度之关联性研究[D]. 屏东: 台湾屏东教育大学.

侯贵松, 2002. 知识管理与创新[M]. 北京: 中国纺织出版社.

胡维治, 杨智慧, 2009. 基于教学资源库的数字资源分类[J]. 教育技术资讯, 4: 5-7.

黄光雄, 蔡清田, 1999. 课程设计——理论与实际[M]. 台北: 五南图书出版公司 .

黄光扬, 2005. 新课程与学生学习评价[M]. 福州: 福建教育出版社.

黄显华, 1997. 强迫普及教育: 制度与课程[M]. 香港: 香港中文大学出版社.

黄显华, 朱嘉颖, 2005. 课程领导与校本课程发展[M]. 北京: 教育科学出版社.

黄政杰, 1994. 课程设计[M]. 台北: 东华书局.

贾雪梅, 2006. 中小学信息化教学资源建设与应用分析[J]. 教育信息化, 6: 42.

金玉, 2006. 基础教育网络教学资源库的框架和分类组织体系研究[D]. 南京: 南京师范大学.

靳玉乐, 2006. 校本课程开发的理念与策略[M]. 成都: 四川教育出版社.

赖珍珠, 2014, 在线教育经营模式的研究[D]. 厦门: 厦门大学.

李臣之, 1995. 试论活动课程的本质[J]. 课程·教材·教法, 12.

李臣之, 1998. 活动课程研究[M]. 北京: 教育科学出版社.

李臣之, 2001. 课程开发呼唤校本教师进修[J]. 课程·教材·教法, 5.

李臣之, 2007. 校本课程开发应关注学生的利益[J]. 教育科学研究, 3.

李臣之, 2012. 西方课程思潮研究[M]. 北京: 人民教育出版社.

李臣之, 2012. 校本课程开发的三个基本问题[J]. 课程·教材·教法, 5.

李臣之, 2015. 校本课程开发[M]. 北京: 北京师范大学出版社.

李臣之, 陈铁成, 2005. 高中校本课程开发与综合实践活动[M]. 天津: 天津教育出版社.

李臣之, 孙薇, 2013. 教师课程决定: 有为与难为[J]. 课程教学研究, 5.

李坤崇, 2008. 教学评量[M]. 台北: 心理出版社.

李昆霖, 2013. 基于知识管理的网络课程设计与开发[D]. 南宁: 广西民族大学.

李文昊, 刘颖, 2011. 基于网络的"信息技术教学论"案例教学资源平台的建设[J]. 中国教育信息化, 11: 55-58.

李文昊, 刘颖, 2011. 基于网络的"信息技术教学论"案例教学资源平台的建设[J]. 中国教育信息化, 11: 55-58.

李子建, 黄显华, 课程, 1996. 范式、取向与设计[M]. 台北: 五南图书出版公司.

李子建, 黄宇, 马庆堂, 2010. 校本环境教育的设计与实施—迈向可持续发展[M]. 北京: 人民教育出版社.

廖哲勋, 2004. 关于校本课程开发的理论思考[J]. 课程·教材·教法, 8.

林碧霞, 2009. 课程统整的实践: 院校合作的发展计划[M]. 香港: 香港教育学院.

林一钢, 2002. 校本课程开发与课程意识[J]. 教学研究, 2.

林智中, 陈健生, 张爽, 2006. 课程组织[M]. 北京: 教育科学出版社.

刘清堂, 王忠华, 李书明, 2009. 网络教育资源设计与开发[M]. 北京: 北京大学出版社.

罗生全, 靳玉乐, 2007. 社会力量: 课程变革的第三领域——一种基于课程权力的有效参与[J]. 中国教育学刊, 1.

罗肖霞, 2012. 高中生物校本教学资源平台开发的理论研究[D]. 桂林: 广西师范大学.

马骥雄, 1991. 战后美国教育研究[M]. 南昌: 江西教育出版社.

马云鹏, 王波, 解书, 2008. 校长课程领导: 农村中小学课程改革纵深推进的重要保障[J]. 东北师范大学学报(哲学社会科学版), 1.

孟祥志, 2008. 高校教学资源库及其设计与开发研究[D]. 武汉: 华中农业大学.

莫礼时, 1996. 香港学校课程的探讨[M]. 陈嘉琪, 等, 译. 香港: 香港大学出版社.

欧用生, 1992. 国民小学社会科教学研究[M]. 台北: 师大书苑.

任友群, 2002. 现代教育技术的建构主义应用[D]. 上海: 华东师范大学.

沈姗姗, 2010. 国际组织与教育[M]. 台北: 高等教育文化事业有限公司.

圣吉, 2009. 第五项修炼: 学习型组织的艺术与实践[M]. 张成林, 译. 北京: 中信出版社.

苏霍姆林斯基, 1984. 给教师的建议(修订版)[M]. 杜殿坤, 编译. 北京: 教育科学出版社.

苏强, 2011. 教师的课程观研究[D]. 重庆: 西南大学.

苏子峰, 2012. 全国教育信息技术研究"十二五"规划课题开题培训顺利完成[J]. 教育传播与技术, 2: 33.

泰勒, 1992. 课程与教学的基本原理[M]. 施良方, 译. 北京: 人民教育出版社.

谭彩凤, 2006. 校本课程政策透视: 中文教师的观点与实践[J]. 教育曙光, 53.

谭彩凤, 2010. 教师校本课程决定及其影响因素之研究: 香港个案研究[J]. 教育研究与发展, 2.

汪聆, 2013. 略论提高教师校本课程开发能力的策略[J]. 课程教育研究, 11.

汪霞, 1998. 国外中小学课程演进[M]. 济南: 山东教育出版社.

汪忠, 2009. 高中生物校本课程开发的问题与思考[J]. 中学生物学, 3.

王斌华, 2003. 加拿大校本课程开发[J]. 韩山师范学院学报, 2.

王嘉毅, 2008. 课程决定中的校长与教师——基于我国中小学的调查[J]. 课程·教材·教法, 8.

王如哲, 2000. 知识管理的理论与应用——以教育领域及其革新为例[M]. 台北: 五南图书出版公司.

吴冬梅, 2008. 中学生物学课程与教学资源共享网站设计展开[D]. 上海: 华东师范大学.

吴刚平, 2002. 校本课程开发[M]. 成都: 四川教育出版社.

项国雄, 魏丹丹, 2005. 教育技术的资源观一对教育技术资源内涵的重新审视[J]. 中国电化教育, 1: 65.

徐恩芹, 刘芙凤, 王春蕾, 2006. 我国中小学教学资源库建设的内容分析[J]. 教学与管理, 9: 6-8.

徐玉珍, 2003. 校本课程开发的理论与案例[M]. 北京: 人民教育出版社.

严育洪, 2017. 教师的 18 项核心素养[M]. 北京: 中国轻工业出版社.

杨进中, 张剑平, 2012. 国外开放课程平台及课程开发模式研究[J]. 中国电化教育, 4: 80-87.

杨军玉, 2010. 基于网络的教学资源平台的设计[J]. 河北农业大学学报(农林教育版), 3912(4): 535-537, 550.

杨龙立, 2005. 校本课程的设计与探讨[M]. 广州: 广东教育出版社.

杨艳君, 2002. 后现代主义学生观评析[D]. 重庆: 西南大学.

叶奕乾, 等, 1991. 普通心理学[M]. 上海: 华东师范大学出版社.

于成业, 2005. 中小学教师参与课程开发的实践研究[D]. 长春: 东北师范大学.

余胜泉, 朱凌云, 2002. 教育资源建设技术规范简介[J]. 中小学信息技术教育, 2: 11-17.

余文森, 2008. 考试与评价[M]. 福州: 福建教育出版社.

袁昱明, 施建华, 2010. 网络教育资源平台的理念、原理与技术[M]. 北京: 科学出版社.

曾文婕, 黄甫全, 2009. 课程与教学论实验的构想与实践, 课程·教材·教法, 2.

张广利, 2013. 校本课程开发的实践与思考[M]. 福州: 福建教育出版社.

张华, 2000. 课程与教学论[M]. 上海: 上海教育出版社.

张华, 等, 2007. 综合实践活动课程研究[M]. 上海: 上海科技教育出版社.

张嘉育, 1999. 学校本位课程发展[M]. 台北: 师大书苑.

张添洲, 2005. 学校本位课程实务[M]. 台北: 五南图书出版公司.

赵炳辉, 2009. 新课改视域下教师课程意识研究[D]. 长春: 东北师范大学.

郑葳, 李芒, 2007. 学习共同体及其生成[J]. 全球教育展望, 4.

中国台湾课程与教学学会, 1998. 学校本位课程与教学创新[M]. 台北: 扬智文化事业有限公司.

钟启泉, 2003. 现代课程论[M]. 上海: 上海教育出版社.

钟启泉, 张华, 2000. 课程与教学论[M]. 广州: 广东高等教育出版社.

钟勇为, 郝德永, 2005. 课程意识: 蕴涵与路径[J]. 当代教育科学, 8.

周美宏, 2007. 数据仓库技术在中小学教学资源库建设中的应用研究[D]. 长春: 东北师范大学.

周韫玉, 张瑞玲, 2002. 中小学校课程开发与示例[M]. 北京: 清华大学出版社.

朱超华, 2004. 新课程视角下教师课程能力的缺失与重建[J]. 课程·教材·教法, 6.

关键术语表

国家课程开发	主张课程开发的权力集中在中央课程开发中心，课程决策的主体主要是专家和权威代理机构，课程变革具有很高的能力和技术要求，因而必须通过国家课程开发中心自上而下地展开。
校本课程开发运动	主张课程开发领域实现从以国家课程开发中心为主到以学校为主、从以专家为主到以学校教师为主、从以自上而下为主到以自下而上为主的策略大转移，呼吁把课程与特定学习者的实际环境和个人经验联系起来。
中央集权制	行政组织的一种类型。指行政组织的一切事务的决定权集中于中央，各级依据中央命令或指示办理。
地方分权制	指中央政府将一些行政权授予下级政府，地方政府有较大的自治权和自主权的行政体制。
校本课程	也称“预留地”自主开发或校定课程，是学校在国家预留时间内根据学生成长需求自主确定的课程。
校本课程开发	基于学校现实性，以国家及地方课程改革纲要为指导，以满足本校每一个学生有意义学习为主旨，以国家课程/地方课程的校本转化和校定课程开发为主要内容，以学校教育人员为主体而进行的整体的持续的课程开发活动。
国家课程校本	学校层面依据学生学习基础、学校教育实际，对国家课程进行调适和创生，以最大限度满足学生的个性化发展需要。
本校课程	立足学校教育现实情境，对校定课程、国家课程、地方课程、潜在课程予以统整，形成既体现国家地方教育要求，又符合学校实际课程发展需求的整体的个性化课程体系。
学生需求诊断	与学生需求评估、学生需求分析的概念相近，既是指从国家、社会、学校、学生个人等层面探究学生应当具备的综合素质，也包括对学生的基本需求、认知需求和社会心理发展需求的考察。
情境分析	在提出假设的基础上对可能的未来情景加以描述，在校本课程开发中具体指对课程设计和实施过程的各种因素进行详细、严密的分析。
课程资源	广义的课程资源指有利于实现课程目标的各种因素，狭义的课程资源指形成课程的直接因素来源。
课程目标	对学生学习结果应达到程度的适当预设。
校本课程内容	是学校要据国家或地方课程改革的基本精神，联系学校自身的实际，为学生的成长发展而精心选择的，有助于校本课程目标达成的基本材料。
课程内容的选择	是根据特定的教学价值观及相应的课程目标从学科知识、当代社会生活经验或学习者经验中选择课程要素的过程。
课程内容组织	指按照一定的方式将课程内容的基本要素加以安排、排列或联系的活动，以及所形成的有内在结构的体系。
纵向组织	指将各种课程要素按照某些准则按纵向的发展序列(即先后顺序)组织起来。一般来说它是强调学习内容从已知到未知，从具体到抽象。
横向组织	指打破学科界限和传统的知识体系，将各种课程要素饶平县横向关系组织起来。
逻辑顺序	指根据学科本身的系统和内在的联系来组织课程内容。
心理顺序	指按照学生身心发展的特点来组织课程内容。
直线式	指把一门课程的内容组织成一条在逻辑上前后联系的直线，按照由浅入深、由易到难的原则，环环相扣，直线推进，前后内容基本上不重复。
螺旋式	指将课程内容按照学习的巩固性原则，在相邻的两个以上主题、单元、年级或阶段里安排深度或广度不同的内容，以便让学生对学习某门课程或课程的某一方面的学习能够逐步扩大范围或加深程度。
课程组织	指将课程的各种要素妥善加以安排，使其力量彼此和谐，对学生的学习产生最大的累积效果。
垂直组织	指知识的先后编排。
水平组织	指知识的横向安排，不同课程内容之间的联系。

续表

连续性	指重要的、基本的和必需的学习内容，要让其继续和重复地一再出现。
顺序性	指课程组织的各种内容所呈现的顺序或内容间的次序，它强调处理不同时间内容所呈现的先后原则和关系，主要的考虑在于学生的学习效果和内容之间的逻辑关系。
统整性	指课程经验的横向联系。如课程改革中倡导数学生活化，就是强调将数学的知识与技能与学生的日常生活情境相联系。
均衡性	是课程组织的另一个重要原则。欧因斯担与宏金斯认为在一个均衡的课程里，学生有机会掌握知识，并内化及应用这些知识以适于他们的个人、社会和智性发展的学习目的。课程的均衡性体现在很多方面。
学生评价	在系统、科学和全面地搜集、整理和分析学生在校本课程开发实施过程中获得发展的信息的基础上，对学生发展和变化的价值做出判断的过程。
课程评价	根据一定的标准和课程系统的信息，运用科学的方法对校本课程开发与实施的各要素、各环节及校本课程产生的效果做出价值判断的过程。
领导	领导在团体中的一方对另一方的影响过程，这种影响围绕共同的目标而展开。
课程领导	在既定的情境中(如学校中)，领导者通过一定的方式来影响组织成员，以期实现组织的课程目标或愿景的过程。
课程领导者	在学校中发挥领导功能的统称，不仅包括校长，同时包括其他的具有正式职位的领导者，如副校长、教研主任、学科组长等，还包括一些不具备行政职称的教师领导者，如具有专业权威的特级教师等。
分析式领导	一种关注领导实践的理论观点。具体是指学校组织中领导者、追随者及情境三要素之间的互动，从而形成分布式领导的实践形态。
潜在课程	学生在学校情境中获得的一种教育性经验，这种经验获得是非学术性的学习结果，对学生的影响主要是隐含的、非预期的，但也可以计划使之成为对学生有益的影响。
知识管理	与知识建立、知识分享、知识创造互为关联。其是一种收集、分类、储存、查找和检索知识的过程，可以为个体创造价值，亦可以帮助建立一种机构文化。
课程实施	指一个设计好的课程计划被教师执行的过程。
课程意识	是教师对课程发展中种种事物和问题的基本认识和反映，是教师对课程活动的自觉与敏感。
课程信念	指教师基于个人特质及经验、价值观、专业背景与外在环境的互动，对课程概念、课程性质、课程目标、课程内容、课程组织、课程评价、教师角色、师生互动、学校和社会环境等所秉持的一种信以为真的心理倾向。
课程能力	指教师自身所拥有并运用于课程活动中，直接影响课程活动的实施、决定课程活动成效的能动力量。
学习共同体	凡是以社会协商的方法建构知识的团体都可称为“学习共同体”。学习共同体既是一种学习者群体，也是一个系统的学习环境。
复合型学习共同体	指为了适应外部环境变化和提高个体或组织的创新能力而承载着多种具体任务和要求，赋予了多元价值的共同体。
弹性课程	指国家规定一定比例的时间，用于学校自主开发课程。在规定的时间内，学生和教师有充分的自由去选择他们自己想要学或教的课程。
PISA 测验	国际性学生评量计划，为 OECD 教育研究重点领域，自 2000 年始，针对参与该研究的会员国与非会员国国民教育阶段 15 岁学生的阅读、数学与科学上的表现，每 3 年实施一次，获得标准化评量结果。PISA 测验的实施有助于了解各国学生在阅读理解方面的成长与变化情形，作为优质教育的参考指标。

后 记

以重庆师范大学课程标准，高校教材教学法为参考依据，重庆师范大学生命科学学院校本课程编委会编写的《中学生物校本课程开发的理论与实践》教材，得到了诸多教育界前辈和生物学科专家学者的热情帮助和大力支持。在《中学生物校本课程开发的理论与实践》教材终于同师生见面时，我们特别感谢担任本教材顾问的周泽扬教授、刘恩山教授、赵占良老师等专家，并在此感谢所有对本教材提出修改意见，提供过帮助和支持的专家、学者、教师和社会各界朋友。特别感谢重庆师范大学教材建设项目(编号 CSJC201908)、重庆市生物学“一流学科”建设项目、生物科学“一流专业”建设项目经费资助出版。

为了保证《中学生物校本课程开发的理论与实践》教材的实验和探究等学生活动切实可行，重庆师范大学生命科学学院 2015 级、2016 级、2017 级生物教育专业师生做了大量的研究准备工作，在此表示感谢。

一个建议，启迪智慧；一份厚爱，润泽心灵。自满是学习的拦路虎，自谦是智慧的引路人，唯有虚心的态度，方能领悟精髓，唯有谦卑的心灵，方能海纳百川。因此，我们还要感谢使用本套教材的生命科学学院的同学和老师，希望你们在使用本套教材的过程中，能够及时把意见和建议反馈给我们，共同完成《中学生物校本课程开发的理论与实践》教材建设工作。让我们携起手来，做海燕搏击风雨，做大鹏展翅高翔，千帆竞发，百舸争流，乘风破浪，扬帆远航。

我们的联系方式如下：

电话：15223029768(张老师)　E-mail：1748643676@qq.com

重庆师范大学生命科学学院